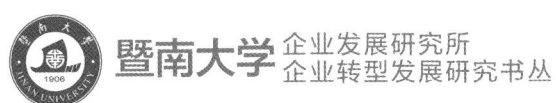

企业转型
发展研究案例集

第三辑
THE THIRD EDITION

黎文靖　卫海英 编著

A CASE SET OF
RESEARCH ON ENTERPRISE
TRANSFORMATION AND DEVELOPMENT

中国经济出版社
CHINA ECONOMIC PUBLISHING HOUSE
北京

图书在版编目（CIP）数据

企业转型发展研究案例集. 第三辑/黎文靖，卫海英编著. --北京：中国经济出版社，2021.11
ISBN 978-7-5136-6641-1

Ⅰ.①企… Ⅱ.①黎… ②卫… Ⅲ.①企业发展-案例-中国 Ⅳ.①F279.2

中国版本图书馆CIP数据核字（2021）第188716号

策划编辑	姜　静
责任编辑	陈　瑞
责任印制	马小宾
封面设计	任燕飞工作室

出版发行	中国经济出版社
印刷者	北京科信印刷有限公司
经销者	各地新华书店
开　　本	710mm×1000mm　1/16
印　　张	20.5
字　　数	375千字
版　　次	2021年11月第1版
印　　次	2021年11月第1次
定　　价	79.00元
广告经营许可证	京西工商广字第8179号

中国经济出版社 网址 www.economyph.com 社址 北京市东城区安定门外大街58号 邮编 100011
本版图书如存在印装质量问题，请与本社销售中心联系调换（联系电话：010-57512564）

版权所有　盗版必究（举报电话：010-57512600）
国家版权局反盗版举报中心（举报电话：12390）　　服务热线：010-57512564

序　言
· PREFACE ·

暨南大学企业发展研究所成立于2003年7月，为广东省普通高校首批人文社科重点研究基地。自2014年以来，本所旗帜鲜明地确立了"企业转型发展"研究主题，形成了社会责任观下的企业价值创造、行为公司财务和管理会计、生产运营管理与决策、品牌营销与服务管理、组织行为与人力资源管理五个研究团队。近年来，本所充分发挥特色学科优势，紧贴广东及粤港澳大湾区企业转型升级现状，深入开展理论、政策与战略研究，打造了一系列学术研究品牌，赢得了较高的社会声誉。

2021年是中国共产党成立100周年，站在"两个一百年"奋斗目标历史交汇点上，以习近平同志为核心的党中央统筹中华民族伟大复兴战略全局和世界百年未有之大变局，作出加快构建新发展格局的重大战略决策，明确了我国经济现代化的路径选择，对于推动我国高质量发展、促进世界经济繁荣，具有重大而深远的意义。在此形势下，作为国民经济和社会发展中坚力量的广大企业，如何实现转型，就成了新时代语境下的切实之需。如今，粤港澳大湾区建设已成为国家重大发展战略，广东作为改革开放的排头兵、先行地、实验区，站在新起点，肩负着深化港澳合作的任务，在中国现代经济发展中占据着愈来愈重要的地位。随着大湾区的深化改革与发展，处在疫情防控常态化环境中的众多企业开始积极推进转型升级，全面塑造和提升核心竞争力，积累了宝贵的经验，也为本所的企业转型研究提供了丰富的研究资料和案例素材。

企业发展研究所立足广东、服务大湾区经济，始终围绕"企业转型发展"主题展开研究，认真提炼和总结企业转型发展中的经验与对策。2016年至今，本所携手广东本土企业共同开展案例研究，分批次公开招标企业转型发展案例研究项目近三十项，并选取其中的典型案例整理出版了企业转型发展研究案例集的第一辑、第二辑，研究成果得到了业内的广泛认可和高度评价。

本书为该案例集的第三辑，本辑共收录了九个案例，延续前两辑案例中从选题、题材、形式到视角四个方面的特色：①选题经典。本书以近年来广东省成功转型企业为叙述对象，紧扣时代脉搏，又颇具代表性。每个案例都有助于读者举一反三，加深理解，拓宽思维。②题材全面。收录的案例涉及众多行业，案例中关于行业背景的分析在使读者全面把握转型时间、发生背景的同时，也为其搭建了洞悉各行各业发展动态的广阔平台。③形式新颖。本书尽量避免对转型过程平铺直叙，生动讲述企业在生死存亡关头的艰难选择，向读者展现最精练最有效的转型信息。④视角独特。案例的叙述以第三方立场，评析企业在转型过程中的策略。

本书收录了我所在企业转型领域长期研究积累的部分成果，语言通俗生动、深刻精要。编者力求打造一本兼具时效性和实用性为一体，值得企业领导者以及所有关注企业转型的人士阅读、借鉴的案例集和各取所需的资源库。

编写组在实地调研和素材采集过程中，得到了广大案例企业的积极配合，中国经济出版社姜静编辑为本书的成稿、修改、出版提供了大力支持。借此，衷心感谢所有为本书面世付出努力的各界人士。

当然，囿于视野和能力的局限，书中难免会存在种种不足甚至错误之处，恳请广大专家、学者批评指正。希望通过此次的出版工作，能够不断提高本所的科研工作质量和成果水平，为广东乃至粤港澳大湾区的企业转型发展贡献绵薄之力。

黎文靖　卫海英
暨南大学企业发展研究所
2021年11月

目录
·CONTENTS·

"互联网+"背景下涂料企业转型和升级路径研究 / 徐咏梅 …………… 1

  1992年,立邦涂料登陆中国,通过一系列高调的营销,"立邦"一举成为"乳胶漆"的代名词,开创了中国涂料行业的黄金时代,并迅速脱颖而出,成为涂料行业的领军企业。立邦目前共有70多种水性产品获得了"中国环境标志"认证。2005年2月公司通过了ISO14001:2004评审、广州市高新技术企业的认定,被认定为外商投资双优企业,并连续多年获得环保、安全方面的先进表彰。2006年是立邦的关键年,企业开始主动谋求转型升级,加大研发投入,积极拓展高价值产业链,从涂料制造商到全方位涂料服务商转型。从1992年成立至今,企业如何抉择转型和升级路径、如何应对转型和升级过程中面临的挑战、经历了怎样的蜕变,都成为我们关注和探索的问题。

全球通信与信息解决方案及服务提供商(京信通信)转型发展 / 王鹏
…………………………………………………………………………… 26

  京信通信系统(中国)有限公司自1997年在广州成立以来,经过20多年的发展,已经成为集研发、生产、销售与服务于一体的全球领先的无线通信与信息解决方案及服务的提供商。凭借创新科技,公司为全球客户提供天线及子系统、网络系统(无线接入和无线优化)、服务、轨道交通通信等多元化产品及服务,是世界TOP2的通信解决方案供应商,现已连续多年成为世界第一的基站天线一级供应商。本研究将基于该公司在公司管理方面成功转型发展的经验,分析公司的发展历程、企业文化特点以及企业转型升级的措施,进而提炼出该公司独特的管理理论以及管理方法,结合该公司的经营管理转型案例来丰富相关通信企业转型发展理论,并且展现粤港澳大湾区高新技术企业转型实践的成功经验。

高科技企业转型升级的动因、路径及效用研究 / 黄微平 53

本研究综合利用了案例分析法、对比分析法等研究方法，对广州友财信息科技有限公司转型升级动因、路径及成果进行讨论。在分析转型升级前友财公司获利空间小、持续经营能力不足以及缺少核心竞争力这一处境的基础上，阐述其转型升级的必要性；再利用PEST分析法和SWOT分析法讨论其转型升级的可行性；然后从采取集中化战略、完善组织架构、重组业务流程、规范研发流程四个方面讨论友财公司为转型升级做出的努力；最后从企业盈利能力、营运能力、偿债能力以及增长能力四个方面对转型升级后企业财务状况进行详细的讨论，通过纵向和横向的对比分析，发现该公司转型升级后企业财务状况得到了很好的改善，具有较好的发展前景。

粤运交通数字化转型：大数据如何创造商业价值 / 刘潇　魏静　王茜　许晓静 108

广东粤运交通股份有限公司是广东省道路运输行业龙头企业，近十年积极探索将互联网、大数据、人工智能与业务融合的方式，将"服务社会、美好出行"作为企业使命，将"数字化转型、平台化运营"作为发展理念。数字化转型是产业或社会通过使用数字技术带来的根本变化，学界和实践界认为企业必须利用数字技术进行创新，通过修正战略，拥抱数字化转型的影响以及驱动更好的运营绩效。本研究通过探究其在转型发展过程中如何将技术和数据等关键要素与自身资源优势融合，使能业务管理创新，塑造企业核心竞争力，并形成数字化转型能力，为数字经济条件下的传统企业转型升级提供典型案例和参考。

产业垂直整合战略与并购协同效应／石水平　唐秋玲　赵帅琼　聂瑶
......136

2018年被称为"价值管理元年"，产业并购成为A股市场的主旋律。盈峰环境收购中联环境为中国企业并购史上难得的"蛇吞象"交易。这一大手笔的资本运作背后有坚定的产业逻辑，将对国内环卫行业格局产生深远影响。随着中国产业升级加快，越是升级迅速的行业越容易出现大体量并购。盈峰环境收购中联环境就是环卫行业智能升级的一个缩影，更是公司产业垂直整合战略的智慧结晶。本次并购的成功，标志着盈峰环境将正式进入环卫装备及环卫运营一体化服务领域，完善"全产业链的环境综合服务商"战略版图，成为拥有国内最全环保产业群的综合性环保民营企业之一。更重要的是，这会带来双方利益的相互融合、优势互补，双方将携手并进，产生"1+1>2"的协同效应。

环宇新材：逆势生长的企业转型模式研究／张泳......195

佛山市环宇新型材料有限公司成立于2010年2月，该公司主营钢材贸易和聚酯A-PET胶片生产，是国内规模最大的书写板板面材料供应商之一，于2016年入选广东省高新技术企业。改革开放以来，我国中小企业迎来发展的"黄金40年"，作为改革"排头兵"的广东，更是受益匪浅。但是中小企业的发展速度和质量也随着改革的逐步深入而出现新的难题。环宇新材是一家典型的中小型制造与贸易企业，其企业规模、企业结构、组织形式等与大部分的中小型民营企业相似，本研究通过对其真实的转型过程的剖析，能为广东地区乃至其他地区中小型制造贸易企业提供转型思路和建议。

以党建引领企业高质量发展：基于中国奥园集团的研究 / 张 瑾 林 莉 冯银平 魏宇繁 ……………… 221

本研究以非公有制企业党建代表性企业——中国奥园集团为对象，基于社会实践理论视角剖析其党建工作的内容，并发掘和提炼党建引领非公有制企业高质量发展的机理。奥园集团的党建实践主要包括组织架构设置，"将支部建在工地上、楼宇里、商场中"，反腐倡廉，选人用人，精准扶贫，支部共建，文化建设，文化传播八类。这些党建实践有侧重地聚焦于物质、意义和能力建设三个要素，互动对象既包括内部对象，也包含外部对象。党建实践通过统一价值观念、协调内部工作、整合外部资源和建立品牌认同四条机制的作用，使企业内外部有利于高质量发展的各种资源得到充分、有效的调动，达到一种内外和谐的境界。本研究对于非公有制企业开展与强化党建工作、通过党建促发展具有重要借鉴意义。

圣地"产业生态圈"的探索之路 / 李晶晶 ……………… 258

圣地集团成立于1994年，是一家以多元化房地产开发为中心的集团公司，历经20余年的创新发展，至今已拥有20多家子公司。经营业务涵盖房地产开发经营、金融业务、物业管理、项目投资、酒店、银行、水厂、娱乐等，已形成以产业、商业、互联网+、住宅为核心的多元化产业生态圈。随着国家"一带一路"倡议的提出，圣地集团率先由产业地产向国际贸易方向转型，打造了国家级市场采购贸易试点——圣地环球商品贸易港，依托"互联网+"打造"大物流、大金融、大数据"产业流通链平台——"圣贸通"，深入践行"引进来，走出去"的发展战略，发展跨境电商，搭建外贸综合服务平台，实现海外"最后一公里"服务，帮助中国品牌走出国门，在中国与海外市场之间建立绿色通道。

创新文化价值观驱动下的技术创新与转型升级 / 张梦华 ················ 285

新会中集成立于1992年，目前拥有员工2000余人，连续多年被评为"全国外经贸质量效益型先进企业"。自成立以来，新会中集坚持技术创新和转型升级，充分结合中集集团平台的资源和优势，从以标准干货集装箱为主导产品，逐步成长为具有研发、制造、采购及营销等职能的完整的制造型企业，能够制造多品类特种集装箱及其配套产品。近年来，新会中集在钢结构模块化建筑和大型尖端钢结构箱体式数据中心等新兴领域持续取得突破，形成了传统业务和新型业务并进的产业格局，并建立起知识产权保护体系，拥有多件国际专利。25年始终坚持技术创新和转型升级，形成了产业链纵向多元化、横向多元化和跨产业横向多元化创新转型的战略版图。

"互联网+"背景下涂料企业转型和升级路径研究

方案设计与撰写统筹/徐咏梅

撰写/林就芳 李益梅 张珍筝 欧泽丰 肖铭哲 赵仟 王臻

20世纪90年代初期,立邦登陆中国,迅速抓住涂料行业高速发展的时机,在众多涂料企业中脱颖而出,开创了中国涂料行业的黄金时代。但在90年代后,随着人们消费水平和生活质量的提高,城镇居民对建筑涂料提出了更高的要求,涂料企业面临的一系列环保问题亟须解决。与此同时,科技进步也给涂料行业带来了新的挑战。在市场经济与科技进步的驱动下,企业开始主动谋求转型升级,加大研发投入力度,积极拓展高价值产业链,从涂料制造商向全方位涂料服务商转型。从1992年成立至今,企业如何抉择转型和升级路径、如何应对转型和升级过程中面临的挑战、经历了怎样的蜕变都成为我们关注和探索的问题。

在以往的研究中,大量学者以不同行业为出发点,分析了影响企业转型升级的驱动因素及制约因素,但对于各种影响因素内部的作用机理和相互关系并不清晰。本研究基于前人的研究,针对从涂料制造商向全方位涂料服务商转型的具体企业,通过实地调研与访谈探索其转型的驱动与制约因素,以及这些驱动因素内部的联系机理,并且结合企业最新的调查数据和所处的具体区域位置,研究这些驱动与制约因素对企业转型升级演化路径的影响。

通过对立邦进行深入的剖析,本研究总结了立邦的转型升级路径包括技术创新、产业链延伸、模式创新以及产业经营与资本经营。同时总结了几个对其他类似企业的管理启示:熟悉现有行业并合理选择战略;向供应链高附加值方向延伸;摒弃商业惯性,打造学习型组织以及改变培训战略;快速培养人才。希望可以为其他企业在新时代中转型升级的道路上提供帮助,让更多的企业在转型升级的过程中取得成功。

20世纪90年代以来，中国涂料行业陆续引进了建筑涂料、汽车涂料、船舶涂料、防腐涂料等各类专用涂料的生产技术和关键设备，全国各地形成了各类专用涂料的主要生产基地。90年代初期，中国的涂料行业如雨后春笋般成长起来，立邦进入中国的时候正赶上这个行业高速发展的时期。1992年，立邦涂料登陆中国，通过一系列高调的营销，使"立邦"一举成为"乳胶漆"的代名词，开创了中国涂料行业的黄金时代，并迅速脱颖而出，成为涂料行业的领军企业。立邦目前共有70多种水性产品获得了中国环境标志认证。2005年2月，公司通过了ISO 14001：2004评审，被认定为国家高新技术企业以及外商投资双优企业，并连续多年获得环保、安全方面的先进表彰。2006年，立邦中国开始主动谋求转型升级，加大研发投入力度，积极拓展高价值产业链，从涂料制造商向全方位涂料服务商转型。

一、相关背景介绍

（一）行业背景

1949年中华人民共和国成立时，全国仅有50家油漆厂，产品仅有几十种，年总产量不足1万吨。中华人民共和国成立之后，一批油漆生产企业在全国各地如雨后春笋般出现。在之后的近30年，我国涂料行业经历了过山车式的发展：1978年改革开放初期，我国的涂料产量只有约50万吨/年，但随着改革开放的不断深入，国家启动了大批基础建设项目，交通运输、家电等行业迅速发展，带动涂料产业不断发展壮大。1978—1988年，我国涂料产量增加了52万吨；1988—1998年，涂料产量又增加了82万吨；到2009年，我国涂料产量达到755.44万吨，首次超过美国，跃居世界第一位。

20世纪90年代后，随着消费水平和生活质量的提高，人们对住宅规模和环境的要求发生变化使得城镇居民对建筑涂料提出了更高的要求，中国涂料进入了高速发展阶段。而立邦进入中国市场后，及时抓住市场机遇，通过营销"高举高打"，使"立邦"一举成为"乳胶漆"的代名词，开创了一个黄金时代，至今它的地位仍难以被撼动。由于涂料生产具有投资少、见效快的特点，随着国民经济的发展，各地乡镇企业、民营企业和外企迅速进入涂料行业，据1995年工业普查统计，全国涂料生产企业已达到4544家，其中乡镇以上独立核算企业3118家。而有资料统计，目前全国的涂料企业发展到了8000家左右，主要集中在经济发展迅速的长江三角洲和珠江三角洲地区。其中，华东地区涂料产量最大，占全国总产量的45%；华中、华南地区占30%；

华北地区占15%；东北、西南、西北地区占比在10%左右。外商独资、合资企业和国内较大规模的生产厂家，市场定位在中高档产品，个体、乡镇小企业一般以生产低档产品为主。

涂料生产企业的增多也带来了一系列的环保问题，相当一部分的涂料厂家都是高能耗、低效益、对环境生态有较大破坏的企业，不合乎循环经济法和可持续发展原则。为引领涂料产业健康发展，涂料产业逐渐引入了环保理念。在这一发展趋势下，立邦从国外大规模引进建筑涂料、工业涂料等生产设备、工艺，并于2007年以环保属性作为卖点，推出了净味全效、荷净全效等系列产品，而且主打中端爆款产品"净味120"。与其他产品不同的是，立邦采用的净味技术不添加香精，涂料的成膜物质也采用低释放合成技术，无任何异味，空气也符合A+标准，从而再次引领了国内产品创新风向。此外，2015年7月1日，深圳市开始实施《建筑装饰装修涂料和胶黏剂有害物质限量》特区技术规范，要求全面禁用严重危害市民身体健康的油漆、溶剂型涂料、胶黏剂等不合格装饰装修材料，在推动建筑装饰装修涂料全面环保水性化进程上，深圳成为全国首个禁售用油漆的城市，此后国内多地仿效推行"禁漆令"。严苛的政策环境下，整合资源打造新型的联合舰队势在必行，2017年，立邦推出空气卫士全层涂装体系，以环保乳液和环保型高分子聚合物取代底材涂刷中所用的建筑胶水，从底层的基材到面层的涂料均不含甲醛/挥发性有机化合物（VOC），以此逐渐解决环保痛点。

房地产业蓬勃发展，市场对建筑涂料的需求日益提高，但涂料行业属于中间品生产行业，上承原材料供应商、下连终端市场，随时需要承受市场变动带来的风险。在国家提出"中国制造2025"的背景下，现代涂料制造行业应该具有灵活性、敏捷性和智能性；在市场经济的驱动下，涂料生产企业应该做到品种层次化、功能多样化、批次丰富化、生产过程柔性化。与此同时，科技进步以及经济全球化进程的逐渐加快也给涂料制造企业带来了新的机遇，如何在"互联网+"背景下，将信息化技术与制造业融合，实现制造业科学转型升级成为重中之重。立邦是国内涂料行业的领头羊，面对政策和环境的变化，要想依然保持自身的竞争力，只能寻求转型以适应时代发展。

（二）企业简介

立邦是世界著名的涂料制造商，成立于1881年，已有100多年的历史，是世界上成立最早的涂料公司之一。1963年，创立于新加坡的立时集团收购立邦漆东南亚业务，负责管理东南亚区域立邦涂料的所有业务活动，并于2018年绝对控股日本总公司，全面掌管全球业务。自1963年至今，立时集团已遍及亚洲、欧洲以及美洲等十几个国家和地区，拥有70余家制造工厂和20000多名职员，业务涉及建筑涂料、汽车漆、表面处理剂、大型结构物件的重防腐漆、海事用漆、电器用漆和电脑部件用漆等领域，成为涂料界的"全面供应商"。1992年进入中国的立邦涂料，近年来在全球涂料厂家一直名列前茅，是国内涂料行业的领导者。立邦在全国已经建成46个工厂，分为综合性工厂、区域性工厂和专业性工厂三个层级，以广州、上海、廊坊、成都为四大主要综合性工厂生产基地。在全国有10多个调色中心，130个办事处，8000多名员工，年产量逾130万吨，2018年实现销售收入198亿元，市场占有率超过18%，位居涂料100强企业排行榜榜首。

其中本次重点调研走访的广州立邦涂料有限公司，隶属于立邦中国，成立于1992年，占地面积12余万平方米，主要的销售及服务范围涉及华南及华中6个省。现有员工1000多人，年产量25万吨，2018年营业总收入40亿元，利润总额8.3亿元，净资产总额28亿元。目前共有70多种水性产品获得了中国环境标志认证；2002年，公司通过ISO 9000：2000认证；2005年2月，公司通过了ISO 14001：2004评审，被广州市认定为国家高新技术企业以及外商投资双优企业，并连续多年获得环保、安全方面的先进表彰，获评涂料行业质量领军企业、资信AA+级企业、质量诚信标杆企业、中国涂料最具影响力品牌、中国房地产开发企业500强首选供应商等。广州立邦始终以开发绿色产品，注重高科技、高品质为目标，以技术力量不断推进科研和开发，使立邦涂料始终处于领导地位，最大限度地满足社会和市场的需求。广州本田、天津丰田、奥运会重点场馆、中央电视台新台址等，它们的表面无不在立邦漆的保护下熠熠生辉。通过一个多世纪的努力奋斗，立邦谱写出多彩辉煌的事业篇章，并为美化、改善人类的居住环境作出了卓越的贡献。

二、案例研究的初衷

本研究的初衷，一方面在于充实与完善现有企业转型升级相关理论研究，另一方面在于对类似的民营涂料企业转型升级问题的思考。

（一）企业转型升级的概念界定

一般而言，研究企业发展的相关理论可以概括为三种：一为企业性质与起源理论，主要探讨企业的产生与存在问题；二为公司治理理论，主要研究已经存在的企业应如何协调各利益相关者之间的利益、如何设计有效的激励—约束机制的问题；三为企业发展演化理论，主要从动态的视角探讨如何促使企业成长的问题。

关于企业转型升级的概念，主要从企业转型和企业升级两个方面进行表述。企业转型大致有两方面内容：一是企业跨行业领域转型，如生产经营转向不同行业或者企业跨出原有核心技术或经验进入新的领域，主要指企业在不同行业或不同领域的转变（吴家曦、李华燊，2009）；二是组织管理层面转型，指企业为适应外部环境的变化或为降低企业管理成本、提高内部运作效率，在企业组织结构管理模式或公司治理结构等方面的优化转型。而企业升级指企业从低附加值产品生产转向高附加值产品生产的过程，同时伴随企业在产业链或产品价值链位置上的提升（Gereffi，1999），也就是企业通过获得技术能力或市场能力改善自身的竞争能力，使企业进入获利更高的资本密集型和技术密集型经济领域的过程（Poon，2004）。Humphrey 和 Schmitz（2000）认为，从企业层面来讲，升级是指企业通过获得技术能力和市场能力，以改善其竞争能力以及从事高附加值的活动；他们（2002）还认为能使发展中国家企业维持其收入或者能使其收入增长的业务，就是企业升级，从价值链的角度阐述了对于发展中国家的企业或企业群，有过程升级、产品升级、功能升级、部门间升级四种不同类型的升级方式。这种分类方式得到了较多学者的认同，并据此对发展中国家的企业升级现状进行研究。

立邦在升级的过程中实现了四类升级方式的全类升级：一是向以客户需求为中心的涂料品牌再升级的转变；二是由企业各自为政向建设完整产业链方向转变；三是由产业经营向产业经营与资本经营相结合的方向转变；四是由传统制造商向全方位服务市场转变。总体而言，立邦不仅进行了企业转型，从涂料制造商向全方位涂料服务商转型，也进行了企业升级，迈向更具获利能力的资本和技术密集型经济领域。所以，本研究把立邦的转型与升级作为一个整体概念，对其驱动与制约因素以及升级路径等进行分析。

（二）企业转型研究现状

目前国内外文献关于企业转型升级的研究主要基于以下几个方面：一是侧重研究企业转型升级的类型和模式，如 Bibeault（1982）将企业转型分为企业管理模式转型、企业商业运作模式转型、企业适应外部环境转型、产品创新转型以及与政府政策相关联的转型五种。二是侧重企业转型升级的路径研究，如 Gereffi（1999）根据东亚服装生产企业在全球价值链中的升级演化过程总结了一条企业升级的路径，即从委托组装（OEA）、委托加工（OEM）、自主设计和加工（ODM）到自主品牌生产（OBM）的升级过程；杨桂菊（2010）以三家本土代工企业为案例探索性研究了 OEM 企业转型升级的演进影响因素的研究，这类文献相对较少。由于企业创新能力对转型升级具有关键的影响作用，所以多数学者在相关研究中也将企业技术创新的影响因素作为间接影响企业转型升级的因素，这些因素主要有：企业规模、市场结构（Arrow，1962；Scherer，1967）、政府R&D投入（Guangzhou Hu，2001）、行业和所有制特征（安同良等，2006）、集聚效应和出口（张杰等，2007）、出口贸易的技术标准化要求（孔伟杰、苏为华，2009）等。

但是至今还没有对企业转型升级与其影响因素之间关系进行直接研究的文献。原因包括两方面：一方面，企业转型升级概念的外延涉及产品、技术、管理、产权和制度等方面且难以用个别指标进行反映；另一方面，到目前为止，尚未形成一套可供量化的评价标准，因此无法对企业转型升级与其主要影响因素之间关系进行直接的研究。为此，研究企业转型升级与其影响因素之间的关系，关键是克服上述两个尚未解决的难题。

（三）企业转型驱动与制约因素分析

针对企业转型的驱动和制约因素研究，Pfeffer和Slancik（1981）认为，激烈的市场竞争、组织内部的资源与能力以及外部合作伙伴的支持是企业转型升级的基础条件，而发展产业集群可以促进企业转型发展。B. Li和C. Wang（2015）基于浙江省的问卷调查将影响企业转型升级的因素分为企业内部因素、国内环境因素、国际环境因素，发现国内环境因素对企业转型升级影响最大，其次是企业内部因素，最后是国际环境因素。孔伟杰（2012）基于浙江省制造业企业大样本问卷调查的实证研究发现，企业创新能力是企业转型升级最关键的因素，企业规模对企业转型升级具有明显的正向促进作用，政府财政资助对企业转型的刺激作用并不明显。对于中小型制造业企业来说，如何培养并提高自身的创新能力至关重要，也是未来学术界需探讨的重要问题。赵昌文（2013）通过对全国约300家企业的实地调研和约1500家企业的问卷调查发现，影响企业转型升级成效的主要因素包括：对研发的投入、商标和品牌的建设、人力资源的培养、先进管理技术的应用和管理能力的提升。吴家曦（2009）认为，企业转型的动因可以分为拉动因素和推动因素。拉动因素包括对企业未来长远发展的考虑、对当前形势的判断、新的市场渠道和新的技术。推动因素包括产能过剩和过度竞争带来的压力、企业成本难以消化、市场萎缩、行业发展前景暗淡、受其他企业的影响。张聪群（2011）强调了地方政府在企业转型中的重要作用。产业共性技术和区域品牌都具有公共产品属性，因此，地方政府应该扮演战略的制定者和战略实施的组织者。

刘方（2014）则聚焦我国的中小型企业转型，通过分析我国企业近几年的宏观经济数据发现，中小企业转型升级仍然面临着转型成本高、融资难、技术与管理创新存在瓶颈等具体问题，提出要将促进中小企业发展上升到国家战略层面，加强改革的顶层设计，破除民营经济和中小企业发展的体制机制障碍，缓解转型升级中融资难问题，加大扶持小微企业发展的财税支持力度。杨桂菊（2010）研究了我国代工企业的转型影响因素，基于比亚迪的探索性案例研究发现，代工企业可以通过网络关系构建、模仿学习、创新投入以及国际化行为，实现战略创业，推动代工企业的转型升级。同时，企业家创新理念与机会感知能力是代工企业实施战略创业行为的内在驱动力。曹建海和黄群慧（2004）揭示了企业制度转型和管理模式创新对中国现阶段民营企业成长的决定性意义，并进一步引申出民营企业成长管理的"三维模型"。

总的来说，国内外学者基于不同的视角，从不同的行业出发，分析了影响企业转型升级的驱动因素与制约因素，外部的竞争环境、政府法规政策以及企业内部的创新能力、管理能力、品牌建设等因素都会对不同行业的企业转型升级产生不同程度的影响。本研究基于前人的研究，通过案例调查分析影响涂料企业转型升级的具体因素，以及具体因素之间的作用机理。

（四）企业转型的路径分析

在企业转型升级的路径演化方面，Gereffi（1999）通过对服装行业的实证研究表明企业转型的典型路径是从（OEA）到（OEM）再到自主品牌生产的过程。Kotter（1994）指出，企业转型过程包括几个阶段，即营造危机感、塑造富有战斗力的团队、传达愿景、授权按新愿景行动、计划并实现阶段性胜利、巩固成果并推动更多的变革和制度化，而在转型的每个阶段都需要企业管理者的能力。杨桂菊（2010）在此基础上，进一步对三家本土OEM企业转型升级的演进路径进行了探索性研究，发现代工企业转型升级的过程，即代工企业在"核心能力"不断升级的基础上扩展其"价值链活动"范围的过程。程虹（2016）通过实证调查发现，我国企业转型升级整体绩效趋稳，结构分化明显，提出了企业转型升级的几大路径，即形成面向市场的创新型企业家精神；加快从"速度盈利型模式"向"质量盈利型模式"转变；加大企业人力资本投资以形成人力资本红利；注重技术创新能力的持续性提升；等等。

企业转型的路径是多种多样的，根本没有可复制的方式，根据权变理论，不同行业、不同区域的企业所选择的转型路径是不同的，Sturgeon 和 Lester（2002）发现企业自身条件和所处的环境因素决定了OEM企业具体选择哪种适合于自己的升级战略。Ponte（2009）通过对南非一个葡萄酒企业进行案例研究，认为企业转型升级是一个收益与风险平衡的过程，更好的产品质量、快速响应的过程与一些功能的升级是与高风险、低回报共同存在的。陈明森、陈爱贞、张文刚（2012）通过对我国221家制造业上市公司的实证分析，认为在能力的培育、提升方面，处于不同行业的企业应采取差异化策略：生产者驱动型产业应以技术路线为主、购买者驱动型产业应以营销路线为主。毛韵诗（2009）通过对东菱凯琴与佳士科技的比较案例研究发现：制度环境、基于"适应性学习"的企业能力不同，则OEM企业升级战略选择是不同的。在改性塑料行业，刘英俊（2016）指出我国改性塑料行业要从扩大规模、产量为主的增长模式，转移到创新驱动提质增效、绿色环保和内外并举的新的模式上来。

现有文献对于企业的转型升级现状与影响因素进行了充分的研究，但是仍存在两方面的不足：一是缺乏新常态下最新的企业调查数据，使得研究结论的时效性不够强；二是在研究内容上主要集中在转型升级某个要素上，而缺乏对企业转型升级全貌式的研究。本研究基于前人的研究与缺陷，针对从涂料制造商向全方位涂料服务商转变的具体企业，通过实地调研与访谈探索其转型的驱动与制约因素，以及这些驱动因素内部的联系机理，并且结合企业最新的调查数据和所处的具体区域位置，研究这些驱动与制约因素对企业转型升级演化路径的影响。

三、案例研究内容

通过对立邦中国相关资料的查阅和调研情况，可以将立邦中国的企业发展历程分为三个主要阶段，分别是转型准备期、转型初探期及产业链延伸期。立邦中国自1992年进入中国大陆市场，至今已有20多年的发展历史。其间，该公司在中国大陆市场的年销售额由最初的零增长到了目前的173亿元人民币。在销售额急速增长的同时，公司的规模也急剧扩张。立邦中国呈现强劲的成长趋势，而企业的发展历程之所以引人注目，不仅在于公司自身迅速地壮大，还在于企业在转型发展中更为规范、现代化。接下来将分别详细地介绍立邦中国的三个发展历程，并从中分析企业的转型升级路径。

（一）第一阶段（1992—2006年）：转型准备期

作为一家拥有近120年历史的跨国涂料公司，立邦的产品线涵盖建筑涂料、汽车用漆、电器用漆、海事用漆、军工用漆、重防腐漆等，涉及工业与民用领域。1992年，立邦在上海浦东建立起第一家独资工厂，尽管当时的国内市场有70年的涂料工业生产史,生产企业也已经达到5000余家,但普遍存在研发能力低下、产品结构单一、管理方式原始的产业现象。作坊式的生产、粗放型的分销都严重制约了具有市场前瞻力的新型涂料产品的开发和推广,也与蓬勃发展的国内住宅业极不相称。

面对这样巨大容量的市场与诱人的应用前景,立邦明确目标,投入巨资,开始悉心布局在华的每一家工厂,坚持"以主导型企业的姿态促进涂料工业发展"以及"用自己的技术开发领导世界潮流的产品"两大主题的发展,积极推动,力图与同道者一起把中国涂料工业带进一个以高性能产品为主导的全面产品竞争时代。

10年变迁,随着消费习惯和购买力变化,建筑装饰材料日新月异,改变着我们的家居环境,那些能够把握趋势的公司,终于获得了独占市场的机遇。在很多地方,立邦漆成为"高档漆"的代名词,成为材料应用商、居民家庭的"首选品牌"。其根据市场细分进行的丰富的产品组合和多品牌运作,奠定了其在中国涂料市场的强大地位。而这一切都源于当时立邦中国的创业人看到了国内高档漆市场,特别是民用建筑装饰漆市场"高端不高"的巨大空白,而决定以此为契机,确立了"依靠产品创新,引导消费选择,目标市场第一"的"进入策略"。

但经过十多年的高速发展,立邦中国遭遇了"十年之痒",当初独自花巨资培育的中国建筑涂料市场被8000多个涂料厂家分享,市场份额远没有达到30%的垄断地位;市场上"香港立邦""日本立邦"等假冒品牌层出不穷;竞争对手ICI旗下的多乐士贴身紧逼,宣威、来威等全球十强的涂料品牌纷纷抢食分羹。这一切都成为立邦心头永远的"痛"。痛定思痛,立邦开始调整在华的推广战略,2003年发力木器漆市场,推出1687木器漆系列。从产能提升、销售网点、服务体系等方面开始布局,期望能弥补其在木器漆方面的不足。可是当时中国的油性木器漆市场已经非常成熟,竞争异常激烈,再加上原材料上涨,众多中小品牌的合力阻击,推广3年多来乏善可陈。

2006年是立邦在华投资15周年,2006年11月,立邦在广州低调地举行了庆祝活动,并提出了自己的战略目标:2010年在中国销售达到100亿元。为实现这个目标,立邦在2006年底陡然发力,决心进行转型改革。

(二) 第二阶段(2007—2013年):转型初探期

在整体的品牌战略和定位上,立邦在2006年底举办的15周年大会上,提出从"装饰材料商"转变为一家"提供不同生活方式"的服务商,以墙面为核心提供整体的家居装饰解决方案,并且针对店面展示进行升级,统一形象，而且开始停播净味全效的广告，转而投放"我的色彩"品牌广告。

在产品策略上，2006年底开始，立邦产品的很多市场卖点开始围绕"色彩"做起文章，比如企业店面展示形象的变化、电视广告内容的更改等，都没有离开"更多色彩、更多选择""随心所欲，创造心中流行色"等色彩文化。

在渠道策略上，2007年，立邦对渠道进行了一些调整，区域的销售网络管理店开始提上日程，产品和资金上的投入开始大规模倾向区域核心客户。立邦公司首先对网管店系统的具体店址、规模等做出统一规划，然后要求合作的经销商按照其意愿进行网络扩张，对于在区域市场上不能完全配合的经销商，立邦的政策是强制性立即收回经销权，或缩小其经营范围，让出空白区域，由愿意跟随立邦公司政策走向的经销商来继续经营。同时，一些地方开始取消独家代理，在一个地级市场内可能会有十家以上经销商或零售店，并且规定只许经销商经营立邦产品，未经立邦书面授权，经销商不能同时经营其他品牌的涂料产品。对于县乡等三、四级市场，立邦开始直接插手管理和维护，比如直接由立邦的办事处供货，新开发的地级经销商将不再拥有向下级市场批发的授权等。除此之外，还单独设立了区域木器漆独家服务商。

结合一定的促销策略，在立邦每一次大的广告投入的背后，地面系统迅速地促销配合，以此协同作战，获得品牌与销售的双重收益。比如在2006年底，立邦围绕"色彩"主题，推出以"灵感色彩，我的立邦"为主题的2007年元旦促销活动；围绕净味120产品的推广，网络上推出了主题活动和促销优惠，并以相当漂亮和功能完善的专题网站进行展示呈现。

打造数字化和一站式的客户服务，比如在售后服务方面，立邦公司于2005年7月开发了一种专用扫描仪——BEEP扫描仪。公司要求每个专卖店对售出的每一桶漆都必须扫描条码，并当天就将数据上传至总公司，以此跟踪产品去向。据了解，每一桶立邦漆都会有全国唯一的编码。当扫描信息传到公司总部时，每一桶漆的生产时间、型号、质量标准、流向哪个专卖店，然后在何时、何地由哪个专卖店的哪个营业员售出等相关信息都会自动记录下来。消费者可以通过公司驻各地办事处热线查到自己所购产品的相关信息。这种销售跟踪的方式也是相当领先的。

在组织架构上，如图1所示，2011年立邦中国的组织架构主要划分为零售事业部、专业事业部、全国工厂、专业支持部四大类，事业部以产品类型进行划分，主要负责产品的营销、技术开发和服务，全国工厂负责产品的生产和物流，专业支持部负责为各事业部、各工厂提供指导和服务。零售事业部从其他事业部中单独列出，表明立邦仍然对乳胶漆和木器漆给予了高度重视。专业事业部则包含了除乳胶漆和木器漆以外，其他的产品类型所对应的事业部，该事业部反映了立邦向其他涂料领域扩展的意图。专业支持部为立邦对各事业部及各地工厂进行管理、指导和支持的部门，虽然在公司的经营中处于后台地位，但作为一个外资公司，为保证其对公司整体运营的良好控制，各部门在公司中实际处于非常重要的地位。

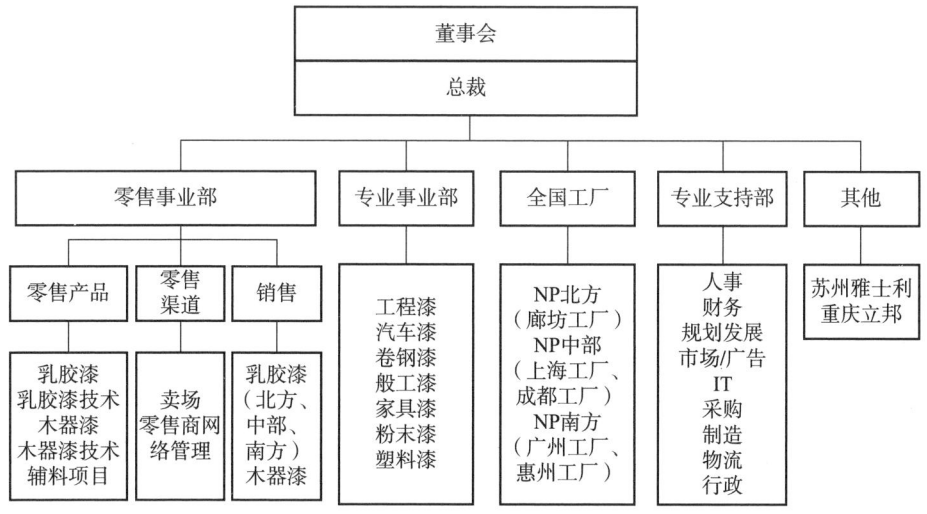

图1　2011年立邦中国组织架构

综上所述，立邦中国的组织架构十分复杂，总裁的直接下属达到20~30人，管理幅度大，由此也导致管理难度加大。为了适应公司的架构，立邦在组织管理制度上，采取了"工厂+事业部+专业支持部门"制度：工厂的功能为生产以及管理所覆盖区域的销售网络，事业部的功能为产品销售和技术应用，专业支持部门提供生产和销售所需要的服务。同时，立邦还采取扁平化体系管理：最高领导为总裁，下辖总监和总经理，总监的级别较总经理略高，总监主要负责工厂管理及专业支持事务，总经理则主要负责各事业部事务，总监和总经理各自管辖所属各部门经理和各办事处经理。需要强调的是，立邦之所以能够做到规模大而管理层次少，得益于其先进的信息管理系统。此外，立邦还采取交叉管理和垂直管理并举的方式，作为重点的零售事业部下属的办事处将同时向工厂、产品事业部、渠道管理三个部门汇报工作，工厂作为直接上级，产品事业部和渠道管理为职能上级，其他专业事业部则只需向所在事业部汇报工作即可，因为立邦在转型初探期主要的业务支撑还是归于涂料产品的生产和销售，公司的重心还放在利用多样化的产品占领市场上，因此该类组织架构尚能支撑立邦完成相关业务的开展。

2011 年之后，立邦继续进行转型初探，根据市场的情况推出了"立邦刷新服务"，开拓了自己的重涂市场。立邦刷新服务是为消费者提供包括墙面、地板和木质家具在内的涂料施工，施工前免费上门检测墙面、制定施工方案，施工中提供搬移家具、遮蔽保护、清洁归位等一站式服务，施工后提供一年质保。刷新服务订单主要来自线上，依赖"片区"内的经销商施工。自 2011 年在杭州试点推出以来，已有 44 个大中城市开通了刷新服务，在该市场的开拓过程中，立邦发现了辅材市场的商机，并在 2013 年成立辅材事业部。

（三）第三阶段（2014 年至今）：产业链延伸期

产业链向下游延伸这一转型路径是继 2006 年企业第一次转型后的深化与升级。根据"微笑曲线"理论，在企业的价值构成中，研发设计、售后服务、品牌等非制造业部分处于价值链高端，创造价值的能力强。一个产业链经济效益最高的部分在产品的研发设计端与最终消费市场端，立邦正是基于它在中部的不断创新向研发设计端与最终消费市场端靠近。从整个涂料行业的产业链来看，各供应链节点企业的分工明确，但同时也存在着不少中间商为获取利益而提高价格的情形，而且由于整个供应链环节太多，会产生强烈的"牛鞭效应"，导致一些人力、资源、运输、库存的浪费，使得最终的产品响应速度太慢，价格太高。立邦从多年的销售经验中发现了供应链中存在的这些问题，并开始进行企业转型升级，构建企业的核心竞争力。从 2014 年开始，立邦中国进入全涂装体系战略转型阶段。受经济结构调整的影响，加之消费者需求的升级，涂料行业的竞争愈演愈烈。作为涂料行业中的领军品牌，立邦中国（Nippon Paint China）在 2014 年启动品牌升级计划，宣告向"全方位涂料服务商"迈进，以求突破红海之困，打造差异化竞争优势。由涂料商向服务商转型是一项浩大的工程，为此，立邦已在产业链上下游布局多年，无论是近两年主推的"立邦刷新服务"，抑或是电商 O2O 战略的实施，立邦的每一个大动作背后都烙上了全方位服务商的印记。为了实现从涂料生产向服务运营的转型，立邦在软硬件方面下足了功夫。

硬件方面，立邦以电商布局为突破口，搭建电商平台，让各地经销商送货上门，由此逐步培养其服务理念。与传统的网络销售不同，立邦创新式地开拓了"线上下单，线下提货"的模式，为经销商搭建服务平台。当谈到此举的缘由时，立邦中国区总裁钟中林（Eric Chung）表示："其实重要的并不是要他们送涂料，而是发展服务。我们希望经销商通过一单一单涂料送到消费者家中，跟他们互动，了解他们的真实需求，还可以免费提供指导，挖掘额外的商机，逐渐使其体会到服务的价值。"

软件方面，立邦不断升级线上线下培训系统，通过培训带动人才输出进而更好地为转型服务。立邦培训的对象不仅包括立邦内部员工，还涵括经销商、专卖店导购、油漆工等产业链上下游的从业人员。立邦中国区总裁钟中林表示："我们要从涂料制造商向'全方位涂料服务商'转变，需要我们全体员工能力的提升。我们相信，培训有多快，成长就有多快，立邦的培训体系可以很好地帮助员工提升能力，掌握最新的行业知识和服务技巧，实现个人和品牌的同步成长，从而实现服务转型。"

为了配合转型的步伐，立邦还规划和布局其信息化管理系统，包括：ERP（企业资源计划）、CRM（客户关系管理）、SRM（供应商管理）等。立邦还看准大数据系统的应用，构建了高速数据处理平台，来实现用户行为分析、媒体投放效果分析，以及浅层客户分析等功能。也就是说，进入立邦官网等网站的用户会被收集行为习惯，以此获得个性化信息的推送；媒体投放的数据也得以收集，进而评价用于媒体宣传的投入对于销售量的影响；对其他电商平台的数据也可以关联提取来进行环比、同比、区域比等分析，进而获取市场趋势，了解潜层用户需求。立邦将这些海量的用户数据用于分析诸如色彩、设计风格和设计师等客户偏好信息，根据其需求对产品和服务进行定制，让用户能在如 iColor 这样的平台上获得更好的体验。

品牌升级助力立邦向"全方位涂料服务商"迈进。在软硬兼具的坚实基础上，2014 年，立邦启动"品牌升级"计划，推动自身从涂料制造商向以消费者为核心的"全方位涂料服务商"转型。2015 年，立邦凭借其优质的服务成为天猫家装战略首批战略合作伙伴，证明其向服务商转型获得了消费者和行业的高度认可。

为了更好地服务于消费者，立邦打造了包括刷新服务、全涂装体系、一站式设计服务平台 iColor 网站在内的全面完整的产品与服务体系，从市场趋势研究、产品研发到服务创新，为消费者提供一站式服务。以刷新服务为例，立邦为消费者定制专属的涂刷方案，通过聚焦于各种环保涂料产品的研发和搭配专业的辅料与工具，搭建起"专业涂装体系"，从而为消费者提供增值服务。为向消费者提供一体化涂装解决方案，立邦 2013 年以来通过收购获得了广州秀珀化工和欧龙漆的控股权，填补了立邦在地坪涂料、防水等方面的不足。涂装产品体系的日臻完整，成为立邦刷新服务的一大竞争优势，为立邦在涂装市场建立优势提供了有力支持。

为了更好地配合转型，立邦中国在组织架构上也进行了改革，如图 2 所示。立邦中国按照涂料分类组建了两大事业群，分别为建筑涂料事业群（TU）和工业涂料事业群（IU）。其中，建筑涂料事业群（TU）拥有装饰涂料事业部（DIY）、工程、基辅材、秀珀、商装木器漆五个事业部，而 DIY 又包括 DIY、刷新、商装。工业涂料事业群（IU）下辖防护涂料事业部、卷材涂料事业部、一般工业涂料事业部、汽车涂料事业部、汽车修补涂料事业部、立邦粉末涂料事业部等八个事业部。两个事业群下又有专属的功能本部，用于支持各事业部、各工厂开展业务。在该结构下，立邦可以按照不同的事业部设立不同的功能本部，例如：在建设涂料事业群中开设立邦大学。这是一种按经营产品属性划分部门，并由各事业部直接指挥各部门的体制。这类组织架构对于不断拓展市场的立邦来说非常有效。

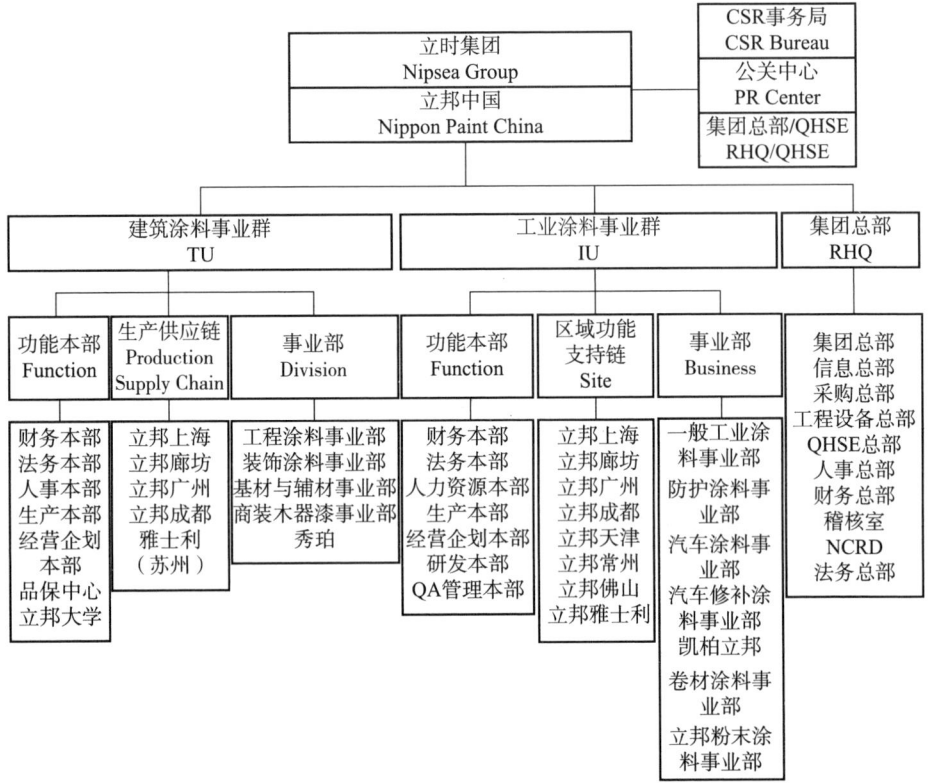

图 2　立邦中国现行的组织架构

立邦的蜕变不仅给其带来了新的商机，更为业内其他涂料企业转型升级做出了示范，带动行业由制造型向服务型发展。对立邦而言，品牌升级不仅仅是一个战略，更是一个全新的开始，未来，立邦将以"全方位涂料服务商"的身份继续引领涂料行业发展，提供优质产品，更好地服务于消费者。

四、案例分析

(一) 企业转型驱动与制约因素分析

1. 驱动因素

国内外学者对企业升级的动因研究主要集中在外部环境、企业家理念、价值链升级、服务融合、企业关键资源和关键能力等方面。结合立邦集团的实际情况，其转型不仅是受外部宏观环境的驱动，也与企业内部因素有关。具体分析，立邦集团转型的动因有以下几点：电子分销市场环境发生动荡、市场对新涂料的需求、国民对服务型商品的需求升级以及企业家理念等。

随着科技进步以及经济全球化进程的逐渐加快，世界各国都更加重视工业发展及科技运用。随着互联网、信息技术的发展，传统行业大多都遭受到电子行业的巨大冲击，纷纷寻求转型。在这一趋势下，制造业转型面临巨大的挑战和机遇，如何在"互联网+"背景下，将信息化技术与制造业融合，向价值链的上端游走，实现制造业科学转型升级成为重中之重。由于供给侧结构性改革、"营改增"的推进，国内各行业经历了大洗牌，涂料行业也举步维艰，进行企业转型是时代之选。

环保政策趋严使得大部分中小企业举步维艰，随着国内涂料市场的进一步规范化，对市场和需求等环节的要求不断提升。立邦将自己的目标市场设定为新交易的商品房以及旧房重涂，旧房重涂包括住宅存量房以及交易的二手房。据立邦统计，目前大陆存量房有3亿套，房子平均每10年刷新一次，那么每年有3000万户家庭需要重新涂刷。在中国总人口中约有5%为高端消费者，约合2500万户家庭，若能锁定、抓住这部分高端消费者，那么按10年刷新一次，平均单价1万元来计算的话，每年重涂金额高达250亿元。巨大的市场需求更加坚定了立邦转型的决心，只有转型，才能在竞争激烈的市场中存活下来，才能拿下巨大的涂料市场。

随着中国经济的快速发展，越来越多的人愿意为服务买单，据世界银行统计，2014年服务行业增加值占全球GDP的68%。在中国，1995年服务行业占全国GDP的34%，2018年则高达56%。中国特色社会主义已经进入新时代，人们对美好生活的需要日益增长，当前是一个消费升级的时代，品牌所定义的消费者正在发生族群的裂变。同时，目前十分流行的"体验经济"，充分验证了感觉是可以卖钱的，例如Starbucks的手工咖啡，一杯咖啡卖价不高，但如果消费者想体验自己做咖啡,自己去冲则需要花费更多钱来为自己的体验买单。而立邦在提供刷新服务时,让客户体验到了便捷、舒适。立邦装饰涂料事业部市场副总裁蔡志伟称:"消费者要的真的不是一桶油漆,他们要的是真正一个美好生活的开始,所以我们需要思考的是怎么样协助消费者创造一个美丽的家。"

另外,企业家理念也是影响企业升级的重要因素,企业家理念包括企业家精神和抱负、企业家品牌意识等;企业家勇于进取、敢于创新、坚持不懈的精神和强烈的责任心,对企业转型升级具有积极的影响。立邦高管对立邦转型大力支持,在转型之初自发招聘刷新团队,投入大量的资源,采取正确的领导方式,带领刷新服务试点成功,使广大经销商逐渐认可刷新服务,并加入刷新服务的团队中,从而实现了立邦由制造向综合服务的转型升级。在企业内部领导和管理的驱动下,立邦成立了立邦大学,进行人才的培训及储备,提高企业人才质量,为企业升级提供人力资源保障。从公司内外进行招生,积极与同行进行合作交流,为企业转型升级奠定良好的基础。经过企业的转型,使得企业获得了高利润增长,并把这部分利润投入到企业的技术研发、人才吸引、宣传推广等方面,研发出更环保、更耐用的涂料,吸引更多的优秀员工参与到企业的发展中。

2. 制约因素

结合立邦集团的具体情况分析,企业转型的制约因素主要包括企业内部意见不统一和标准化作业实施困难两方面。

内部意见不统一。据立邦大学校长徐穆德介绍,在立邦刷新服务初步启动阶段,计划在上海和杭州同时试行,遭遇了上海销售主管的抗拒及怀疑,从卖涂料转变为到家服务,令公司承担了更大的责任,这也意味着更大的风险,油漆工进家涂漆的过程中,有可能会无意中损坏家具,施工不达标,甚至出现盗窃现象,这些都会令公司的企业形象受损,得不偿失,因此在上海落地并不顺畅,好在在杭州落地成功,才有了进一步的学习试点。

除了立邦集团,我国大多数企业在进行转型升级初期都会遭受来自内外部的质疑。来自内部的意见不统一最为致命,有多少家企业都是在转型之际由于下级不认可,没有及时实施上级下达的转型任务而造成了转型失败。企业大多数员工由于无法直接接触到企业的战略层面,很难以全面的眼光来看待企业的发展,大多数中层管理者都存在商业惯性,不愿改变,这些原因都使企业转型难以顺利推进。因此,形成先进的商业模式就尤为重要。对此,企业应该紧密关注客户需求,制定针对客户消费需要的战略方针,打造学习型组织，积极营造允许自我挑战、自我推翻的环境和文化作风，培养企业敢于改变现状的勇气。

油漆工培训困难，刷新标准不统一。传统的油漆工形象是习惯差、素质较低、涂刷中需要全程监工，将散漫、随意的油漆工训练得专业有素，是件非常困难的事情。况且涂刷前后准备清理工作麻烦复杂、涂刷品质无法保证、缺乏售后服务、整体缺乏专业咨询和规划、刷新标准不清晰，施工现场杂乱无章。例如，站在消费者家里桌子上直接施工，一来有可能损坏家具，二来有可能造成工伤。工具随意放在消费者家中，摆放杂乱。况且所有的刷新服务都是到消费者家中去做，管理者无法每时每刻监督其作业。在立邦刷新服务试运行前期，刷新服务做得脏、乱、差，企业高管不得不去消费者家中拜访道歉。

后来，立邦集团投入大量资源对员工进行培训，设定标准化作业流程，让员工进行专项学习，如今的刷新服务制定了六个标准步骤：免费测量—制订方案—搬移保护—专业打磨—清洁归位——年质保。在作业过程中，涂刷工人不仅完成涂刷等基本服务，还会依情况向消费者提供一些免费服务，如清洗空调滤网、清理门窗等，使得立邦的刷新服务受到消费者的一致好评。

（二）企业转型升级路径研究

基于前人的研究，我们可以了解到，企业转型升级的方式分为七种：①替代跨国公司产品；②通过技术跨越，直接进入先进技术领域；③跨越多重技术领域的嫁接，实现产品功能技术的交叉；④从 OEM 到 ODM 再到 OBM 的多种方式组合；⑤以产业集群、园区为载体，向价值链上下游环节延伸，促进企业升级；⑥加快科技制度创新，搭建企业合作平台，支持中小微企业开展信息化建设，推进供给侧结构性改革；⑦通过技术积累，带动企业升级。通过对立邦的调研，立邦进行转型升级的方式是融合了②⑤⑥转型升级路径，即通过技术引进吸收，实现技术跨越，提高立邦的产品性能，同时向价值链上下游环节延伸，从涂料制造商向全方位服务商转型升级，提高自身的市场竞争力。随着互联网的渗透，涂料市场的扩增，消费群体需求的升级，传统家装行业开始探索新的商业模式。立邦意识到应当集中力量为客户创造更多价值，在当前涂料市场竞争日益激烈的背景下，只有为客户创造更多的价值，才能突破红海之困，打造差异化竞争产品，从而在一定程度上吸引并留住客户。立邦转型升级的跨越主要通过以下几种方式实现。

1. 技术创新

在涂料行业，先进的技术和多元化的产品一直是企业满足市场需求、保持竞争优势的关键因素，消费者对于涂料产品本身以及涂装服务的需求也对涂料企业提出更高的要求。为此，立邦在中国开启了品牌升级计划，旨在推动创新技术的研发、多元化产品的拓展，让广大中国消费者在涂料功能、涂刷效果和环保、服务等方面有更多选择，从而提供以消费者为核心的服务。企业创新的宗旨就在于满足行业和消费者以及产业集群对涂料产品优质、美观、舒适、高性能的需求，并进一步创造需求，针对特种场所开发出耐苛刻环境的特种功能产品，打破传统局限，扩大应用范围，进行颠覆性的技术创新、产品创新。具体实践活动包括以下几个方面：

（1）加大研发投入力度，不断开发新的产品。2018年，立邦在研发上投入1.57亿美元，遥遥领先于国内其他涂料企业；同年，立邦研发团队共获得6件专利授权，乳胶漆产品100%达到国家绿色标准，木器漆产品80%以上通过国家十环环保标志认证。立邦在研发投入上一直走在前列，近年来，政府的政策调控越来越严格，涂料企业面临诸多挑战，因此在研发投入和技术创新上不能有任何松懈，只有这样才能时刻走在市场的最前端，保持行业的领先地位。

（2）通过并购实现技术跨越。发达国家已有许多企业通过技术关联性并购的方式实现技术跨越升级。例如，美国AT&T公司通过对美国第二大有线电视公司TCI和IBM的全球网络系统的成功收购，实现了两次技术升级和跨越。立邦进入中国后早在2002年就走上了收购之路，截至2018年12月，先后采取了12次收购举措。例如，2018年11月29日，立邦中国收购上海麦加70%的股份，主要是为了填补其集装箱涂料、风电涂料的不足，立邦表示，这两个领域在中国工业涂料市场具有很强的增长潜力；2017年11月，立邦收购了在客车涂料细分领域的领先企业——漳州鑫展旺化工有限公司以及厦门市鑫展望汽车材料有限公司，目标直指汽车漆领域；2017年7月，隶属于立邦的长润发涂料收购淄博华润九成以上股份，成为事实上的控股股东。长润发对淄博华润的收购被认为是立邦布局水性及UV木器漆所走的一条捷径。从上文的收购举措可以看出，立邦收购的企业全部是某个细分领域的翘楚和领先企业，立邦的收购旨在强化立邦在中国工业涂料、木器漆等领域的市场地位。通过收购可以实现技术跨越，从而提升技术创新的能力。

（3）在技术创新上，立邦立志打造国际一流技术团队，培养和引进技术专家，不断加强核心技术的研发与创新，积极走产学研合作发展道路。公司组建国际一流技术团队，坚持自主研发，不断创新。2018年7月，广东立邦长润发科技材料有限公司与北京化工大学产学研合作项目"耐候性硅酸钙一体板氟碳树脂研究及开发"入选教育部 2017 年度"蓝火计划"。此次入选"蓝火计划",标志着立邦长润发创新科技发展迈出重要一步,也推动了产学研深度融合进程。

2. 产业链延伸

一个产业链经济效益最高的部分在产品的研发设计端与最终消费市场端,立邦正是在研发设计端不断创新的基础上开始向最终消费市场端靠近,从一个完全的涂料制造商向全方位涂料服务商转型升级。据统计,2014 年服务行业增加值占全球 GDP 的 68%。中国是一个制造大国,服务行业起步较晚,但在近几年服务行业开始飞速发展,从 2004 年服务行业占中国 GDP 的 34%增长到 2018 年服务行业占中国 GDP 的 56%。服务行业的高速发展带来了新的商机和市场,很多企业由于没有意识到服务行业的重要性而错失很多机会,但立邦在 2011 年就率先推出刷新服务,开启了服务转型新纪元。

从整个涂料行业的产业链来看,各供应链节点企业分工明确,但同时也存在着不少中间商为获取利益而提高价格的情形,而且由于整个供应链环节太多,会产生强烈的"牛鞭效应",导致一些人力、资源、运输、库存的浪费,使得最终的产品响应速度太慢,无法精准捕捉到消费者需求。为了更好地服务于消费者,立邦打造了包括刷新服务、全涂装体系、一站式设计服务平台 iColor 网站在内的全面完整的产品与服务体系,从市场趋势研究、产品研发到服务创新,为消费者提供一站式服务。通过价值链向下延伸,从而更加接近营销网络和顾客,开拓新的业务,发掘新的市场以提高自身的竞争力。以刷新服务为例,立邦为消费者定制专属的涂刷方案,通过聚焦于各种环保涂料产品的研发和搭配专业的辅料与工具,搭建起"专业涂装体系",从而为消费者提供增值服务。

当然,转型并不是一蹴而就的,综观涂料行业的现状,专业性普遍不高,产品知识极度匮乏,技能提升不见起色的情况仍然覆盖着大部分地区的终端市场——经销商大多数时候还是以传统思维经营涂料;油漆工人体系尚未健全,仍处于凭感觉涂刷的阶段,专业水平低;终端导购缺乏与时俱进的服务意识。可当下激烈的竞争环境显然已不允许这种无法满足未来发展需要的落后形态存在,所以学习和培训势在必行,且刻不容缓。为了更好地支撑立邦的转型,立邦大学应运而生。作为立邦培训体系的承载体,立邦大学从不断探索建立培训框架,到如今不断完善发展演变成一个系统化的大学。经过近 6 年的发展,立邦在全国已有 16 所大学,立邦的培训系统也已成为立邦集团战略中不可分割的一部分,陪立邦一同成长。截至目前,立邦刷新服务已遍布120个城市,为50万户家庭提供刷新服务,带来55亿元的销售额;立邦大学的培训为刷新服务提供坚强的后盾,成交率从15%提升至45%,满意度从68%提升至98%;营造了良好的口碑效应,其中28%的客户来自客户再推荐。

3. 模式创新

依托产业链延伸带来的新市场和新地位,在"互联网+"背景下,立邦的商业模式也发生了转变。作为涂料行业中最早入驻天猫平台的品牌,立邦持续探索家装行业的O2O模式。2016年3月,立邦刷新服务与天猫家装达成独家战略合作,也开启了天猫首次与涂料行业共同探索的服务类电商模式。作为此次独家战略合作的第一步,立邦刷新服务将上线天猫,凭借立邦强大的供应链及完善的服务,依托天猫平台大数据和资源,积极打造线上线下相结合的全新家装"O2O(全渠道)"模式,为用户提供"互联网+"时代一站式家装整体解决方案,重塑年轻用户的家装消费习惯,加速消费升级,并助推家装行业的服务新标准。

同时,立邦以电商布局为突破口,搭建电商平台,让各地经销商送货上门,由此逐步培养其服务理念。与传统的网络销售不同,立邦创新式地开拓了"线上下单,线下提货"的模式,为经销商搭建服务平台。立邦希望经销商通过涂料配送,加强立邦和消费者的互动,了解消费者的真实需求,还可以免费提供指导,挖掘额外的商机,逐渐使其体会到服务的价值,从而加深员工对全方位涂料服务商的认识。

立邦还看准大数据系统的应用,构建了高速数据处理平台,来实现用户行为分析、媒体投放效果分析,以及浅层客户分析等功能。也就是说,进入立邦官网等网站的用户会被收集行为习惯,以此获得个性化信息的推送;媒体投放的数据也得以收集,进而评价用于媒体宣传的投入对于销售量的影响;对其他电商平台的数据也可以关联提取来进行环比、同比、区域比等分析,进而获取市场趋势,了解潜层用户需求。立邦将这些海量的用户数据用于分析诸如色彩、设计风格和设计师等客户偏好信息,根据其需求对产品和服务进行定制,让用户能在如iColor这样的平台上获得更好的体验。这就是从创造价值、彰显价值最大化、形成巨大吸引力到传递价值、满足客户需求,再到获取价值、创意服务、让客户乐意为服务付费的一套商业模式流程。

4. 产业经营与资本经营

如果说技术创新是立邦转型升级的核心力量,那么资金问题则是流淌在企业心脏的血液。以往的民营企业主要靠自身的力量获得资源,积累资本,但发展到今天，这已经不能适应时代的要求。内外环境都要求其充分开发和利用社会资源，这种企业自我积累向利用社会资本的转型显得尤为迫切。甚至可以说，能否利用好资本市场作为经济杠杆来撬动企业经济的发展，已经成为决定民营企业经济效益排行的重要因素。不少企业家已经有了利用社会资本的意识和行动，如企业上市、贷款、兼并收购等，通过资本利用，进行企业扩张，实现企业的转型和升级。正如立邦所言：企业资本是决定企业转型升级成功与否的重要因素。

在供给侧结构性改革的影响下立邦产品的销量受到一定影响，资金运转也受到一定干扰，作为一个家族企业，立邦更加重视对家族企业的掌控权，所以立邦的高层一直没有上市的想法，但立邦并没有因为受限于资金而放弃扩张的机会。面对以往最大的竞争对手多乐士，立邦于2019年8月21日发布公告称，在多乐士集团股东大会批准并获得澳大利亚联邦法院批准后，完成股份收购的所有程序，并获得多乐士集团的所有权。此项交易价格为2917亿日元（36.47亿澳元），约合26.49亿美元。为了完成这项收购，立邦通过向金融机构贷款来筹措全部收购资金。此前，立邦涂料已向三井住友银行贷款约3036亿日元。收购多乐士集团后，立邦涂料形成了全球五级体制——亚洲、欧洲、大洋洲、日本、美洲。"通过全球总部—五极体制的集团治理，加速成长战略。"通过此次收购，有效地拓宽了企业直接融资渠道，规范了企业经营发展，也进一步捍卫了自己在行业中的地位。

（三）企业转型升级成功的原因分析

转型升级是企业内部的行为，但转型升级成功与否很大程度上受外部环境的影响，通过对企业转型升级的动因及转型方式的分析，我们发现，立邦转型升级成功的原因除了重视技术创新与模式创新、在研发上大量投入、延伸产业链、采取正确的适合企业自身条件的转型方式以外，国家及当地政府政策支持与企业家思想也是立邦升级成功的重要原因。

早在"十二五"期间，政府就多次强调服务的重要性，"十二五"规划建议提出要调整产业结构，扩大服务业比重，培育更多具有高消费能力的人群，要发展新兴服务业态和消费业态，推动经济服务化，构建社会公共服务业、生产性服务业和生活性服务业均衡协调的现代服务业体系；要进一步增强企业自主创新能力，引导制造业企业高端化和服务业企业现代化，加快企业战略转型，实现创新驱动，构建以企业为主体、市场为导向、产学研相结合的创新体系；要发挥高新技术开发区的创新示范效应和辐射效应，构建区域创新文化体系，通过区域品牌影响，增强区域经济集聚力。在此期间，国家也采取以下措施，促进服务业的发展：进一步扩大服务业利用外资领域，引导外商投资发展节能环保等生产性服务业；在政策创新方面，完善有利于服务业发展的税收政策，结合营业税改征增值税试点，逐步扩大增值税征收范围；研究扩大物流企业营业税差额征税范围，完善征税办法。鼓励符合条件的服务业企业上市融资和发行债券，扶持发展创业投资企业，规范发展股权投资企业。引导投融资机构扩大对中小服务业企业业务规模。立邦也得益于政府的优惠政策，取得了跨越式发展。

除了对国家政策的正确把握，地方政府对民营科技企业、创新能力强的企业的大力扶持外，企业家的思想对于企业转型成功也起到了决定性的作用。可以说，企业家的思想是贯穿整个企业转型升级过程中的灵魂。只有企业家具有创新精神，才能顺利完成创新型企业的转型。企业领导者的态度就是企业风向标，如果立邦的领导者本身都不投入人财物、不愿意为创新设计相应的制度，那么立邦是不可能转型成功的。一个致力于创新的企业家，会在财务、人员方面进行大力度的投入，以获得人才引进、技术创新，并将这样的决策看作一种战略定位，而不仅仅是技术投入。在立邦转型升级的过程中，企业家的思想是企业每一次重大转型的风向标，从最初的涂料制造商，到业务重组、架构整流，再到全方位涂料服务商转型、收购高新企业升级，都是企业领导者们的共同决定。企业进行O2O商业模式转变，也是立邦的管理者预测到了行业市场的走向，寻找到了新的需求增长点，才会坚定地走上转型升级的道路，最终获得成功。因此，可以看出企业家持续不断的创新精神指引着立邦的成长之路。

通过梳理立邦转型升级的整个过程，我们得出了立邦的转型升级路径，如图3所示。

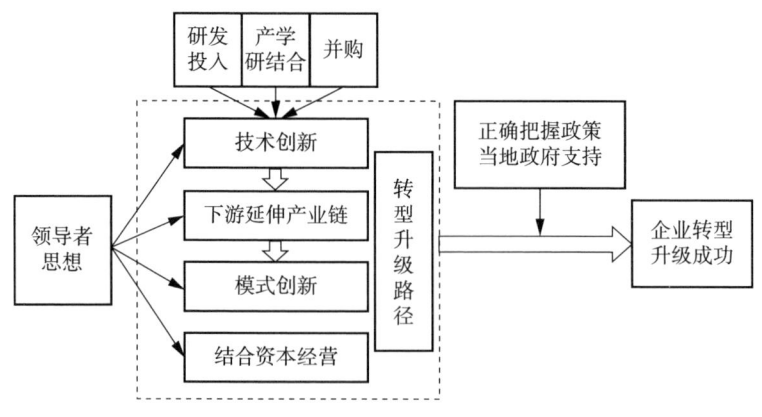

图3　立邦的转型升级路径

（四）管理启示

通过对广州立邦涂料有限公司的实地调研，我们发现该企业转型升级的动因与转型升级的路径既展现出了该行业的特殊性质，又体现出了目前我国多数企业面临的共性问题，因此该企业转型升级成功的经验能够为其他企业，尤其是涂料企业转型提供参考价值。经过分析与总结，立邦集团转型升级成功的管理启示有如下几点：首先，要熟悉现有行业并合理选择战略，正如立邦敏锐地觉察到了服务行业的巨大市场，将企业从传统的制造型企业转变为完整解决方案服务商，从而获得了巨大成功。其次，不断向供应链高附加值方向延伸，根据"微笑曲线"理论，研发设计和营销服务的利润是最高的，而生产制造这一块利润最低，因此传统民营企业要自"微笑曲线"的弧底向两端升级。再次，需要摒弃商业惯性，打造学习型组织，如今是商业模式比拼的时代，企业要有改变现状的勇气，要积极营造允许自我挑战、自我推翻的环境和文化作风。最后，需要改变培训战略，快速培养人才，在企业发展的过程中积累经验，加大员工培训力度。培训是一个转变的过程，立邦大学校长徐穆德给出了新的观点，将培训放在战略层面，这样才能在市场快速变幻的今天做出敏捷的反应，节约培训成本，提高培训效益。

五、结语

本研究在前人研究的基础上结合对立邦转型升级的实地调研，首先分析了立邦转型升级的驱动因素与制约因素，驱动因素包括外部环境、企业家理念、价值链升级、服务融合、企业关键资源和关键能力六个方面，制约因素包括企业内部意见不统一和标准化作业实施困难两方面。其次分析了立邦转型升级的方式，包括技术创新、产业链延伸、模式创新、产业经营与资本经营四种方式，其中又通过加大研发投入力度、并购实现技术跨越以及组建研发团队、开展产学研合作等策略促进企业的技术创新。另外，国家及当地政府政策支持与企业家思想也促进了立邦转型升级的成功。尽管目前立邦转型升级取得了一定的成功，但同时也面临着一些问题，如融资渠道单一的问题。通过对立邦进行深入的剖析，本研究也总结出了几点对其他类似企业的管理启示：熟悉现有行业并合理选择战略，向供应链高附加值方向延伸，摒弃商业惯性，打造学习型组织以及改变培训战略，快速培养人才。

参考文献

[1] 安同良,施浩,LUDOVICO AICORTA.中国制造业企业R&D行为模式的观测与实证——基于江苏省制造业企业问卷调查的实证分析[J].经济研究,2006(2):21-30+56.

[2] 曹建海,黄群慧.制度转型、管理提升与民营企业成长——以浙江华峰集团为例[J].中国工业经济,2004(1):99-106.

[3] 陈明森,陈爱贞,张文刚.升级预期、决策偏好与产业垂直升级——基于我国制造业上市公司实证分析[J].中国工业经济,2012(2):26-36.

[4] 程虹,刘三江,罗连发.中国企业转型升级的基本状况与路径选择——基于570家企业4794名员工入企调查数据的分析[J].管理世界,2016(2):57-70.

[5] 孔伟杰,苏为华.中国制造业企业创新行为的实证研究——基于浙江省制造业1454家企业问卷调查的分析[J].统计研究,2009,26(11):44-50.

[6] 孔伟杰.制造业企业转型升级影响因素研究——基于浙江省制造业企业大样本问卷调查的实证研究[J].管理世界,2012(9):120-131.

[7] 刘方.我国中小企业发展状况与政策研究——新形势下中小企业转型升级问题研究[J].当代经济管理,2014(2):9-18.

[8] 刘英俊,李建军.我国改性塑料行业"十二五"回顾与"十三五"展望[J].中国塑料,2016(5):8-12.

[9] 吴家曦,李华燊.浙江省中小企业转型升级调查报告[J].管理世界,2009(8):1-5.

[10] 杨桂菊.代工企业转型升级:演进路径的理论模型——基于3家本土企业的案例研究[J].管理世界,2010(6):132-142.

[11] 张杰,刘志彪,郑江淮.中国制造业企业创新活动的关键影响因素研究——基于江苏省制造业企业问卷的分析[J].管理世界,2007(6):64-74.

[12] 张聪群.产业集群环境下浙江中小企业转型的战略选择——基于地方政府的视角[J].科技与管理,2011,13(1):81-84.

[13] 赵昌文,许召元.国际金融危机以来中国企业转型升级的调查研究[J].管理世界,2013(4):8-15.

[14] ARROW K. Economic Welfare and the Allocation of Resources for Invention[Z]. UMI,1962.

[15] BIBEAULT D B. Corporate Turnaround[Z]. Mc Graw-Hill,1982.

[16] GEREFFI G. International Trade and Industrial Upgrading in the Apparel Commodity Chain[J]. Journal of International Economics, 1999, 48(1): 37-70.

[17] GUANGZHOU HU A. Ownership, Government R&D, Private R&D and Productivity in Chinese Industry[J]. Journal of Comparative Economics, 2001(29): 136-157.

[18] HUMPHREY J, SCHMITZ H. Chain Governance and Upgrading: Taking Stock, Local Enterprises in the Global Economy[J]. Issues of Governance and Upgrading, 2004: 349.

[19] KOTTER J P. The New Rules: How to Succeed in Today's Post-Corporate World[M]. Free Press, 1230 Avenue of the Americas, New York, NY 10020, 1994: 239.

[20] LI B, WANG C. Influencing Factors and Motivations for Transformation and Upgrading of Manufacturing: Based on Questionnaire at Zhejiang, China[J]. Transformations in Business & Economics, 2015, 14(2): 177-190.

[21] PFEFFER J, SALANCIK G R. The External Control of Organizations: A Resource Dependence Perspective[J]. American Journal of Sociology, 1981, 23(3).

[22] POON T S C. Beyond the Global Production Networks: A Case of Further Upgrading of Taiwan's Information Technology Industry[J]. International Journal of Technology and Globalization, 2004, 1(1): 130-144.

[23] PONTE S, EWERT J. Which Way is "Up" in Upgrading? Trajectories of Change in the Value Chain for South African Wine[J]. World Development, 2009, 37(12): 1637-1650.

[24] SCHERER F M. Market Structure and the Employment of Scientists and Engineers[J]. The American Economic Review, 1967(57): 524-531.

[25] STURGEON T, LESTER R K. The New Global Supply Base: New Challenges for Local Suppliers in East Asia[J]. Global Production Networking and Technological Change in East Asia, 2004: 35-87.

全球通信与信息解决方案及服务提供商（京信通信）转型发展

方案设计与撰写统筹/王 鹏
初稿撰写/林晓燕 周 瑛 钟誉华

一、案例概述

改革开放40多年来，中国制造遍及全球，中国也享有着"世界工厂"的美誉。站在新的历史起点上，在产业结构调整的背景下，如何促进传统产业技术改造，加速发展战略性新兴产业，推动"中国制造"向"中国智造"转型升级，成为提升我国核心竞争力的重要课题。党的十九大报告指出："加快建设制造强国，加快发展先进制造业，推动互联网、大数据、人工智能和实体经济深度融合，在中高端消费、创新引领、绿色低碳、共享经济、现代供应链、人力资本服务等领域培育新增长点、形成新动能。"近年来，在3C制造行业环境压力逐步增大、竞争不断加剧、转型升级已成为内在需求的背景下，选择具有典型示范作用的转型发展企业进行案例研究，不仅可以提炼与丰富企业转型发展理论，还可以充分展现我国企业技术创新的成功经验，具有较高的研究价值和借鉴意义。

本研究选择位于广州科学城的京信通信系统（中国）有限公司（以下简称京信通信）作为此次粤港澳大湾区企业转型发展的案例研究企业。在当前国际通信与信息技术竞争日趋激烈和我国大力提倡新型智能化、信息化、产业聚集化的绿色发展理念背景下，京信通信作为全球领先的通信与信息解决方案及服务提供商，已为全球100多个国家和地区的客户提供业界领先的无线通信解决方案和信息应用服务，是广东省乃至全国企业转型发展和技术创新的典型代表。

图1 暨南大学企业发展研究所到京信通信调研

二、研究背景与意义

党的十八大以来，我国把科技创新摆在国家发展全局核心地位，围绕实施创新驱动发展战略、加强推进以科技创新为核心的全面创新，提出了一系列新思想、新论断、新要求，深刻阐明了创新是引领发展的第一动力，科技创新是发挥创新第一动力作用的重要支撑，是提高社会生产力和综合国力的战略支撑。习近平总书记在视察广东重要讲话中进一步强调，中华民族奋斗的基点是自力更生，攀登世界科技高峰的必由之路是自主创新，要有志气和骨气加快增强自主创新能力和实力，努力实现关键核心技术自主可控，把创新发展主动权牢牢把握在自己手中。近年来，广东省委积极贯彻习近平总书记重要讲话精神和国家决策部署，出台了系列文件，就加快建设科技创新强省、促进自主创新、优化制度环境等提出改革创新举措。

粤港澳大湾区紧跟全球科技发展趋势，积极推动科技创新驱动战略的落地，在 2017 年正式提出建立广深科技创新走廊，目的是抓住新一轮的科技创新和产业转型升级的重大机遇，占领新一轮科技创新领域的制高点，将广东省打造成为国际一流的科技产业创新强省，为全国实施创新驱动发展战略提供支撑。广深科技创新走廊以广州、深圳为廊带核心，以高速公路和城际铁路等复合交通通道为廊带连接轴，构造"一廊十核多节点"的空间布局，旨在打造一个多点联动、产业竞合、创新驱动、集聚发展的新型经济带，对标国际一流创新区域，打造成为中国"硅谷"。同时，广深科技创新走廊地处粤港澳大湾区核心地带，借助大湾区内部要素的高度流动性和大湾区 3 个独立关税区的特别政策，可以进一步发挥广深科技创新走廊的创新驱动能力，提高湾区区际要素配置效率，推进区域间的协同发展。

随着粤港澳大湾区构建协同发展现代产业体系深入推进，大湾区的创新资源和成果也加速向其集聚。这种集聚能力有利于推动相关产业链上下游的资源整合。大湾区加快从"制造"向"智造"转型升级，有望建成世界新兴产业、先进制造业和现代服务业基地，建成高质量发展先行区、示范区。战略性新兴产业作为重大技术突破和发展需求的集合，直接关系到经济社会的发展，其优势主要体现在知识技术、物质资源、发展空间、综合效益四个方面。当前世界经济逐渐进入新的发展环境，为了实现可持续发展的战略性目标，战略性新兴产业成为支柱产业。广东省是我国经济发展的"先行者"，在战略性新兴产业方面也有非常可观的成果，全省产业规模在全国名列前茅，初步形成地区范围内的产业集聚形态。

在广东战略性新兴产业领域 59 家上市公司中，有 51 家集中在珠三角地区。其中，高端新型电子信息、LED、新能源汽车、生物、高端装备制造、节能环保、新能源等产业领域的上市公司，基本上都集中在珠三角地区。已认定的全省第一批和第二批战略性新兴产业骨干企业，也绝大部分集中在广州、深圳和佛山等城市。广州已成为全国信息、软件、生物、新材料产业基地，深圳已成为全国电子信息、生物医药、电动汽车产业基地。

京信通信自 1997 年在广州成立以来，经过 20 多年的发展，已经成为集研发、生产、销售与服务于一体的全球领先的无线通信与信息解决方案及服务的提供商。凭借创新科技，公司为全球客户提供天线及子系统、网络系统（无线接入和无线优化）、服务、轨道交通通信等多元化产品及服务，是世界 TOP2 的通信解决方案供应商，现已连续多年成为世界第一的基站天线一级供应商。本研究将基于该公司在公司管理方面成功转型发展的经验，分析公司的发展历程、企业文化特点以及企业转型升级的措施，进而提炼出该公司独特的管理理论以及管理方法，结合该公司的经营管理转型案例来丰富相关通信企业转型发展理论，并且展现粤港澳大湾区高新技术企业转型实践的成功经验，对于湾区内甚至全国的各类型企业加强智慧化管理、实现创新发展具有积极的实践借鉴意义。

三、京信通信发展概况与技术服务案例

（一）京信通信发展现状

京信通信成立于1997年，拥有无线接入、无线优化、天线及子系统、无线传输四大产品线，在广州科学城设立总部研发基地，在中国南京、美国弗吉尼亚及加利福尼亚均设有研究所，拥有国内外专利1900余件。集团于2003年在香港联交所主板上市（2342.HK），现有员工近万人，先后在亚太、欧洲、北美、南美设立20余个海外分支机构，在全球80多个国家和地区开展产品销售和技术服务；在中国内地设有30余个分支机构。展望未来，京信通信将继续专注于无线通信领域创新发展，力争成为全球无线优化、传输与接入领域的佼佼者，为客户贡献理想价值。

京信通信注重自主创新，在广州科学城设立总部研发基地，依托各地人才优势，在中国南京、美国弗吉尼亚以及加利福尼亚均设有研究所，有基站、核心网、拉远设备、天线、无源器件、微波、卫星天线、移动机器人等代表性产品，自主研发能力强。京信通信具有较强的专业钻研能力，在射频技术能力、算法仿真能力、系统开发能力、协议栈技术能力、信号处理技术能力、电磁场和电磁波技术能力等关键技术上具有储备优势。其中，天馈检测中心获中国合格评定国家认可委员会（CNAS）认证，是中国三大运营商唯一同时认可的测试场地。京信通信还拥有移动通信业内精度最高的室内远场天线测量微波暗室和SG128多探头室内近场测量暗室，用于天线产品的研发和测试。凭借20年来移动通信技术演进的网络建设经验，以及在小型化多系统多制式共用天线方面拥有的技术领先优势，京信通信获得了国内外运营商的广泛认可。目前京信通信为全球前12大移动通信运营商中的9家供应天线设备，自2013年至今稳居全球基站天线市场前两名。

借助于国家"一带一路"的发展机遇，京信通信积极挖掘和拓展新客户和销售渠道，京信天线的国际市场业务已呈现良好的发展势头。如今，京信天线已广泛应用于全球100多个国家和地区的移动通信网络中，全球TOP12

家移动通信运营商中，已经有9家选择京信作为天馈产品供应商。京信天线凭借优异稳定的性能赢得了客户的赞许，已连续获得大批量订单。长期以来，京信通信同清华大学、北京邮电大学、香港应用科技研究院ASTRI、香港科技大学等知名高校和科研单位开展了长期密切的产学研合作，在总部研发基地设立了多个联合实验室，不断拓展合作模式，进一步提升了公司的自主创新能力和核心竞争力。

京信通信在知识产权和技术成果研发方面表现突出，其在各产品领域均掌握了核心技术，专利技术数量跃居全球前列，移动通信天线业务稳居全球前三，挤进100多个国家和地区的移动网络业务。截至2019年12月，京信通信国内外专利申请4300余件，其中，在国内共申请专利2560余件，包括发明专利1190件、实用新型专利1290余件、外观设计专利200余件。荣获第18届中国专利金奖，先后4次荣获中国专利优秀奖，连续5年荣获广东省专利奖，荣获TESSCO ONE 2017创新大奖、Telecom Asia第十届年度创新大奖等。自成立以来，京信通信在信息通信领域屡次斩获大奖，多次打破欧美领先企业在信息通信领域的技术垄断，为中国在全球通信领域的技术发展交上了一张漂亮的成绩单。此外，该公司还通过《专利合作条约》（PCT）途径提交国际专利申请140件，主要涵盖无线优化、无线接入、天馈及子系统、无线传输四大核心技术领域。同时，京信通信还参与起草、制定了80余件国家和通信行业的标准，承担了多个国家级、省级、市级等科技项目。

京信通信还是国家知识产权战略示范企业，国家工业知识产权运营标杆，荣获2018年国家技术发明二等奖，第18届、第20届中国专利金奖，先后4次获得中国专利优秀奖，连续5年荣获广东省专利奖等。其参与起草、制定的国家及行业标准90余件，具有明显的技术领先优势。京信通信拥有强大的生产制造能力，其通信设备制造厂房超过8万平方米，设有部件、模块、整机、天线、微波等40多条专业生产线。公司的质量管理体系完善，相继获得ISO 9001、ISO 14001、OHSAS18001、TL9000、CMMI等国际体系认证及中国移动、中国联通、中国电信、沃达丰、Telefonica全球认证、意大利电信欧洲认证、AT&T等国内外主要运营商和主设备商的供应商资格认证。

在产品质量管理方面，京信通信设计研发了集合客户需求、研发、采购、制造、交付、售后服务的全过程IT化管理平台。其拥有专业的实验平台为产品设计、制造及工程应用提供质量分析数据和质量改进验证，且拥有业内先进、齐全的环境试验设备，确保产品质量。在智能制造方面，京信通信部署了柔性生产线，覆盖产品的装配和测试工序，实现了高效多品种混线智能生产。其通过设备互联实现生产状况透明化、信息可视化以及设备的预测性运维，还运用边缘计算、云计算等技术进行大数据分析，实现了工厂的降本增效。

图 2　京信通信的管理平台

京信通信拥有高效的物流体系，其仓储面积达 40000 平方米，确保安全存储、防护及按期交付。与此同时，京信通信积极与国内外大型物流公司长期合作，形成海陆空立体物流网络。

图 3　京信通信仓储

（二）移动通信技术服务案例

京信通信是国内最早从事专业移动通信技术服务的设备厂商之一，其凭借自身丰富的行业经验、强大的技术研发实力、雄厚的人才优势，提供移动通信工程建设和项目管理，网络维护、优化及规划设计服务，形成跨专业、跨行业的一站式服务，降低了电信运营商的网络建设和维护成本，提升了整体服务效益。

1. 设计业务

通过对通信网络技术服务的深度挖掘，同时凭借稳定的技术服务团队，在多运营主体、多设备厂商、多技术制式的复杂网络环境中，提供通信工程无线、交换、数据、电源、传输等专业通信网络设计服务。业务类型主要包括无线、传输管线、电源及机房配套等。

经典案例：上海地铁民用通信系统设计项目

京信通信对上海地铁 11 号线一期民用通信系统进行升级改造，采用

CDAS 创新方案设计,替换原隧道里的 2G/3G 直放站或 RRU。升级改造后的系统支持 2G/3G/4G,有效减少设备占地空间,减少光纤和馈线光缆等基础配套资源,降低多运营商、多系统通信制式覆盖地铁,实现共建共享的建网成本。

2. 集成业务

通信室内分布系统、基站主设备及机房设备配套系统、传输管线及驻地网、ICT 系统等设备及其配套辅材的安装、调测、开通、优化等系统集成服务。业务类型主要包括室内分布系统、宏站主设备系统、传输及驻地网系统、ICT 系统等。

经典案例 1:广州塔

广州塔是广州市的地标建筑之一,总高度 600 米,是集高档酒店、写字楼、休闲娱乐于一体的大型综合类建筑。京信通信采用高低分层、双天馈布放、四网共建、协同覆盖的方案,在平层室内多采用高品质定向天线入户覆盖、电梯随楼层进行分区覆盖等,为广州塔提供高品质无线覆盖。

经典案例 2:2010 年上海世博园

2010 年上海世博园项目规模宏大,占地面积 5.28 平方千米,园区内有展馆、楼宇 291 座,总建筑面积 80.46 万平方米,人流密集,无线网络负荷巨大。京信通信承担世博园区内 1/3 的室分系统重成建设,以"集中机房,分布式组网"的核心思路,采用光纤拉远方式,经 POI 合路,通过下行收发分缆的形式进行覆盖,实现三大运营商共建共享。

3. 网优业务

京信通信在无线优化领域已经深耕 20 余年,在国内网优市场、扩展型皮基站和一体化小基站市场占有率均名列第一。其通过对现有已运行的网络进行话务数据分析、现场测试数据采集、参数分析、硬件检查等,找出影响网络质量的原因,并且通过参数的修改、网络结构的调整、设备配置的调整,确保系统高质量运行,使现有网络资源获得最佳效益,以最经济的投入获得最大的收益。

经典案例:某省移动室分整治项目

京信通信对某省移动进行室分整治,通过后台指标分析和查分现场排查调整的手段,解决室分站点弱覆盖、外泄、高干扰、质差接入困难、超低话务、乒乓切换和掉话等,该项目为该移动公司提供优质的室分整治服务且效果明显,室分投诉率大幅下降、语音和数据业务大幅增长。

4. 维护业务

通过对委托站点的跨专业、跨行业、多网络、多厂家的各种设备进行日常巡检、故障预警、事故特征预防、故障抢修、投诉处理等保证移动网络设备的正常运转，确保通信安全畅通，提升网络各项指标和用户感知。

经典案例： 某省移动一体化代维项目

凭借维护团队丰富的经验和过硬的技术实力，帮助运营商提供多次通信保障，包括莲花湖灯会节、满族风情节、智慧城市等，广受好评。

5. 美化外罩

提供天馈系统美化综合解决方案，采用一体化设计、二次加罩的方式实现对天线、馈线、杆体、设备的美化；业务涉及基站、直放站、室内分布等应用系统。凭借雄厚的研发实力和完善的工程服务能力，业务遍及全国31个省份。现已有数百万套美化外罩在网使用，有效解决了运营商选址难、建站难的问题，为美化城市环境、构建和谐社会作出了突出贡献。业务类型主要包括量产产品、特型美化解决方案、设备箱解决方案等。

经典案例： 杭州G20峰会"多塔合一"专项整治项目

为迎接G20第十一次峰会，杭州启动了全城系统化亮化提升工作。在通信领域，杭州铁塔公司牵头联合杭州市政府及各区对城市基站进行综合美化改造。结合公司美化外罩产品，对杭州市区街道两旁遍布的各式移动基站进行了外观美化，为这座美丽城市的容貌添光加彩。

四、京信通信面向企业痛点解决方案

依托完善的专利管理体制以及较高的企业发展定位，京信通信在移动通信技术行业精耕细作，已建立起覆盖全球的市场服务网络，先后在亚太、欧洲、北美、南美、中东、北非设立几十个海外分支机构，在中国设有30余个分支机构，为全球100多个国家和地区的客户提供移动网络覆盖及信息应用整体解决方案和服务。同时，其还为欧亚海底公路隧道、中国香港特别行政区南港岛线（东段）等项目，以及越南、澳大利亚、印度、中东、巴西、土耳其等国家和地区的网络覆盖及优化项目提供技术支撑。从印度、土耳其到澳大利亚，都出现了京信通信的"身影"。在巴西世界杯的12座比赛场馆中，京信通信为8座场馆提供了一站式无线解决方案。京信通信还为迪拜新地标——高150米、宽93米的"迪拜相框"部署室内无线解决方案。通过无缝

连接的网络覆盖,来自全球的游客可以使用手机通过智能票务系统畅游这座巨型建筑。

(一)新型数字化室分解决方案

表1 新型数字化室分解决方案

简介	新型数字化室分解决方案是一种创新型室内蜂窝覆盖解决方案,为室内场景提供4G/5G网络与容量覆盖,具有平台开放、IP化、IT化、智能化的特点,是一个灵活的、高性价比的室内深度覆盖解决方案
亮点	传输方式灵活,配套简单 物业协调容易,施工便捷 少用户大宽带,速率尊享 MIMO双路平衡,末端监控 片上系统(SOC)架构,性价比高
应用场景	室内热点容量提升:小商铺、营业厅、中小餐厅、会议室等 室内容量覆盖:中小型办公楼、酒店、商场、休闲娱乐场所等

成功案例:

1. 小规模场景覆盖——会所

图4 会所

该会所位于沿街商铺的第二层,面积约2500平方米,室内多隔断,人流量集中,室内建有2G/3G室分,4G信号主要靠室外宏站,室内信号普遍较弱。由于室内人流量密集,在满足覆盖的同时还要考虑容量需求,京信通信利用现有GPON回传资源,采用3台一体化皮基站进行组网,对会所进行容量覆盖,采用一体化皮基站进行补热覆盖,与现有室分异频组网,将设备吸顶安装在热点区,从而达到补热的目的。

2. 中小规模场景覆盖——宿舍楼

图 5　宿舍楼

某师范学院宿舍楼共 6 层，室内建设有 2G/3G 与 WLAN 分布系统，TD-LTE 室内电平普遍较弱，平均 RSRP 在 -98dBm，室分双路改造难度大，并且效果无法保证。京信通信对 6 层宿舍楼进行 LTE 覆盖，选择扩展型交换机（利旧）、扩展型主机和多台扩展型从机（DP），扩展型主机安装于各楼层楼梯间，DP 吸顶安装，POE 供电，利用原 WLAN GPON 回传，达到快速建网的目的，利用原 WLAN 的回传，缩短室内建设周期，快速实现室内双 MIMO，RSRP 基本满足室内覆盖，皮基站与宏网间、皮基站间双向重选/切换，CSFB 各项指标均正常，有效保证用户体验。

3. 中大规模场景覆盖——餐饮酒楼

图 6　餐饮酒楼

郑州某餐饮酒楼为营造更好的顾客消费体验氛围，在营业区域内提供 5G 无线网络覆盖，整体营业面积 6000 平方米，拥有 60 个大小不同、风格各异的包厢，可同时容纳上千人就餐。目前，室外无宏网 5G 覆盖，需要做全新室内 5G 信号与容量覆盖。京信通信在餐饮经营区域内，采用多台扩展型皮基站，基于 NSA 组网，同时为室内提供 4G/5G 网络覆盖与容量覆盖，从而快速实现室内 4G/5G 覆盖，5G NR 下载最大速率达 856.13Mbps，均值达 728.12Mbps，有效保证用户体验。

4. 中大规模场景覆盖——商业楼

图 7　广州天雄广场

某商业楼宇，隔断较多，其中 1~2 层为卖场，3~8 层为办公室，有 1 部电梯。占地面积约 800 平方米，建筑面积约 5200 平方米。楼宇内已有 GSM 和 TD-SCDMA 室内分布覆盖，LTE 主要来自外面宏站，信号微弱，部分区域 LTE 脱网。京信通信对整栋楼采用多台一体化皮基站组网覆盖，设备均安装在每层楼的天花板内，其中一台采用单天线的方式合路室分覆盖电梯，快速实现室内 LTE 覆盖，上传和下载速率分别达到 95Mbps 和 9Mbps，CSFB 各项指标均正常，有效保证用户体验。

（二）室内外协同解决方案

表 2　室内外协同解决方案

简介	室内外协同深度覆盖解决方案是解决住宅小区、低层商铺、城中村等区域深度覆盖不足的一种创新解决方案——光纤分布系统解决方案（MDAS），突破传统方案受限因素，如物业协调难、管道空间受限、多制式可实施性差等，助力运营商提升网络质量
亮点	物业协调容易，施工快捷方便 减少器件使用，降低互调干扰 监控更加精确，便于管理维护 功率灵活混搭，系统兼容性强
应用场景	光纤分布系统多种远端形态，适用于： 低层住宅小区/城中村、沿街商铺、商场等场景，便于安装 酒店宾馆、图书馆、校园、高层小区外接室分天馈系统，实现快速建网 高档小区、别墅、校园等美化要求较高的场景，隐蔽性强

成功案例:

1. 住宅小区——内蒙古鄂尔多斯水岸新城小区

图8 内蒙古鄂尔多斯水岸新城小区

鄂尔多斯水岸新城小区位于伊旗乌兰木伦河南岸,共158栋20层、28层高层住宅楼,分为17个区。原室外馈线分布系统覆盖效果差,无法满足覆盖要求,需提升覆盖效果。京信通信采用光纤分布系统(MDAS)对其中六个区进行2G+4G深度覆盖。其中MAU安装于机房内,MEU安装于每栋楼竖井或楼顶,MRU安装于楼顶、楼面、车库等处,MRU通过复合光缆与MEU连接,传输并供电。这一光纤分布系统快速实现了网络覆盖,降低了物业协调难度,投资收益明显;实现了4G峰值下载≥55Mbps,4G峰值上传≥8.2Mbps。

2. 购物中心——河南郑州世贸商城

图9 河南郑州世贸商城

河南郑州世贸商城为行业中最具知名度的高端家居卖场。卖场总面积10万平方米,地上5层,地下1层,原有分布系统无法满足4G覆盖要求,需升级进行深度覆盖。京信通信采用光纤分布系统(MDAS)对河南郑州世贸商城进行深度覆盖。MAU安装于机房内、MEU安装于每层楼竖井、MRU安装于世贸商城顶棚内,MRU通过复合光缆与MEU连接,传输并供电。该方案利用天线一体化低成本解决室内深度覆盖难题;实现了2G信号场强≥-78dBm,4G信号场强≥-88dBm;实现了4G峰值下载速率≥60Mbps,峰值上传速率≥8.2Mbps。

3. 大学校园——江苏无锡江南大学

图10 江苏无锡江南大学

江南大学坐落于无锡市,占地面积约213.33万平方米、建筑面积107万平方米。由于校内建筑众多,建筑物遮挡严重,学校内和周边基站难以对室内达到覆盖。本项目需重点对宿舍楼、教学楼、图书馆等进行覆盖。京信通信采用光纤分布系统(MDAS),共使用20多台MAU、近百台MEU、600多台全向MRU;其中MAU安装于机房内、MEU安装于每栋楼竖井内、MRU安装于顶棚及墙上,MRU通过光电复合光缆与MEU连接,实现传输和供电,成功解决了室内外区域深度覆盖不足问题,满足校园美化要求;实现了2G信号场强≥-75dBm,4G信号场强≥-86dBm;实现了4G峰值下载速率≥92Mbps,4G峰值上传速率≥9.4Mbps。

4. 高档酒店——中国大饭店

图11 中国大饭店

中国大饭店位于北京CBD中央商务区，每年接待高级政务、商务客人上百次，承办大型会议等国际商务活动数百场。包括地下二层和地上二十一层，酒店装修非常豪华，信号屏蔽较严重，现有室分无法满足客房信号覆盖要求，需进行改造。京信通信采用光纤分布系统（MDAS）对其进行覆盖。其中MAU安装于机房内、MEU安装于每层楼竖井内、MRU安装于顶棚外接分布系统，MRU通过复合光缆与MEU连接，传输并供电，实现了多系统同时覆盖，缩短了建设周期，LTE MIMO有效实现；实现了2G信号场强≥-75dBm，4G信号场强≥-86dBm；实现了4G峰值下载速率≥92Mbps，4G峰值上传速率≥6.0Mbps。

五、京信通信转型发展的主要成效和经验总结

本研究通过对京信通信公司进行实地调研，对其发展历程、运营管理状况、行业布局战略等进行分析，有利于了解现代通信设备制造业的运作模式和发展方向，提炼与丰富企业转型发展理论，展现我国企业转型实践的成功经验，对于其他企业加强智慧化管理、实现创新发展具有积极的实践借鉴意义。京信通信在企业发展、转型升级、科技研发、海外拓展、产业服务、信息化建设、资本运营等领域均取得了显著成效，相关成功经验值得进一步总结和推广。

（一）随市场而动，脚踏实地，致力成为通信行业引擎及标杆

1. 稳居行业标杆位置，引领行业变革及发展

凭借多年来在天线技术方面积累的领先优势，京信通信已成长为天线产品市场的全球领先企业，从2011年起连续七年被行业分析机构EJL Wireless Research评为全球一级供应商。同时，凭借小型化多系统多制式共用基站天线的先进技术获得了国内外运营商的广泛认可，2013年至今稳居全球基站天线前两名。京信和华为被称为全球移动通信天线技术发展双引擎，引领行业成长。在京信通信的发展历程中，一直以提升客户价值为使命，坚持"追求完美、追求和谐"的经营理念，从生产计划、物流、采购、供应商管理等环节全面进行信息化管理，提升供应链管理效率，确保向客户及时交付高品质产品。

2. 抓住市场机遇，抢先布局小基站业务

京信通信的小基站业务具有非常强的市场竞争力，并且具有非常广阔的

市场空间，增值能力强劲。基站系统包括宏基站和小微基站，赛迪发布的《2018年中国产业与应用发展白皮书》中预测，包括基站系统、网络架构在内的5G基础设施建设所带来的市场规模将会超过1.1万亿元。而按照4G规模"白皮书"预测，5G宏基站建设将会达到约500万个，小微基站预计将会达到约1250万个，按照小基站2000元/台的均价计算，小基站市场规模约为2500亿元，这给京信通信的小基站业务带来了非常大的市场潜力。凭借敏锐的市场嗅觉，京信通信在很早之前就在小基站业务方面布局，2009年就投入小基站的研发，是国内规模落地商用最多的厂商，有超过20万台小基站投入商用。经过多年成长，京信通信已经成为国内小基站领域当之无愧的"领头羊"。

3. 紧跟5G基建浪潮，服务国家战略

据国信通信测算，5G时期全球基站天线市场规模也将达7000亿元，预计2020—2021年国内天线市场采购规模将达到顶峰。小型化宽频带多系统共用电调天线解决了多项工程难题，显著改善了通信网络质量和用户感知，减少了网络天线体积和数量，明显提升了电信基础设施共建共享水平，助力国家战略落地。5G网络建设给京信通信带来巨大的市场机遇，京信通信对整体市场形势及时做出正确判断，随市场而动，外延业务发展势头良好，积极布局5G，充分受益5G浪潮下基站天线市场的爆发。

（二）注重科技研发投入，以创新作为企业活力源泉，实现高质量发展

1. 以创新作为激发企业活力的精神基因，参与行业标准制定

京信通信在各产品领域均掌握了核心技术，承担多个国家级、省级、市级等科技项目，是国家知识产权战略示范企业，国家工业知识产权运营标杆。截至2018年底，京信通信在国内外共提交专利申请3200余件，1800余件获得授权，其中包括发明专利850余件、实用新型专利820余件、外观设计专利170余件。此外，该公司还通过《专利合作条约》（PCT）途径提交多项国际专利申请，主要涵盖无线优化、无线接入、天馈及子系统、无线传输四大核心技术领域。2020年，京信通信自主研发的"天线控制系统和多频共用天线"脱颖而出，斩获中国专利金奖，这是京信通信近四年来第三次斩获该奖项。同时，京信通信还参与起草、制定了80余项国家和通信行业的标准，积极引领行业技术进步。在同行业中，京信通信对科研的投入仅次于华为，使高研发投入成为高市场占有率的有力保障。

2. 以专利为器，助推企业发展

2013年底，京信通信在行业内率先推出"同等性能指标下，尺寸最小、质量最小的新一代1710~2170 MHz小型化高品质4G基站天线"。经中国电子学会鉴定，"项目成果打破本行业国外的专利壁垒和技术垄断，填补了多项国内外技术空白，得到了广泛应用。总体达到国际先进水平，在基站天线的辐射单元、移相器和传动机构三方面达到国际领先水平"。2015年底，京信通信再次推出新一代1710~2690 MHz超宽带小型化高品质4G天线。以上两类小型化系列产品体积已降至常规设计的50%以下。依托自主创新产品及整体解决方案，京信通信近年来先后承接了北京奥运会、上海世博会、广州亚运会、索契冬奥会、巴西世界杯等全球重大赛事活动的大型场馆无线覆盖工程。京信通信依靠持续的技术创新和独到的知识产权发展理念，逐步成长为全球通信与信息解决方案的"领头羊"。

3. 以自主研发为突破口，突破国际巨头专利封锁

随着企业的快速发展，京信通信不仅成功解决了移动通信网络覆盖盲点问题，而且还在通信宽带、传输速率、容量接入和数据分析等方面加大了研发力度，先后开发出核心网、接入网、传输网三大信息网络，在此基础上推出了天馈及子系统、无线优化、无线宽带、无线接入等产品，并逐渐在海外市场站稳脚跟。京信通信致力于"在天线性能指标不下降前提下的小型化技术"方面的研究，在小型化宽频带多系统共用电调天线领域获得了成功，先后有6个系列产品入选为国家重点新产品和战略性创新产品。不仅打破了国际巨头的专利封锁，还首次实现了中国天线产品性能超越国外先进厂家，成为新的行业标杆。

（三）构造完备的知识产权管理架构，创造与保护并重

1. 建立完善的知识产权管理架构，护航企业技术创新

京信通信高度重视知识产权工作，拥有完备的知识产权管理架构，形成了规范的知识产权管理制度，构建了战略发展委员会、知识产权管理办公室及各事业部知识产权人员三级知识产权管理架构，制定了系列化的管理制度及电子化的工作平台。京信通信三级知识产权管理架构会及时就技术创新点进行全程跟踪和深入探讨，拓展了专利挖掘的深度和广度，加快了专利形成速度。除了建立知识产权管理体系外，京信通信还先后制定和颁发了一系列知识产权管理制度，如《企业知识产权管理办法》《京信公司专利管理规范》《项目知识产权保护流程》等。

2. 依托专利管理体系，搭建全球化市场管理网络

京信通信专注于信息通信领域的创新发展，依托完善的专利管理体制以及较高的企业发展定位，成为世界无线通信与信息应用领域的佼佼者。通过加强知识产权的运用和保护，综合运用多种途径，为产品开拓市场保驾护航。成立以来，京信通信在移动通信技术行业精耕细作，已建立起覆盖全球的市场服务网络，先后在亚太、欧洲、北美、南美、中东、北非设立几十个海外分支机构，在中国设有30余个分支机构，为全球100多个国家和地区的客户提供移动网络覆盖及信息应用整体解决方案和服务。同时，为欧亚海底公路隧道、中国香港特别行政区南港岛线（东段）等项目，以及越南、澳大利亚、印度、中东、巴西、土耳其等国家和地区的网络覆盖及优化项目提供技术支撑。

3. 注重知识产权保护，激励自主创新

京信通信坚持自主创新，注重保护知识产权。公司结合自身特点制定了"攻防结合，驱动创新，适度布局，创造价值"的知识产权发展策略，以"坚持自主创新，拥有核心技术及自主知识产权"为总体发展方针，推动着企业知识产权工作不断向前发展。为了激发技术人员发明创造和提交专利申请的热情，京信通信特别注重创新激励，提升企业发展新活力，按照国家科技奖励制度的有关规定，专门制定了公司知识产权奖励办法，对于提交专利申请和获得授权的科研人员，分别给予一定的资金奖励和荣誉。京信通信每年用于专利奖励的资金位于同行业前列。

（四）依托人工智能，助推企业转型升级

1. 质量管理与供应链管理并重，实现自动化生产

京信通信紧跟时代步伐，挖掘更多商业机会，改善网络性能，提升客户体验，释放数据价值。随着制造业的转型升级以及人工成本的提高，制造业的各个领域开始逐渐实现自动化。虽然属于离散型制造业，但京信通信在通信设备测试等核心领域成功实现了自动化，并积极探索设备高精度焊接等环节的自动化技术。京信通信大量引入自动化设备，以保证天线生产的效率和质量，自动化水平达到业内最高。目前京信通信拥有150万副天线的供应产能，而历史最高出货量也只有80万副，供应能力充足。

2. 紧追5G新趋势，引导业务转型升级

京信通信深入实施技术创新战略，积极引领4G通信网络创新突破，启动

5G技术研发，在移动互联网和智能制造领域不断创新发展，引领企业转型升级。随着5G基础建设陆续展开，行业整体发展势头方兴未艾。京信通信紧跟5G通信网络演进趋势，沿着小型轻量化、多频多制式、集成化的技术发展方向，开发了多种适应不同室外场景的5G基站天线解决方案，帮助运营商推进5G网络建设。除了在室外得到广泛应用，实际上，室内才是5G应用最多的场景，据统计，超过70%的5G业务发生在室内。随着5G业务种类持续增多和行业边界不断扩展，室内移动网络覆盖将更加重要。完备的室内覆盖是运营商在5G时代的核心竞争力之一。京信通信紧追5G新趋势，不断进行技术创新，致力于打通5G应用的"最后一公里"。

3. 将5G与物联网相联合，寻找业务新突破

5G最重要的特征是实现人与人、人与物、物与物相互连接，满足彼此间的通信需求。5G时代三大应用场景分别为：增强移动带宽、高可靠低时延通信以及大规模物联网。京信通信认为，虽然最先商用的一定是"增强移动宽带"这一应用场景，但随着5G技术的逐渐成熟，物联网将是未来信息通信技术产业的主要发展方向。5G技术将推动物联网、大数据、人工智能等相关领域裂变发展，在无人驾驶、智慧医疗、智慧能源、工业物联网、智慧物流、智慧港口等垂直领域赋能新应用。因此，5G与物联网将涉及人们未来衣食住行的各个行业以及生产制造的各个方面。为此，京信通信在5G与物联网联合应用场景上深入探索。

（五）开拓海外市场谋突破，开启国内国外双循环业务链

1. 稳步扩大海外业务，抢占全球市场份额

随着华为、中兴等优秀企业在国际市场上取得优异的成绩，京信通信也开始布局国际市场。京信通信是无线通信设备解决方案供应商，拥有国内、国际及企业三大销售平台，在中国内地所有省份均设立分支机构。京信通信稳步扩大海外业务，包括发达国家市场和新兴市场，在亚太、欧洲、北美、南美设立10余个办事处，为全球80多个国家提供产品销售及技术服务。早在2010年，京信通信已与世界领先的运营商Movistar达成合作，致力于为其提供无线网络优化解决方案。在该项目中，京信通信负责提供设备，同时会与本地承包商共同为Movistar提供整合服务。京信通信还与AT&T签署了框架协议，为其提供3G无线设备，另外，还通过提供地铁无线覆盖解决方案成功地渗透到了亚美尼亚市场。

2. 步步为营，深化全球战略合作

随着集团业务的全球化迅猛发展，京信通信正着力于构建适应全球化需求的通信设备制造体系。进军国际市场过程中，京信通信先在小市场上寻求突破，并花费大量人力物力解决国际市场的知识产权问题，从而保证了海外市场的顺利开拓。2019年，京信通信来自国际客户及核心设备制造商的收益较2018年同期大幅上升48.3%，达到9.45亿港元，占集团期内收益的37.9%，而2018年同期则占23.4%。受益于公司进一步深化与国际领先的运营商以及核心设备制造商的战略合作，国际业务在重要的区域取得了较大的突破。京信通信已经与全球20家主流运营商中的12家进行了深度合作，同时是海外主流通信设备商的重要合作伙伴，有望在国产基站天线全球市占率不断提升背景下，有效开拓海外市场。实际上，除了中国市场外，由于进入海外运营商的验证周期较长，京信通信在海外市场的市占率还较低，在前期进行了大量布局后，2017年已经开始加快渗透，成为天线业务的重要增长动力。

3. 布局细分市场，寻找业务新增长点

由于5G的建设仍需时日，京信通信通过调整业务战略，加强布局细分市场，来获得更大的活力。通过加强布局细分4G室内覆盖市场，京信通信的系列产品Small Cell（小基站）获得快速增长，并将室内市场布局至越南地区，与越南三大室内无线网络系统供应商之一的ACOM签署合作协议。京信通信还收购了老挝第三大通信运营商ETL 51%的股份，以移动通信+基站建设配套占有老挝市场，进军越南市场。另外，京信通信加强布局细分网络领域的企业专网，已经进入海上VSAT通信及船联网业务，并推出卫星通信设备新产品线。京信通信的企业通信服务的集成（ICT）业务，已成为京信通信的主要业务增长点。上述两个细分业务，是京信通信的两大战略业务重点，但在区域市场上，京信通信仍更倾向于亚太区市场。通过加强细分市场业务，可以降低京信通信对国内三大运营商的依赖度，降低客户风险。

（六）稳健的资本市场运作及完善的财务管理体系，服务企业可持续经营

1. 利用资本市场筹集资金，满足研发及生产需求

资本市场能够给企业的融资带来更多可能，为企业的发展注入新的活力，满足企业研发及生产需求。京信通信关注企业在资本市场的发展，但更专注于本身业务的经营。京信通信于2003年在香港联交所主板上市，成为国内同

行业第一家上市公司。为抓住5G基建加速的庞大机遇，2020年，京信通信以配售方式筹得6.83亿港元。募集的资金主要用于面向5G网络演进的技术研究和产品开发项目，包括5G小基站及OpenRAN技术研发与产品创新、5G一体化融合天线、5G中高频基站介质滤波器，以及5G相关垂直行业。

2. 健康的财务管理体系，保障企业经营的顺利开展

一个合理的财务体系应该包括投资体系、融资体系、财务管理体系等。体系内部的各部分是相互影响、相互制约的。同时，财务体系及其各部分内容与企业的经营发展也是密切相关的。企业财务体系的健康程度决定了企业整体的财务状况，密切影响着企业的经营能力及其抗风险能力。与其他无线优化行业的上市公司相比，京信通信具有更高的收入和纯利润。通过专注于高端应用业务，京信通信能维持出色盈利能力，毛利率高于行业平均值。凭借研发支出方面的绝对优势，京信通信保持着非常稳定的市场占有率。另外，京信通信拥有稳健的营运资金管理，现金转换周期短于同行平均水平。

3. 加大研发力度，开拓海外市场，增强投资者信心

在复杂的交易市场中，流动性和估值取决于迅速变化的预期，而投资的流动性取决于投资者的市场信心。受利率上升和人工成本上升以及通胀的影响，京信通信的融资成本上升，抵消了实际业绩的增长。京信通信管理层一直以掌握行业先进技术为战略，大幅提高对研发的投入。虽然2013年由于三大运营商的投资项目时间上的不确定性，大陆市场业绩下降，但2014年京信通信抓住了运营商加大对4G投入的机遇，净利大幅增加，海外业务也持续增长，投资者信心恢复，股价回升。另外，京信通信通过打造新动能、拥抱新技术、运营新服务、融入新生态、扩大海外市场等发展举措，夯实基础、稳健经营，驱动公司业绩增长，进一步增强投资者信心。

六、京信通信未来发展的挑战、机遇与建议

虽然近年来中国移动通信天线产业已经获得较大的发展，但是中国天线厂家仍面临很多挑战，主要体现在以下几个方面：①缺乏布局全球化专利的策略。中国天线产业发展时间短，在自主知识产权积累方面远落后于欧美，发明专利占比小，国外专利数量更少，缺少全球范围内的有效布局，已在不同程度上影响到了中国天线全球化市场的扩张进程。②产品质量形象仍需持续提升。中国部分天线厂家质量保障意识不足，仍寄希望于通过低价赢得市场。只有少数大厂家实现了较高水平的自动化生产，多数天线厂家采用劳动

密集型生产方式，很难保证批量生产的产品质量的长期稳定性和可靠性，影响了中国天线厂家在全球市场的整体质量形象。③技术创新度不够，多数厂家仍是追随者。中国多数天线厂家只着眼于当前的产品技术指标达成，对新技术新产品的布局和开发重视程度不够，研发资源投入少，导致中国天线在新技术新产品方面落后于国外厂家，缺少技术话语权，制约了中国天线产业的可持续发展。④品牌认同度不高。当前中国天线在全球市场虽获得了较高的市场占有率，但在销售收入和盈利能力方面与国外天线厂家仍有较大差距。基于中国移动通信行业的宏观环境以及京信通信的内部发展现状及趋势，本研究报告提出以下对策建议：

（一）抓住5G时代风口，寻找业务新突破口，实现"弯道超车"

1. 凭借先发优势，享受5G红利

从2017年起，全球移动通信天线市场进入转折期，需求量开始下降，因为4G网络的建设高峰已经过去。但4G建设的高潮刚刚回落，5G发展的钟声已经敲响。随着5G网络商用进程的不断迫近，天线市场将迎来新的需求。伴随5G业务种类的持续增多与行业边界不断扩展，室内移动网络覆盖将更加重要，并将成为运营商在5G时代的核心竞争力之一。因此，5G将是未来数年内通信行业最大的机遇，需要紧跟时代步伐，切实受益于5G建设大周期。基站天线和小基站作为5G产业链的上游细分板块，是加速5G时代到来不可或缺的因素。京信通信应当凭借在这两个板块的先发优势，充分享受5G红利。

2. 正面市场挑战，适应技术需求转变

从3G到5G，不同的网络技术对天线产业提出了新的挑战，而天线产业也在不同网络的发展下不断地改进自己的技术，为下一个网络的发展打下了扎实的基础，产业也不断成熟。随着无线网络的不断发展，我们推进5G网络发展的一个重要目的就是实现更高容量的处理以及网络运输时间的大大缩短，真正实现万物可连接。实现这一目标意味着在天线基站的选址上增加了更多的挑战和难题，比如基站的体积过大、能耗过高。京信通信应当加快技术研发，适应技术及市场需求转变，在5G时代真正来临后——化解这些问题。

3. 加速科技研发，服务5G基建

目前国内基站天线领域主要有华为、京信通信、通宇通讯、摩比发展等少数几家企业，竞争格局较为明晰，除华为"一家独大"外，京信较为领先，通宇、摩比紧随其后。5G时代，天线厂商需要更多地与设备商集成生产有源天线，对设备商的依赖将加强，未来的市场份额主要由不同天线厂商所服务

的设备商的份额变化来决定。京信通信应加紧与海外核心设备商进行紧密合作,加速研发步伐,率先抢占市场。

(二) 自主"制造"到自主"创造"

1."接地气"式研发,研发平台前移,建设高效创新团队

相比于其他制造业,通信行业的技术更新快,市场需求大,所以在大环境不好的情况下,通信行业仍能获得相对良好的发展。2020年,全球5G网络建设加速已成共识,而这势必将给通信与信息解决方案及服务提供商带来前所未有的发展机遇。机遇更清晰明朗,行业竞争亦将更趋激烈。在此形势下,业绩刚好实现扭亏为盈的京信通信,唯有强化自身技术壁垒,增厚城墙,才能抵御行业其他竞争对手的"狂轰滥炸",才不会重新走上亏损的老路。在5G进入大规模建设阶段,加大5G研发投入力度,不断促进创新,持续打造现有产品的竞争力以及加快5G新产品的推出和商用,才是京信通信从众多竞争对手中脱颖而出最为有效且唯一的求生法则。通信行业应将研发与市场捆绑在一起,由研发人员和市场人员共同组成项目小组,按产品线来经营,使研发的每个产品都有经营要求,跟市场挂钩。为使研发触角伸到市场一线,骨干研发人员应当尽可能地去接触市场,从而做到"研发平台前移"。

2. 注重人才培养,获得永续发展动力

拥有优秀的人才是各公司取得成功的关键,而如何建设高效的团队,是企业发展过程中的重中之重。京信通信作为行业内的领军者,在人员的招聘中具备一定的优势,应当不断吸纳优秀人才,保持血液的更替,保证公司的持续发展,留住人才,用好人才。废除冗余的公司结构,将人员架构从上至下进行扁平化管理,从而更好地降低人力成本。增大初级员工比例,员工结构由橄榄形转变为金字塔形;提升人员整体工作效率,人员工作效率的提升,可保证在人员最少的情况下,完成相同的工作量;全球服务业务采取"大费用"制,将在保证市场服务质量的情况下,很好地发挥每位员工的潜能。通过关键绩效指标法(Key Performance Indicator,KPI)来进行员工绩效评测,除员工个人工作量的考核外,还需要增加团队绩效的完成情况。建立明确的切实可行的KPI体系,是做好绩效管理的关键。虽然京信通信公司目前已有比较完整的绩效考核办法,但在发展的过程中,仍需要不断完善现有考核办法。

3. 发挥自动化优势,加强信息化建设

智能发展是信息化与工业化融合长期努力的方向,推动云计算、物联网

等新一代信息技术应用，有利于促进工业产品、基础设施、关键装备、流程管理的智能化和制造资源与能力协同共享，从而推动产业链向高端跃升。京信通信的快速稳定发展离不开信息化建设的投入。手工做账、人为进行项目的跟踪，很容易造成项目跟踪的中断，而且公司人员变动后，项目往往无法正常推进。前些年遗留的项目造成的损失远超过信息化建设需要的投入。加强信息化建设的投入，有利于公司更稳步地发展，完善项目跟踪体系及财务体系，保证公司运营的健康度，在遇到风险时，系统将及时给出告警信号。同时，通过信息化建设的投入，不仅可以为客户降低成本，也可以通过安全的系统为客户提供更加便捷、灵活、安全的服务，确保客户信息的安全。

（三）积极应对新冠肺炎疫情影响，在防疫常态化中稳步前进

1. 优化产品线，巩固已有市场份额

目前全国疫情防控成果显著，形势持续向好，生产生活秩序逐步恢复，但仍需进一步巩固防控成果，国际疫情蔓延对世界经济造成的停滞也开始影响国内经济与生产消费。受行业升级和客户降本增效的影响，京信通信需要持续进行研发投入与技术改造，生产成本可能会有所上升，订单的获取也面临行业内部竞争加剧的挑战。在前期全员疫情防控取得积极成效的基础上，京信通信应继续根据新的复产复工政策通过多种形式加强和完善防疫抗疫工作；密切关注新的经济形势下客户需求的变化，加大力度开拓优质客户，积极满足客户订单需求。另外，还应巩固原有主业经营成果，继续争取扩大市场份额，积极推进公司业务战略转型，努力拓展细分板块的业务，增强公司服务战略大客户的能力。

2. 在防疫常态化中复工复产，稳步推进5G业务部署

新冠肺炎疫情对5G既是挑战，也是机遇。短期内疫情的影响将给部分应用带来爆发性增长的机遇，其中既有直接为抗疫服务的5G测温仪、5G医疗机器人、5G远程会诊系统，也有为居民在家上班、学习提供的远程教育、在线办公等新型学习办公模式的广泛普及，助力疫情期间各项学习工作有序开展。这些应用或是直接使用5G网络，或是向5G网络迁移，在抗疫期间取得的市场机会，不会因为疫情结束而完全失去。从中长期来看，疫情当中的痛点将得以修正，这将是极大的市场机会，在医疗智能化、工厂无人化、城市监控全面化等领域的表现尤为突出，推出了5G+远程签约、智慧工地、智慧物流、远程监控等创新应用。各类应用的发展直接助力了

抗疫以及复工复产。因此，京信通信应当在防疫常态化中寻找市场机会，继续通过推出新产品及解决方案，提升自动化、智能化生产水准来进一步提升竞争力和毛利率。随着内地疫情的好转，京信通信应当做好企业复工复产及疫情防控工作，有序开展5G相关部署，以及不同网络频谱和网络制式上的共建共用部署。另外，还应积极优化生产系统，开发新产品，从而不断提升产品毛利率。

3. 重塑实体经济主体地位，构建良性循环模式

在新冠肺炎疫情发生之前，中国通过供给侧结构性改革就能推进经济高质量发展，但新冠肺炎疫情的暴发，让现代人类与国际社会第一次经历了大规模和较长时间的隔离、分裂和碎片化，建立完整的产业链和供应链的紧迫性便愈加凸显。新冠肺炎疫情的暴发显示出实体经济的重要性。疫情打击最重的是实体经济，克服疫情最关键的是实体经济，恢复经济增长的主力军还是实体经济。虚拟经济服务于实体经济才有自身存在的价值。借此疫情之后重启经济增长之机，应当下决心将脱实向虚的趋势扭转过来。重构虚实经济体的利益分配格局是构建良性循环的关键。另外，还要构建经济与社会的良性循环体系。此次疫情初期暴露出疫情预警系统失灵、防疫物资准备不足、人员责任不到位、应对机制包括法规制度不健全等问题，这说明需要进行必要的社会改革，完善经济与社会的良性互动机制和循环体系。经济增长与社会进步是相辅相成的，推进社会进步就是在实现经济增长。

（四）在中美角力中积极寻求突破，加强布局细分业务，开启国内国外双循环

1. 中美角力下，树立持久战意识，利用科技创新破局

随着全球经济快速发展，科技已经渗透到每个行业，每个产业都有大量科技公司涌入，凭借科技创新迅速崛起，颠覆了原有的产业格局。中美贸易摩擦下，许多中国企业面临新的不确定性。中国已经成为世界第二大经济体，包括美国在内的西方国家对中国的崛起都持有恐惧心理，企图把中国科技发展和领先的势头扼杀在萌芽状态中。基于目前中国5G在世界的地位和影响，中美之间会发生更多的科技贸易角逐。实际上，中美竞争的重点是高科技和人才。京信通信应当沉着、冷静地应对这场危机。从目前来看，中美两国的综合科技实力和全球资源调配能力还存在较大差距，并且短期内这种优劣是很难改观的，仅仅通过一两次的较量很难改变当前局面。京信通信应当居安

思危，牢固树立持久战的意识，耐心地培育好国内供应链，做好产品开发技术准备及研究，扎实服务好国内市场。

2. "人才+资本"护航企业可持续发展

中美竞争的核心短期看是高科技战，长远看是人才战和教育战。我们需要承认在高新技术和新兴产业发展方面与美国存在的差距，但同时也不应过分夸大这种差距以及可能带来的影响。客观看，中国在科技创新方面起步晚，赶超差距大。在不断努力的同时要冷静评估现实情况，唯有加快产业结构调整，加大科技创新力度，才能早日迎头赶上。虽然中美双方正在角力，全球经济秩序正在调整，但全球分工大趋势没有改变，而民间资本动能充裕，仍对海外业务造成一定的影响。资本市场是实现创新驱动高质量发展的助推器，在激励技术创新、提供融资服务、促进创新资本形成、优化创新资源配置等方面具有重要的作用。因此，京信通信应当更加注意遵守国际规则，熟识海外市场的竞争规则，尊重知识产权及合规经营，以"人才+资本"护航企业可持续发展。

3. 在压力中推动产业链再造，提升价值链

在上一轮经济全球化进程中，中国以自身的土地、劳动力和资源优势参与了最初始的全球分工体系。中美贸易摩擦之初，中国完整的产业体系虽然显示出信心与优势，但是尖端产业技术和高端供应链被卡在美方手里的残酷现实，也充分展示了中国经济的软肋以及经济全球化的负面影响。以第五代移动通信（5G）为代表的下一代通信产业，是各国技术角力和市场争抢的焦点。随着近年来中国在5G技术标准上国际话语权快速跃升，通信产业成为此次美国与我国贸易战的风暴核心。华为、中兴等业内企业成为美国打压的主要标的，美国希望通过贸易战遏制中国通信产业的未来。在全球产业供应链布局中，中国主要处于产业链的中下游，美国主要处于产业链上游，涉及产品设计研发等高技术含量环节。对中国出口通信产品加征关税，短期来看将给中国部分通信企业带来不利。中期看，国内厂商供应链地位相对稳固，但通信芯片受美国遏制，作为产业短板需要给予足够重视。京信通信应加强产业链中高技术产业的研发投入，从而寻求在产业链中地位的变化。通信产业应当做好国内大循环，构建完整的产业链和供应链，打造完整的高中低端产业和上中下游供应链体系。

参考文献

[1] 卜斌龙,刘培涛,赖展军,等.关于中国移动通信天线产业由中国制造到中国创造的探讨[J].移动通信,2017,40(9):26-34.

[2] 陈爽.京信通信:一手抓创造一手抓保护[N].中国知识产权报,2016-12-26.

[3] 方正良.加快培育经济增长新动能着力推动战略性新兴产业高质量发展[J].开发性金融研究,2019(4):68-75.

[4] 干春晖,王强.改革开放以来中国产业结构变迁:回顾与展望[J].经济与管理研究,2018,39(8):3-14.

[5] 何光军.广东如何抢占未来经济制高点?[J].广东经济,2014(5):44-49.

[6] 贾鹤鹏.如何合理评估中国创新[N].科技日报,2018-07-13.

[7] 李兵.京信通信:凭借创新跃进全球通信领军企业前列[J].广东科技,2012,12(7):51-53.

[8] 李俊霖.京信通信:争当"领头羊"还需专利作保障[N].中国知识产权报,2018-07-18.

[9] 刘威.中美贸易摩擦中的高技术限制之"谜"[J].东北亚论坛,2019,28(2):82-96+128.

[10] 陆峰.中国信息化发展八大趋势[N].学习时报,2020-04-08.

[11] 乔龙,任天舒,刘优.中国高新技术产业应对贸易摩擦的影响研究——以5G产业为例[J].对外经贸,2020(5):13-15.

[12] 赛迪智库信息化形势分析课题组.2020年中国信息化发展形势展望[N].2020-01-20.

[13] 孙金诚.打造开放型协同创新高地[N].人民政协报,2020-07-23.

[14] 王长勤,纪海涛.科技创新与国际竞争格局演变[J].紫光阁,2015(1):29-31.

[15] 王光玲.促进自主创新 建设科技强省——新修订的《广东省自主创新促进条例》解读[J].人民之声,2020(5):27-28.

[16] 王卫红,王颜悦.基于创新范式的广东省战略性新兴产业发展研究[J].战略决策研究,2013,4(4):79-86.

[17] 吴加琪.中国信息产业对经济短期贡献的统计测算[J].统计与决策,2016(16):129-131.

[18] 习近平.决胜全面建成小康社会 夺取新时代中国特色社会主义伟大胜利[N].2017-10-28.

[19] 肖甜. 广东省战略性新兴产业专利联盟合作博弈分析[J]. 智库时代,2020(15):7-8.

[20] 熊子涵. 中美贸易摩擦对中国通信行业的影响及启示[J]. 全国流通经济,2019(6):19-21.

[21] 徐蔚冰. 用完整产业链和高质量价值链做好国内大循环[N]. 中国经济时报,2020-08-13.

[22] 姚翀. 人工智能助推通信业转型升级[EB/OL]. 央广网,2018-05-17.

[23] 亿欧. 云小站与物联网 京信通信抢占5G场景的双重"利器"[N]. 新浪财经,2020-06-02.

[24] 伊万诺夫斯基. 京信通信:折价配售筹资,此乃无奈之举[N]. 香港财华社,2020-04-26.

[25] 战阳,王强. 浅析中美高科技产品贸易摩擦及应对策略[J]. 北方经贸,2019(1):37-39.

[26] EJL Wireless Research LLC. 8th Edition:Global BTS Antenna Market Analysis and Forecast,2016-2020[R].2016.

高科技企业转型升级的动因、路径及效用研究
——以广州友财信息科技有限公司为例

文/黄微平

对位于粤港澳大湾区的许多企业来说，从政策角度看，国家在资源配置、制度安排等方面为企业良好发展提供了很多便利；从时代背景角度来说，数字化、智能化正成为这个时代的标配，企业数字化升级改造是大势所趋。尤其是在企业财务管理这一领域，信息技术的发展带来的改变是显著的，财务管理信息化在企业中的作用日益凸显，企业已不再满足于传统的财务软件，对财务管理类软件有了更高的要求。

广州友财信息科技有限公司（以下简称友财公司）是一家专门致力于提升财务管理软件信息化水平的专业型IT企业，在这样的背景下选择进行转型升级，对企业来说是形成竞争优势、扩大市场份额的大好时机。本研究选择友财公司作为案例，综合利用了案例分析法、对比分析法等研究方法，对其转型升级动因、路径及成果进行讨论。在分析转型升级前友财公司获利空间小、持续经营能力不足以及缺少核心竞争力这一处境的基础上，阐述其转型升级的必要性；再利用PEST分析法和SWOT分析法讨论其转型升级的可行性；然后从采取集中化战略、完善组织架构、重组业务流程、规范研发流程四个方面讨论友财公司为转型升级做出的努力；最后从企业盈利能力、营运能力、偿债能力以及增长能力四个方面对转型升级后企业财务状况进行详细的讨论，通过纵向和横向的对比分析，发现友财公司转型升级后企业财务状况得到了很好的改善，具有较好的发展前景。

从理论层面讲，对这一案例的研究分析丰富了当前有关这一背景下具体问题的理论研究情况，充实了企业转型升级的研究内容；从实际意义来说，探讨粤港澳大湾区和数字化经济双重背景下的高新技术企业如何通过公司战略转型找准目标、赢得发展机遇，能为同类型企业提供转型升级经验借鉴，坚定其他同类型企业转型升级的决心，对促进广东省高新技术产业的发展具有重大意义。

一、绪论

(一) 研究背景

对于我国很多企业来说，这是一个充满机遇的时代。市场上，经济迅速发展，技术不断更新，国民需求持续增长；政策上，在"粤港澳大湾区"建设，鼓励大众创业、万众创新等中央政策的明确指引下，各地政府制定多项政策以推动各行各业企业发展。

"粤港澳大湾区"这一概念成形于2010年，并于2017年首次出现在《政府工作报告》中，成为国家议题，引发了社会各界对"粤港澳大湾区"的关注；在2019年2月国务院《粤港澳大湾区发展规划纲要》印发后，大湾区的建设和发展备受瞩目。改革开放以来，珠三角与港澳地区合作紧密，"前店后厂"的协作互利模式，给两边企业都带来了可观的利益；但进入21世纪后，珠三角与港澳地区的协作关系逐渐向竞争关系转变，两地的深度合作停滞不前，"粤港澳大湾区"这一概念的提出，将为打破珠三角及港澳地区发展瓶颈提供新机遇，驱动湾区内各城市善用本身的产业优势互相融合，产生更大协同效应，使两地发展迈入涉及面最为广阔的空间合作的新阶段。为了推动大湾区的发展，政府在资源配置、制度安排等方面提供了很多便利，对很多中小型企业来说，这是它们完成转型升级、快速抢占市场份额的大好时机。

与此同时，中国已经进入数字经济的转型期，数字化、智能化正成为这个时代的标配，金融科技、大数据、区块链等前沿又新颖的专业词汇逐渐占据大众视野；企业数字化升级改造是大势所趋，注重创新培养核心竞争力是发展必要。要想跟上时代的脚步，粤港澳大湾区的发展应有所侧重，推动传统的实体产业做好数字化升级改造，促进高新技术产业快速成长，做好大数据的软、硬件基础设施建设，鼓励各方面创新带动经济增长。在科技快速发展的背景下，传统实体产业数字化升级的需求，各领域与智能化越来越紧密的联系，都需要高新技术企业的技术支持、创新支撑。在面对竞争愈加激烈的国内市场甚至是国际市场时，原地踏步、不思进取的高新技术企业将错过大湾区发展和市场需求增长的历史机遇，高新技术企业自身的转型升级颇为紧迫。

随着信息技术的发展，企业财务管理信息化这一理念已深入人心，在企业财务管理活动中的作用日益凸显。企业对管理软件的需求发生了变化，传统的财务软件已经不能满足企业信息化需求，管理会计、BI、HR类软件需求在上升，说明财务管理信息化的作用逐渐凸显。友财公司正是处于粤港澳大湾区的一家专门致力于提升高校财务管理信息化水平的专业型IT企业，自成立以来，友财公司一直在寻求突破，通过自身的不断探索和业务实践，转型升级发展有了一定的成效。对友财公司进行研究可以更详尽具体地了解其在转型升级过程中遇到的问题及相应的处理方式，能为进一步的转型升级总结经验。同时，友财公司是典型的中小型IT企业，对其成功经验的具体分析，将为同类型企业的转型升级提供更多借鉴。

（二）研究意义

从理论层面讲，数字化、智能化时代的到来掀起的行业变革趋势不可逆转，数字技术发展迅速，影响广泛，这对于能够提供技术支持的高新技术企业来说既是机遇也是挑战，一方面，为了顺应时代潮流，市场对数字化产品的需求扩大；另一方面，高新技术企业之间竞争越发激烈，被市场淘汰的风险加大，所以，高新技术企业自身的转型升级是必要的。对这一成功案例的研究分析不仅能够给那些处于迷茫状态的同类型企业提供成功案例，还能帮助其从理论高度构建发展模型。同时，本研究以友财公司为例，探讨粤港澳大湾区和数字化经济双重背景下的高新技术企业如何找准目标，通过公司战略转型，赢得发展机遇，丰富了当前有关这一背景下具体问题的理论研究情况，充实了企业转型升级的研究内容。

就实践意义来说，加强创新平台建设，大力发展新技术、新产业、新业态、新模式，成为具有全球影响力的国际科技创新中心是粤港澳大湾区的战略定位；建设高新技术产业园区，推动技术进步是广东省在粤港澳大湾区建设中采取的重大举措。本研究选取友财公司作为具体研究对象，分析其转型升级的动因、路径及成果，能坚定其他同类型企业转型升级的决心，对广东省高新技术产业的发展具有重大意义。同时，友财公司在考虑进一步的转型升级，本研究对其第一阶段进行分析研究，能提供经验总结，为其做好第二阶段转型升级奠定基础。

（三）研究内容与方法

1. 研究内容

本研究针对友财公司转型升级成功的实例，结合相关概念，主要从转型升级动因分析、转型升级路径、转型升级后的财务状况等方面展开研究，主要研究内容安排如下：

第一部分为绪论，提出了在数字经济深化时期，即使是作为创新技术的提供方的IT企业也面临着转型升级的问题，起到总领整篇论文的作用。本部分阐述了正处于粤港澳大湾区大力建设的政治支持背景和数字经济飞速发展情况下的友财公司自身发展的转型升级需求，详细陈述了分析研究友财公司案例的理论意义和实践意义，概括了本研究的内容和基本方法。

第二部分对相关领域的文献进行梳理，介绍高新技术企业和转型升级等相关概念，对本研究中涉及的相关理论进行简单的整合梳理，重点阐述了转型升级、软件及软件产业、内部控制的概念、企业创新理论、核心竞争力理论以及业务流程重组理论，从而引出本研究的主题，同时降低阅读难度。

第三部分对财务软件行业进行了介绍，描述了友财公司自成立以来的发展概况、成长轨迹，其中包括对友财公司现有组织架构、经营状况的介绍；从必要性及可行性两方面阐述转型升级的动因：首先从收入和营业利润两方面直观简洁地展示友财公司转型升级前的财务状况，表明友财公司进行转型升级的必要性；其次利用PEST分析法对转型升级前友财公司的外部环境进行分析，通过SWOT了解友财公司的优势和劣势，分析转型升级的机遇和威胁，进一步探讨其转型升级的可行性。

第四部分具体分析了友财公司转型升级的保障措施，即转型升级路径，包括采取集中化战略、完善组织架构、重组业务流程、规范研发流程四个方面。

第五部分从财务状况的角度对友财公司转型升级成果进行分析，对企业盈利能力、营运能力、偿债能力以及增长能力四个方面进行纵向和横向两个维度的对比分析，得出友财公司转型升级改善了企业的财务状况这一结论。

第六部分为主要结论和未来展望。该部分是对全文的总结，主要阐述本研究中取得的成果以及友财公司的成功经验对行业的借鉴意义，并结合实际情况对未来进行展望。

本研究分析技术路线见图1。

图1 本研究分析技术路线

2. 研究方法

（1）文献分析法。本研究搜集了大量与财务软件行业、IT企业转型升级有关的文献资料，并对这些文献进行阅读整理，向读者展示该研究方向的研究现状，同时通过阅读这些资料为研究提供理论支撑，也能通过对文献的总结归纳挖掘更多的创新之处。

（2）案例分析法。本研究选取广州友财信息科技有限公司为研究对象，对其转型升级前后财务状况及采取的措施进行分析，向读者提供真实且成功的案例，为我国中小型高新技术企业的转型升级提供案例参考。

（3）PEST分析法。PEST是一种对企业所处宏观环境进行分析的模型，所谓PEST，P是指政治（Politics）、E是指经济（Economy）、S是指社会（Society）、T是指技术（Technology），PEST分析法即从这四个方面对企业所处的宏观环境展开分析。该分析方法有助于企业了解其所处的外部环境，是帮助企业做出战略决策的有力工具。本研究利用这种分析方法能相对全面地了解友财公司转型前的真实情况。

（4）SWOT分析法。SWOT分析是基于内外部竞争环境和竞争条件下的态势分析，就是将与研究对象密切相关的各种主要的内部优势（Strengths）、劣势（Weaknesses）和外部机会（Opportunities）、威胁（Threats）通过调查列举出来，并在矩阵中排列，经过系统的分析后，从中得出一系列相应的结论，有助于管理者做出决策。

（5）比较分析法。在对友财公司这一案例进行分析的过程中，采用比较分析法纵向比较其转型升级前后财务状况和经营成果两方面的差异，通过具体数据和直观的图表，向读者展示友财公司转型升级的成果。同时将其转型升级后财务指标与同行业的用友网络进行横向比较，通过对比结果有力地说明在过去几年内友财公司转型升级已取得积极成效，增加本研究的说服力。

（四）本研究的创新与不足

自"粤港澳大湾区"这一概念成为国家议题以来，国内学者们对湾区企业转型升级方面的研究层出不穷，但几乎没有文章对转型升级成功的具体案例进行分析，尤其是中小型高新技术企业的案例，因此本研究丰富了"粤港澳大湾区"企业案例研究领域的文献。本研究选定友财公司为具体研究案例，根据友财公司的实际经验，着重分析其转型升级动因、路径和相关财务数据，能为同类型企业提供理论参考，此为创新之处。

本研究重点从财务分析的角度讨论友财公司转型升级成果，而没有考虑转型升级在其他方面给企业带来的转变；同时由于资料有限，对转型升级路径的研究不够详尽，无法为其他企业提供详细的指引，因此具体案例分析可能不够完整全面，此为论文的不足之处。

二、文献综述与理论基础

（一）文献综述

1. 转型升级研究

随着世界经济格局的急剧变化，市场竞争日益激烈，大量不具备竞争优势的企业面临着被市场淘汰的风险，对中国很多企业来说，恰当地采取转型升级措施能帮助企业度过危机，转型升级这一概念在国内很多学者的研究中被提及，但在英文文献中，却很少找到以转型升级为专门术语的文献，学者们通常是将转型和升级分开来讨论。

（1）转型升级的内涵。

一直以来，国内外学者都对企业转型升级的研究给予了多方面的关注，但是迄今为止关于企业转型内涵的定义仍未统一。组织学家 Beckhard 从组织行为学的角度考虑，认为组织转型必然涉及组织形式、结构、性质三个方面的变革；Levey 和 Merry（1986）则强调组织转型不仅仅体现在工作流程、创新研发方面，也应该在组织的精神、文化、意识等方面做出符合组织战略方向的改变，组织的转型应当是全面且彻底的；Bartuc（1998）认为，组织转型是企业在对自身有清楚认识的基础上做出的变革，这种变革包含着组织在战略、结构、模式、权力方式等方面的变化，能给企业带来跳跃性的发展。

国内学者吴家曦（2009）则从是否转换产业的角度将企业转型分为转行和转轨两种形式，转行是指企业选择另一个行业进行发展，转轨是指企业不转变行业，但是在发展模式上做出调整，而不论是转行还是转轨，都会转变企业的状态。王吉发、冯晋等（2006）提出企业转型应该是一个广泛的概念，他们认为只要是涉及企业变革的行为都可以被界定为企业转型，包括转型、转制、转轨、转行、战略转换等。也有一些国内学者对具体行业的企业转型进行研究，曲建（2008）在研究我国加工贸易转型升级的内涵与对策时从五个方面讨论了企业转型：一是股权结构转变，由外资企业为主向民营企业转型；二是产品产地转移，由沿海加工为主向内陆加工转移；三是组织方式转换，由受托型加工向自主型企业转型；四是生产方式转化，由物耗型加工向清洁化生产转型；五是营销市场转向，由出口海外向内外市场销售转型。

对于企业升级的相关研究，国外学者的探讨程度还处于理论框架层次，20世纪末，Grereffi（1999）将企业升级引入全球价值链分析，认为企业升级是企业获利能力提升和迈向技术密集型经济领域的过程，在这个过程中企业能力有显著提高；Kaplinsky（2001）则从企业升级成果角度出发，认为有效的企业升级过程将给企业带来更好的产品以及制造产品的效率提升，或者是企业获得了升级前不具备的技能；Humphrey和Schmitz（2000）将企业升级划分为以下四种模式：过程升级、产品升级、功能升级和跨产业升级，他们认为，从企业层面来讲，升级是指企业为了提高竞争能力、改善产品和服务质量，寻求技术能力和市场能力，从而获得竞争优势和高附加值活动的过程。

国内学者将理论与实践相结合，针对不同行业企业升级进行研究。曲建（2008）不仅对加工贸易行业企业转型做了概括，还将企业升级总结为"五个升级"：一是发展阶段升级，走信息化工业发展道路；二是产品结构升级，鼓励制造高新技术产品；三是产业结构升级，支持拓展生产性服务；四是集聚配套升级，发展装备制造关键材料；五是增值能力升级，提高加工贸易增值水平。唐海燕和程新章（2006）从产品升级、过程升级、功能升级三个阶段分析打火机企业的升级过程。毛蕴诗（2009）在研究企业升级路径时指出，企业升级在存量和增量方面都要有所转变，即企业升级不仅包括原有企业能力、价值的提升，还需要在新产品、新技术、新品牌、新市场等方面有所突破。

虽然国内外学者对企业转型升级的内涵没有统一的表述，但无论从哪个层面来说，企业转型升级都包括技术能力、市场能力的提高。

（2）转型升级的影响因素研究。

从现有研究来看，国内外学者主要从企业内部因素和企业外部因素两个方面对影响转型升级的因素进行研究。影响企业转型升级的内部因素主要包括组织结构、业务流程、企业文化、战略目标、资本积累、创新能力、技术水平等；外部因素则包括经济环境、产业竞争环境、国际贸易环境、宏观政策等。

关于影响企业转型升级的内部因素研究，Cyert和March（1963）指出，企业是否选择进行转型升级取决于企业的抱负，抱负水平的高低取决于企业文化以及企业家的创业精神，抱负越高的企业越倾向于对企业进行转型升级，同时企业抱负对于企业转型升级成功有一定影响。Winter（2000）认为企业文化对进取、创新的认同在企业转型升级进程中有促进作用。王一鸣（2005）指出，对于我国一些自主创新能力较弱的企业，企业对转型升级的重视程度、资源投入以及创新人才的多少等内部条件是非常重要的影响因素。制造业企业的转型升级一直以来都是学者们关注的热点，Lee 和 Chen（2000）强调企业自身能力是影响代工企业转型路径选择的重要条件和影响因素，产品能力、设计能力、流程能力及模块化能力等反映企业技术水平的环节决定了产品的竞争力，企业对市场的熟悉程度、品牌运作经验等企业营销能力则影响产品知名度，产品竞争力与知名度将直接影响市场对该产品的接受度。Kaplinsky 和 Morris（2002）则强调企业的技术设计能力，企业是否能适应功能升级带来的不断增加的技术设计能力的要求是影响价值链功能升级的一个很重要的因素。孔伟杰（2012）运用定量的实证研究方法，从创新投入、创新产出和企业规模三方面考察企业转型升级的影响因素，发现致力于创新的企业更有意愿实施转型升级，在市场中更具有竞争力；资金充足以及资产规模的扩大都有利于企业转型升级，即企业规模对企业转型升级具有正向影响。而周长富、杜宇玮（2012）的实证分析结果则显示，企业规模的扩大对企业的转型升级并没有正向作用，反而有可能会使企业陷入对国际代工模式的路径依赖，并且企业创新能力可能要发挥长期效应才能有助于企业升级。

关于影响企业转型升级的外部因素研究。Yoruk（2002）对比分析了波兰和罗马尼亚的服装 OEM 企业转型升级的影响因素，发现不同环境下企业转型模式存在较大的区别，企业转型模式受到企业对市场的依赖程度、所处环境的网络技术水平、企业经验和技术的积累、企业的资源以及对资源的合理分配能力和组织能力等内、外部因素的共同影响。刘志彪（2005）则指出，企业要成功实现转型升级，不仅需要提高包括学习能力、创新能力和组织能力在内的自身能力，而且对社会和文化环境、政策和法律环境都有一定的要求，需要创造品牌经营的市场基础和需求条件，培植品牌企业所需要的文化自信和制度条件等。毛蕴诗等（2009）则从多方面讨论了不利于企业转型升级的因素，企业资源短缺、环境保护加强、人民币升值、原材料价格上涨、人力资本成本上升、贸易摩擦加剧、处于国际产业链低端等都会给我国企业转型升级带来压力。还有一些学者讨论了学习培养创新能力对企业转型升级的重要性，毛蕴诗和汪建成（2006）认为，我国企业要充分利用全球贸易的机会，加强同国际企业的合作与竞争，在进行技术和管理学习的基础上，培植自己的自主创新能力，从而加快企业的转型升级。刘志彪（2000）的研究则表明，低端制造的企业由于产业进入障碍小，在同一技术水准下有过多的企业进行制造生产，使同一产业内部集中了过多的"同质性"竞争，导致产业产能过剩，利润空间狭小，这种竞争迫使企业进行转型升级。

2. 转型升级的路径与模式研究

无论对于产业还是对于企业来说，在应对越发激烈的市场竞争时，转型升级都是一种有效的方法。我国许多学者在理论研究的基础上探讨企业转型升级的路径和模式，为企业转型升级提供理论与现实指导。吴家曦（2009）通过调研分析，发现浙江省中小企业转型升级涵盖转行、转轨、创新、整合等方式，其中，通过行业调整、产业链延伸等方式实现转型升级的企业占35.8%，通过治理结构和商业模式转换、创业者转型等方式实现转型升级的企业占44.5%，通过产品研发、提高产品附加值等方式实现转型升级的企业占20.2%。黄永明、何伟等（2006）则从全球价值链视角研究中国纺织服装企业的升级路径选择，他们指出企业升级一般可以从扩大市场和提升技术能力两条路径出发，其中，市场扩张既包括产品销售前的市场调研、营销宣传、品牌文化培养，也包括销售后的售后服务等；技术能力升级包括更新和引进设备、提升原始创新能力等。杨桂菊（2010）认为代工企业的转型升级在不同的阶段应采取不同的升级战略与方法，处于OEM阶段的企业应扩大规模经济、利用低成本优势、增强自主研发意识；处于ODM阶段的企业应增强品牌创新意识、加大市场品牌推广力度、积累品牌运营经验；处于OBM阶段的企业应兼营OEM、ODM业务，明确市场定位，逐渐涉足全球市场。李晨（2010）从产品、产业和区域三个层面分析了我国加工贸易转型升级的路径，基于产品层面的转型升级包括加工贸易产品的与时俱进、加工贸易产品工艺流程的更新升级；基于产业层面的转型升级包括我国加工贸易产业分布的优化、产业内部的阶梯升级；基于区域层面的转型升级包括我国东南沿海地区与中西部地区建立相互联系、优势互补的加工贸易国内价值链。程虹、刘三江等（2016）提出企业转型升级的4个主要路径：企业家精神要从"制度企业家"向"创新企业家"转型；盈利模式要从速度型盈利模式向质量型盈利模式转变；要素投入要从劳动力数量向人力资本升级；增长模式要从要素投入型向创新驱动型转轨。

3. 软件业转型升级研究

与传统制造业相比，软件业属于新兴产业，国内外学者对于软件业转型升级的研究还处于探索阶段，主要集中在通过对软件业的宏微观环境的分析，为软件业企业转型升级提供建议。张艳（2016）以创华科技有限公司为例，通过对企业内部和外部环境分析，明确企业自身优势，确定转型升级路径，提出具体的转型升级措施，最后完善创华转型升级的保障工作。尹可伊（2013）研究软件类代工代销企业在转型升级中遇到的实际问题，与国外同类型问题进行分析和比对，并利用访谈所得数据，总结出适合中国的软件类代工代销企业的转型升级路径。夏建树（2014）对IT巨头惠普公司发展史上数次转型过程与结果进行分析，并与其他企业案例结合，得到IT企业转型升级路径影响因素集，进一步通过问卷调研的方式对这些影响因素进行归纳。陆欣（2014）以金蝶为例，对软件行业平均利润的利润池的分布及金蝶竞争对手进行分析，最后得出企业获取高于行业利润的方法，同时，在分析金蝶发展现状的基础上为金蝶以后的转型提供意见。蒲红霞（2019）基于利润池理论，分别从转型的资源和条件及利润池两个方面对用友网络的转型进行分析，得出软件行业企业应由利润浅水区软件产品向利润深水区信息技术及服务方向转型。

4. 文献评述

国内外学者从不同的角度切入，对转型升级相关问题进行了不同程度和不同方面的研究，主要包括转型升级的内涵、影响因素、路径和模式等方面，在一定程度上丰富了转型升级的理论研究。通过对有关转型升级问题的研究进行整理发现，国外学者在理论框架上的研究比较全面；国内学者则在相应理论的基础上结合我国具体情况，分析不同行业企业、产业、区域层面转型升级影响因素及转型升级路径。有关转型升级的研究内容在不断丰富，不断深入。

尽管学者们的研究在很多方面很细致，但国内学者对转型升级的研究主要集中在制造业领域，对软件行业转型升级研究还不多，不够深入，对于财务软件企业的转型升级研究更是少之又少，并且大多数研究都更侧重于转型升级路径选择研究，很少有人对转型升级后的效果进行分析、评价。因此，本研究选择对友财公司这一财务软件企业的转型升级内外部环境及最终成果进行分析，一方面，通过这一成功案例表明软件行业企业转型升级是必要的、可行的；另一方面，通过对案例的分析为其他企业的转型升级提供一定的指导和借鉴。

（二）相关概念

1. 转型升级

本研究文献综述部分已经将国内外学者对转型升级的内涵的理解做了简单的阐述，虽然学术界对转型升级概念没有达成一致的意见，但他们对其概念的界定大致相同，为了使读者对转型升级概念有更深的理解，将对其做简要叙述。

从众多看法和观点来看，转型升级可以分为"转型""升级"两个方面。"转型"是当外部环境发生变化，组织为了适应新环境做出的各种调整与转变，是组织全方位的、彻底的、颠覆性的变革，是指经济结构、运营体制及制度、发展模式方面发生的大规模的转变，往往伴随战略、结构、模式等方面的革新；"升级"是组织提升技术能力、市场能力的过程，是在原有模式基础上对技能、产品、流程等具体内容进行进一步丰富、优化和提升。具体来说，转型升级可以分为企业层面转型升级、产业层面转型升级、经济层面转型升级三个层面，如表1所示。

表1 不同层面转型升级的基本概念

企业层面转型升级	当企业自身所处行业的竞争能力降低和竞争优势衰退、企业发展前景黯淡，企业会通过变革提升其在产业内的能力，或采取产业转移的战略，寻求新的经济增长点，因此企业可能保留原有行业业务，也可能完全退出原有行业，进入新的行业；同时，企业将优化自身的产品、业务、技术，扩大自身的竞争优势，确立核心竞争力，以确保企业的正常发展
产业层面转型升级	产业是社会分工的产物，当产业出现了不被社会需要的信号时，产业转型升级是必然趋势。产业转型升级包括：从产业链边缘环节向核心环节延伸；从价值链低端向高端延伸；实现创新升级，在关键技术上达到突破；重视技术、管理、知识等高端生产要素。产业转型升级能推动社会和经济发展，但单纯依靠市场力量无法实现产业转型升级，需要政府、行业法规的引导和支持
经济层面转型升级	当某一区域的经济结构及制度发展到一定阶段时，区域经济将在体制、增长方式、结构各个方面革故鼎新，实现从量到质的全方位蜕变。经济层面转型升级的成果主要体现在经济发展和民生改善能力提升、科技创新能力增强、国际化发展水平提高、产业结构优化、节能减排和生态环境改善

这三个层面的转型升级是相辅相成、密不可分的，区域经济中包含各类产业，每个产业内则有无数企业，因此经济层面转型升级必定涉及支柱产业的转型升级，产业层面转型升级必然需要企业层面转型升级作支撑，可见这些不同层面的转型升级存在递进和包含的层次关系。而不论是哪个层面的转型升级，其实质都是某一经济体全方位的变革，是优化结构、资源、技术、创新、模式各方面，从而推动该经济体更好地发展的过程。

2. 软件及软件产业

根据科普中国发布的权威定义，软件是一系列按照特定顺序组织的计算机数据和指令的集合，它是指与计算机系统操作有关的计算机程序、规程、规则，以及可能包含的文件、文档及数据。软件没有物理形态，只能通过运行状况来了解其功能、特性和质量；它也不会像硬件一样老化磨损，但存在缺陷维护和技术更新；软件渗透了大量的脑力活动，人的逻辑思维、智能活动和技术水平是软件产品的关键，软件的开发和运行必须依赖于特定的计算机系统环境，对于硬件有依赖性。一般来说，软件可以分为系统软件、应用软件和介于两者之间的中间件。

系统软件是指控制和协调计算机及外部设备，支持应用软件开发和运行的系统，是无须用户干预的各种程序的集合，主要功能是调度、监控和维护计算机系统；负责管理计算机系统中各种独立的硬件，使得它们可以协调工作。系统软件一般是计算机系统自身携带的，也可以根据需求自行安装。操作系统是最基本也是最为重要的基础性系统软件，是最底层的软件，它是计算机裸机与应用程序用户之间的桥梁，没有它，用户也就无法使用某种软件或程序。从计算机用户的角度来说，计算机操作系统体现于其提供的各项服务；从程序员的角度来说，其主要是指用户登录的界面或接口；如果从设计人员的角度来说，就是指各式各样模块和单元之间的联系。例如微软系列的Windows XP、Windows 7、Windows 10 及用户日常接触最多的 iOS、Android，都是操作系统实例。

应用软件是用户可以使用的各种程序设计语言，以及用各种程序设计语言编制的应用程序的集合。它是为了某种特定的用途而被开发的软件，它可以是一个特定的程序，比如一个图像浏览器，也可以是一组功能联系紧密、可以相互协作的程序的集合，比如微软的 Office 软件，还可以是一个由众多独立程序组成的庞大的软件系统，比如数据库管理系统。

中间件是介于应用软件和系统软件之间的一个软件，是一种独立的系统软件服务程序，分布式应用软件借助这种软件在不同的技术之间共享资源。中间件位于客户机服务器的操作系统之上，管理计算资源和网络通信，它使用系统软件所提供的基础服务，衔接网络上不同的应用，能够达到资源共享、功能共享的目的，从这个意义上说，中间件=平台+通信。

软件产业是生产和制造软件的企业的统称，是信息产业的核心，是信息社会的基础性、战略性产业。自1949年发展至今，软件产业日渐成熟，拥有了全新面貌，由最初的为了客户开发制定解决方案的专业服务公司变为如今的为互联网提供增值服务的公司。软件产业的发展如日中天，不仅带动了经济发展，创造了可观的收益，更重要的是软件产业已经逐渐渗透到其他各个行业中，对传统行业的改造提升起到重要的推动作用，是国民经济和社会发展的"倍增器"。

3. 内部控制

美国审计准则委员会（ASB）在《审计准则公告》中对内部控制做了如下定义：内部控制是在一定的环境下，单位为了提高经营效率、充分有效地获得和使用各种资源，达到既定管理目的，而在单位内部实施的各种制约和调节的组织、计划、程序和方法。计划如果不能被付诸实践，那么这个计划再完美都不具有意义，内部控制也是一样的，只有当内部控制制度得到有效实施时，它才能发挥作用。虽然说内部控制是一种管理手段，但是其实施不仅需要管理者的执行，还需要全体员工的参与以确保内部控制的有效性。

内部控制包含五个要素：内部环境、风险评估、控制活动、信息与沟通、内部监督。内部环境是企业实施内部控制的基础，主要包括组织治理结构、企业文化、权责分配等。风险评估是指在企业日常经营活动中对可能存在的与内部控制目标有关的风险进行识别和系统分析，合理制定应对风险的策略。控制活动是企业根据风险评估过程中制定的策略，采取相应的控制措施，将识别出的风险控制在可接受的范围内。信息与沟通是指完善的内部控制系统要求准确、有效地收集和传递信息，确保企业内部、企业与外部的有效沟通。内部监督是指企业需要监督检查内部控制系统的建立与实施情况，对内部控制的有效性进行考核，发现其中的缺陷并加以改进。也就是说，内部控制制度应当建立在企业的内部环境的基础上，对企业内部潜在的风险进行评估并采取相应的控制措施，将风险控制在可承受的范围内，与此同时，还要及时准确地了解相关信息，确保信息的传递与沟通，最后，还要对内部控制的建立与实施情况进行监督检查，针对发现的问题采取改进措施。

（三）相关理论

众多学者和专家对企业转型升级进行了理论研究和论述，对于友财公司这样的软件行业企业来说，研究其转型升级需要对企业创新理论和核心竞争力理论有一定的了解，这两个理论既说明了企业转型升级的原因，也指出了转型升级后企业努力的方向。

1. 企业创新理论

企业创新理论是由美国学者熊彼特于1912年首次提出的，熊彼特将创新理论引入经济学的范畴，认为创新在经济发展中发挥了不可替代的作用，是发展进程中的产物。熊彼特认为，创新就是在生产体系中引入新的生产要素和生产条件,形成"新组合",通过这种"新组合"企业能最大限度地获得超额利润。资本市场的经济发展离不开创新,创新是经济发展的本质规定。熊彼特认为不发展的经济是一个循环流转的过程,想要发展就必须打破这种循环,也就是实现创新,所以说创新是发展的本质规定。熊彼特还明确指出了企业创新的五种形式:第一种是对新市场的开辟;第二种是挖掘产品或其新特性;第三种是采取新的生产方法;第四种是掌握新的供应来源;第五种是缔造新的组织形态。因此,创新不仅仅是指技术上的突破,同时也包括了种种能提升企业的效益和效率的新行为,涉及了企业从生产制造到配置管理的每个环节,范围是非常广泛的。

自创新理论被提出以来,许多经济学家以熊彼特的观点为出发点,进行了更为深入的探讨,提出了制度创新的概念;创新理论甚至被引入管理领域,得到了不断的丰富和发展,创新理论进一步被完善和拓展而趋于多元化。进入 21 世纪,在信息化技术高速发展的推动下,经济发展的速度加快,企业只有积极创新,才能跟上资本经济发展的步伐。现在的创新理论能完整系统地阐述企业创新的各种形式以及企业要实施创新发展所需的各种因素和条件,指导企业根据错综复杂的环境制定符合自身发展的创新战略,为企业未来发展策略目标的制定、转型升级路径的规划提供理论支撑。

2. 核心竞争力理论

核心竞争力又称为核心竞争优势,是指组织具备的应对变革以及激烈的外部竞争,能够取胜于竞争对手的能力的集合。20 世纪 90 年代,美国学者普拉哈拉德和哈默尔提出了"核心竞争力"这一概念,指一个组织或企业中积累性的力量,尤其是有关于如何将诸多的生产技能和技术进行整合与协调的力量。他们认为,首先,核心竞争力应该成为企业扩大经营能力的基础;其次,核心竞争力对创造公司最终产品和服务的顾客价值贡献巨大,它的贡献在于实现顾客最为关注的、核心的、根本的利益,而不仅仅是一些普通的、短期的好处;最后,企业的核心竞争力难以被竞争对手复制和模仿。企业的核心竞争力并不是自然而然形成的,是企业的经验总结以及创新培育,是组织中各业务单元的黏合剂,是未来业务发展的助推剂。核心竞争力一旦形成,是不会随其在工作中的应用而减弱的,相反会随着应用的增加而加强;并且企业的核心竞争力是企业所特有的,很难进行模仿,具有稀缺性、独特性以及方法性的特征。

企业要在同行业竞争中脱颖而出就需要形成自身的核心竞争力,核心竞争力能使企业保持长期稳定的竞争优势,获得稳定的超额利润。现代企业的核心竞争力是一个以知识、创新为基本内核的企业某种关键资源或关键能力的组合，是能够使企业、行业和国家在一定时期内保持现有或潜在竞争优势的动态平衡系统。

3. 业务流程重组理论

20世纪90年代"四大管理思想家"之一的Michael Hammer将业务流程定义为：流程是一个或多个输入转化为对客户有价值的输出的活动。企业所有的业务活动目的都在于向客户输出满足其需求的产品，为企业创造利润和价值，针对企业业务流程的管理能提升业务流程效率，给企业带来巨大变化，在企业变革过程中发挥着巨大的作用。

业务流程重组最早由美国的Michael Hammer和James Champy提出，在20世纪90年代达到全盛。业务流程重组包括了对企业战略、增值运营流程以及支撑它们的组织结构、政策、部门职能系统的优化或重组，最终使组织运作效率达到最优化。面对以顾客、竞争、变化为特征的现代企业经营环境，业务流程重组是帮助企业取得竞争优势最有效的手段和方法之一，它要求管理者对业务流程作根本性的思考或彻底重建，利用先进的制造技术、信息技术以及现代管理手段，最大限度地实现技术上的功能集成和管理上的职能集成，以打破传统的职能型组织结构，建立全新的过程型组织结构，尽可能地降低成本、加快速度，提供更好的产品质量和服务。

业务流程重组是对企业的业务流程的基本分析与重新设计，但不一定是激烈并彻底的，过于强调根本性和彻底性，而不去考虑企业自身的条件和适应情况的流程重组是很容易失败的。对于国内企业来讲，按照企业实际发展情况和变革程度，可以将流程重组分为三个层次：流程的建立与规范、流程优化和流程再造。当一个企业处于创立初期，解决了最初的生存问题后开始考虑企业规模化发展问题时，业务流程逐渐开始形成，这个时候流程的建立并不讲求细致，主要是明确权责，识别、描述并规范流程，使企业各项活动能有条不紊地进行。随着企业规模的扩大，业务更加多元，员工群体逐渐庞大，各部门分工越来越细，原本的业务流程已经不适应企业此时的发展情况；为了提高效率和反应速度，企业需要对已有的业务流程进行绩效评估，识别出其中需要改善的环节，通过简化、调整、增加、整合等方式优化企业业务流程。当面临战略转型，处于变革期的时候，企业需要对业务流程进行全面评估和战略性的思考，根据公司战略对业务流程进行重新设计，这一过程往往伴随着组织结构和业务模式的变化，是一次重大的管理变革。

不管是处于哪一层次的流程重组，都需要企业全体员工的共同努力，管理层对业务流程重组计划有清醒完善的认识固然重要，全体员工对重整方案的有效执行同样是关键所在。对业务流程重组理论有正确的认识，必将有助于企业更好地将这一理论与企业实际相结合，推动企业的全面提升和健康发展。

三、友财公司发展现状及转型升级的动因分析

（一）友财公司简介

1. 基本概况

广州友财信息科技有限公司成立于 2010 年 12 月，坐落于美丽的中山大学国家大学科技园。现在的友财公司是一家专门致力于提升高校财务管理信息化水平的专业型 IT 企业。在国家教育行业主管部门的支持下，公司依托中山大学信息技术力量和财务管理工作经验，联合国内高校财务管理领域和高校信息系统建设领域的专业精英，专门致力于提升高校财务管理信息化水平。

公司以中山大学业务为原型，收集系统建设经验，同时在与国内其他高校的交流中发现需求。公司从顶层设计出发，结合"提升效率、精细管理、科学决策和固本求新"的系统设计理念，全面规划设计并研发出了"友财高校财务管理信息化解决方案"系列产品，包括高校项目管理系统、预算系统、核算系统、薪酬系统、收费系统、网上报销系统、预约报账系统、决策支持系统、银校互联系统、自助收单机等，相关产品已获得了国家认定的软件著作权。"友财方案"包括一揽子解决方案产品开发、管理咨询服务和定制项目开发，打造新一代财务管理信息系统，建成一个面向服务的一体化财务管理平台，涵盖高校日常财务业务处理工作，解决"报销难""取数难"等问题，实现信息安全共享和决策分析，真正促进财务工作效率和服务质量的提高。

公司以提高国内高校财务管理信息化工作水平为己任，以广州、武汉、北京为研发和生产基地，形成了覆盖全国大部分地区的销售渠道和服务网点，全面地为国内高校提供"友财"高校财务管理信息化解决方案系列软件。同时，"友财"高校财务管理信息化解决方案在研发时，充分考虑了国家新《高等学校会计制度》的出台与实行，用户选用该公司财务管理软件，可以完全

地适应新《高等学校会计制度》执行的需求。

2. 发展历程

2010年12月，广州友财信息科技有限公司于中山大学国家大学科技园成立，注册资金为200万元人民币，为国有和民营资本联合投资的IT专业化公司。

2011年，友财公司自主研发的高校财务管理信息化解决方案V1.0在中山大学上线运行。

2012年，友财高校财务管理信息化解决方案取得一系列产品软件著作权。

2013年，友财公司高校财务管理信息化解决方案在暨南大学、广东外语外贸大学等省内高校上线运行；同年5月，获得了软件企业认定证书。

2014年，友财公司发布适应新《高等学校会计制度》改革的高校财务管理信息化解决方案V2.0版本，并在广州美术学院、内蒙古大学、华侨大学等省内外高校上线运行。

2015年，友财公司获评"广州市科技创新小巨人"。

2016年，友财公司发布高校财务管理信息化解决方案V3.0版本；同年，获得高新企业认定证书。

2018年，友财公司发布适应《政府会计制度》改革的高校财务管理信息化解决方案V4.0版本；同年，友财公司正式由中山大学国有资产控股科技企业转制为民营科技企业。

2019年，友财公司提出了高校财务管理智慧化理念，对高校财务管理信息化解决方案进行了全面重构设计，推出新一代高校财务解决方案，以满足高校财务管理不断发展的需求。

2020年，友财公司与依托于"暨南大学财税决策与风险管控研究中心"成立的广州市预算与绩效评价研究会达成战略合作，启动高校成本核算系统的设计、研发。

3. 组织架构

广州友财信息科技有限公司转型升级前已设有董事会，董事会选举总经理担任法人代表，全面负责公司的各项日常经营活动。友财公司转型升级前的组织架构如图2所示。

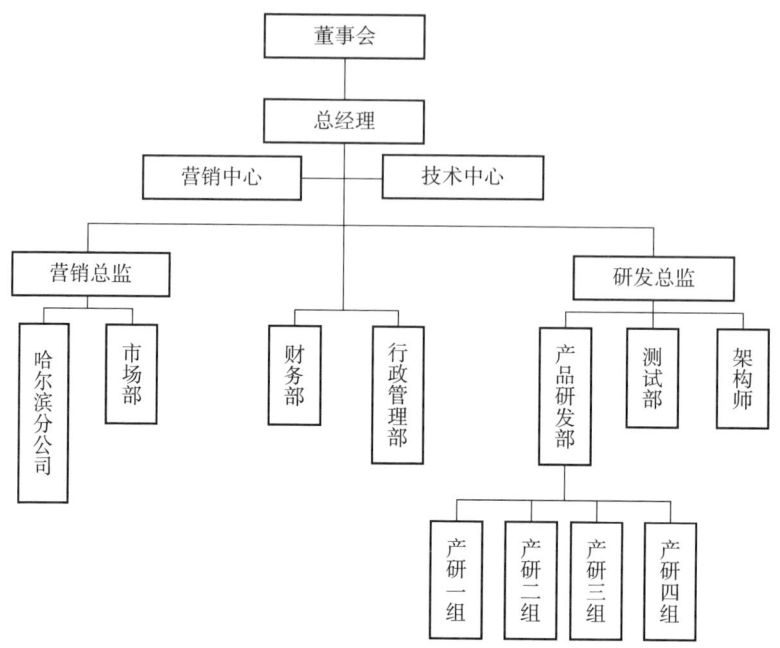

图 2　友财公司转型升级前的组织架构

4. 员工数量及人员结构

广州友财信息科技有限公司现有员工 90 名，全部拥有大专以上学历，其中本科以上学历者占比 60% 以上。其中，产品研发人员 53 名、项目工程人员 25 名、售后服务人员 5 名、市场销售人员 3 名、行政人员 2 名、财务人员 2 名。

5. 产品主要功能介绍

经过团队的研发完善，友财新一代高校财务管理信息化解决方案已经几乎涵盖了高校日常财务管理方面能用到的所有系统，具体如表 2 所示。

表 2　友财新一代高校财务管理信息化解决方案

系统	功能模块	功能描述
项目管理系统	项目库管理模块	供学校各个部门申报储备项目，经过流程审批或专家评审论证后，进入项目储备库
	预算申报管理	供各个部门申报年度预算，支持自上而下、自下而上、上下结合等预算申报模式，预算申报可由业务部门发起，同时支持由归口部门发起申报；支持归口部门根据各自职能的划分，按类别归口申报相应的预算，最后由财务部门汇总形成全校预算的模式

续表

系统	功能模块	功能描述
项目管理系统	预算执行管理	供财务部门对预算批复后的项目进行管理，维护项目的属性信息和核算信息，进行预算下达和回收，对预算进行支出控制
	预算调整管理	支持学校二级部门在预算执行过程中，根据业务变化，发起预算调整的申请，并经过预算调整流程审批，生成新的预算数据
	预算分析模块	统计预算年度的项目申报情况、部门负责人统计所负责部门的申报情况、部门预算与拨款情况表、预算拨款与执行表及决算口径预算执行表等，可按不同条件进行快速查询汇总
	预算绩效管理	对不同的项目设置不同的绩效考核模板，根据申报阶段预设的绩效指标，考核项目绩效完成情况和评分
	预算执行预警	对特定时间项目执行进度不满足固定比率的，通过各种不同方式通知项目负责人
	项目结项管理	供各个部门对已验收或终止的项目发起结项申请，经过流程审批后，项目进入完结库
会计核算系统	标准版	会计核算系统作为高校财务管理的核心系统，按照政府会计制度的要求，提供会计凭证录入、编辑、审核、记账等日常账务处理，以及各种会计账簿管理、会计报表分析管理
	账务处理模块	高校会计核算，智能的会计凭证审核、复核、记账、结转、科目设置、会计报表等核心功能
	平行记账模块	满足《政府会计制度》中的平行记账要求，提供自动生成平行记账分录的设置和功能
	网银支付模块	通过专线连接的方式，实现了银行系统和学校财务系统的有机融合和平滑对接，学校计财处通过财务系统的界面就可以直接完成对银行账户以及资金的管理和调度，进行信息查询、转账支付等各项业务操作
	银行对账模块	支持多账户、多科目合并对账，支持对账单输入和导入；自动对账结合手工对账；自动生成和保存余额调节表
	银行票据管理模块	根据银行账号进行票据管理，实现领票、打票、票据关联凭证查询功能
	往来款管理模块	提供往来款的自动对冲号生成、核销管理，并提供相关报表
	财务分析报表	系统提供标准财务报表和自定义报表，支持会计核算系统取数公式，用户根据系统内置的核算公式，可灵活获取核算数据
	智能业务引擎	支持编程式的凭证生成逻辑，为各个业务系统提供接口，方便从网上报销，收费管理系统、薪酬个税管理系统等业务系统按照设置的业务规则自动生成会计凭证

续表

系统	功能模块	功能描述
事前申请系统	事前申请	按照学校的内控管理制度，供各个教职工发起事前申请，支持不同业务配置不同的业务审批流程，审批通过后方可进行业务报销
网上报销系统	标准版	网上报销系统按照学校的管理制度，将业务报销流程进行网络化，教职工可以在任何时间、任何地点提交财务报销申请，领导可用数字签名的方式在任何时间、任何地点进行业务审批，财务部门对原始凭证审核无误后，自动生成记账凭证，并可以通过网上银行进行支付
	定制业务	根据学校具体的管理制度和费用报销规定，在标准功能基础上，定制开发不同的网上报销业务表单以及业务审批流程，将学校的业务完整呈现出来，保证学校业务顺利进行
	预约报销模块	通过强大的管理功能，配置好相应的报销窗口及财务处理时间段，让系统自动根据时间派发相应的预约单号数量，既不造成资源的浪费，又可根据实际情况安排实际业务预约量，同时不增加财务人员工作量，让财务人员及时有效、合理安排财务处理工作时间
	收单机模块	网上报销的自动投递式收单设备，通过报销人员自助式投单，打破报销人员投单的时间和空间限制，让报销人员自主安排时间投递单据，节省排队的时间，同时系统通过二维码扫码投递，实时记录单据状态，检测投递过程，自动回写更新单据状态，让操作变得更加安全、有效、便捷
收入管理系统	到款查询模块	支持用户订阅到款信息，系统根据到款信息，自动给用户发送通知，同时支持用户查询已到款项的记录，打印凭据到前台进行经费入账
	预开发票申请模块	在收入资金未到的情况下，供收入负责人在线申请预开发票，需同时提供抵押的项目信息
	预开发票管理模块	收入管理岗位工作人员进行预开发票申请的审核和开票，并自动进行资金冻结、业务凭证生成
	收入进账管理模块	收入负责人根据到款信息进行收入入账申请，收入管理岗位工作人员进行相关账务的处理和预开发票的核销
薪酬个税管理系统	标准版	用于学校工资、酬金、年终奖金、学生奖助学金、校外人员劳务费等资金的发放，可实现各部门的网上申报、审批与财务核发发放管理。可自动实现各类薪酬合并计税，提供详细、统一的基础数据，方便统计分析个人收入情况

续表

系统	功能模块	功能描述
薪酬个税管理系统	公积金管理模块	对个人公积金进行管理，支持"新开户""调整""封存""启封""补缴"等管理环节，可以维护基数、比例、公积金账号、个人公积金编号等信息；支持录入个人基数或者根据个人工资自动计算基数；支持自动计算个人公积金以及单位公积金，生成公积金委托工资代扣单据。支持按照公积金中心的格式生成各类公积金汇储表
	发放申报模块	支持制作、处理（合并、复核）在职人员/离退休人员每月工资单；支持分类型管理，每类人员的工资项（栏目）支持自定义
	合并计税模块	按国家规定设置工资薪金计税公式，支持根据人员的国籍不同执行不同的计税公式，支持根据人员的减免比例，自动计算减免金额、应纳税额
	批发导盘模块	通过导盘报盘方式批量发放薪酬，同时支持接收其他系统推送的批扣或者批发数据
	查询报表模块	查询个人薪酬工资条、各类出账统计表、各类汇总统计表等
收费平台	标准版	系统涵盖高校收费工作全过程管理，包括学生信息管理、收费项目及收费标准管理、应收管理、实收管理、退费管理等业务。系统支持多种收费渠道，为网银收费、统一支付、微信和支付宝等新型缴费方式提供后台管理依托，系统提供多样化的收费数据分析报表
	收费标准管理模块	设置收费项目对应不同人员的收费标准，用于应收数据的自动生成
	应收管理模块	管理人员的应收情况，包括应收添加、调整、减免及应收审核
	选收管理模块	管理人员的选收情况，包括添加选收记录与查询，可为系统没有记录的人员添加选收
	实收管理模块	管理人员的实收情况，包括收费、审核、退费、欠费提醒、查询
	查询报表模块	查询人员和部门的收费、欠费情况，并形成报表
	票据管理模块	管理纸质票类型；管理纸质票的生命周期，包括入库、领用、打印、作废、核销、销毁
	网上缴费模块	网上交费门户主要供缴费人员使用PC浏览器访问，进行各种缴费和查询操作。可根据学校要求对接各银行B2C支付接口和第三方支付接口，实现方便快捷的网上缴费
	学分制收费模块	对接教务系统获取学生选课情况，计算并收取学分学费，并把收费情况反馈给教务系统
	收入分配模块	预先设置收入分配模板，按照预置的收入分配政策来划分收入，并生成对应的凭证

续表

系统	功能模块	功能描述
电子签批系统	电子签批 BS 版	电子签批的 BS 版本，供签批人在 PC 浏览器中使用数字证书进行电子签批
	电子签批 Android 版	电子签批的 APP 版本，供签批人在手机或者平板电脑中使用数字证书进行电子签批
	电子签批 IOS 版	电子签批的 APP 版本，供签批人在手机或者平板电脑中使用数字证书进行电子签批
	对接 CA 系统	对接第三方的 CA 认证系统，提供电子签批的 CA 管理功能，电子签章的管理和服务
电子影像管理	影像管理模块	对已有的影像进行查阅、管理
	影像存储模块	映像文件的底层存储，支持分布式、对象化存储
	影像 API 模块	为其他系统（例如财会档案管理、网上报销系统、会计核算系统等）提供影像文件的存储、查看接口
决策分析系统	BI 报表设计模块	BI 报表设计器，用户可通过此设计器进行即席报表设计，快速生成美观易用的商务智能决策报表
	BI 报表展示模块	用户使用 BI 报表设计器设计的财务报表，发布和授权之后，领导可以通过平板电脑浏览器查阅
	标准报表	系统内置的一套预算、核算、薪酬、收费业务标准 BI 报表
	标准数据集	系统内置的预算、核算、薪酬、收费标准多维数据集，用户选定此数据集，方可连接核算数据源，进行核算 BI 报表制作
经费查询系统	项目授权模块	支持系统管理员、部门管理员、项目负责人对项目的查询进行授权
	经费查询模块	支持查看个人项目的基本情况、预算执行、借款等
	部门经费查询模块	支持部门负责人查看部门下所有项目的基本情况、收支明细、借款等
微信查询系统	经费查询	支持项目负责人通过微信公众号查看个人项目的基本情况、开支明细、借款等
	预算执行查询模块	提供给部门领导在微信中查看部门各项经费预算执行情况的分析报表
	薪酬查询	支持受薪人在微信公众号中查询个人薪酬明细以及每月税务汇总情况（包括每月工资、酬金、劳务等各类个人收入）
	个人交费门户	交费人可利用微信进行自助交费
	网上报销查询	支持通过微信公众号查看网报单的报销进度，以及接收相应的状态通知

续表

系统	功能模块	功能描述
合同管理系统	合同管理模块	合同登记的日常业务管理：变更、手工增加、作废等
	合同库管理模块	审批通过的合同全部进入合同库集中管理，包括从其他系统导入的合同
	合同申报模块	合同签署的过程审批管理：申报、审批等
	合同 API 模块	供其他系统调阅或者导入合同
基础数据平台	标准版	基础数据平台为所有业务应用系统提供统一的人员、部门、权限、登录等基础性管理，为各公用数据建立一个财务基础性数据库
	银行账户管理模块	支持管理教职工工资账户、学生学费账户功能，支持一人多银行多账户。教职工和学生可通过网络自助变更自己的银行账户信息，由管理员审核通过即可生效
	银校互联管理模块	支持国内银行的网银系统专线对接，整合银行提供的查询、转账、代发、代扣、公务卡等接口，形成统一接口供各系统调用

（二）友财公司转型升级的动因分析

通过上一节中有关转型升级后友财公司的基本概况介绍，可以看出友财公司现在发展稳定，组织架构明确。本节将继续对友财公司当时的处境进行分析，阐述其转型升级的必要性，即转型升级的动因。

1. 行业巨头认可度高，获利空间较小

互联网自出现以来，发展速度之迅猛令人咋舌，可以说互联网是继 PC 之后，发生在全球 IT 领域的第二次产业浪潮，它带来 IT 产业及全球经济和社会的重大变革。根据 IDC 在 2019 年初的调查，已经有 18.3% 的企业把数字化转型做成企业的标准业务模块；而 12.8% 的企业则更进一步将数字化转型优化与业务深度融合，激发出无限的创新动力，成为率先到达深水区的先行者；其他 68.9% 的跟随者都在不同程度开展数字化转型。互联网对企业的影响是最直接和深远的，财务管理业务是企业日常运营的重要一环，自然也深受互联网影响。网络技术的发展推动财务管理从桌面走向网络，即从桌面财务走向网络财务。与传统的桌面财务相比，网络财务在实现桌面财务的一切功能的同时，减少了人工成本，提高了工作效率，拓宽了工作范围。

因此，在互联网的发展下，企业对财务软件的需求不断增加，但是，目前在我国，大多数企业所采用的财务软件主要是金蝶和用友。金蝶和用友软件涵盖了财务管理、人力资源管理、供应链管理、生产制造管理等应用系统，能满足大多数企业财务管理的需求。用友和金蝶的官网报告显示，用友集团

2019年已经拥有超过542万客户，金蝶集团连续14年稳居同类软件市场占有率第一。在客户经年的使用过程中，金蝶和用友软件每一次更新换代都带来更好的客户体验，逐渐获得市场认可，占据了绝大部分的市场份额，留给其他财务软件的获利空间较小。在这样的竞争压力下，友财公司需要重新思考企业的发展方向，寻求更广阔的发展道路。

2. 业务收入严重不足，持续经营能力欠缺

在转型升级前友财公司的业务收入处于低水平状态，连续5年利润总额为负，一方面，因为公司成立不久，处于起步阶段，公司整体销售水平和产品性能不具有竞争力；另一方面，公司在市场上的获利空间较小。为了更清晰、直观地说明当时友财公司所面临的业务收入压力，本研究梳理了友财公司2011—2015年的营业收入及利润总额，如表3、图3所示。

表3　2011—2015年友财公司经营指标统计　　　　单位：万元

年份	2011	2012	2013	2014	2015
营业收入	0.00	8.54	274.80	346.34	270.25
利润总额	-37.84	-34.90	-66.51	-1.11	-57.78

资料来源：友财公司。

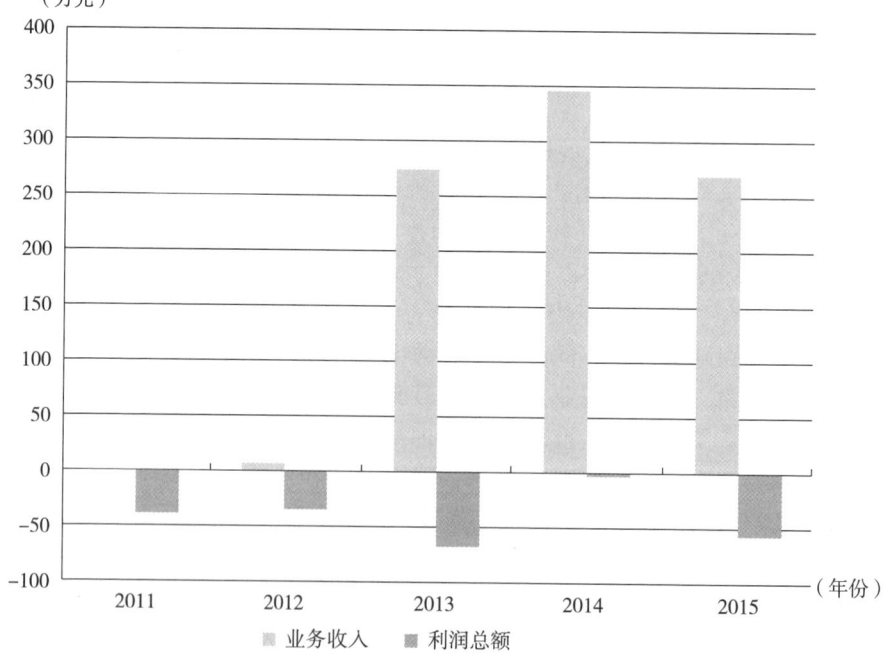

图3　2011—2015年友财公司经营指标统计

从表3、图3中可以看出，转型升级前友财公司的业务收入情况不乐观，首先，从营业收入来看，友财公司成立于2010年，对于友财公司这类研发型IT公司来说，成立初期营业收入较低可以理解，2013年、2014年的营业收入有了较大的增长，但在2015年又开始回落，这说明友财公司在营业收入方面已经遇到了瓶颈，难以突破。其次，结合友财公司这几年的利润总额数据可以发现，即使是在营业收入最高的2014年，友财公司的利润总额仍然为负，表明友财公司自成立以来连续5年处于负利润状态，其营业收入无法支撑企业日常经营活动的支出。公司的经营效益和盈利水平不足，利润上升空间不大，长此以往，友财公司将处于超负荷状态，不能实现持续经营。

3. 缺少核心竞争力，抵御风险能力过低

核心竞争力是指能够给企业带来比较竞争优势的资源，以及资源的配置与整合方式。随着企业资源的变化以及配置与整合效率的提高，企业的核心竞争力会发生变化。凭借着核心竞争力产生的动力，一个企业就有可能在激烈的市场竞争中脱颖而出，使产品和服务的价值在一定时期内得到提升。核心竞争力是企业竞争力中最基本的能使整个企业保持长期稳定的竞争优势、获得稳定超额利润的竞争力，有助于公司进入不同的市场，应该成为公司扩大经营的能力基础。

友财公司所处行业是在互联网背景下快速发展的软件行业，市场需求增大，企业进入市场阻碍较小，但与行业巨头相比，友财公司缺乏突出的竞争力，友财公司的初期产品仅包括会计核算系统，在市场上研发相同产品的企业比比皆是，如此单一的业务模式难以在激烈的市场竞争中脱颖而出。在软件行业发展成熟的现在，软件服务比单纯的软件产品获利高，友财公司如果满足于单纯的软件产品研发，难以形成自身的核心竞争力，面对瞬息万变的技术环境，抵御风险能力过低。上文也提到友财公司这几年营业收入较低，为了逐渐形成核心竞争力以更好地支撑公司发展，摆脱负利润的困境，提高对抗环境变化风险的能力，友财公司必须对其业务进行转型升级。

（三）友财公司转型升级的可行性分析

在对友财公司转型升级的必要性进行深度讨论后，接下来将对其业务转型升级的可行性进行分析。本节将利用PEST宏观环境分析法从外部环境的有利条件出发，研究友财公司转型升级的可行性；同时使用SWOT分析法对友财公司的优势、劣势以及面临的机遇和威胁进行探讨。

1. PEST 分析

PEST 分析法是对企业外部环境进行分析的基础性工具,包括政策环境、经济环境、社会环境以及技术环境四个方面,对外部宏观环境进行综合分析有助于企业了解其真实处境并以此为依据对企业战略等进行重新定位。

(1) 政策环境分析。

任何行业要进行战略规划和重大变革都离不开对外部大环境的判断和参考,现代企业的任何经营活动及关键决策的实施都离不开国家政策的支持和外在环境的作用和影响。因此友财公司要成功实施业务的转型升级,务必全面、详尽地把握目前国家政策、方针以及大环境。

友财公司转型升级前正值"十三五"规划提出,规划中提到"制造强国"和"软件强国",指出软件和信息技术服务业作为引领科技创新、驱动经济社会转型发展的核心行业,在实现制造强国和网络强国的过程中发挥着至关重要的作用。"中国制造 2025"中提出要加快推动新一代信息技术与制造技术融合发展;瞄准新一代信息技术、高端设备、新材料、生物制药等战略重点;重点发展新一代信息技术、高档数控机床和机器人等十大领域。这些都为充分发挥行业带动作用、进一步推进信息技术和制造业融合创新及整个行业的发展提供了前所未有的契机。除此之外,"一带一路"的提出,为企业提供了走国际化道路的选择,我国软件业国内市场高速增长,"一带一路"周边的其他发展中国家软件和信息基础设施较弱,这样的"数字鸿沟"为我国软件和信息技术行业的发展提供了良好的发展机遇。不管从哪方面来说,政策环境对软件业的发展都是利好的,通过转型升级给企业带来活力和生命力,不仅是推动企业经济效益增长和可持续发展的途径,更是积极响应国家政策要求的体现。

(2) 经济环境分析。

2014 年 11 月 10 日,习近平主席在亚太经合组织(APEC)工商领导人峰会上详细地阐述了中国经济新常态问题,认为中国经济呈现出新常态的主要特点是:"从高速增长转为中高速增长""经济结构不断升级优化""从要素驱动、投资驱动转向创新驱动"。虽然经济新常态下的中国经济增长速度放缓,但在全球仍名列前茅,且经济增长更为平稳,增长动力更为多元,发展前景更加稳定,市场活力进一步释放。随着互联网的发展成熟,软件业呈现整体繁荣的景象,中国产业信息网发布的《2015—2022 年中国软件产业调研与投资前景评估报告》显示:2014 年我国软件业务收入 3.7 万亿元,比 2013

年增长 20.2%；其中东部地区完成软件业务收入占比为 46%；江苏、广东和北京的软件业规模仍居全国前三。

从全球范围来看，软件业已经成为全球第一大行业，未来软件和信息服务业仍将有强劲增长。前瞻产业研究院认为，软件产业是典型的知识经济产业，与以往的工业经济产业有很大的不同，未来有可能保持长期稳定高速增长。在政策支持下的中国软件业已经进入扩张期，中国软件市场的爆炸性增长有利于我国企业在经济"新全球化"时期进军国际市场。对于一些中小软件企业来说，这样的经济形势无疑是一次机遇，需要不断完善自身进行转型升级，以引领企业更快更稳地发展。

（3）社会环境分析。

软件行业是一个快速发展的朝阳行业，数字化时代的到来，互联网的发展，手机和电脑的普及，都为软件业创造了很好的社会需求环境。IT 产业的发展带来了多个产业层面的变革，传统的家电行业、媒体行业、娱乐行业都发生了翻天覆地的变化，机械、汽车、能源、交通、纺织、建筑等各行各业都在逐渐引入数字化技术，与 IT 信息技术相融合。对于财务行业来说，使用更智能化的财务软件进行财务管理是数字化发展背景下的必然趋势，传统的财务工作在逐渐被智能的财务软件所取代。对于友财公司来说，虽然社会需求在不断扩大，但在财务软件领域，强大的竞争对手占据着很高的市场份额，留给友财公司的获利空间较小，这种情况下，友财公司必须抓住这次人工智能带来的机遇，在采取差异化战略的基础上，有效地针对高校财务管理需求进行转型升级，在财务智能化领域站稳脚跟。

（4）技术环境分析。

就财务软件开发企业而言，在技术层面，行业内已经有了用友、金蝶等知名度高和技术成熟的企业，它们有广大的客户资源，在多年的客户使用过程中，这些企业的财务软件系统逐步得到改善，在技术上已经能够支撑市场上企业的需求。友财公司则采取差异化战略，专注于解决高校财务管理系统信息化问题，以在同一领域的经验寻求技术上的突破。同时，随着数字信息化的进一步发展，对财务软件的技术支持提出了新要求，友财公司要想在技术水平上不处于劣势，就要重视人才的开发与培养，招揽有创新能力、专业能力的员工，让他们与公司共同成长。

2. SWOT 分析

企业在考虑转型升级时不仅要对外部环境有充分的了解，也要对其内外部环境进行综合性的分析，SWOT 分析法是可以全面了解内外部环境的常用方法，包括对企业自身优势和劣势进行讨论以了解内部条件，对需要抓住的机遇和可能面对的威胁进行分析以了解外部环境。本文对友财公司的实际情况进行了 SWOT 分析，以进一步了解其转型升级的可行性。

（1）优势。

1）行业优势。软件行业自 1949 年开始发展以来，日渐成熟，在互联网技术高速发展的当下，软件行业逐渐渗透到其他各个行业中，是有着极好发展前景的朝阳行业。根据工信部和中商产业研究院整理的资料，2015 年全国软件和信息技术服务业累计完成软件业务收入 42832 亿元，同比增长 15.7%，说明软件业处于高速增长时期。友财公司是一家致力于提升高校财务管理信息化水平的专业型 IT 公司，其主营业务是研发并销售适合各大高校的财务管理软件，由于数字化技术的发展，财务软件应运而生，企业数字化改革是趋势，财务管理信息化是数字化改革的"第一步"，市场上对财务软件的需求为友财公司的发展提供了有利条件。同时，软件行业是一个强调创新的行业，产品价格并不决定一切，客户更看重的是产品是否能真切地满足其财务管理信息化需求，因此，具有良好创新能力的企业就具备了在该行业生存并健康发展的条件。

2）地理位置优势。友财公司 2010 年于中山大学国家大学科技园成立，广州位于珠三角地区，经济、政治、文化、社会等方面相对发达，是中国软件业的重要发展地区，软件产业综合实力居于全国各城市前列。友财公司同时以广州、武汉、北京为研发和生产基地，形成了覆盖全国大部分地区的销售渠道和服务网点。中国产业信息网的数据显示，江苏、北京和广东的软件业规模居于全国前三位，而湖北的增速超过 30%。在软件业发展条件上，广州、北京作为一线城市，有吸引人才留下来的先天优势；在软件的销售渠道上，广州一直以来都是企业创业聚集地。对于像友财公司这种为高校提供财务管理软件的企业来说，广州与二三线城市相比有更多的高校，在地理距离上能为友财公司销售产品提供更多机会。

3）研发条件优势。首先，从研发人才角度看，友财公司以广州、武汉和北京作为研发基地，这些地区是高校人才毕业就业的理想选择，友财公司能招揽到适合公司发展状况的创新人才。其次，2010 年，友财公司刚注册时，是国有和民营资本联合投资的 IT 专业化公司，2011 年其自主研发的高校财务管理信息化解决方案就在中山大学上线运行，2013 年更是在暨南大学、广东外语外贸大学等高校上线运行，解决方案在高校运行的过程中，可以向友财公司直接反映其中的缺陷和不足，帮助公司了解高校财务管理信息化的需求，能为公司后续产品的研发和完善提供更好的建议和方向。

(2) 劣势。

1) 产品劣势。截至 2015 年，友财公司研发出了高校财务管理信息化解决方案 1.0 和 2.0 版本，但在 1.0 版本中仅包含核算系统，解决高校财务处理、支出预算控制、网银支付、往来款管理等问题，这些问题用友、金蝶等提供的财务软件也能解决，解决方案 1.0 版本有被替代的风险。经过继续研发后的解决方案 2.0 版本中包括核算系统、报销系统、个税管理系统、管理系统和数据平台，与 1.0 版本相比有了很大的改变，更细致和多面地解决了高校面临的财务管理信息化问题，但仍不够全面，不足以在多样的软件市场中突出重围，赢得高校的青睐。

2) 知名度劣势。公司业务发展与公司知名度之间呈正相关关系，较高的知名度可以带动公司产品营销。虽然在创立不久后友财公司的产品就在中山大学、暨南大学等高校上线运行，但这一方面是因为友财公司有中山大学国有控股科技企业这一背景，另一方面是因为友财公司与这些高校之间的地理距离优势。对于其他高校而言，友财公司仅是一个处于初创期的科技公司，公司产品究竟能解决财务管理信息化的哪些问题，使用度如何都是不清楚的。知名度劣势无法规避，但可以通过营销手段提高。高校之间的交流和互动有助于友财公司产品的宣传，但前提是企业的财务管理信息化产品在高校中是适用的。

3) 规模劣势。中小企业与大企业相比，资金薄弱，融资能力有限。而产品研发又是需要投入大量资金的过程，中小企业资产少、资金薄弱这一问题会限制企业的经营和发展，并且，中小企业由于规模较小、管理不规范，即使有成文的规章制度，也缺乏严密的实施细则，没有严格的绩效考核，虽然对友财公司来说，在发展初期，产品研发是重中之重，但是当企业发展到一定规模之后，管理水平的高低也会成为影响企业发展的一个重要因素。

(3) 机遇。

1) 国家政策支持。友财公司作为研发财务管理软件的高科技企业，有申请高新技术企业认定的资格。早在 2008 年 4 月，科技部、财政部和国家税务总局联合颁布的《高新技术企业认定管理办法》等文件中就规定，获得高新技术企业认定的公司可以按规定申请享受税收优惠政策。国家政策规定，对认定为高新技术企业的科技服务企业，可以减按 15% 的税率征收企业所得税，企业研究开发投入可以进行研发费用确认享受所得税加计扣除优惠，企业经过技术合同登记的技术开发、技术转让、技术咨询合同可以享受免征营业税优惠。同时，自 2010 年"粤港澳大湾区"这一概念成形以来，政府强调创新，希望将粤港澳地区打造成具有全球影响力的国际科技创新中心的意图明显,在资源配置、制度安排等方面为珠三角和港澳地区提供了很多便利。

2）国家经济迅速发展。改革开放40多年来,我国经济取得了飞速发展,2015年中国国内生产总值为67.67亿元,在世界排名第二,仅次于美国,是改革开放之初的184倍。随着经济的长足发展,各行各业涉及的业务趋于复杂,企业财务管理的难度增加直接加大了市场对财务软件的需求;对于高校来说,虽然不存在销售等业务,但每年各项活动和教育建设面临的财务管理问题越来越多元化,这一变化使高校倾向于选择更为规范与智能化的财务软件。在这样的经济发展水平下,财务软件业的发展迎来了机遇。

3）财务智能化的发展。随着互联网技术的发展,企业财务体系开始逐渐摆脱过去脱离于企业业务的角色,云计算等技术实现了财务与业务的实时连带发生,使业务财务能够一体化。财务人员将双手从大量不增值的审核、结账环节中解放出来,从而去做好管理控制、预算、流程设置等工作。财务部门的工作重心聚焦在管理分析、风险监控识别等工作上,而这些工作除了需要财务人员更为专业的能力外,也需要能有效解决这类问题的财务管理软件。过去的财务软件不一定能解决高校财务管理信息化问题,在一些创新点上,友财公司与同领域其他企业处于同一出发点,只要能抓住这一机遇,研发出针对高校财务管理信息化水平问题的有效解决方案,就能取得一定的成绩。

（4）威胁。

1）同领域其他企业的竞争。在财务管理软件领域,用友和金蝶作为国内知名度最高的两家大公司,已经占据了超过50%的国内市场份额。除这两家大公司外,市场上还存在不少有一定知名度的财务管理软件企业,也有两三百家和友财公司一样知名度不高的企业,所有这些企业要在同一领域抢占一席之地,企业产品没有亮点则很难生存下去,并且中国市场上的财务软件公司研发的软件产品功能都大同小异,因此,客户选择有口碑、知名度高的软件公司也在情理之中。友财公司选择专攻高校财务管理信息化问题,就应该在产品研发上有区别于其他财务软件公司的可取之处,增加其不可替代性。

2）客户要求的提高。随着中国企业管理现代化水平的提高,对传统财务软件提出了更高的要求,单纯地解决基础财务问题的会计软件已不能满足需要,以财务管理为核心的企业级管理软件才是财务软件的发展趋势。作为开发财务软件的公司,应该意识到财务和业务已经不再是分开的两个概念,要把"业务财务一体化"作为财务管理软件的开发思想,因此友财公司在软件开发过程中有必要更详细了解高校日常活动,早日拿出真正适合目标用户的好产品。

3）外界环境的变化。外界竞争环境和技术环境的改变是友财公司能否成功转型升级的威胁。由于财务软件的特殊性,为了为国内广大的财务软件企业提供更好的发展机会，我国在财务软件初期的竞争中不对境外同类软件评审通过，这就直接减少了财务软件企业的市场竞争对手。事实上，国外财务软件企业有更雄厚的实力、更成熟的产品、更先进的技术，中国市场这块大蛋糕是它们早已瞄准的目标。随着"政府屏障"的逐渐减弱，境外财务软件企业进军中国市场，市场竞争日益激烈，友财公司要想在面对强大的竞争对手时守住市场占有率，情况并不乐观。同时，互联网时代日新月异的变化迫使财务管理软件的更新速度加快，也对财务软件企业的研发力量提出了更高的要求。

综合以上分析，在政策的支持下，发挥优势，抓住机遇，提升企业的软硬实力，加强面对威胁时的竞争力，友财公司进行转型升级的战略选择是可行的。

四、友财公司转型升级的路径分析

友财公司进行转型升级，需要从多个方面进行考虑，包括组织架构、业务流程、研发流程等，具体转型升级路径或措施如下：

（一）采取集中化战略，聚焦客户群体

集中化战略是指企业在充分了解行业状况和自身特点后选定一个适合的市场，针对特定的某类固定客户将本企业的人力、物力、财力等各项资源集中起来为顾客提供优质的产品和服务，以获得长期竞争优势的战略。集中化战略是以高效率和更好的效果为某一特定对象服务，不用面对市场广泛的竞争对手，从而实现差别化或低成本的优势，对于中小企业来说是非常实用的战略。从行业竞争环境来看，财务管理软件领域竞争激烈，与行业内某些企业相比，友财公司在品牌、知名度、口碑、经验、资源、销售渠道等方面都不占优势，难以形成持久的竞争优势。而从企业自身条件来看，初创时期的友财公司是中山大学国有资产控股科技企业，与中山大学有特定联系，可以利用这一条件以中山大学为试点，研发出区别于市场上普通财务软件的、专门解决高校财务管理信息化问题的软件。因此，友财公司调整企业战略，从研发企业财务软件转向解决高校财务管理信息化问题，将公司的目标客户定位在各大高校，集中公司的各项资源全部投入到研发和销售高校财务管理软件的过程中，致力于提高高校财务管理软件的质量。

（二）完善组织架构，严格内控管理

即采用结构跟随战略。当友财公司战略朝着"业务财务一体化"的财务管理软件方向转变后，原来简单的部门设置已不能满足转型升级发展需要，为了提高公司的动态管理能力，组织内部架构也应当随之进行调整，以推动企业成功转型升级。完善的组织架构是友财公司成功转型的重要保障。友财公司转型升级后的组织架构如图4所示。

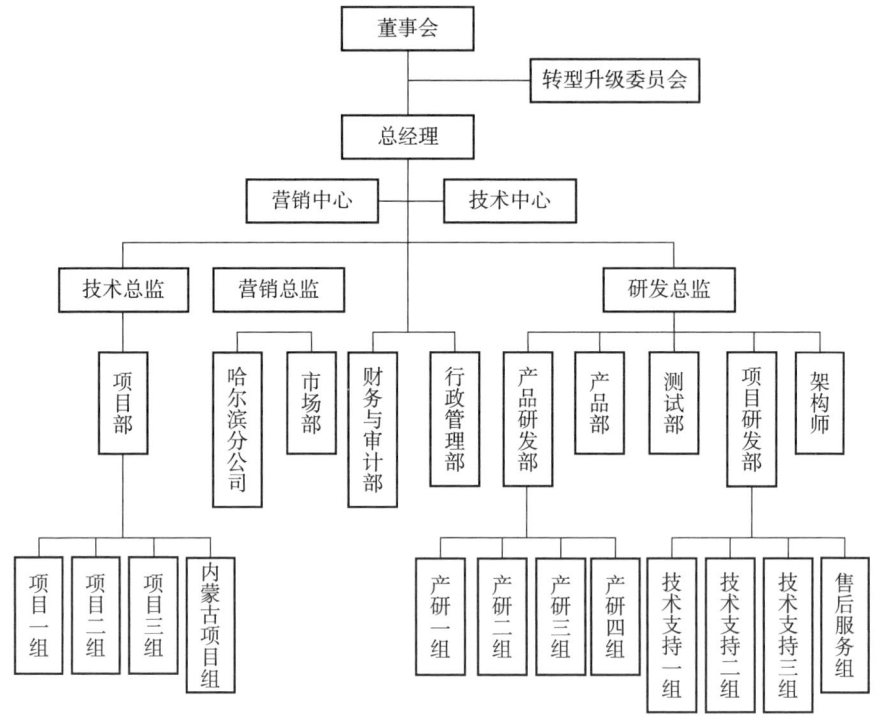

图4 友财公司转型升级后的组织架构

首先，由于友财公司所处行业属于高技术领域，技术中心的高效运转是公司日常活动的重中之重。营销中心细分为技术部门和营销部门两大部分。技术部门下设四个项目组，负责不同地区的产品安排、保障工期以及产品售前的投标调查过程等，只有对市场需求进行技术分析，才能正确把握产品的研发方向，将这四个项目组归于技术部门而不是营销部门，是因为项目组中的员工需要对产品的技术有清楚的了解，这样才能结合产品优势和客户需求对项目是否可行做出正确判断；营销部门的主要职责则是对企业产品进行推广销售，尽力开拓市场。友财公司还对研发部门进行了细分，现有结构包括产品研发部、产品部、测试部、项目研发部、架构师,主要职责是新产品的设计研发和对项目提供技术支持,例如根据不同的客户有针对性地进行产品技术优化以及售后的技术支持。这样的结构设计规定了不同部门和小组的职责范围,有利于提高组织运行效率和员工工作效率。

其次,将财务部扩充为财务与审计部,增设转型升级委员会,在公司内部形成有效的内控系统。增加审计职能使得内控体系更加完整,同时也能监督内部控制活动的有效实施。完整并能有效实施的内部控制体系可以保障企业资产的安全和完整,可以保证企业经营活动有序高效地进行,还可以保障企业内部管理活动顺畅且相互制约,最终有利于提高企业的经济效益和企业目标的实现,增强企业在市场经济下的竞争能力。例如,严格的内控制度可以明确岗位职责,按照不同的岗位要求安排不同专业技能的人上岗;还可以控制研发成本,在保证产品质量的基础上尽可能地为公司降低成本。而内部审计人员定期的审查活动,可以做到查错防弊,在起到监督作用的同时改进管理,提高效益。增设转型升级委员会可以独立于管理当局对企业转型升级战略实施进行监督,在企业转型升级过程中发现了重大问题可以直接与转型升级委员会沟通,有利于重大事项的及时解决,保证企业转型升级顺利进行。

(三) 重组业务流程,提升运作效率

流程是指为了实现某一共同目标,将一系列单独的活动组合在一起,实现将"输入"经过流程变化为"输出"的全过程。企业业务流程则是企业为了完成其业务获得利润的过程,是一组共同为客户创造价值而相互关联,具有逻辑性、变动性、可分解性、时序性的企业活动。早在1990年,美国MIT前教授Michael Hammer提出了业务流程重组的概念,对企业现有的业务流程与企业战略的匹配度进行思考,并对业务流程做出适应企业战略的调整,从而获得在成本、质量、服务和速度等方面业绩的巨大改善。这种调整时常具有根本性和彻底性。业务流程重组理论提出后,这种新的管理思想在短短几年的时间内得到了企业家的认可,并逐渐在全世界盛行。

一般来说,业务流程重组的手段可以是对组织结构进行变革,达到组织精简、效率提高的目的;或者是充分发挥信息技术的潜能,利用IT改造企业流程,简化企业流程。友财公司选择的是后者。从图5中可以发现,友财公司原有的业务流程是营销部门对市场进行研究,目标客户有合作意向后技术部门对项目的可行性进行评估,再将评估结果反馈给营销部门,评估可行的项目则可以签订合同;研发部门进行产品研发以及提供售后技术支持,产品被投入使用后营销部门则负责应收账款等用户资金管理。虽然说要完成一个

项目，上述流程都是必需的，但是跨部门的交流给项目的完成带来了许多阻力。部门间沟通困难致使项目完成的时长增加，效率降低，同时增加人力成本。在意识到这一问题后，友财公司充分利用办公自动化系统，将各部门可共享数据导入数据库，帮助营销部门快速了解项目评估情况以及产品研发进度等，大大降低了部门间沟通难度，缩短了项目周期，也有助于产品研发阶段研发人员正确定位客户需求，提升客户满意度。友财公司改造后的业务流程见图6。

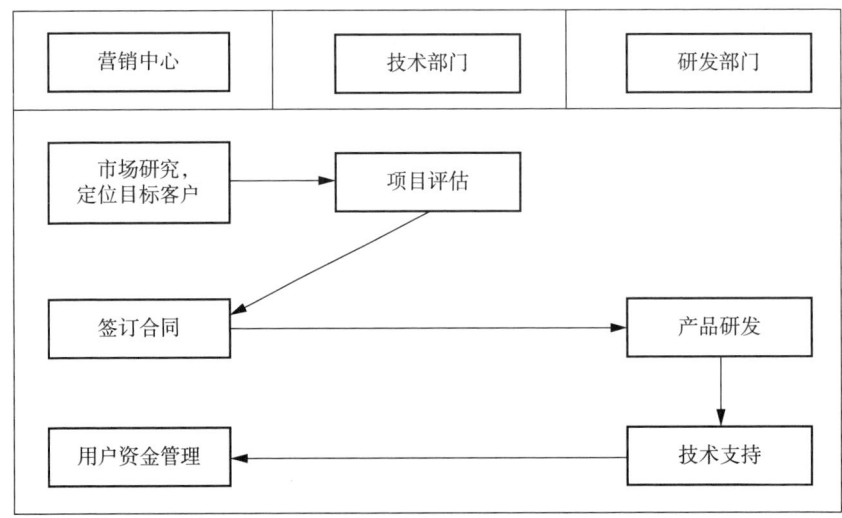

图5　友财公司原有的业务流程

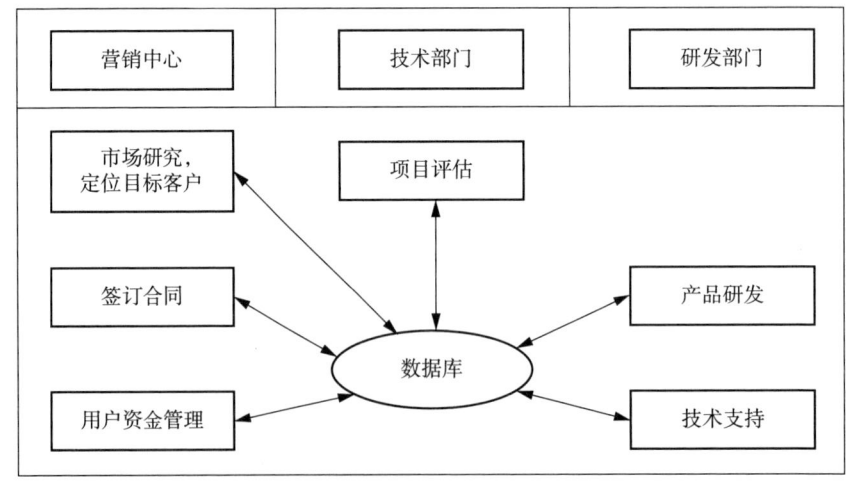

图6　友财公司改造后的业务流程

（四）规范研发流程，确保项目成果

研发流程即研发项目从启动到最后收尾的一系列过程，假定研发流程的阶段节点选择正确，那么沿着这些节点进行的项目研发流程是一种可以保证最终产品质量的方式。规范的研发流程有助于管理者识别实际事件所处阶段，尽快识别出在实际操作中出问题的部分；规范的研发流程能开发研发团队中每一个活动者的角色，能保证团队间信息传递的有效性；规范的研发流程还能提高机会发现的能力，确保工作成果符合用户需求。

在确定新的战略方向后，友财公司对研发流程做出了细致的规范，细化原有的研发流程并做出补充。例如，在项目启动阶段进行可行性分析，对不可行的项目直接否决，停止开发，避免后续资源的浪费；同时公司开始重视用户需求，不仅制定了研发项目需求分析流程，还在项目收尾流程后补充了研发项目进度、需求变更流程等，规范后的研发流程具体如下。

1. 研发项目启动流程

项目部门、营销部门根据市场需求思考新产品或者特定产品的开发方向，并对思考出的项目进行可行性分析、评估；对于可行性较低的项目立即停止开发，对于可行性高的项目则可以形成项目立项报告，成立项目小组。如果立项前的调研和考察不充分，可能因错误的立项建议而导致重大失误，同时导致创新不足或资源浪费。

2. 研发项目计划流程

该阶段的主要工作就是识别并定义项目各阶段，对各阶段计划分配所需资源并安排时间进度，根据这一分析安排编制项目管理表或进度计划表，交由管理层审核，审核通过的计划将在后续的研发过程中逐项落实。

3. 研发项目需求分析流程

需求分析流程包括需求开发以及需求管理两部分。需求开发是指获取用户需求进行需求分析，从而得出对产品的需求定义；需求管理是指进行需求跟踪，识别工作产品与需求的不一致，这么做的目的是建立与维护"需求—设计—编程—测试"之间的一致性与完整性，确保所有的工作成果符合用户需求。

4. 研发项目系统设计流程

首先根据产品主要功能及性能要求、组织承诺实施的标准和行业规则、适用的法律法规要求以及以前类似设计提供的适用信息设计开发清单；其次通过会议确定系统开发各阶段目标、品质目标等；最后将所有系统设计开发相关资料交由研发部及管理层评审，评审通过后即可按相关资料进行项目系统设计。

5. 研发项目细节设计流程

不同的项目要满足的需求不同，因此需要根据需求对细节进行讨论；同时确定项目各部分人员安排，制订控制计划。同样地，细节设计相关资料也要经过研发部和管理层的评审，评审通过后即可按相关资料进行设计。

6. 研发项目成果开发流程

项目成果开发包括三步：第一步，按照项目系统设计及细节设计进行产品研发；第二步，对研发出的产品进行验证、检查，对产品进行试用，查看其是否能达到用户要求，识别出产品有缺陷的部分；第三步，对产品出现的问题进行分析改进。

7. 研发项目收尾流程

新产品在开发完成后，研发团队要编制项目技术设计书并归档，并编制各种必要的技术文件，如产品一览表、产品说明书等。

8. 研发项目进度、需求变更流程

在项目研发过程中，如果市场需求或客户需求发生了变化，有关负责人员应填写变更申请及相关证明资料；变更申请提交后，需要对该变更进行可行性分析，思考是否有达到变更需求的解决方案，如果没有，则项目终止，如果可行，则针对变更环节进行开发设计，最后交由管理层评审。

9. 研发项目监督流程

对研发项目进行监督是必要的，监督控制的主要内容包括项目经理定期召开项目组内例会，讨论项目进展情况，总结问题，分配项目工作任务，并形成书面报告通报给上级领导和所有项目成员。

五、友财公司转型升级的成果分析

前文已对友财公司转型升级前的内外部环境进行了较为详细的阐述，在这样的环境下友财公司选择了转型升级，2018年起，其转型升级取得较为明显的成果，这是公司决策的正确选择，更是友财公司当下能力的有力体现。下文将以2018年为界限，通过数据对比分析其转型升级的成果。

(一) 转型升级前后基本财务状况对比分析

本研究认为，由于企业转型升级的最终目的是占据更大的市场份额、获得更多的营业收入，所以企业业务收入的变化最能简单直观地体现企业转型升级的成果。前文对友财公司 2011—2015 年的营业收入和净利润进行了分析，为了比较转型升级前后这两个财务指标的变化情况，本节将列出友财公司 2011—2019 年的营业收入和利润总额，并对这两个财务指标的增长趋势进行分析。

从表 4、图 7 中可以看出友财公司转型升级的显著成果。从营业收入来看，2016 年转型升级之前，友财公司的营业收入有一定的增长，但是收入总额的增加不足以维持公司支出；到了 2015 年，其营业收入与前一年相比甚至出现了下滑。友财公司 2011—2015 年的利润总额均为负值，入不敷出的负盈利状态并不符合公司可持续发展的理念。在这样的发展瓶颈期，友财公司积极采取转型升级策略，自 2016 年起，其营业收入与利润总额总体呈增长趋势，而且增加额较为明显；2019 年营业收入突破 1600 万元，而 2015 年仅为 270.25 万元；利润总额自 2016 年起即由负值转为正值，且呈逐渐上升的趋势。

表 4　2011—2019 年友财公司经营指标总额分析　　　　　单位：万元

年份	营业收入	利润总额
2011	0.00	-37.84
2012	8.54	-34.90
2013	274.8	-66.51
2014	346.34	-1.11
2015	270.25	-57.78
2016	460.34	113.43
2017	384.54	101.73
2018	1000.13	137.65
2019	1604.52	360.72

资料来源：友财公司。

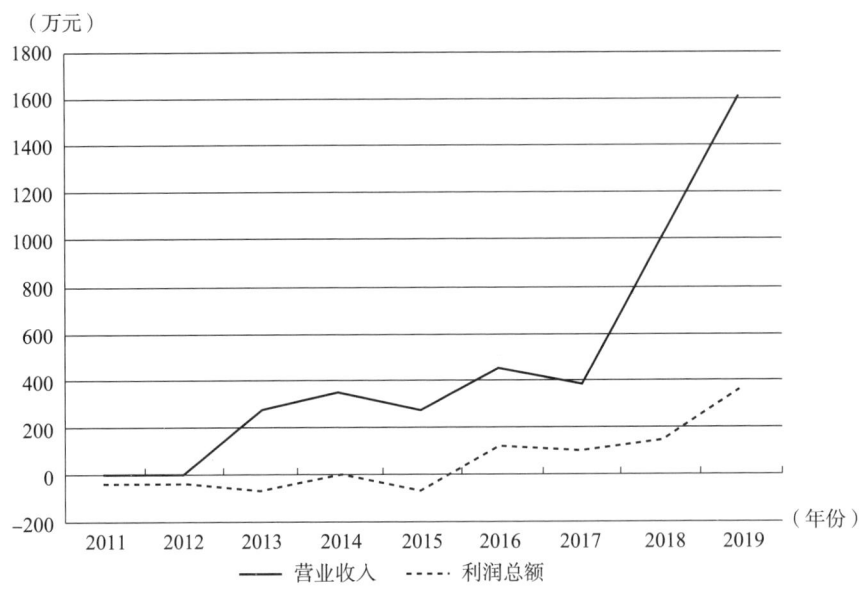

图 7　2011—2019 年友财公司经营指标总额分析

在介绍友财公司的基本状况时提到，友财公司的主要业务是财务软件的开发与销售，在其转型升级期间，公司聚焦目标客户群体，专注研发适合高校的财务系统。从 2018 年、2019 年的经营指标总额来看，公司已经实现收入稳步增长，说明这一转型升级的选择是正确的。在明确转型升级方向后，友财公司的产品已经由最初的会计核算系统逐渐完善，现在的产品包括项目管理系统、会计核算系统、事前申请系统、网上报销系统、收入管理系统、薪酬个税管理系统、收费平台、电子签批系统、电子影像管理系统、决策分析系统、经费查询系统、微信查询系统、合同管理系统、基础数据平台等，并且这些系统都是根据高校的需求做出的开发，适合一般高校财务部门日常办公。与其他财务软件相比，友财公司的高校财务管理信息化系统更有针对性，在其不断完善的过程中，越来越多的高校选择了这一产品并获得了不错的使用体验，因此友财公司凭借其产品的特有优势在市场上获得了客户的选择与信赖，实现了收入增长。基于此，有理由相信友财公司的发展前景是值得被看好的。

（二）转型升级成果财务分析

企业转型升级是否成功，可以通过企业财务运行状况及运行效果反映，通常可从盈利能力状况、营运能力状况、偿债能力状况和增长能力状况四个方面进行财务分析。因此本部分包括盈利能力分析、营运能力分析、偿债能力分析和增长能力分析四个方面的内容。用友网络科技股份有限公司（以下简称用友网络）是财务、管理软件行业的佼佼者，在过去的几年里，用友网络稳步发展，使用用友系列软件的企业已超过500万家，因此，在下面的分析中将友财公司与用友网络的财务指标做横向对比，从而更直观地体现友财公司转型升级的成果。友财公司的数据由友财公司提供，用友网络的数据来源于国泰安数据库。

1. 盈利能力分析

企业的盈利能力是指企业在日常经营活动中利用各种经济资源获取利润的能力，盈利能力越好表明企业经营结果越好，体现了企业更强的获取现金的能力，与同行业相比，其产品成本更低，企业营销能力更强，并且管理层规避风险能力也更强。对企业盈利能力进行分析，是因为企业追求利润最大化目标，无论是企业本身还是企业外部人员都会通过企业的盈利能力来评判企业经营业绩，同时，对盈利能力的分析也能体现公司过去的发展水平和未来的增长趋势。

根据不同的资源投入，盈利能力可以分为资本经营盈利能力，即利润与所有者权益之比；资产经营盈利能力，即利润与总资产之比；商品经营盈利能力，即利润与成本费用之比。为了全面地分析友财公司转型升级前后盈利能力的变化，从这三个方面详细地对其盈利能力进行分析。

（1）资本经营盈利能力分析。

资本经营盈利能力是以所有者对经营投入的注册资本为初始投入，企业利用这部分资金进行生产经营从而取得利润的能力，企业以投入资本为基础，一方面通过优化配置提高资本经营效益，另一方面在资本增值领域投入一定的资本，通过对资本的合理利用以取得尽可能多的资本收益。净资产收益率是本期净利润与净资产之比，是反映资本经营盈利能力的基本指标。一般来说，该比率越高，说明企业利用所有者投资带来的收益越高，该比率越低，说明企业利用所有者投资带来的收益越低。2011—2019年友财公司及用友网络净资产收益率如表5所示。

表5 2011—2019年友财公司及用友网络净资产收益率

年份	友财公司			用友网络		
	净利润（万元）	所有者权益（万元）	净资产收益率（%）	净利润（万元）	所有者权益（万元）	净资产收益率（%）
2011	-37.84	162.16	-0.23	55084.60	302712.28	0.18
2012	-35.17	126.99	-0.27	38715.43	307348.27	0.13

续表

年份	友财公司			用友网络		
	净利润（万元）	所有者权益（万元）	净资产收益率（%）	净利润（万元）	所有者权益（万元）	净资产收益率（%）
2013	-66.51	60.48	-1.10	56866.00	336289.58	0.17
2014	-11.11	59.37	-0.02	56955.54	444251.45	0.13
2015	-57.77	1.60	-36.22	34299.25	606270.73	0.06
2016	113.43	115.37	0.98	24416.91	638840.84	0.04
2017	92.85	248.27	0.37	56002.26	674102.90	0.08
2018	130.10	381.69	0.34	81018.71	765196.31	0.11
2019	356.53	1347.76	0.26	132130.90	829419.00	0.16

资料来源：友财公司、国泰安数据库。

如表 5 所示，与友财公司同行业的巨头公司用友网络净资产收益率（ROE）并不稳定，有一定的波动。2015 年、2016 年用友网络的净资产收益率（ROE）分别仅为 0.06% 和 0.04%，这一明显的下降可以从其净利润数额的减少找到原因。用友网络 ROE 降低或多或少都能反映出 2015—2016 年的市场环境存在不容乐观的因素，友财公司在此时选择转型升级是正确的决策。而 2017—2019 年，友财公司的净资产收益率都高于用友网络的净资产收益率，说明对于经营者投入的资本，友财公司从中获取利润的能力更强，表明转型升级后的友财公司能有效地利用公司资本为所有者赚取收益，有利用一定资本获取更多利润的能力。

2015 年及以前年度友财公司净资产收益率（ROE）均为负值，且除 2014 年外，该指标的绝对值逐渐增大，2015 年更是达到了 -36.22 的不正常数值。说明 2015 年之前友财公司利用公司资本获取收益的能力非常弱，并且公司在资本经营上存在很大的问题。2015 年出现异常数值是因为这几年公司的净利润小于零，导致其所有者权益在 2015 年末仅为 1.60 万元。从这些数值来看，友财公司转型升级迫在眉睫，好在这一举措颇具成效。2016 年起，友财公司的净资产收益率（ROE）由负转正。由于 2016 年所有者权益额较低，该年度友财公司的净资产收益率（ROE）过高，但在 2017 年后逐渐恢复正常水平。2017—2019 年友财公司的净资产收益率（ROE）分别为 0.37%、0.34%、0.26%，说明友财公司对资本的运用效率有所提升，且正在走向较为合理的净资产收益率水平。虽然这三年的净资产收益率有所下降，但从净资产收益率计算公式的角度来看，每年的净利润数额是增加的，ROE 降低的原因是所有者权益的增加幅度大于净利润的增加幅度。一般来说，企业的净资产收益率在0.15%~0.3%,且越高越好,2019年友财公司的净资产收益率为0.26%,这是一个非常不错的水平,说明在转型升级后该公司的单位资本获利能力较强,这是友财公司转型升级成果的一大表现。

当然,为了更加全面地分析友财公司的盈利能力,仅仅对企业进行资本经营盈利能力分析是不够的,资本经营不能离开资产经营而孤立存在,应当将资本经营盈利能力与资产经营盈利能力结合起来看。

(2)资产经营盈利能力分析。

资产经营盈利能力是指企业运营资产产生利润的能力。反映资产经营盈利能力的指标包括总资产报酬率、全部资产现金回收率、销售收现比率。本研究选择总资产报酬率这一指标分析资产经营盈利能力,即税前利润与平均总资产之间的比率,该指标反映了企业运用其掌握的全部资产取得报酬的能力,表明了企业全部资产的回报情况。一般来说,该指标越高,说明企业运用全部资产获取经济利益的能力越强;反之则反是。2011—2019年友财公司及用友网络总资产报酬率如表6所示。

表6 2011—2019年友财公司及用友网络总资产报酬率

年份	友财公司			用友网络		
	净利润(万元)	总资产(万元)	总资产报酬率(%)	净利润(万元)	总资产(万元)	总资产报酬率(%)
2011	-37.84	169.77	-0.22	55084.60	546167.92	0.13
2012	-35.17	290.74	-0.12	38715.43	615629.13	0.18
2013	-66.51	369.65	-0.17	56866.00	722980.39	0.13
2014	-11.11	500.15	-0.00	56955.54	881063.49	0.17
2015	-57.77	614.50	-0.09	34299.25	1091858.53	0.06
2016	113.43	514.91	0.22	24416.91	1215513.16	0.04
2017	92.85	555.34	0.16	56002.26	1403397.96	0.08
2018	130.10	1189.45	0.11	81018.71	1522089.66	0.11
2019	356.53	1597.17	0.22	132130.90	1753838.27	0.16

资料来源:友财公司、国泰安数据库。

与用友网络相比,友财公司转型升级后,2016—2019年其总资产报酬率均不低于用友网络总资产报酬率,说明友财公司运用全部资产获取经济利益的能力强于用友网络。友财公司转型升级提高了其全部资产的获利能力,使其在同行业竞争中不落下乘。

具体来看,由于2015年及以前年度利润总额为负,这些年度的总资产报酬率（ROA）也是负值，这表明友财公司在资产管理方面存在一些问题。虽然在这5年中，总资产报酬率的绝对值呈减小趋势，但这并不能说明友财公司的资产获利能力有所好转。从净利润和总资产的数据来看，除2014年外，其余年份的利润总额变化不大，反而是总资产每年都有较大的增加，因此这5年总资产报酬率绝对值的减小是因为总资产增加而不是利润总额逐渐向正值趋近；在这种情况下的总资产报酬率绝对值的减小反而说明了该公司资产获利能力的进一步弱化。2016年友财公司转型升级后其总资产报酬率变化明显，由负值转为正值，说明转型升级提升了其资产获利能力。

如表6所示，2017年、2018年友财公司的总资产报酬率都低于上一年度总资产报酬率，一般来说，ROA越低，说明该企业运用全部资产获取经济利益的能力越弱。但此时友财公司处于转型升级初期，可能存在一些不稳定因素，影响了企业资产管理水平，导致总资产报酬率下降。稳定之后，友财公司2019年的ROA得以提高，说明友财公司的发展步入稳定期，企业盈利能力较好，经营风险较低。友财公司2018年总资产是2017年总资产数额的两倍多，可能是友财公司在进行债务融资调整财务杠杆，这也能解释为什么2018年的利润总额增加而总资产报酬率却减小。与净资产收益率结合起来看，2017年与2018年的净资产收益率变化不大，说明公司的资本盈利能力较为稳定，2018年总资产报酬率的减小是由于负债增加而不是利润降低。总资产报酬率的高低还能反映企业经营管理水平高低和经济责任落实情况。企业经营管理水平的高低、经济责任落实的情况如何，直接反映在利润的高低和资产的运用状况上。友财公司在转型升级后总资产报酬率由负转正，且逐渐趋于稳定，表明了友财公司企业情况的好转，体现了其经营管理水平的提高。

（3）商品经营盈利能力分析。

商品经营盈利能力是相对资产经营和资本经营而言的。进行商品经营盈利能力分析不考虑企业资本和资产因素，只从产品角度研究利润与收入或成本之间的比率关系。研究利润与收入之间比率关系的指标统称为收入利润率；研究利润与成本之间比率关系的指标统称为成本利润率。从成本利润率角度选择成本费用利润率这一指标进行分析，成本费用利润率是企业当期利润总额与发生的成本费用总额的比率，该比值表明了付出一元成本费用可获得的利润，反映了企业付出一定的成本费用带来的收益的多少，体现了经营耗费所带来的经营成果，可以评价企业对成本费用的控制能力和经营管理水平，促使企业加强内部管理，节约支出，提高经营质量。一般来说，该项指标越高，利润就越大，反映出企业的经济效益越好。2011—2019年友财公司及用友网络成本费用利润率如表7所示。

表7 2011—2019年友财公司及用友网络成本费用利润率

年份	友财公司			用友网络		
	利润总额（万元）	成本费用（万元）	成本费用利润率（%）	利润总额（万元）	成本费用（万元）	成本费用利润率（%）
2011	-37.84	37.84	-1	60590.60	364262.24	0.17
2012	-35.17	43.43	-0.81	44103.43	394392.32	0.11
2013	-66.51	341.30	-0.19	64706.47	399268.96	0.16
2014	-11.11	347.36	-0.00	61182.31	395481.60	0.15
2015	-57.74	327.81	-0.17	36238.99	443221.07	0.08
2016	113.43	381.35	0.29	29548.92	502371.00	0.05
2017	101.73	370.89	0.27	68581.08	573286.33	0.11
2018	137.65	997.55	0.14	95033.41	683891.90	0.13
2019	360.72	1321.46	0.27	140384.92	771294.23	0.18

资料来源：友财公司、国泰安数据库。

从表7中可以看出，友财公司转型升级后成本费用利润率得到明显提高。2016—2019年，友财公司的成本费用利润率分别为0.29%、0.27%、0.14%、0.27%，用友网络的成本费用利润率分别为0.05%、0.11%、0.13%、0.18%；友财公司的成本费用利润率始终高于用友网络，说明友财公司能以较低的成本费用获得较高的利润，这是友财公司转型升级的成果。

在友财公司成立初期，从其成本费用与营业利润的数额来看，2011—2015年，公司的成本费用有非常明显的增长，由2011年的37.84万元增加到2015年的327.81万元，但其营业利润却不增反减，由2011年的-37.84万元减少为2015年的-57.74万元。成本费用和营业利润的一增一减反映出该时期友财公司研发力度加大，但收入状况不佳的事实。与净资产收益率和总资产收益率一致，由于营业利润为负，2011—2015年的成本费用利润率一直处于负值状态。2016年友财公司转型升级以来，其成本费用利润率得到改善，转为正值。一般来说，成本费用利润率越高，说明企业可以较少的投入创造出更多的利润，企业获利能力强，经济效益好。本研究对其2017年与2018年的成本费用利润率进行了具体分析，2018年成本费用利润率与2017年相比下降了0.13个百分点，计算成本费用利润率的影响因子可以发现，营业收入增加使其增长了9.68%，成本费用总额增加使其下降了23.31%。说明成本费用总额的大幅上升是造成企业成本费用利润率大幅下降的主要因素，成本费用总额又包括生产成本和期间费用，友财公司在该年度加大软件研发投入是造成成本费用总额上升的主要原因。同时，研发投入在 2019 年得到显著成果，营业收入大幅增加，成本费用利润率也上升到较高水平。

2. 营运能力分析

企业的营运能力主要是指企业营运资产的效率与效益。企业营运资产的效率主要指资产的周转率或周转速度；企业营运资产的效益通常是指企业的产出额与资产占用额的比率。对企业营运能力的研究可以通过计算和分析反映资产营运效率与效益的指标来实现。通过营运能力分析可了解企业资产营运的效率；与行业内其他企业进行比较可发现企业在资产营运中存在的问题；找出问题所在并提高营运能力可以改善企业的经济效益。营运能力强的企业，有助于获利能力的增长，提高企业盈利能力，进一步保证企业具备良好的偿债能力。

根据不同的资产范围，可以将营运能力分为全部资产营运能力、流动资产营运能力、固定资产营运能力，接下来将从不同资产范围的角度对友财公司营运能力进行分析。同时，笔者从 CSMAR 国泰安数据库获得了用友网络科技股份有限公司的相关数据，对近几年友财公司和用友网络的营运能力做横向对比。

（1）全部资产营运能力分析。

顾名思义，全部资产是指所有的资产，包括固定资产和流动资产，全部资产营运能力分析就是要对企业全部资产的营运效率进行综合分析。企业全部资产营运能力主要是指投入或使用全部资产取得产出的能力。企业获得的产出可以从两方面进行衡量，一方面可以根据总产值从企业的生产能力角度考虑，另一方面可以根据营业收入从满足社会需求的角度考虑。因此，可以用全部资产产值率和全部资产周转率两个指标反映全部资产营运能力。由于友财公司所处行业是软件行业，企业产值的衡量较为复杂，而营业收入的数据获得更方便和准确，选择总资产周转率（即全部资产周转率）对友财公司的全部资产营运能力进行分析。

总资产周转率是企业销售收入净额与平均资产总额的比率，这个比率越高，说明企业利用全部资产进行经营的效率越高，销售能力越强，资产投资的效益越好。

从表 8 中可以看出，友财公司在转型升级后营业收入呈上升趋势，2019 年的营业收入为 1604.52 万元，几乎是 2015 年营业收入的 6 倍；营业收入的增加在总资产周转率上也得到了充分体现，友财公司的总资产周转率从 2015 年的 0.48% 上升为 2019 年的 1.15%，这是非常大的提升。在分析总资产周转率时，除了考虑营业收入外，还要结合销售利润一起分析。在上文分析企业盈利能力时，从表6中可以看出友财公司转型升级后的净利润由负转为正，且呈上升趋势，这说明营业收入的增加是有意义的，营业收入的增加带来的总资产周转率的提高也是有意义的。反观处于同一行业的用友网络，虽然该企业营业收入在逐渐上升，但其总资产周转率却整体呈下降趋势，说明该企业对资产的管理效率不佳。尤其是用友网络2019年的总资产周转率仅为0.52次，也就是说其总资产周转天数为692天，在软件行业中这样的资金周转效率处于较低水平。

表8 2011—2019年友财公司及用友网络总资产周转率

年份	友财公司			用友网络		
	营业收入（万元）	平均总资产（万元）	总资产周转率（次）	营业收入（万元）	平均总资产（万元）	总资产周转率（次）
2011	0.00	169.77	0.00	412216.17	511380.17	0.81
2012	8.53	230.25	0.04	423521.06	580898.52	0.73
2013	274.79	330.19	0.83	436269.08	669304.76	0.65
2014	346.34	434.90	0.80	437424.20	802021.94	0.55
2015	270.25	557.32	0.48	445127.20	986461.01	0.45
2016	460.33	564.70	0.82	511334.89	1153685.84	0.44
2017	384.54	535.12	0.72	634365.85	1309455.56	0.48
2018	1000.13	872.40	1.15	770349.50	1462743.81	0.53
2019	1604.52	1393.31	1.15	850965.97	1637963.51	0.52

资料来源：友财公司、国泰安数据库。

转型升级后的友财公司资金流转管理状况得到有效改善，全部资产的营运效率得到提高，且与同行业的用友网络相比，其总资产周转率更为理想。当然，分析企业的营运能力仅从全部资产营运角度进行分析是不够的，下文将继续从流动资产周转率以及固定资产周转率的角度对友财公司营运能力进行分析。

（2）流动资产营运能力分析。

流动资产周转率是指在一定时期内，企业营业收入与平均流动资产的比值，它衡量了流动资产的占用量与其所完成的工作量之间的关系，在数值上反映了一定时期企业投入的流动资产能带来多少营收。流动资产周转率的高低是流动资产利用效果的体现，流动资产周转率越高，流动资产的利用效果越好，流动资产营运能力就越好；反之，流动资产周转率越低，流动资产的利用效果越差，流动资产的营运能力就越差。

由表9可知，2013—2019年友财公司的流动资产周转率都高于用友网络的流动资产周转率,说明友财公司流动资产营运能力较好,资金流转能力更强,短期偿债能力更高。单独从友财公司来看,其流动资产周转率在转型升级后有小幅上升,表明其流动资产管理效果得到改善。虽然友财公司 2018 年、2019 年的流动资产周转率都较上一年度有所下降,但从营业收入和平均流动资产的具体数额来看,2017 年的平均流动资产数额偏低,导致当年流动资产周转率较高,可归属于异常值,除去这一异常值,友财公司 2018 年流动资产周转率较 2016 年是上升的;而 2019 年友财公司平均流动资产占用额的增加幅度大于营业收入的增加幅度,导致当年流动资产周转率降低,但当年营业收入的增长幅度大于 60%,是很可观的数字。

从流动资产占用额的角度来看,友财公司流动资产占总资产的比率较高,由于流动资产比固定资产更容易变现,流动资产投资的风险小于固定资产,所以较高的流动资产比例表明企业承担的风险较低。对企业来说,要加快流动资产的周转速度,就必须合理持有货币资金,加快账款的回收,扩大销售。转型升级后的友财公司在销售方面有明显的增长,这也是其流动资产周转率整体有所提升的主要原因,但在之后的营运资金管理过程中,友财公司应考虑合理持有货币资金,保证企业承担的风险在可承受范围内,同时有效地加快其流动资产周转率。

表 9　2011—2019 年友财公司及用友网络流动资产周转率

年份	友财公司			用友网络		
	营业收入（万元）	平均流动资产（万元）	流动资产周转率（次）	营业收入（万元）	平均流动资产（万元）	流动资产周转率（次）
2011	0.00	99.11	0.00	412216.17	258875.77	1.59
2012	8.53	80.66	0.11	423521.06	299485.96	1.41
2013	274.79	101.21	2.72	436269.08	346836.30	1.26
2014	346.34	179.44	1.93	437424.20	434024.05	1.01
2015	270.25	254.05	1.06	445127.20	577420.62	0.77
2016	460.33	213.19	2.15	511334.89	703224.44	0.72
2017	384.54	115.05	3.34	634365.85	736909.80	0.86
2018	1000.13	379.59	2.63	770349.50	780969.91	0.99
2019	1604.52	964.23	1.66	850965.97	925420.70	0.92

资料来源:友财公司、国泰安数据库。

(3) 固定资产营运能力分析。

固定资产营运能力反映了企业是否能合理使用和管理投入的固定资产，可以通过固定资产周转率这一指标进行分析。固定资产周转率也称固定资产利用率，是企业营业收入与平均固定资产净值的比值，比值大小表示在一定时期内，投入使用的单位固定资产所能带来的营业收入的多少，固定资产周转率越高，说明企业合理管理固定资产能力越强，固定资产利用效率越高；反之，如果固定资产周转率不高，则表明企业管理固定资产能力较弱，带给企业的生产成果不多，企业的营运能力不强。

本研究选择用友网络与友财公司进行对比，发现友财公司与用友网络固定资产周转率相差较大，如表10所示，用友网络固定资产周转率近几年维持在3.5次左右；而友财公司在转型升级后，固定资产周转率达到了130次以上，即友财公司固定资产周转天数还不到三天。造成两家企业固定资产周转率相差如此之大的原因是友财公司固定资产占总资产的比率较低，而用友网络固定资产占总资产的比率较高。固定资产占总资产的比率取决于企业业务对固定资产的需求，两家企业虽处于同一行业，但公司业务不尽相同，基于这些原因，两家企业固定资产周转率相差过大，为更好地对友财公司转型升级后固定资产营运能力进行分析，笔者从国泰安数据库下载了北京久其软件股份有限公司（以下简称久其软件）和浪潮软件的固定资产周转率数据，见表11。

表10 2011—2019年友财公司及用友网络固定资产周转率

年份	友财公司			用友网络		
	营业收入（万元）	平均固定资产（万元）	固定资产周转率（次）	营业收入（万元）	平均固定资产（万元）	固定资产周转率（次）
2011	0.00	1.63	0.00	412216.17	66386.53	6.21
2012	8.53	3.17	2.69	423521.06	82952.93	5.11
2013	274.79	4.41	62.29	436269.08	92029.87	4.74
2014	346.34	2.92	118.47	437424.20	96827.36	4.52
2015	270.25	3.68	73.52	445127.20	126696.74	3.51
2016	460.33	4.52	101.77	511334.89	156966.85	3.26
2017	384.54	2.59	148.53	634365.85	183117.96	3.46
2018	1000.13	7.16	139.66	770349.50	208546.28	3.69
2019	1604.52	11.81	135.90	850965.97	229132.61	3.71

资料来源：友财公司、国泰安数据库。

表 11 2016—2019 年久其软件及浪潮软件固定资产周转率（%）

年份	2016	2017	2018	2019
久其软件	5.82	8.56	11.80	13.98
浪潮软件	12.77	8.21	6.84	9.51

资料来源：国泰安数据库。

从表 10 和表 11 可以看出，用友网络固定资产周转率与同行业其他企业相比较低，而友财公司固定资产周转率仍远大于同行业其他企业。与同行业进行对比发现，虽然友财公司固定资产周转率有一定波动，但波动情况没有久其软件和浪潮软件强烈，说明友财公司固定资产利用率更为稳定，利用固定资产获取营业收入的能力能够得到保持。友财公司在固定资产周转率如此高的情况下，可以考虑调整资产结构，适当增加固定资产占总资产的比率。基于以上分析，有理由认为友财公司在同行业中固定资产周转率处于较高水平，一定时期内固定资产提供的收入较多，该企业固定资产的管理和利用水平较高。

在对友财公司营运能力的分析过程中，发现企业转型升级使其营运能力有所提升，但不是大幅度提升，这是由于即使在转型升级前，友财公司的营运能力或者说资产管理能力也是不错的，在同行业中不落下乘。相比于营运能力分析角度，盈利能力分析更能体现友财公司转型升级的成果。

3. 偿债能力分析

企业偿债能力是指企业偿还其债务的能力，包括本金和利息。企业偿债能力能够揭示其财务状况、财务风险的大小、筹资的潜力；对企业自身来说，偿债能力对日常经营活动、筹资活动和投资活动都有着直接的影响，了解企业自身偿债能力是管理者做出正确经营决策所必需的；对投资者来说，企业偿债能力低意味着盈利能力不足，了解企业偿债能力有利于投资者进行正确的投资决策；对债权人来说，偿债能力弱，则说明债权人要面临较高的不能按期收回本金、利息等的风险。根据负债偿还期限，企业负债可以分为短期负债和长期负债，也即流动负债和非流动负债，因此偿债能力包括企业偿还短期负债的能力和偿还长期负债的能力。

（1）短期偿债能力分析。

由于短期负债偿还期限较短，在短期负债到期时，企业可将流动资产变现为现金偿还流动负债，因此，企业短期偿债能力就是指在企业短期负债到期时企业以流动资产偿还流动负债的能力。流动比率是企业流动资产与流动负债的比值，比值的大小反映了企业使用流动资产偿还流动负债的能力，流动比率数值越大，企业偿还短期负债的能力越强，流动比率越小，企业偿还短期负债的能力越弱。从流动比率的计算方法来看，企业资产的流动性、流动负债的规模都是影响企业短期偿债能力的主要因素，企业流动资产含量越高，偿还短期负债能力越强；短期负债规模越大，企业短期偿债能力越弱。除了与同行业企业进行比较外，企业自身的流动比率变化趋势也能反映企业短期偿债能力的变化。友财公司和用友网络的流动比率进行对比，如表12所示。

表12　2011—2019年友财公司及用友网络流动比率

年份	友财公司			用友网络		
	流动资产合计（万元）	流动负债合计（万元）	流动比率	流动资产合计（万元）	流动负债合计（万元）	流动比率
2011	99.11	7.61	13.02	279066.46	223854.36	1.25
2012	62.22	163.75	0.38	319905.51	286925.73	1.11
2013	140.21	309.17	0.45	373766.95	301085.80	1.24
2014	218.67	440.78	0.50	494281.39	353001.21	1.40
2015	289.43	572.90	0.51	660559.48	470508.55	1.40
2016	136.95	360.92	0.38	745890.00	545946.17	1.37
2017	93.14	306.21	0.30	727929.43	692479.23	1.05
2018	666.03	807.76	0.82	834010.58	734812.79	1.13
2019	1262.42	246.42	5.06	1016831.67	911239.84	1.12

资料来源：友财公司、国泰安数据库。

由表12可见，友财公司和用友网络的流动比率都不算高，尤其是友财公司，在转型升级前流动比率仅为0.5左右，说明对于友财公司来说，其流动资产变现偿还流动负债的能力较弱，与同行业竞争对手相比不具优势。即使是在转型升级后，友财公司2016年、2017年的流动比率仍不乐观，仅分别为0.38和0.30。但具体来看，友财公司转型升级后，2017—2019年流动比率呈上升趋势，2019年流动比率为5.06，大于用友网络的1.12，说明企业转型升级一定时间后，友财公司短期偿债能力得到了显著提高，这也进一步表明转型升级改善了友财公司的财务状况。转型升级前，友财公司每年的净利润为负值，因此在2011—2015年公司的流动负债逐年上升，企业偿债能力自然较弱。转型升级后，企业在不断摸索的过程中逐渐调整流动负债规模，流动资产的数额也在提高，企业短期偿债能力得到保障。

(2) 长期偿债能力分析。

企业长期偿债能力是指企业偿还长期负债的能力,长期负债包括长期借款、应付债券、长期应付款等。企业长期偿债能力与企业盈利能力有一定关联,盈利能力越强的企业,利用长期负债获取收益的能力越强,长期偿债能力越强。除了日常经营活动的收益状况会影响长期偿债能力外,企业利用资金进行投资的投资收益以及权益资金的增长和稳定性也在很大程度上影响着长期偿债能力。通常可以通过资产负债率来衡量企业长期偿债能力,资产负债率等于企业负债总额与资产总额之比,比率越高,说明企业偿还债务的能力越差;相反,比率越低,表明企业偿还债务的能力越强。友财公司和用友网络的资产负债率进行对比,如表13所示。

表13 2011—2019年友财公司及用友网络资产负债率

年份	友财公司			用友网络		
	负债总额(万元)	资产总额(万元)	资产负债率(%)	负债总额(万元)	资产总额(万元)	资产负债率(%)
2011	7.61	169.77	0.04	243455.64	546167.92	0.45
2012	163.75	290.74	0.56	308280.86	615629.13	0.50
2013	309.17	369.65	0.84	386690.81	722980.39	0.53
2014	440.78	500.15	0.88	436812.03	881063.49	0.50
2015	612.90	614.49	1.00	485587.79	1091858.53	0.44
2016	399.54	514.91	0.78	576672.32	1215513.16	0.47
2017	307.07	555.34	0.55	729295.06	1403397.96	0.52
2018	807.76	1189.45	0.68	756893.34	1522089.66	0.50
2019	249.42	1597.17	0.16	924419.28	1753838.27	0.53

资料来源:友财公司、国泰安数据库。

从表13中可以看出,用友网络长期偿债能力较为稳定,资产负债率稳定在0.5%左右。而友财公司转型升级前资产负债率在2015年约为1.00%,负债总额与资产总额相差无几,企业长期偿债能力较差;转型升级后,虽然在2016—2018年资产负债率仍高于用友网络,但友财公司资产负债率整体呈下降趋势,2019年资产负债率为0.16%,表明友财公司每16元的负债就有100元的资产作为偿还的后盾,资产负债率低于同行业的用友网络,这说明友财公司的财务风险降低,且低于用友网络,其长期偿债能力强于用友网络,对于债权人来说,承担的风险更小。

总的来说,转型升级后友财公司的偿债能力得到明显的改善,虽然这种改变是逐步的,在2019年才有了显著体现,但这是由于转型升级前友财公司每年的净利润为负值,导致在转型升级初期其净资产数额较低,企业负债比率较高,影响了企业偿债能力。对于企业来说,需要优化资产结构,持有一定比例的流动资产,维持一定的短期偿债能力;企业还要合理利用内部资产,提升资产管理水平,尽可能利用有限的资产给企业带来更多的盈利;同时企业也需要平衡短期负债和长期负债的比例,利用负债资金创收,才能在提高企业偿债能力的同时大大提高企业收益。

4. 增长能力分析

企业增长能力也就是企业的发展能力,通常是根据企业在过去年度的资产、销售收入、收益等方面的增长速度,预判在未来经营过程中企业的发展趋势。从形成过程来看,企业的增长能力随着销售收入、资金投入和创造的利润的不断增加而提高;从最终结果看,企业的增长能力更强意味着企业有更好的能力创造股东财富,增加企业价值。能够反映企业增长能力的指标有总资产增长率、销售收入增长率和营业利润增长率。

总资产增长率是企业本年总资产增长额与年初资产总额的比率,反映当期资产规模的增长情况;销售收入增长率是企业本年销售收入增长额与上年度销售收入总额之比,反映企业某一段时间销售收入的变化程度;营业利润增长率是企业本年营业利润增长额与上年利润总额的比率,它反映企业营业利润的增减变动情况。友财公司转型升级后2017—2019年总资产增长率、销售收入增长率和营业利润增长率列于表14。

表14 2017—2019年友财公司增长能力分析

年份	总资产增长额（万元）	总资产增长率（%）	销售收入增长额（万元）	销售收入增长率（%）	营业利润增长额（万元）	营业利润增长率（%）
2017	40.43	7.85	−75.80	−16.47	−11.70	−10.31
2018	634.11	114.19	615.59	160.09	35.91	35.31
2019	407.72	34.28	604.39	60.43	223.07	162.06

资料来源：友财公司。

由表14可知,友财公司在转型升级后2017—2019年资产规模都在增加,总资产增长率大于0。销售收入在2018年和2019年的增加额都超过600万元,虽然2019年销售收入增长率低于2018年,但是销售收入增长额几乎没有变化,销售收入增长率之间的差异是由2017年销售收入总额较低导致的,说明转型升级后的友财公司在销售收入上实现了稳步增长。友财公司2017—

2019 年的营业利润增长额由负值变为正值,且逐年上升,2019 年其营业利润增长率达到了 162.06%。进一步分析发现,友财公司 2019 年的销售收入增长率、营业利润增长率都超过了总资产增长率,表明友财公司资产规模的增长属于效益型增长,是正常的、合适的。同时,2018 年、2019 年友财公司销售收入增长额变化不大,但营业利润增长额却由 2018 年的 35.91 万元增加到 2019 年的 223.07 万元,这说明友财公司能够更好地控制成本,在一定的销售收入中实现更高的盈利。

通过对友财公司转型升级前后盈利能力、营运能力、偿债能力以及增长能力进行分析,得出以下结论:友财公司转型升级后财务状况得到了巨大改善,且与同行业的用友网络相比不落下乘。对以上财务指标进行分析能够发现,友财公司采用差异化战略,找到财务智能化这一突破口,积极创新,使企业扭亏为盈,企业资产在短短几年内有了较大增长,能合理运用已有资金为企业创造利润,企业偿债能力得到保障,有很好的发展前景。

六、结语与展望

(一)结语

友财公司是一家专注于解决高校财务管理系统信息化问题的企业,其处于粤港澳大湾区,有着湾区对高新技术企业政策上的支持,同时也赶上了人工智能快速发展的好时机,抓住这些机遇选择转型升级是友财公司做出的正确决策。首先,探讨了友财公司转型升级的必要性,以及友财公司面临的外部政策、经济、社会、技术环境,对其转型升级的可行性进行分析。其次,基于友财公司转型升级前后的财务数据,计算出相应的财务指标,从企业的盈利能力、营运能力、偿债能力和增长能力等方面对其转型升级成果进行纵向分析,发现友财公司转型升级改善了其财务状况;同时从国泰安数据库获得用友网络相关数据,与友财公司的财务状况进行横向对比,得出转型升级后友财公司在盈利能力、营运能力等方面优于同行业的用友网络。

友财公司转型升级已经取得阶段性的胜利,在未来的企业经营管理过程中要更好地利用转型升级成果,走好每一步,进一步将公司做大做强。友财公司的转型升级也为同类型的企业提供了良好的参考,对于有同样条件的企业来说,考虑转型升级发展策略是很好的选择,希望友财公司转型升级所取得的成功能够引发其他企业的思考。

(二) 展望

在案例研究过程中,鉴于时间原因等,对转型升级的国内外相关研究文献及成果的整理概括不够完整;同时重点研究了友财公司转型升级成果在财务状况方面的体现,没有涉及其他方面的成果研究,也没有具体剖析友财公司转型升级策略。在对友财公司财务状况进行分析时,仅选择了用友网络这一家企业做横向对比,虽然用友网络在该行业具有代表性,但仅一家企业的财务指标不能代表整个行业的水平,如果多选择几家企业进行横向对比,能更准确地将友财公司财务状况和行业水平进行比较,更有说服力。在具备详细资料的条件下,希望能在未来的研究中对企业转型升级的措施进行论述,一方面能更好地理解友财公司财务状况得到改善的具体决策,另一方面也能为同行业其他企业的转型升级提供指导。

参考文献

[1] 毕晓航,薛亦曦. 行业变革下的商业模式创新及评估——基于形态分析法和多层次结构[J].中国科技论坛,2018(2):103-111.

[2] 程虹,刘三江,罗连发. 中国企业转型升级的基本状况与路径选择——基于570家企业4794名员工入企调查数据的分析[J].管理世界,2016(2):58-70.

[3] 葛家树,占美松. 企业财务报告分析必须着重关注的几个财务信息[J].会计研究,2008(5):3-9.

[4] 黄永明,何伟,聂鸣. 全球价值链视角下中国纺织服装企业的升级路径选择[J].中国工业经济,2006(5):56-63.

[5] 蒋兴明. 产业转型升级内涵路径研究[J].经济问题探索,2014(12):43-49.

[6] 颉俊. SZ监理公司业务转型升级研究[D].西北大学,2019.

[7] 金碚. 中国经济发展新常态研究[J].中国工业经济,2015(1):5-18.

[8] 孔伟杰. 制造业企业转型升级影响因素研究[J].管理世界,2012(9):120-131.

[9] 李晨. 我国加工贸易转型升级的路径选择[J].产业经济研究,2010(4):82-90.

[10] 刘飞成. 时代新媒体出版社转型升级研究[D].河南大学,2019.

[11] 柳学斌.JH公司数字化升级改造及实施研究[D].电子科技大学,2019.

[12] 刘志彪.全球化背景下中国制造业升级的路径与品牌战略[J].财经问题研究,2005(5):25-31.

[13] 毛蕴诗,吴瑶.企业升级路径与分析模式研究[J].中山大学学报:社会科学版,2009(1):178-186.

[14] 毛蕴诗,张伟涛,魏姝羽.企业转型升级:中国管理研究的前沿领域[J].学术研究,2015(1):72-82.

[15] 蒲红霞.基于利润池理论的用友网络战略转型研究[D].兰州财经大学,2019.

[16] 邱玉莲,钱苏维.大数据环境下企业财务管理信息系统应用探讨[J].财会通讯,2017(7):105-106.

[17] 曲建.我国加工贸易转型升级的内涵与对策[J].开放导报,2008(5):49-51.

[18] 唐辉亮,施永.企业转型升级文献综述[J].宜春学院学报,2011(5):79-82.

[19] 王吉发,冯晋,李汉铃.企业转型的内涵研究[J].统计与决策,2006(2):153-157.

[20] 王文京,胡进平.网络财务时代扑面而来[J].会计研究,1999(10):37-40.

[21] 吴家曦.浙江省中小企业转型升级调查报告[J].管理世界,2009(8):1-5.

[22] 夏建树.影响国际IT巨头转型路径选择的主要因素研究[D].苏州大学,2014.

[23] 杨桂菊.代工企业转型升级:演进路径的理论模型——基于三家本土企业的案例研究[J].管理世界,2010(6):132-142.

[24] 尹可伊.软件类代工代销型企业转型战略研究——以安世亚太公司为例[D].中央民族大学,2013.

[25] 张莉.互联网背景下邮政函件业务营销转型升级研究——基于SZ市邮政局的实证研究[D].南京邮电大学,2019.

[26] 张艳.创华科技有限公司转型升级研究[D].大连理工大学,2016.

[27] 周长富,杜宇玮.代工企业转型升级的影响因素研究——基于昆山制造业企业的问卷调查[J].世界经济研究,2012(7):23-28.

[28] GARY GEREFFI. International Trade and Industrial Upgrading in the Apparel Commodity Chains[J].Journal of International Economics,1999(48):37-70.

[29] HUMPHREY J,SCHMITZ H. Chain Governance and Upgrading:Taking Stock[A]//Schmitz H(ed).Local Enterprises in the Global Economy:Issues of Governance and Upgrading[M].Cheltenham:Elgar,2004:349-381.

[30] KAPLINSKY R,MORRIS M. A Handbook for Value Chain Research[Z].Prepared for the IDRC,2001:38-39.

[31] LEVEY A MERRY. Organizational Transformation[M].New York Praeger,1986.

[32] WINTER S G. The Satisficing Principle in Capability Learning[J]. Strategic Management Journal,2000:981-996.

粤运交通数字化转型：大数据如何创造商业价值

文/刘潇 魏静 王茜 许晓静

客运行业尤其是传统道路客运企业面临转型升级压力：一方面，随着高速铁路的快速发展、私家车的迅猛增长、网约车运营的规模化扩张，替代效应产生的旅客分流加剧了道路旅客运输市场的竞争性。另一方面，人们对客运行业的需求也发生了转变，一是倾向于通过智能终端购票，这对道路运输服务行业提出了开发自动售票系统和联网售票系统的技术要求；二是旅客更加注重出行服务的体验感，传统的客运企业无法满足顾客的高端化要求，也对企业的品牌建设及智能化基础设施建设提出新要求。

广东粤运交通股份有限公司（以下简称粤运交通）是广东省道路运输行业龙头企业，近十年积极探索将互联网、大数据、人工智能与业务融合的方式，将"服务社会、美好出行"作为企业使命，将"数字化转型、平台化运营"作为发展理念。本研究通过探究其在转型发展过程中如何将技术和数据等关键要素与自身资源优势融合，使能业务管理创新，塑造企业核心竞争力，并形成数字化转型能力，为数字经济条件下的传统企业转型升级提供典型案例和参考。

一、引言

（一）研究背景

数字化转型是产业或社会通过使用数字技术带来的根本变化，从组织层面来看，学界和实践界认为企业必须利用数字技术进行创新，通过修正战略，拥抱数字化转型，驱动更好的运营绩效（Gregory Vial，2019）。企业要实现数字化转型需经历三个阶段（Peter C. Verhoef et al.，2019）。第一个阶段是信息化（Digitazation），即实现数据转换，是将模拟信息转换成数字符号的过程和行动；第二个阶段是数字化（Digitalization），是利用信息系统如 ERP 来改善业务流程、进行目标信息的处理等；第三个阶段是数字化转型（Digital Transformation），其目标是构建一个数字化组织。数字化转型相比于数字化，会重塑企业的商业逻辑或者价值创造的过程，从而影响整个企业以及其处理业务的方式。

从现阶段企业数字化转型实践来看，存在以下认识上的误区：一是把数字化设备设施和软件的采纳和使用当作数字化转型；二是把转型当作 IT 部门的事情；三是把数字化转型理解为企业运营和管理过程的"量化"。以第三种情况为例，某些企业投资建立商业智能系统，尝试通过对企业内部数据的集成和分析，为管理者的日常管理决策提供信息支持；或是尝试投资大数据技术、物联网和人工智能等新一代数字技术资源，以此作为实现数字化转型的标志。然而，技术投资并未带来预期的商业价值。尽管很多企业都意识到并渴望将新一代数字技术纳入其竞争或发展战略中，但是对于这类技术将通过何种机制和过程为企业创造和增加业务价值、技术要素与组织要素之间的相互依存关系和转换逻辑是什么、如何发挥数据要素的作用等仍然缺乏全面的理解和正确的认知。

事实上，理解数字化转型关键是辨析数字化转型与 IT 使能的变革之间的区别和联系。数字化转型是 IT 赋能组织变革的延续，但在出发点、技术方案、组织变革范围等方面存在区别。从出发点来看，数字化转型更多的是从市场角度或客户角度出发识别机会点，之后再将数字化技术应用到战略当中。传统企业的数字化转型既涉及人、财、物等有形资源的重组利用，又涉及无形资源如企业发展理念、企业文化和流程的改变等；既涉及对企业原有运营状态的维护和变革，又涉及新运营模式的建立和产品及服务的创新，是一个复杂的系统性变革过程。因此，对企业数字化转型现象的研究，涉及战略管理、技术创新与管理、信息系统开发等多学科领域，如果仅从 IT 技术视角开展研究具有一定局限性。

（二）案例研究目的及意义

本研究将采用资源编排理论，对企业投资有形资源和无形资源、整合和利用资源形成组织能力的微观过程进行深入分析，探索企业数字化转型能力形成的前因和后果。根据 IS 领域学者对 IT 商业价值的研究，投资 IT 本身并不能创造商业价值，除非企业能够基于 IT 开发出独特的、难以模仿的能力。对此，本研究在对企业数字化转型相关研究、资源编排理论、资源基础观和动态能力理论进行文献回顾的基础上，建立"资源—资源编排活动—能力"的案例分析框架，较为细致地分析案例企业如何利用资源编排的活动，实现组织能力建构以应对外部环境挑战，为指导企业数字化转型实践提供对策建议。

理论研究意义。本研究采用战略管理领域经典的"资源—能力"框架来分析和解释企业数字化转型实践过程，并将动态能力作为研究数字化转型的理论基础，因为企业既具有普通能力又具有动态能力，但是普通能力无法解释企业如何建立和维持竞争优势（Teece，2014）。在案例分析中，主要围绕企业的动态能力是如何构建的、动态能力是如何促进企业数字化转型的这两个关键问题展开。动态能力是否可以支持企业使用数字技术来获取或保持竞争优势，关键取决于企业感知到破坏性、抓住破坏性技术机遇，并相应地围绕利益相关者需求重新配置其资源要素的能力；其次是整合能力的作用，包括技术资源和互补资源的整合，数字平台对用户和数据资源的整合，信息基础设施对软硬件供应商的整合等；最后是企业对所提供的产品和服务的创新能力，通过持续地创新资源的利用方式，共同驱动企业数字化转型能力的形成。上述研究发现拓展了数字化转型能力形成的微观基础，为推动数字化转型的理论化工作提供了典型的行业案例。

二、理论分析与研究框架

（一）企业数字化转型相关研究

1. 企业数字化转型概念和内涵

企业数字化转型首先可采用产业界的观点来诠释。著名的产业机构的定义包括：国务院发展研究中心认为，企业的数字化转型是指利用新一代信息技术，构建数据的采集、传输、存储、处理和反馈的闭环，打通不同层级与不同行业间的数据壁垒，提高行业整体的运行效率，构建全新的数字经济体系。阿里云研究中心则指出，企业数字化转型是以数据技术手段进行运营优化，例如数字化供应链、销售预测、生产工艺优化，实现企业从流程驱动到数据驱动，从而实现增长。IDC将企业数字化转型定义为利用数字化技术（例如，云计算、大数据、移动、社交、人工智能、物联网、区块链）和能力来组织商业模式创新和商业生态系统重构的途径和方法，目的是实现企业业务的转型、创新和增长。

技术领先企业的观点有：华为认为数字化转型是通过新一代数字技术的深入运用，构建一个全感知、全连接、全场景、全智能的数字世界，进而优化再造物理世界的业务,对传统管理模式、业务模式、商业模式进行创新和重塑,实现业务成功。ERP软件提供商金蝶则认为,企业数字化转型是企业借助数字化解决方案,将物联网,云计算,大数据,移动化、智能化技术应用于企业,通过规划及实施商业模式转型、管理运营转型,给客户、企业和员工带来全新的数字化价值提升,不断提升企业数字经济环境下的新型核心竞争能力,具体包含数字化营销转型、数字化运营转型、数字化产品转型、数字化服务转型等。

学术界对数字化的定义和诠释包括:企业的数字化转型是指"通过现代信息技术、计算技术、通信技术和连接技术的组合应用触发的企业组织特性的重大变革来重构组织及运行系统的过程"。数字化转型的概念框架如图1所示,数字技术发展是企业转型和创新的触发机制;从变革的性质来看,数字化转型属于企业顺应技术趋势必需的组织特性的变革,包括企业定位/目标,价值创造/系统等;从变革的内容来看,数字化转型包括企业战略、产品、组织结构、人力资源、业务流程等,其目标是建立数据智能驱动的数字化企业,或是创建基于数字平台的生态系统;从手段上讲,数字化转型是充分应用各类数字技术,以应对数字时代挑战和机遇的战略行动。综合上述观点,数字化转型是指数字技术对企业的变革性或颠覆性的影响(新商业模式、新的产品/服务、新的客户)。

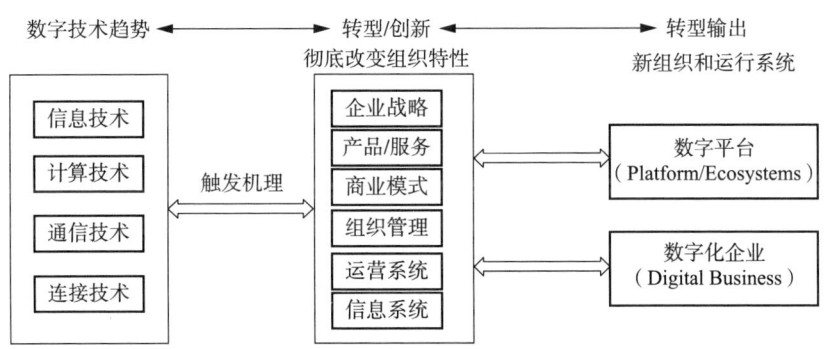

图1 数字化转型概念框架

资料来源:作者整理绘制。

2. 企业数字化转型的相关研究评述

产业界掀起的数字化转型实践热潮引发学界关注,Vial(2019)基于管理领域期刊的284篇研究文献,采用扎根理论中的方法总结企业数字化转型的前因后果、方法和途径,以及影响转型成功的因素(见图2)。作者指出,随着数字技术提供更多的信息、计算、通信和连接性,多样化参与者的分布式网络之间的协作形式成为可能,从而为组织的创新和绩效提供了巨大的潜力;但同时企业对经营环境要素的控制力变小,因此保持竞争优势的能力比以往更加脆弱。在此情景下,创新成为企业转型升级的核心动力,也是企业维持可持续竞争优势的关键。

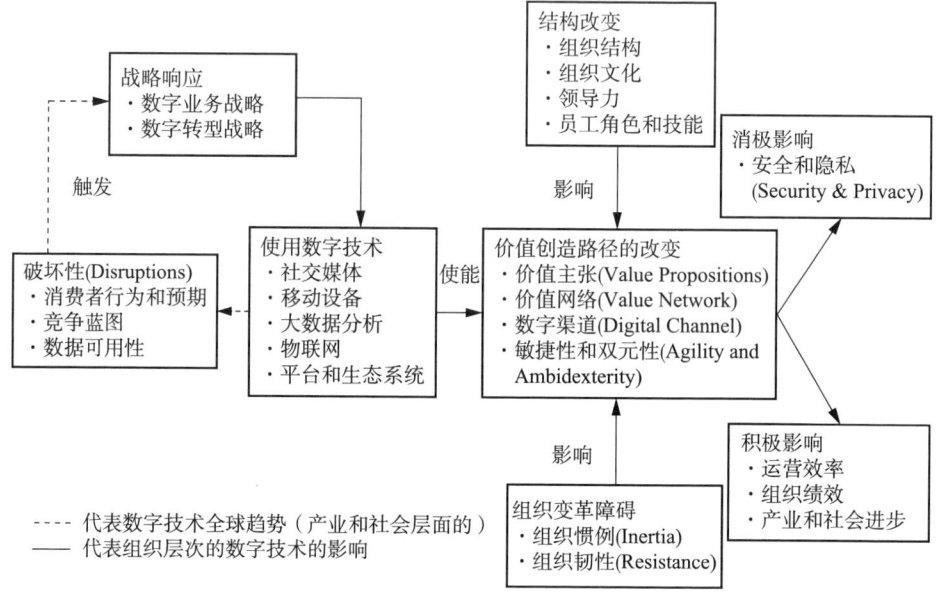

图 2　企业实施数字化转型的前因和后果

资料来源:Vial(2019)。

(二)数字化转型背景下的资源与能力

资源理论与能力理论都假设企业是资源和能力的集合,企业竞争优势的形成、巩固、创新和变革同企业资源和组织能力的形成、积累、维持和淘汰有密切的关系。但是,关于资源和能力对于竞争优势的作用机制,资源理论与能力理论有不同的解释:前者认为持续竞争优势取决于战略资源的价值性、稀缺性、不可完全模仿性、不可完全替代性;后者认为核心能力是竞争优势源泉,对资源的配置和整合能力是核心能力的一部分。数字经济条件下,资源的类型和利用方式都发生改变,因此有必要首先辨析不同类型的资源和能力。

1. IT 资源与 IT 能力

IT 资源可以分为有形技术资源(主要包括 IT 基础设施如硬件、软件、数据、网络和体系结构等）、人力 IT 资源（IT 人员及其 IT 技能）和无形资源（如技术方面的战略伙伴关系等）。为了提供暂时的竞争优势，这些资源必须具备"VRIN"属性：价值性、稀有性、不可模仿性和不可替代性。要使竞争优势具有潜在的可持续性，资源还必须是不完全可移动和可分配的（Wade and Hulland，2004）。

IT 能力则是建立在一系列资源基础上的，而不仅仅是技术资源。Bharadwaj 等（2000）将企业的 IT 能力分为六个维度，包括 IT 业务伙伴关系、外部 IT 联系、业务 IT 战略思维、IT 业务流程集成、IT 管理和 IT 基础设施。Stoel 和 Muhanna（2009）将 IT 能力定义为与 IT 相关的资源、技能和知识的复杂组合，并通过业务流程进行实践，使公司能够协调活动并利用 IT 资产来提供所需的结果。尽管行业力量和不断变化的市场条件也是影响绩效的关键因素，但有研究指出 IT 能力较强的公司在利润和绩效指标上优于其他公司（Ravichandran and Lertwongsatien，2005）。

2. 大数据资源与大数据分析能力

大数据概念的出现与新数据源（如社交媒体）、新感知设备（如传感器、GPS 定位）、新设备（如智能手机）、新技术和高级用户技能的发展有关（Watson and Tutorial，2014；Guo，Barnes and Jia，2017）。大数据被定义为规模超出了传统软件工具收集、存储、管理和分析能力的数据集（B. Wixom et al.，2014）。数据要素也是资源的一种存在形式，但是仅收集和存储大数据并不能创造多少价值（Grover et al.，2018；Foster et al.，2018）。要产生价值，就必须对大数据进行处理和分析，因此，大数据创造价值的关键是利用大数据分析（Big Data Analytics，BDA）能力。

BDA 是"对数据集进行规范、捕获、存储、访问和分析，以理解其内容并在决策中利用其价值所涉及的活动"（Miah et al.，2017）。BDA 能力被认为是能提供洞察力、增强决策和优化流程的能力（Mills et al.，2012）。随着数据量、速度和种类的不断增加，传统的数据管理和数据分析方法已经无法管理和分析大数据，出现了许多满足 BDA 应用特殊要求的技术和方法（Gupta and George，2016；Tim et al.，2020）。BDA 技术类型可细分为描述性、诊断性、预测性和规范性分析等：描述性分析揭示发生了什么；预测性分析预测未来会发生什么；规范性分析通过识别内部机制和最佳解决方案来辅助业务决策（Watson and Tutorial，2014）。

在数字世界中，公司越来越多地利用关于客户、供应商、销售商、市场、运营、供应链等的数据。这些数据分布存储在各类系统中，使得建立 BDA 能力变得尤为重要，这不是因为大数据的特征，而是 BDA 能力的本质是以更创新和科学的方式支持决策，这为实现大数据的价值提供了新的机遇（Mills et al.，2012）。Mills 等（2012）认为，虽然不能保证大数据的成功，但拥有 BDA 能力的组织更有可能从大数据中获得见解和挖掘价值。

大数据资源被认为是数字经济条件下决定组织价值创造的关键资源之一，然而仅凭大数据是不够的，组织必须了解大数据资源，然后决定使用哪些资源来发展相关的 BDA 能力（Gupta and George，2016）。Teece（2014）认为，为了实现特定的目的，如解决可持续性问题，组织需要编排特定的大数据资源来构建 BDA 能力。与 IT 能力等其他数字能力不同，BDA 能力的创建特别需要特定大数据资源和相应的基于数据的行动（Gupta and George，2016）。因此，在与大数据相关的挑战不断涌现的同时，组织迫切需要着眼于利用大数据资源构建组织 BDA 能力（Ross et al.，2013），只有随着以动态数据资源为中心的资源编排活动的进行，企业才能构建起获取新型竞争优势的能力，并最终使能数据价值实现。

3. AI 资源与 AI 能力

虽然学术界对人工智能（Artificial Intelligence，AI）的界定尚未达成共识，但回顾 AI 领域的文献，学者们普遍认为 AI 与智力相关，认为 AI 是"理解人类智能现象，设计能够模仿人类行为模式的计算机系统，并创建与解决问题相关的知识"（Min，2010）。Li 和 Du（2017）认为 AI 是人类通过机器、系统或网络人工实现的各种智能行为，如感知、记忆、情感、判断、推理、证明、识别、理解、交流、设计、思维、学习、遗忘和创造等。AI 存在的价值在于可以替代人类完成特定工作，随着 AI 技术的发展，预期可完成的任务包括优化内部业务运营、做出更好的决策、改进现有产品、释放员工进行更具创造性的工作、创造新产品和追求新市场（Davenport and Ronanki，2018）。更一般地说，人工智能将以三种主要方式产生商业价值：自动化过程、创造创新的见解，以及在商业过程中与利益相关者接触（Dwivedi et al.，2019）。因此，AI 技术具有重新调整行业竞争秩序的潜力，对各行业的企业发展乃至整体经济运行具有重大影响（Bolton et al.，2018）。

目前，学术界主要通过如下两种途径探索了 AI 对企业管理的影响：一是基于 AI 能力的技术优势，从技术应用角度分析现阶段 AI 给企业管理实践带来的影响。Min（2010）的研究表明，AI 被引入开发和创造能够模仿、学习和替代人类智能的"思维机器"中，可以促进供应链中各业务实体间的信息交换，同时用信息取代资产（如库存、设施、运输设备），帮助企业连接其客户、供应商和供应链合作伙伴。Dan 等（2021）分析了 AI 在阿里巴巴电子商务履行中心的成功应用。研究结果表明，关键的 AI 资源包括数据、人工智能算法和机器人，这些资源经过编排（协调、利用、部署），可以与其他相关资源（如仓库设施和现有信息系统）协同工作，从而产生强大的 AI 能力。更为重要的是，AI 能力不是独立的，它们将与人的能力相互作用并共同进化，从而可以在效率（如空间优化、劳动生产率）和有效性（如减少错误）方面创造商业价值。

二是基于 AI 的发展趋势，从理论角度分析未来 AI 可能会给企业管理理念带来的冲击。高山行和刘嘉慧（2018）认为人工智能将对诞生于工业时代的传统管理理论产生冲击，科层式管理方式难以适应企业内外部环境变化，精准化绩效评估以及对员工和岗位能力需求的变化会引发绩效管理流程的更新；张省和周燕（2019）提出 AI 发展将推动知识管理技术变革、驱动知识管理组织创新和重塑知识管理，并据此构建了包括知识跨界协同、系统匹配优化和创新绩效激励三维框架的知识管理模式；谢洪明等（2019）认为 AI 发展的不确定性带来了新的伦理问题和风险，会引发企业层面社会责任和伦理研究的必要性与迫切性；Duan 等（2019）提出 AI 在超级计算和大数据技术崛起背景下得以快速发展，并讨论了 AI 对管理决策的影响以及取代人类决策者的可能性；王才等（2019）认为随着 AI 技术的快速发展和国家层面战略的大力支持，工业机器人规模运用趋势加快，对低端人力劳动工作岗位的替代将会增加员工的不安全感。

虽然人工智能有很大的潜力，但在实际应用中仍然存在许多挑战。对于许多企业来说，AI 应用程序没有达到预期的生产率，因为管理人员不知道如何有效地将 AI 与现有的流程和系统整合（Brynjolfsson et al., 2017；Davenport and Ronanki, 2018）。因此，了解 AI 应用程序应该如何与其他现有的组织元素一起实现管理目标，特别是在如今变化迅速的环境中如何整合组织的 AI 资源，使其转化为 AI 能力是亟待解决的一个重要问题。

（三）数字化转型背景下的动态能力

1. 动态能力

动态能力理论是战略管理研究中最具影响力的理论之一（Schilke，2014）。DCV 扩展了企业的资源基础观，认为企业可以基于其控制下的资源和能力获得持续的竞争优势，试图解释企业如何在变化的环境中保持竞争优势（Priem and Butler, 2001）。许多研究者认为 RBT 不能充分解释某些公司在资源和能力受到侵蚀或面临高度不确定性的情景下如何获得竞争优势（Eisenhardt and Martin，2000）。动态能力源于熊彼特的创造性破坏逻辑，使企业能够在面对变化的条件时整合、建立和重新配置其资源和能力（Teece et al.，1997）。从本质上说，动态能力重新制定了一种公司在市场上运作和竞争的方式，这一过程被称为进化适应性（Helfat and Peteraf，2009）。

动态能力发展至今，仍存在诸多分歧和争议。大体而言，主要是关于动态能力的内涵界定还没达成一致，主要表现在其定义与维度方面。有学者采用接近资源基础观的方法，强调战略管理的重要性（Teece and Pisano，1994），而另一些学者则采用演化经济学的逻辑，强调惯例、路径依赖和组织学习的作用（Barreto，2010）。尽管存在差异，但是学者们达成共识的观点是：企业的普通能力（运营能力）和动态能力之间有着明显的区别，普通能力是企业维持其主营业务所必需的运营和治理相关的能力，但在面对竞争环境不确定性时，企业必须能继续以自己独特的方式交付价值，并且能够在环境需要时灵活和适应性地重组其价值主张。

动态能力使企业能够通过三种主要机制进行创新并适应环境的变化（Teece，2007）：感知（sensing），即"识别，开发"，共同开发以及评估与客户需求相关的技术机会；抓住（seizing）机会的能力，即抓住机会调动资源以满足需求，并从中获取价值；转型（transforming）能力，通过增强、合并、保护，并在必要时重新配置企业的无形和有形资产来保持竞争力的能力，从战略上抓住机遇并应对威胁，持续更新（continued renewal）。随着企业信息化的深入推进，在 IS 的研究文献中，有学者考察了信息技术（IT）是如何注入组织能力，从而帮助企业更新或重新配置其现有的运营模式的（Pavlou and El Sawy，2006；Wang et al.，2012；Mikalef et al.，2016；Mikalef and Patel，2017）。在数字经济背景下，有学者呼吁将动态能力作为研究企业数字化转型的理论工具。

2. IT 使能的动态能力

IT 在创建组织动态能力方面的作用也备受学者关注。在有关 IT 创新的研究文献中，有许多关于 IT 能力和动态能力的讨论，主要考察在动态环境（具有较高水平的环境不确定性）中运营的企业，IT 使能的敏捷、即兴性和双元性等（Sambamurthy et al.，2003；Tallon and Pinsonneault，2011），因此 IT 资源和 IT 能力会影响其创新成果。学者们倾向于使用基于过程的模型来关联 IT 资源、能力、核心竞争力和企业绩效。Joshi 等（2010）认为企业绩效取决于能够实现创新的 IT 能力，但也强调企业的吸收能力和学习能力的重要性，以便在动态环境中保持竞争优势,也将"过程观点"视为"创新路径"。图3为动态能力作为IT影响企业绩效的中间过程。

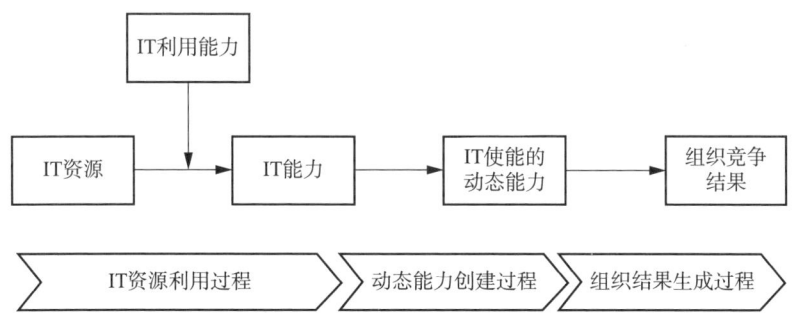

图3 动态能力作为IT影响企业绩效的中间过程

资料来源:Joshi等(2010)。

通过开发IT资源,企业可以在稳定的环境中获得适度的竞争优势。然而,为了在动态环境中保持竞争力,企业必须建立IT能力和动态能力。此外,Seddon(2014)指出,IT资源很少直接提供竞争优势,而是以与其他资源结合使用(或整合)的方式提供了这种优势。因此,理解IT资源和能力是如何相互关联的,以及企业如何在不确定的环境中有效地利用它们是很重要的。基于此,从能力视角对普通能力和动态能力进行辨析,有助于理解如何通过改变组织资源基础特别是技术资源基础,来增加对环境的适应度和保持竞争优势。

(四)资源编排理论与案例分析框架

1. 资源编排理论

资源基础理论因为其静态特性受到一些学者的批评,他们认为资源基础理论不能解释为什么拥有相似资源的不同组织表现出不同的绩效水平。同时一些研究认为资源基础理论没有考虑资源管理行为,资源本身并不会自动创造价值,只有利用资源进行的活动,才能影响企业绩效并最终影响企业竞争优势。为了解决上述问题,Sirmon等(2011)提出资源编排理论,该理论侧重于研究组织如何动态有效地管理和使用资源,以实现竞争优势和提高组织绩效。

资源编排理论包括资源结构化、捆绑和杠杆化三个过程。资源结构化过程主要是构建资源组合,即资源的获取、积累和剥离。资源捆绑过程主要是整合资源以构建能力,管理者可以通过三种方式整合资源:①通过微小的改变稳定现有能力；②通过更大的改进来丰富现有能力；③为公司开拓新的能力。资源杠杆化过程是指利用公司能力以及特定的市场机会来创造价值，即调动、协调和部署资源。资源编排理论认为，组织能够通过对资源的动态与有效的管理和利用，实现从资源到能力再到价值创造的转化过程，从而实现组织的持续竞争优势（张青等，2020）。

资源编排理论作为研究组织能力的形成和演化的理论之一，特别强调在资源编排的过程中，能够构建组织自身的能力并逐渐适应市场和环境的变化。目前关于资源编排的研究：一是关注资源编排对结果的影响，它在战略变革（Yi et al.，2016；Li and Jia，2015）、创新（Li et al.，2018）以及创业（Baert et al.，2016）等领域得到广泛应用；二是关注不同情景下以资源为中心的行动（Wang et al.，2012）。研究发现，在稳定环境中，资源构建的资源聚焦行为对 IT 价值创造的作用更显著，而在动态环境中，对能力建设的作用相对更显著。因此，资源编排理论考虑了环境的不确定性，适用于在动态和高度竞争环境中运营的公司。转型背景下的企业通常面临高度的不确定性，如何找到获取、整合和部署新资源的途径至关重要。

2. 案例分析框架

根据 RBT 的基本理念，组织被视为有价值的有形和无形资源，可以组合起来产生竞争优势（Peteraf，1993）。最初的 RBT 将资源定义为稀有、不可模仿和不可替代的公司特定资产，这些资产使公司能够实施创造价值的策略来产生租金价值（Barney，1991），后来被拆分以区分资源选择和能力建设。资源选择包括识别和购买或控制被认为具有战略价值的资源的活动，而能力建设则涉及将这些资源编排和管理为具有战略意义的资产（Makadok，2001）。

由此可知，资源编排理论认为组织是资源的集合，整合资源的能力决定了组织的绩效，并创造了组织的竞争优势。在数字化经济条件下，企业发现和利用商业机会的方式、可利用的资源类型和范围都发生了变化。鉴于本研究关注企业如何形成数字化转型能力，可以资源编排理论解释企业是如何将独特的资源转化为核心能力的。分析过程借鉴 Ahuja 和 Chan（2017）的研究框架，采用"资源—资源编排—能力"分析逻辑，通过梳理粤运交通 2012—2019 年围绕其主营业务——道路旅客运输业务的战略举措和资源管理活动，分析资源结构化（获取、积累和剥离资源以形成公司的资源组合）、捆绑（整合资源以形成稳定、丰富、开拓三种能力）、杠杆化（利用公司的能力以及特定的市场机会来调动、协调、部署资源），凝练出粤运交通利用资源形成普通能力（运营能力）和动态能力（适应动态环境变化）的过程（见图 4）。

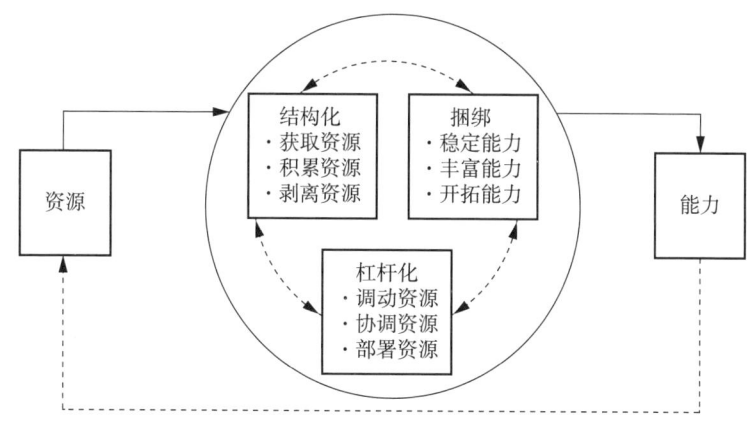

图 4　案例分析框架

资料来源：Ahuja 和 Chan（2017）。

三、研究方法与数据来源

（一）案例研究方法

针对研究问题，选择单案例纵向研究的方法，案例研究特别适合于研究缺乏深入理解的现象，并能够回答"怎么样"以及"为什么"的问题（Eisenhardt，1989；Yin，2014）。首先聚焦于探索企业如何利用数字技术创造商业价值，具有解释性特征，具有复杂性且未被充分研究，因此用案例研究方法是适当的。其次纵向案例研究可以清晰地描述事件发生的动态过程，能够有效解释各个构念之间的动态变化和因果关系，有助于提高研究的内部效度。因此将采取单案例纵向研究的方法展开研究。

（二）数据收集

2013年是粤运交通战略重组的第一年，也是其厚积薄发加速发展的一年，在这一年间，粤运交通把握战略重组契机，深化改革创新，加快转型升级，在业务和战略上都有重大进展。但是通过查看粤运交通年报发现，粤运交通在2012年已经开始利用IT资源着力促进粤运交通业务信息化，为了追踪粤运交通数字化转型过程，选定2012年作为案例研究观察窗口的起点。数据资料主要来源于公司年报（2012—2020年）、新闻报道、期刊等，配合对IT部门主管、项目工程师和公司高管访谈获取一手资料。

(三) 数据编码

通过搜集、鉴别和整理国内外有关数字化转型、资源编排理论、IT能力与动态能力等相关文献，总结归纳出与本研究相关的研究理论要点，并通过文献研究的方法形成对资源和能力观的理解，特别是对数字经济背景下大数据资源与大数据分析、AI资源与AI能力的理解，从而为解释案例企业是如何通过资源编排活动来建构适应动态环境变化的组织能力奠定了较为系统的理论基础。基于此，案例数据编码的理论构念表主要借助于资源基础观（Barney，2001）、动态能力（Teece，2007）和资源编排理论（Sirmon，2011）的相关文献整理而成，如表1所示。

表1 理论构念表

构念	一级概念	二级概念及描述
外部环境	环境影响	新技术趋势、客户需求及偏好变化、竞争及市场机会、宏观政策
组织资源	有形资源	道路、服务区及配套设施、车辆、加油站、广告牌、员工、财务等
	无形资源	IT/IS资源：互联网售票系统/客运车辆营运管理平台/悦行App、O2O出行一体化服务平台/互联网数据信息收集平台
		数据资源：本地数据库、云数据库、主数据库、传感器数据、车辆GPS路径数据、司机行为视频数据等
		AI资源：大数据、分析资源（AI算法、分析技术）、分析人才
资源编排	结构化	获取资源、积累资源、剥离资源
	捆绑	稳定能力、丰富能力、开拓能力
	杠杆化	调动资源、协调资源、部署资源
组织能力	普通能力	增加收入的能力、减少产品与服务成本的能力
	动态能力	开发新产品或服务、实施新的业务流程、建立新的客户关系、改变做业务的方式
价值创造	需求满足	社会效益、客户满意度
	战略绩效	市场份额、品牌声誉、政企关系
	财务绩效	息税前利润、ROI（投资回报率）持续高于行业平均水平

资料来源：作者根据文献资料整理。

数据的编码过程：根据粤运交通年报内容提供的关键事件，从关键事件内提取出关键词，由关键词对应理论构念表提取出粤运交通获得的资源，再根据关键事件内容总结出其资源编排活动——结构化、捆绑、杠杆化过程，进而阐述粤运交通形成动态能力，并最终产生财务价值或者社会价值的过程，具体数据编码示例见表2。

表2 数据编码示例

事件	关键词	资源	资源编排活动	能力	价值
2014年，深入挖掘农村客运资源，完成了清远、韶关两个地区道路运输资源的并购整合	农村客运资源	交通运输资源	结构化	动态能力（开发新的产品或服务）	在当地市场占有率超过50%
2015年，全面开展主数据标准化框架建设，推动联网售票、微信售票、车队管理系统等信息化平台的搭建工作，提升集团信息化能力	数据标准化、信息化平台	数据资源 IT资源	结构化 捆绑	动态能力（改变做业务的方式）	满足客户购票需求，便于客户、员工关系管理
2016年，粤运交通利用粤运交通本地数据库和云数据库，建立自动售票系统和跨境客运票务系统，并推动线上线下业务相融合，提升集团运营能力	数据库	数据资源	捆绑	动态能力（改变做业务的方式）	满足客户购票便利需求，提升客户体验，有利于客户关系管理
2018年，粤运交通抓住网约车这一市场风口进行网约车平台建设和资质申请，同时进一步完善"悦行"城际拼车App的建设	网约车、微信公众号、悦行App	IT资源 大数据资源	杠杆化	动态能力（开发新的产品或服务）	满足客户便利乘车需求，降低客户乘车成本
2019年，在高速服务区便利店建设方面扩充优质品牌商户储备，品牌库资源数量达90家	优质品牌商户	道路配套服务资源	结构化	动态能力（建立新的供应商关系）	提升集团盈利能力
2020年6月，粤运交通参与省政府项目，搭建粤运交通营运车辆智能动态监控平台	车辆智能动态监控平台	IT资源 大数据资源 AI资源	结构化 捆绑 杠杆化	动态能力（开发新的产品或服务）	满足利益相关者安全监管和保障需求

资料来源：作者根据粤运交通2014—2020年年报、南方网报道整理。

四、案例分析与讨论

(一) 案例简介

粤运交通成立于1999年12月,公司前身为广东粤迪交通有限公司,2000年控股股东变更为广东省交通集团有限公司,2002年更名为广东南粤物流股份有限公司,2005年在香港上市(股票代码:03399),2012年底进行了资产重组,2013年8月再次更名为广东粤运交通股份有限公司。

2012—2014年战略重组前后,粤运交通采用"并购—整合—增长"模式,整合道路运输资源、扩大企业规模。具体举措包括:2013年围绕交通优势资源,优化业务组合,推动汽运业务板块与其他业务板块的融合协同,着力拓展县际道路运输、城市公交业务、小件快运业务和出租车业务,适度延伸包车业务、汽车租赁业务和农村道路运输业务等新兴的业务和服务,获取新的成长动力。2014年粤运交通通过积极开展线路回收自营、大力开拓农村客运市场,市场占有率进一步提升,完善客运网络,同时加强境内外运输业务合作,积极创新现有业务模式,在河源市和梅州市站场中设立"粤港直通车站",吸引了同行加盟。面对轨道运输快速发展给道路客运带来的冲击,粤运交通深入挖掘农村客运资源,提前对铁路沿线重叠线路进行战略转移,使线路长短途规划搭配合理,实现了全年客运量同比增长;优化车辆和路线配置,提高班车实载率,降低经营成本。

2015—2017年,粤运交通延续"并购—整合—增长"的发展模式,加大道路运输资源的获取与整合,完成了汕尾地区道路运输资源整合,提升了区域市场占有率;对经营区域内其他运输主体的资源进行整合(如对以广州为中心、规模较小且协同性较强的运输主体实施了产权整合),实现了客运班线、城市公交、旅游包车、客运站场等资源的有效整合;以市场为导向优化业务组合,紧抓市际客运班线跨节点调整契机,对市际客运班线标志牌实施跨节点调整,增强干线运输的竞争力,有效应对轨道交通冲击。2016年开始加快推进"粤运能源""粤运乐驿"便利店、网上飞巴士速递等新业务发展,积极探索"运输旅游"新模式;加速发展跨境出行服务业务;同时搭建能源业务发展平台,投资建设加油站,综合开发成品油零售业务,提高整体资金实力和规模实力。

2018—2019年,道路旅客运输在整个综合交通运输体系中所占份额呈下降态势,交通运输行业需要进行供给侧结构性改革,粤运交通基于互联网思维在客运板块应用实践的深化,以及粤港澳大湾区战略发展,紧抓发展历史机遇,加速布局大湾区综合交通运输网络体系,推进一县一主体运输资源整合,优化市际班线业务,推动发展农村客运、城市公交、汽车租赁、包车、出租车及旅运服务等出行服务一体化业务;推进旅运业务带动班车业务、公交业务、网约车业务。

目前,公司发展成为广东省交通集团控股的运输企业,是集道路运输、高速公路服务、现代物流、广告传媒、自有土地商业开发于一身的综合性集团上市公司,并确定以"服务社会、美好出行"为企业使命,以"一票、一网、一中心、一平台"为信息化目标,以"数字化转型、平台化运营"为发展理念,通过悦行 APP 平台、营运车辆智能视频动态监控平台等项目建设和运营,探索出适合企业发展和转型升级的路径。下面对其数字化历程进行介绍。

(二)数字化历程

1. 信息系统规划建设

粤运交通在 2013 年制定的五年战略规划(2014—2018 年)中明确指出要"借助信息化推动业务向现代服务业转型",提出 IT 对下属公司的管理和服务体现在"规划指导、重点管控、共享服务、绩效提升"四大职能上;各业务板块要利用电子商务平台,建立核心运营管理体系,提高粤运交通数字化管理能力、运营效率和服务水平。具体举措体现在投资 ICT 技术和业务信息系统的开发,包括完成"粤运快车"和粤运所属站场 Wi-Fi 无线网络、自助售取票机安装;推进车队管理系统开发工作,搭建粤运票务微信公众平台,建立粤运统一的微信查询、售票及公众信息发布平台;推进跨境客运联网售票系统开发,以支持利用网络、手机、电话、自助售票机终端等渠道开展售票业务。

2015 年,围绕"人的出行",借助互联网思维,以市场需求为导向,以提升客户体验为目标,尝试打造 O2O 出行服务一体化平台商业模式。截至 2016 年底,粤运交通微信公众号的关注人数为 110.92 万人,累计实现微信售票 92 万张、售票总额 6000 多万元。2016 年粤运交通成立了广东省网上飞物流科技有限公司,积极推动广东省内小件快运平台的建设,提供货物中转服务、小件快运加盟服务以及大数据增值服务。2018 年 6 月 22 日与腾讯云计算(北京)有限责任公司订立"互联网+出行服务"战略合作协议,促进向"智能交通"转型升级。

2019 年,智慧出行信息平台建设招标项目包括悦行平台三期建设、网约车平台建设和资质申请,中山、河源等 9 家分公司取得当地交通部门核发的网约车经营许可证;另外,建设粤运交通微信小程序平台、粤运交通微信公众号和悦行城际拼车App。悦行平台线上交易额累计达5.57亿元,同比增长9.20%;线上用户量累计达到558.1万,同比增长22%;微信售票额达1.41亿元,同比增长17.32%。2019年悦行平台城际拼车业务在阳江、潮州共6个地市上线运营,开通线路19条,服务订单数10.34万个,服务乘客14.08万人次。其中线上服务订单数4.05万,服务乘客5.95万人次;线下服务订单数6.29万,服务乘客8.13万人次,线上线下订单业务比接近4∶6。

2. 数据资源管理规划建设

粤运交通在2015年《广东粤运交通股份有限公司信息化总体规划项目》中明确主数据标准化框架建设。粤运交通数据资源管理系统第一期项目于2016年11月投资建设,该系统采用普元EOS开发平台和数据开发框架,完成了粤运交通基础数据和业务报表功能的全面开发,实现了与业务数据仓库的对接,为粤运交通主数据标准库、指标体系和运营评价体系提供了数据资源。2017年8月二期建设项目启动,经历14个月建成了"12345企业大数据平台":由一个大数据平台、二个标准体系、三个技术平台、四个应用系统、五个核心库组成,形成支持决策分析的两大数据门户、三个业务驾驶舱和三个业务专题应用。该系统上线后提供及时和准确的专题分析和统计报表,实现对数据资源的在线化、可视化和动态化管理,搭建起集团层级的数据管理基础平台。

3. 车辆智能视频监测平台建设运营

粤运交通于2019年3月响应广东省交通运输厅769号文转发《交通运输部办公厅推广应用智能视频监控报警技术的通知》(2021年全省实现"两客一危"车辆主动安全智能防控系统应用实现全覆盖)要求,启动对所属车辆智能视频监控报警技术的部署工作:线下车载硬件设备的安装运行和线上车辆动态监测平台建设运营。粤运交通投资9000多万元采购安装车载智能硬件,明确规定车载智能设备必须具备视频监控系统、驾驶员驾驶行为监测系统、车辆运行监测系统、车载卫星定位"四合一"功能。为了实现平台兼容性和开放性,更大范围更快速地对营运车辆进行安全监管,粤运交通投入大量研发和运营精力,确保对市场上主流设备品牌和重点设备型号接入的全面覆盖,截至2020年5月,移动出行平台完成了对9个设备品牌、20个型号的车载智能终端的接入和调通;所属各运输单位也完成了8000台车辆的设备安装工作。

车辆智能视频监控平台由粤运发展子公司成立粤运软件组建专业团队建

设，将驾驶员违规类型管控范围从 4 种行为（开车抽烟、打电话、超速、疲劳驾驶）拓展到 19 种行为，并根据风险大小划分为行为规范、行车风险、安全隐患共三个等级，以此构建行车风险的智能监测模型。平台依托大数据分析和人工智能算法，自动识别并根据预警规则分级预警，实时反馈给监管员进行高效的设备报警核查处理；同时平台借助智能算法对设备实时监测，避免其他同类型监控平台误报多、设备多、人工抽查反应慢、效率低等常见问题。

智能监控数据平台上线运营以来，取得显著管理成效，安全监管实时化、智能化和高效化。监控员借助平台提供的信息反馈，能够快速准确地发现需要重点关注的车辆和突发情况，发现故障的时效性提高了 5 倍以上，违规驾驶行为直线下降，2020 年 1~6 月违规驾驶行为下降超过 90%，重点严查的开车抽烟、开车打手机等不安全驾驶行为分别下降 95% 和 83%。车辆安全监控效能显著提升，驾驶违规行为由原来的一天几台车的人工抽查转变为平台智能排查，排查效率从原来的每天每人排查 15 台车，提升到每天每人排查 100 台车，车辆安全监控效能大大提升。此外，除日常支持对粤运交通 8000 多辆运营车辆安全实时监测外，还每月定期向总部和地区公司输出安监数据分析报表，为制定安全监管提供客观数据支持。其申报的《道路运输车辆智能视频监控系统平台技术规范》被列入广东省道路运输协会 2020 年度团体标准研制计划。粤运交通 2016—2020 年数字化建设项目路径见图 5。

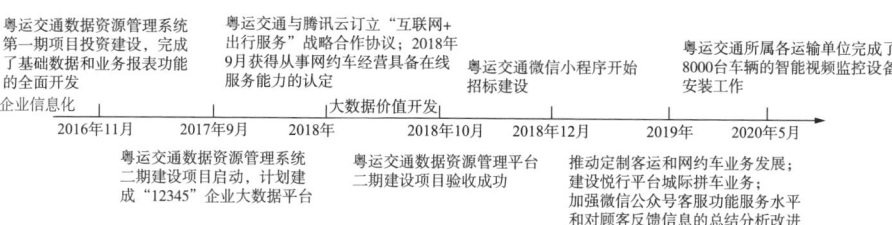

图 5 粤运交通 2016—2020 年数字化建设项目路径

资料来源：粤运交通 2016—2019 年年报、粤运交通官网、南方网新闻报道、搜狐网报道。

（三）资源编排过程

1. 资源基础的建构过程

根据 RBT 的基本前提，能力建设过程只能在获取资源之后进行，发展能力取决于公司已经累积（拥有或控制）的资源类型。基于此，本研究首先根据粤运交通的公开资料，对其战略重组前后关于道路客运服务的资源进行梳理，支持客运服务的有形资源主要包括车辆、站场、路线、服务区和加油站等；无形资源主要包括品牌、人力资源和IT/IS资源，以及数字化运营所需的数据资源、AI资源（算法和分析人才）、IT治理等新资源类型。粤运交通2012—2020年主要资源类型见表3。

表3　粤运交通2012—2020年主要资源类型

资源类型	2012—2014年	2015—2017年	2018—2010年	2020年
道路运输与配套服务	客运车辆6960辆、客运路线牌3244块、客运线路1320条、客运站场72个	客运车辆8540辆、客运路线牌3822块、客运线路1622条、客运站场82个	客运车辆8540辆、自助售取票机332台、客运站场90个、新增线路58条	客运车辆8000辆以上、客运站场87个
高速公路服务区	服务区77.5个、加油站118座、自营便利店93家	服务区210个、加油站162座、便利店434家	服务区364个、加油站180座、充电桩843个、便利店576家	高速公路61条、服务区354个、加油站207座、充电桩438个
品牌资源	LOYEE乐驿被中国公路学会评为2012—2013年全国便利店知名品牌；获2014年最佳跨境客运服务品牌大奖	2016年中国高速公路优秀服务区管理公司；粤运朗日2015—2016年全国汽车维修行业诚信企业	2019年广东省交通安全文明示范运输单位、中国高速公路十强企业	2019年卓越领军特许经营品牌、第四届中国高速公路服务区知名能源品牌、2020年中国道路运输百强诚信企业排名第二
关键IT/IS资源	互联网售票系统平台、粤运票务微信公众平台、粤运公众信息发布平台、Wi-Fi无线网络	微信售票系统、车队管理系统等、自助客票服务中心、跨境客运票务平台、小件快运平台、悦行App、微信公众平台	互联网售票系统平台、悦行App、客运车辆营运管理平台、粤运交通数据资源管理平台、粤运交通微信小程序平台	视频监控系统、驾驶员驾驶行为监测系统、车辆运行监测系统、车载卫星定位系统、营运车辆智能动态监控平台
数据资源	数据库	本地数据库、云数据库	主数据库、数据标准化规则	传感器数据、车辆路径数据、司机行为数据、视频数据、GPS实时定位数据
AI资源	—	—	面部识别技术、无感支付技术、社交媒体数据	行为监测算法、视频数据挖掘、数据工程师、AI算法工程师、软件工程师

资料来源：粤运交通2012—2020年年报。

2. 组织能力的建构过程

资源的特点之一是不能自行产生任何业务价值，需要采取行动来进行战略性利用。组织能力与资源不同，不易购买到，但可通过与资源之间的复杂交互有目的地建立。基于粤运交通在主营业务数字化方面包括物理资源（道路、车辆、站场和服务区等）、人力资源（司机、技术人才和管理人员等）、IT/IS 资源（软硬件/信息系统）、数据资源（本地数据库、主数据库）和 AI 资源（算法和分析模型）的投资和累积，分析其普通（运营）能力和动态能力的建构过程。其中，普通能力是粤运交通完成道路客运服务所必需的与行政、运营和治理相关的职能；动态能力涉及更高层次的活动，可以使企业将其日常活动导向高回报的工作（Teece，2014），具体涉及创新的产品或服务、创新的业务或商业模式、获得新客户、建立新供应商和合作伙伴关系等。

（1）基于交通运输资源的能力建构。

在道路运输和配套服务方面，粤运交通坚持"并购—整合—增长"的发展思路，通过收购整合小型道路运输公司、开拓农村客运市场、加大承包车回收自营力度等来实现道路资源结构化，完善了交通运输网络，扩大企业规模、扩张市场占有率。在高速公路服务区方面，积极获取新服务区的经营权、扩大服务区经营规模、加大招商力度、开发便利店等，积极获取和积累道路配套资源，形成道路与配套服务资源组合。

在资源捆绑方面，粤运交通优化调整交通资源，完善市际、县际班线经营体系，完善交通运输网络，稳定道路运输能力。在服务区建设方面通过加强乐驿便利店品牌建设及管理，积极拓展高速公路线下便利店市场，提升乐驿便利店品牌的影响力。同时引进麦当劳、肯德基、屈臣氏等知名品牌，以品牌无形力量建立新的客户关系和增加服务区收入。

资源杠杆化主要体现在粤运交通紧抓市际客运班线跨节点调整契机，对市际客运班线标志牌实施跨节点调整，为应对轨道交通冲击，不断优化业务组合，推动汽运业务板块与其他板块融合协调，着力拓展县级道路运输、城市公交业务、小件快运和出租车业务，适度延伸包车业务、汽车租赁业务和农村道路运输业务等新兴业务和服务，开启新服务业务进一步增加了粤运交通的收入。此外，粤运交通充分利用国家新能源产业政策，通过调动、部署和协调道路运输资源及剩余运力，探索"运输+旅游"的商业模式，打造O2O出行服务一体化平台来改变做业务的方式和降低运营成本。

粤运交通通过不断编排交通运输资源，不仅提高了在华南市场上的占有率，增加了核心竞争力，而且构建了具有重要价值的动态能力，特别是在开发新的业务和服务、建立新的客户或供应商关系上的作用显著，以应对轨道交通等替代服务的威胁。

（2）基于IT资源的能力建构。

在IT/IS资源结构化方面，粤运交通通过投资建设的方式积极获取和积累自身IT资源，如"粤运快车"和粤运所属站场Wi-Fi无线网络部署安装，扩大"粤运"无线网络覆盖范围；在信息系统建设方面，搭建联网售票平台，推进车队管理系统开发及部署工作，搭建"粤运"票务微信公众平台，建立粤运统一的微信查询、售票及公众信息发布平台，开发跨境客运联网售票系统，建设小件快运平台等；搭建"粤运"票务微信公众平台，建立粤运统一的微信查询、售票及公众信息发布平台，满足客户线上购票需求。

在IT/IS资源捆绑方面，开发、稳定和丰富IT能力，借助信息化推动业务向现代服务业转型。在购票方式上通过互联网平台，利用网络、手机、电话、自助售票机终端等渠道进行售票，改变传统售票业务方式。出行工具上通过网约车平台（悦行App）实现方便、快速、灵活出行，促进智能交通转型升级。进一步完善"悦行"平台系统功能，以实现"一键出行"为核心，设计制定全省联网售票、城市网约车及城际定制出行等线上出行产品，提升线上平台用户体验。

在IT/IS资源杠杆化方面，通过调动、协调和部署互联网和信息系统，提升运营效率；同时使能出行服务和流程创新，利用集团本地数据库和云数据库，建立自动售票系统和跨境客运票务系统，推动线上线下业务相融合；广东省内小件快运平台的建设提供货物中转服务、小件快运加盟服务，形成对道路交通资源的重新配置；一体化互联网平台部署使能海量数据采集和存储，有利于积累和形成大数据资源基础。同时抓住网约车这一市场风口，进行网约车平台建设和资质申请，开发"移动互联网+出行"等新业务（如悦行城际拼车App），通过产品差异化竞争策略积极应对网约车挑战，满足多样化出行需求；与腾讯云合作利用移动支付、大数据、云计算及移动互联网完善智慧出行解决方案，促进粤运交通出行服务业务向"智能交通"转型升级。

粤运交通通过信息系统的建设不断完善和优化业务流程，形成"一票、一网、一中心"信息化目标，不断提升运营效率。此外，使用IT/IS能力，在服务和流程方面进行创新，提供网约车、城际拼车服务和小件快运等创新服务，满足多样化出行需求，提升企业战略绩效和财务绩效。

（3）基于数据资源的能力构建。

在数据资源的结构化方面，整合多类型信息系统和异质数据库源的挑战很大，涉及数据标准的制定、编码和符号的统一、数据清洗和转换等大量数据工程方面的工作。粤运交通于2015年拟定主数据库标准框架推动企业层面数据集成管理工作，后经过两期建设在2018年末建成企业大数据平台（粤运交通数据资源管理平台）。大数据是开发数据驱动决策能力的核心资源，其特征体现在数量、种类和产生的速度方面；使能组织决策效率提升取决于数据的可用性，即保证数据质量、完整性、准确性、及时性、决策相关性和可靠性等条件的可取。此外，企业是否拥有能够存储、共享和分析数据的基础架构也很重要，大数据分析和可视化工具的价值在于它们可以转换原始数据并为管理者提供适当的信息，以提升决策制定能力。

数据资源的捆绑划分为开发和丰富数据分析的能力，按大数据分析技术类别，分析能力开发一般经历描述性分析（多维报表和可视化）、诊断性分析（业务预警）、预测性分析（因果推断和预测）和指导性分析（资源优化和仿真建模）。经过二期项目建设完成了两大数据门户、三个业务驾驶舱、三个业务专题应用，实现对企业层面数据资源的在线化、可视化和动态化管理，基本实现了数据描述和诊断性分析。未来需要创建对大量的、多样化来源和高速产生数据的存储和分析能力，如将物理内部数据中心转移到基于云的基础架构，以满足企业弹性计算和数据存储需求。

数据资源的杠杆化关乎大数据如何创造价值。数据可用性是前提，但数据分析能力建设才是关键。数据可用性体现在对业务领域数据的感知、获取和存储方面，数据分析能力决定了对数据的利用程度，重视对分析技术及人才团队的建设也是实现数据价值的关键。大数据对企业传统信息价值链的影响是巨大的，在知识生成阶段（即数据→信息→知识）将多样化技术融合到大数据平台；在制定决策过程中，更多依赖数据科学家支持，自助服务和实时决策也将提升企业决策能力，为保证大数据环境下信息系统（IS）的成功，企业的组织文化变革、大数据治理成为新的需求。

管理者和员工能以敏捷的方式做出决策是企业利用数据形成的动态能力。发展数据驱动管理决策范式主要依赖三大类资源：有形资源（数据库基础架构、IS和数据）、无形资源（数据驱动的文化、数据治理、IT与业务一致性）、人员技能和知识（数据分析知识、管理技能等），通过对三类资源的调动、协调和部署，支持管理层员工甚至基层员工不再依赖于IT或分析师，就可独立地生成自定义报告，运行基本分析查询，跨设备访问信息支持业务决策和采取行动。

（4）基于AI资源的能力构建。

AI资源的获取和积累得益于粤运交通自2019年3月开始启动的营运车辆

智能视频动态监控设备的安装，采购和整合多品牌硬件商硬件设备，安装和调试实现数据资源结构化（获取和积累），包括视频流数据、车辆GPS监测数据、司机行为数据、车辆调度和乘客数据等。

AI资源捆绑形成AI能力主要依托自主研发的车辆智能视频监控平台。实时数据的获取分析—反馈—预警过程与统计报表生成过程不同，如图6所示，通过感知设备实时获取数据，经人脸识别算法的处理，提取特征数据，对驾驶员的行为（如注意力）进行评估，基于行车风险智能监测模型判断是否存在违规行为，并判定行为风险等级，根据风险管理制度判定是否需要预警并启动警报流程。平台将AI能力（算法）和人的能力（安全监管员的知识和经验）协同起来，形成了对驾驶行为风险的智能预警，大大提升了安全管理效能。

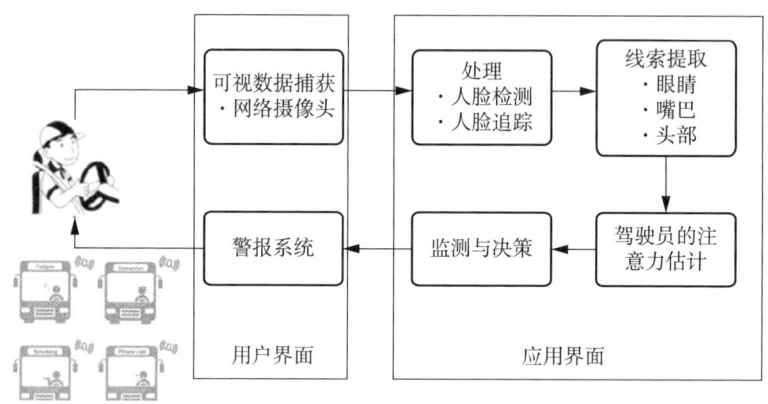

图6 视频数据捕获和监测语音报警系统流程示例

资料来源：作者整理绘制。

资源杠杆化的实现体现在粤运交通在2019年及时响应了交通运输部的安全生产要求，积累了安全生产数字化运营的资源和能力，采用创新方法来获取（车载监测系统）、转换和分析数据（行车风险智能监测模型），不仅建立起企业的大数据分析能力，完善了安全监管职能，还满足了政府和消费者等利益相关者对安全出行的需要，从而在2020年疫情常态化防控条件下，能够协调和部署资源，实现利益相关者（政府部门、乘客）更为严格的道路交通安全需求，不仅形成公司独特的核心竞争力，实现"科技兴安、智慧护航"的战略目标，还使粤运交通成为道路客运车辆安全监测解决方案提供商，获得广东省交通的技术标准推广应用许可，承担全省2万多辆车的监控接入平台和运营管理项目。粤运交通核心资源编排和能力建构过程见图7。

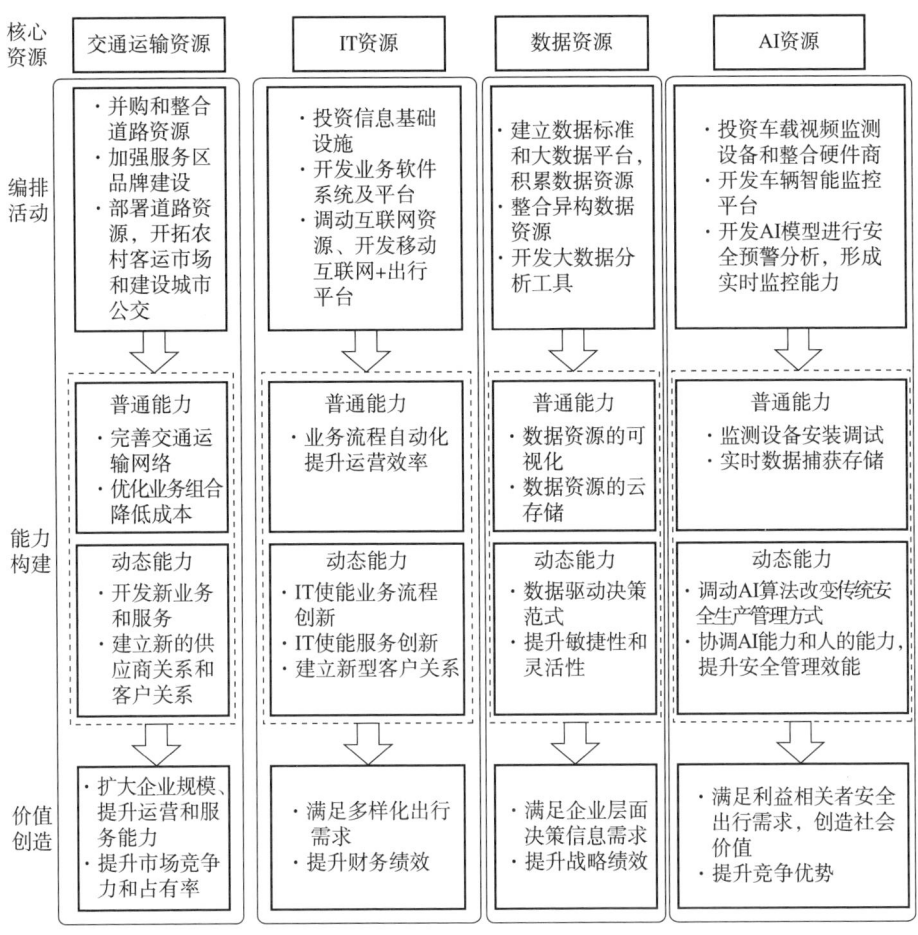

图 7　粤运交通核心资源编排和能力建构过程

资料来源：作者整理绘制。

五、研究结论与展望

（一）研究结论

本研究在第二部分提出资源编排活动作为资源和能力之间交互转换的逻辑框架，通过整理粤运交通 2012—2019 年数字化转型战略事件，分析道路客运服务转型升级过程，围绕道路交通运输资源、IT/IS 资源、数据与 AI 资源的结构化、捆绑和杠杆化过程，阐释普通能力和动态能力的形成。上述组织能力的开拓、稳定和丰富，使公司保持着广东道路交通运输行业的龙头企业地位，并多年稳居中国道路运输百强诚信企业第二位。

分析发现：动态能力的构建有助于企业适应多变环境并维持竞争优势，而探求动态能力的微观机理有助于回答企业动态能力从何而来、如何构建和发展演化等基本问题。通过分析粤运交通近十年资源积累和能力建构的过程，发现以推动企业数字化转型为特征的动态能力包括：环境扫描及感知能力、整合和重新配置资源的能力、抓住数字技术机会使能创新的能力。

环境扫描及感知能力之所以重要，是因为企业只有对所处的外界环境做出识别，才能为适应环境做出相应的战略变革行为，或是识别企业面临的挑战并设法化解潜在危机。粤运交通2015年就意识到，道路交通行业竞争加剧、客户消费升级需求是企业经营面临的挑战，从而确立了发展"交通+互联网/移动互联网"的发展战略；在出行服务行业内，国家加大对轨道交通系统的投资力度，并于2016年发布《网络预约出租汽车经营服务管理暂行办法》，承认网约车的合法性，多样化的出行工具和购票方式进一步加剧道路运输市场竞争；2019年，粤运交通意识到交通运输部推广应用智能视频监控报警技术是行业趋势，集团层面快速做出战略响应，推动旗下超过8000辆车的车载监控硬件设备的安装和调试工作。正是因为抓住车辆监控技术变革的风口，并确立"将安全生产打造成为公司核心竞争力"之一的战略定位，才使企业在2020年突发疫情后"危中有机"，不仅抓住技术变革机会成为客运车辆安全解决方案提供商，而且获得广东省交通厅的技术推广应用许可，承担近36万辆车的接入平台和运营管理工作，其中广东省"两客一危"重要系统接入的车辆有2万多辆。

整合和重新配置资源的能力既可以是关于组织内部的，也可以是关于组织外部的（如联盟和合伙经营）。粤运交通自2013年完成重组以来，持续围绕道路客运服务在高速公路、客运站场、加油站和服务区等整合资源，扩大企业规模、拓展道路客运和服务网络。粤运交通在推进信息化和主数据项目过程中，与咨询公司和大数据技术集成公司建立合作关系；在推进移动互联业务时，与东华软件公司合作开发悦行App应用软件；在推进车载监测硬件设备时，选用40多家供应商设备，并在不到一年时间内完成所有厂商设备的安装和调试，积累硬件车载视频监测设备集成开发能力。整合能力体现在能调动、协调和部署合作伙伴资源，是数字化组织和数字化生态系统运营必备的核心能力。

抓住数字技术机会使能创新的能力是生成要素在生产过程中的新组合，

包括生成新产品、采用新方法、选用新的原材料来源、进入新市场和构建新组织。德鲁克（1985）也提出创新能赋予资源新的能力，并使其创造价值。粤运交通探索利用资源的新方式如下：①在业务创新层面，基于城际道路客运运营经验，将客运服务拓展到农村客运、城市公交和跨境客运，探索旅运结合新模式，创新推出小件快运业务；②在服务创新领域，依托在IT技术资源方面的投资，从PC端联网售票到移动App订票系统，从提供站场客运服务到提供包车定制服务等；③在管理创新方面，从IS开发外包到成立粤运软件子公司独立研发和运营车辆安全监测平台，使公司的安全生产管理模式从依托人工转向依靠大数据和AI算法；④在战略创新方面，从以车辆和道路为中心转向以人（旅客、司机）为中心，以"安全、绿色"为主题，坚持创新实现可持续性发展。

（二）展望

数字经济条件下，传统企业不能只是沿着历史发展轨迹发展，这样的数字化转型路径不一定是企业的最佳选择。内生和外生动因共同驱动企业实施战略转型，包括颠覆式技术的出现、市场需求变化、消费者行为改变，以及国家产业发展政策的推动、企业面临的竞争压力、新资源获取利用方式的转变等。企业数字化与信息化的出发点不同，信息化是以内部流程优化为特征，以信息系统作为基础设施，以提高内部运作和决策的效率为目的；而数字化则要思考如何将数字技术应用到战略创新、产品和服务创新、运营和管理创新等领域，甚至重新定义企业的业务范围，是一场彻底的变革，所以数字化要以赋能创新为特征，从市场或客户角度寻找市场机会。

从粤运交通数字化转型实践来看，企业在转型过程中也面临路径和方向的选择问题，变革也受路径依赖和惯性的作用。粤运交通作为道路客运服务提供商，在发展过程中探索出从传统道路客运向定制客运、城际交通向城市公交和农村公交业务拓展的路径，发展了"互联网/移动互联网+客运服务"，创新小件货运和网约车定制服务等；以信息共享来创新道路客运及配套业务服务模式，以主数据和大数据平台建设来提升管理决策效率，以实时大数据的捕获和分析提升管理效能，形成围绕"服务社会、美好出行"为企业使命，将技术、业务、数据融合起来的"数字化转型、平台化运营"的转型路径。

粤运交通的转型之旅表明，追求数字化转型不是一个项目，也不是一个特定部门的工作或职责，需要遍及整个企业的核心信念。企业高管团队在感知外部环境变化后做出及时响应并规划信息化战略具有重要意义。这要求粤运交通高层领导和管理团队在创造数字思维方面发挥关键作用，这是融合业务和技术战略的先决条件。未来的研究可从数字化领导力视角阐述企业如何战略性地使用数字资产达成商业目标；此外，数字化转型后企业变成数字化组织或是融入数字化生态系统中，关于企业内部的组织结构和员工行为能力的研究，关于外部环境和生态伙伴关系重塑的研究，都是值得进一步研究的话题。

参考文献

[1] 高山行,刘嘉慧. 人工智能对企业管理理论的冲击及应对[J]. 科学学研究,2018,36(11):2004-2010.

[2] 张璐,梁丽娜,张强. 创业企业资源能力的生成机理及演化路径——以蒙草为例[J]. 科研管理,2019,40(10):207-219.

[3] 张青,华志兵. 资源编排理论及其研究进展述评[J]. 经济管理,2020,42(9):193-208.

[4] BAERT C, MEULEMAN M, DEBRUYNE M, et al. Portfolio entrepreneurship and resource orchestration[J]. Strategic Entrepreneurship Journal, 2016, 10(4):346-370.

[5] BHARADWAJ A S, BHARADWA S A. A Resource-based perspective on information technology capability and firm performance: An empirical investigation[J]. MIS Mis Quarterly, 2000, 24(1):169-196.

[6] CHAN C M L, HACKNEY R, PAN S L, et al. Managing e-government system implementation: A resource enactment perspective[J]. European Journal of Information Systems, 2011, 20(5):529-541.

[7] DUAN Y, EDWARDS J S, DWIVEDI Y K. Artificial intelligence for decision making in the era of Big Data-evolution, challenges and research agenda[J]. International Journal of Information Management, 2019(48):63-71.

[8] HELFAT C E, PETERAF M A. Understanding dynamic capabilities: Progress along a developmental path[J]. Strateg Organ, 2009, 7(1):91-102.

[9] ROSS, J W, BEATH, C. M. QVAADGRAS, A. You may not need big data after all[J]. Harv. Bus. Rev., 2013, 91(12):90.

[10] JOSHI K D, CHI L, DATTA A, et al. Changing the competitive landscape: Continuous innovation through IT-enabled knowledge capabilities[J]. Information Systems Research, 2017, 21(3):472-495.

[11] LERTWONGSATIEN R C. Effect of information systems resources and capabili-

ties on firm performance:A resource-based perspective[J].Journal of Management Information Systems,2005,21(4):237-276.

[12] NASON R S,WIKLUND J,MCKELVIE A,et al. Orchestrating boundaries:The effect of R&D boundary permeability on new venture growth[J].Journal of Business Venturing,2019,34(1):63-79.

[13] NDOFOR H A,SIRMON D G,HE X. Firm resources,competitive actions and performance:Investigating a mediated model with evidence from the in vitro diagnostics industry[J].Strategic Management Journal,2011,32(6):640-657.

[14] RIVARD S,RAYMOND L,D VERREAULT. Resource-based view and competitive strategy:An integrated model of the contribution of information technology to firm performance[J].Journal of Strategic Information Systems,2006,15(1):29-50.

[15] SAMBAMURTHY V,GROVER B V. Shaping agility through digital options:Reconceptualizing the role of information technology in contemporary firms[J].Mis Quarterly,2003,27(2):237-263.

[16] SCHILKE O. On the contingent value of dynamic capabilities for competitive advantage:The nonlinear moderating effect of environmental dynamism[J]. Strateg Manag,2014,35(2):179-203.

[17] SIRMON D G,HITT M A,IRELAND R D,et al. Resource orchestration to create competitive advantage:Breadth,depth,and life cycle effects[J].Journal of Management,2011,37(5):1390-1412.

[18] TEECE D J,Pisano G,Shuen A. Dynamic capabilities and strategic management [J].Strategic Management Journal,1997,18(7):509-533.

[19] TEECE D J. Explicating dynamic capabilities:The nature and microfoundations of (sustainable) enterprise performance[J].Strateg Mang,2007,28(13):1319-1350.

[20] WADE M,HULLAND J. Review:The resource-based view and information systems research:Review,extension,and suggestions for future research[J].Mis Quarterly,2004,28(1):107-142.

[21] WANG N,LIANG H,ZHONG W,et al. Resource structuring or capability building? An empirical study of the business value of information technology [J].Journal of Management Information Systems,2012,29(2):325-367.

产业垂直整合战略与并购协同效应[①]
——以盈峰环境为例

案例撰写/石水平　唐秋玲　赵帅琼　聂　瑶
资料整理/陈顺泰　孙晓慧　曾新迪　吴坤海

2018年被称为"价值管理元年",产业并购成为A股市场的主旋律。盈峰环境与中联环境的珠联璧合正是在"绿水青山""美丽中国""蓝天保卫战"这样一个大国策环境下做出的重要举措,彰显了企业顺应时代大势、发展环保产业的坚定信心。盈峰环境收购中联环境为中国企业并购史上难得的"蛇吞象"交易。这一大手笔的资本运作背后有坚定的产业逻辑,将对国内环卫行业格局产生深远影响。随着中国产业升级加快,越是升级迅速的行业越容易出现大体量并购。盈峰环境收购中联环境就是环卫行业智能升级的一个缩影,更是公司产业垂直整合战略的智慧结晶。本次并购的成功,标志着盈峰环境将正式进入环卫装备及环卫运营一体化服务领域,完善"全产业链的环境综合服务商"战略版图,成为拥有国内最全环保产业群的综合性环保民营企业之一。更重要的是,这会带来双方利益的相互融合、优势互补,双方将携手并进,产生"1+1>2"的协同效应。

一、引言

随着《中华人民共和国环保法》《中华人民共和国水污染防治法》和《中华人民共和国环境保护税法》等环保法规的相继出台,环境产业进入了追求质量和效果的时代,其广阔的发展前景对市场资本有着强烈的吸引力。面

[①] 本案例是广东省普通高校人文社会科学重点研究基地暨南大学企业发展研究所企业转型发展案例研究项目（项目编号：2019AL001）的阶段性研究成果。本案例由暨南大学管理学院石水平教授和硕士研究生唐秋玲、赵帅琼、聂瑶撰写,陈顺泰、孙晓慧、曾新迪、吴坤海进行资料整理。作者拥有著作权中的署名权、修改权、改编权。本案例只供课堂讨论之用,并无意暗示或说明某种管理行为是否有效。

对如此难得的发展机遇，环保企业开始凭借收购或并购的方式来壮大自己现有的主业或打造多元化的综合平台，跨界企业也不断入驻环保领域，使得当前环境产业的发展状况呈现以下四个特征：产业竞争激化、产业集中度提高、企业规模逐步扩张、业务加速整合。据E20研究院不完全统计，随着我国城镇化进程加速，城市街道的清洁难度和环卫需求同时变高，2006—2016年，我国城市道路清扫保洁面积由48.5亿平方米增至79.5亿平方米；生活垃圾产量由15805万吨增至19525万吨，增幅达23.5%。2017年上半年环保产业并购金额达250亿元，2018年1—7月环保市场共发生并购50起，涉及金额334.27亿元，由此可以看出企业并购的步伐在加速。

2018年7月17日，盈峰环境科技集团股份有限公司（以下简称盈峰环境）发布重大资产重组报告书，拟以152.5亿元收购中联环境100%股权。2018年10月24日，盈峰环境发布公告，经中国证监会上市公司委员会第49次并购重组委工作会议审核，盈峰环境通过发行股份的方式购买长沙中联重科环境产业有限公司（以下简称中联环境）100%股权事项获得审核通过。在成功收购宇星科技、控股绿色东方等多家环保企业后，盈峰环境已经在环保行业基本完成了全产业链布局，业务涵盖环境监测、固废处理、大气治理、水环境治理、高端装备制造及综合运营服务等领域。本次并购重组审核通过，标志着盈峰环境将正式进入环卫装备及环卫运营一体化服务领域，成为拥有国内最全环保产业群的综合性环保民营企业之一。对盈峰环境而言，此番动作是充分利用资本运作平台进行外延式拓展，完善其"全产业链的环境综合服务商"战略版图的重要步骤。借助标的公司行业研发实力，上市公司等同于拿到了AI领域的入场券。在未来，这种数字化、网络化、智能化环保装备技术将不仅仅应用于环卫领域，而且会更进一步应用于环保行业全产业链，顺应如今各行业陆续迈进智能时代的发展大潮流。

标的公司中联环境是一家集环卫装备研发、生产与销售，以及提供环卫运营服务的环卫一体化服务提供商，是国内专业化环卫装备的龙头企业和环卫运营服务的主要供应商之一。在环卫装备领域，中联环境已经掌握了新能源环卫装备开发、环卫智慧作业机器人开发、无人驾驶环卫装备开发等多项行业领先技术，拥有完善的环卫装备产业链及产品体系，可满足全国各地个性化环卫装备的需求。在环卫服务领域，中联环境也已拥有智慧环卫云平台的开发及应用等技术，可有效提升环卫服务的运营效率和作业质量。政府推出的"双创城市""美丽乡村建设""蓝天保卫战"等一系列环保政策的落地实施，必然会刺激释放更多市场空间，盈峰环境选择在这个关键时间点将中联环境纳入上市公司，并提出要进一步加大环卫机器人的研发投入力度，可谓龙头创新正当时。对于中联环境而言，一方面可借助资本市场加快公司战略布局和产业发展转型升级，提升企业核心竞争力；另一方面可拓宽融资渠道，充分利用上市公司的各方优势，为加快公司转型升级提供人才、资本、资源的有力支撑，增强行业影响力、市场拓展能力及科研实力，拉开与国内其他同行企业的差距，进一步巩固公司在环卫行业的龙头地位。

随着中国产业升级加快，越是升级迅速的行业越容易出现大体量并购。本次交易就是环卫行业智能升级的一个缩影。双方的利益是由相互融合、优势互补以及携手并进产生"1+1>2"的协同效应带来的，还是由暗流涌动、争执不下以及各方博弈达到的暂时平衡带来的？盈峰环境收购中联环境到底是利益协同抑或利益博弈？大多数的业界人士持积极态度，一般的说法认为，两者协同融合能实现双赢，至少对于盈峰环境而言是有用的。本次并购完成后，上市公司和标的公司将产生协同效应，上市公司现有的垃圾处置业务将向上游环卫装备领域和环卫一体化服务领域延伸，实现双方在业务布局、项目经验、渠道资源等方面的交互补充。为此，盈峰环境收购中联环境的交易为中国资本市场难得的"蛇吞象"交易。这一大手笔的资本运作背后有坚定的产业逻辑，将对国内环卫行业格局产生深远影响。在当前环保市场快速发展的背景下，希望本研究能为我国环保企业实施产业垂直整合战略提供参考价值。

二、并购背景与案例概况

（一）环保行业特征分析

1. 环保行业产业链布局

环保产业是一个跨不同产业、跨不同领域、跨不同地域，与其他经济部门相互交叉、相互渗透的综合性新兴产业。整个环保行业内的业务主要包括环保产品设计制造、环保工程建设及环保项目运营三大板块。随着社会经济的不断发展，对于环境的保护逐步形成了从污染源末端治理迁移至污染源前端监测的系统完善的环境治理体系。末端治理主要是针对工业、农业及居民生活中排放的废水、废气、固废等污染源开展的污水处理（主要涉及城镇污水处理、中水循环利用、重点流域的水污染防治）、大气治理（主要涉及电力行业脱硫脱硝、非电力行业脱硫脱硝、碳捕集）、固废或危废处理（主要涉及工业产生的重金属污染的治理、居民生活产生的餐余垃圾处理、城镇生活污染物的焚烧填埋等处理、电子电器等废弃物的拆解回收利用及危险废弃物、医疗废弃物、核安全与放射性污染物处置）以及环卫装备、土壤修复等。前端监测则只针对"三废"提供实时动态的监测服务。

从环保行业的产业链分析，其上游主要涉及钢铁、电力、电子、有色金属、化工等企业，为其提供原材料，下游的主要客户为钢铁、电力、电子、有色金属、化工等排放污染源的企业以及政府，可见环保行业的上下游企业有很大程度的重叠性，即环保产业链上的需求方和供给方可能是同一主体，而环保事业具有很强的公益性，这使得政府部门也成为环保行业中的主要客户（见图1）。

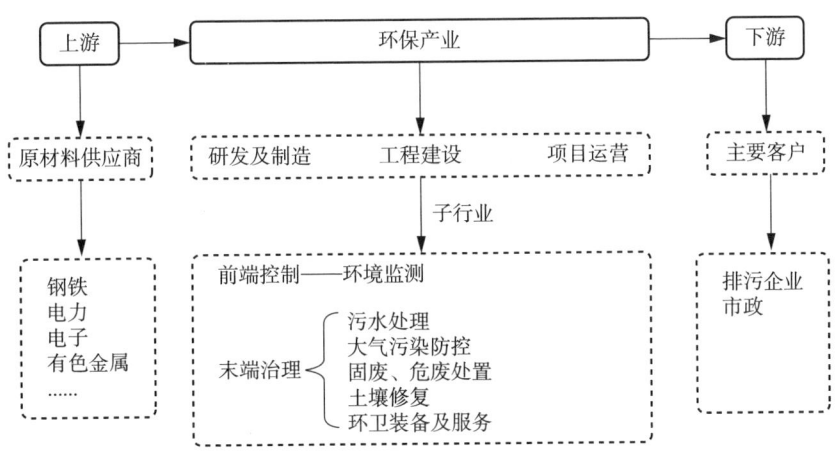

图1 环保行业产业链图示

资料来源：根据相关资料整理。

2. 产业地域和板块分布特征

在A股上市公司中，环保类的上市公司相对较少，Window数据库显示环保类上市公司仅有130多家。从公司的地域分布看，环保类的上市公司中有42家位于华东地区，占比达31.58%；有35家公司位于中南地区，占比为26.32%；而东北地区仅有3家环保类的上市公司，占比仅为2.26%（见图2）。从资本市场板块看，超过一半的环保类上市公司在新三板上市交易，在主板上市的环保类公司仅占14.60%（见图3），表明大部分环保类公司还处于成长阶段，而处于成熟期的公司较少。

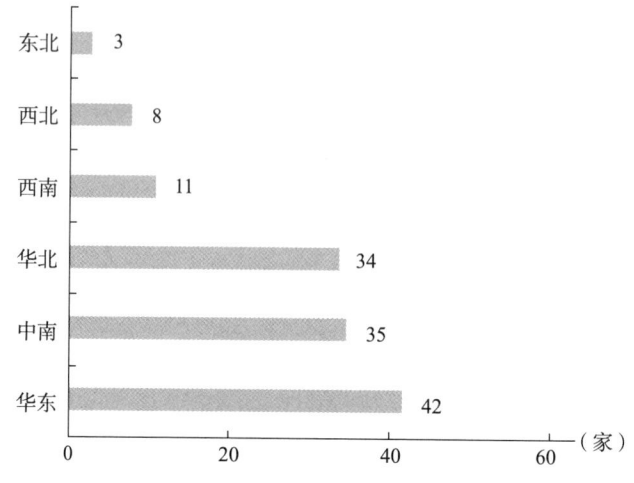

图 2 环保类上市公司地理区域分布

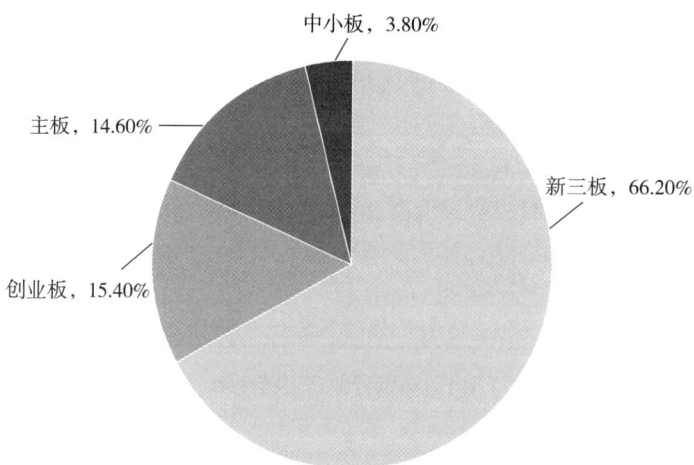

图 3 环保类上市公司板块分布

(二) 案例概况

1. 收购公司简介

(1) 收购公司发展历程。

盈峰环境的原名为浙江上风实业股份有限公司,由浙江风机风冷设备公司为主发起人,联合上虞风机厂、绍兴市流体工程研究所共同发起,以定向募集方式设立,于 1993 年 11 月 18 日在浙江省上虞市工商行政管理局登记注册,公司设立时初始注册资本为 2350 万元,其中法人股 1900 万股,占注册资本总额的80.86%，内部职工个人股450万股，占注册资本总额的19.14%。截至重组报告书签署之日，公司注册资本为116698.8852万元。

（2）收购公司注册资本形成及股东变化情况。

1）公司成立后至上市前股本变化情况。该公司是在1993年8月，经浙江省股份制试点工作协调小组浙股〔1993〕51号文批准，由浙江风机风冷设备公司为主发起人，联合上虞风机厂、绍兴市流体工程研究所共同发起，以定向募集方式设立的股份有限公司。1993年11月18日，公司在浙江省上虞市工商行政管理局登记注册，设立时总股本为2350万元，其中法人股1900万股，占股本总额的80.86%，内部职工个人股450万股，占股本总额的19.14%。公司设立时股本结构如表1所示。

表1 公司设立时股本结构

股东名称	股份数量（万股）	比例（%）
一、发起人股	1900.00	80.86
其中：浙江风机风冷设备公司	1100.00	46.81
上虞风机厂	700	29.79
绍兴市流体工程研究所	100	4.26
二、内部职工股	450	19.14
股份总数	2350.00	100

资料来源：根据公司财报信息整理。

1998年2月，浙江省人民政府证券委员会浙证委〔1998〕5号文《关于同意浙江上风实业股份有限公司增资扩股的批复》，同意公司以1997年底未分配利润按10：4的比例向全体股东分送红股，同时以资本公积金按10：2的比例转增股本。本次增资后，公司总股本增至9178.608万股，其中发起人股5612.72万股，占61.15%，募集法人股3565.888万股，占38.85%。公司上市前股本结构如表2所示。

表2 公司上市前股本结构

股东名称	股份数量（万股）	比例（%）
一、发起人股	5612.72	61.15
其中：浙江风机风冷设备公司	5065.52	55.19
上虞风机厂	387.2	4.22
绍兴市流体工程研究所	160	1.74

续表

股东名称	股份数量（万股）	比例（%）
二、境内法人股	3565.89	38.85
其中：上虞上峰压力容器厂	3359.38	36.6
上虞市上浦金属加工厂	96.368	1.05
绍兴上风机械有限公司	110.144	1.2
股份总数	9178.61	100

资料来源：根据公司财报信息整理。

2）首次公开发行股票并上市。2000年3月10日，经中国证券监督管理委员会证监发行字〔2000〕12号《关于核准浙江上风实业股份有限公司公开发行股票的通知》核准，公司向社会公众公开发行4500万股A股股票。本次公开发行后，公司总股本为13678.608万股。经深交所深证上〔2000〕第20号《上市通知书》批准同意，公司网上定价发行的4500万股公众股于2000年3月30日在深交所上市交易，股票代码：000967，股票简称：上风高科。公司首次公开发行股票并上市后的股本结构如表3所示。

表3　公司首次公开发行股票并上市后的股本结构

股份类型	股份数量（万股）	比例（%）
一、未上市流通股	9178.61	67.10
其中：发起人股	5612.72	61.15
境内法人股	3565.89	38.85
二、已上市流通股	4500.00	32.90
股份总数	13678.61	100.00

资料来源：根据公司财报信息整理。

（3）收购公司业务结构。

盈峰环境最初主要经营漆包线销售业务，2014年该项业务收入占公司全部收入的86%，从2015年开始布局环保产业，进入环境监测及治理领域，并购的宇星科技发展（深圳）有限公司和深圳市绿色东方环保有限公司对企业全部收入贡献达到16%，2016年公司原先的漆包线销售业务比重进一步降低，而环保业务的比重比上年上涨了13个百分点，经过两年的发展，到2018年企业进一步向环保产业的上游产业进军，并购了中联环境后环卫装备及服务这项业务对公司收入的贡献高达61%，远远超过了公司最初的漆包线销售业务（见表4），公司完成了进军环保行业的一次华丽转身。

表4 盈峰环境不同业务收入构成

业务		2014年	2015年	2016年	2017年	2018年
环卫装备及服务	元					800444.98
	%					61
漆包线销售业务	元	259238.57	216679.90	208144.47	273823.46	285743.25
	%	86	71	61	56	22
环境监测及治理	元		48668.14	97295.81	172422.87	157748.25
	%		16	29	35	12
风机及冷冻设备	元	41255.69	37858.45	33923.62	41940.86	50262.10
	%	14	12	10	9	4
固废处置	元					7731.18
	%					1
其他业务	元	1412.81	1053.79	1355.94	1651.70	2546.35
	%					
合计		301907.06	304260.27	340719.84	489838.90	1304,476.11

资料来源：Wind数据库。

2. 目标公司简介

（1）基本情况。本次并购的标的资产是长沙中联重科环境产业有限公司（以下简称中联环境），前身系长沙中联重科环卫机械有限公司（以下简称中联环卫公司）。中联环卫公司系由中联重科股份有限公司（以下简称中联重科）出资成立的全资子公司，于2012年2月27日在湖南省工商行政管理局登记注册，成立时注册资本210000.00万元，总部位于湖南省长沙市，注册资本235152.98万元。

（2）历史沿革。

1）中联机械成立（2012年2月）。长沙中联重科环境产业有限公司原名长沙中联重科环卫机械有限公司。中联机械由中联重科于2012年2月27日出资设立。2012年2月24日，天职国际会计师事务所有限公司出具《验资报告》（天职湘QJ〔2012〕181号），验证截至2012年2月24日，中联机械已收到中联重科缴纳的注册资本（实收资本）合计210000.00万元，全部以货币出资。

2）中联机械更名为中联环境（2016年3月）。中联机械向长沙市工商行政管理局申请更名为"长沙中联重科环境产业有限公司",于 2016 年 3 月 15 日获得批准,由此长沙中联重科环卫机械有限公司正式更名为长沙中联重科环境产业有限公司。

3) 中联环境第一次增资(2017 年 6 月)。2017 年 6 月 15 日,中联环境做出"股东决定",决定由中联重科出资向中联环境实物增资 25152.98 万元。同日,中联环境签署了《公司章程修正案》。2017 年 5 月 16 日,针对用于增资的"长国用〔2015〕第 039811 号""长国用〔2015〕第 039812 号"《国有土地使用权证》项下的国有出让建设用地使用权,湖南新融达土地评估有限责任公司出具了两份土地估价报告(土地估价报告编号分别为湘新融达地〔2017〕(估)字第 05021 号、湘新融达地〔2017〕(估)字第 05022 号),其中面积为 361393.63 平方米的土地评估作价 19912.79 万元、面积为 97582.72 平方米的土地评估作价 5240.19 万元,共计 25152.98 万元。2018 年 6 月 12 日,具有证券从业资格的中瑞评估师出具了《关于中联重科股份有限公司拟转让位于湖南湘江新区岳麓区高新区雷高以东、瓦水路以南、长兴路以北的贰宗工业用地给长沙中联重科环境产业有限公司为目的而涉及的(长沙)湘新融达地〔2017〕(估)字第 05021 号、第 05022 号〈土地估价报告〉的评估复核报告》(中瑞咨评字〔2018〕第 000077 号),确认上述湖南新融达土地评估有限责任公司出具的《土地估计报告》的评估结果与中瑞评估师的评估复核结果一致。2018 年 6 月 16 日,天健会计师出具了《验资报告》(天健验〔2018〕205 号),截至 2017 年 6 月 15 日,中联环境已收到中联重科缴纳的新增注册资本(实收资本)合计 25152.98 万元。

4) 中联环境第一次股权转让(2017 年 12 月)。为进一步集中资源和优势发展核心主业,中联重科将环卫业务部门的业务和资产注入全资子公司中联环境,并出售中联环境 80% 的股权。2017 年 5 月 21 日,中联重科与盈峰控股、弘创投资、粤民投盈联和绿联君和签署了《股权转让协议》,以 116 亿元的价格向受让方合计转让中联环境 80% 的股权,其中 51% 的中联环境股权由盈峰控股受让,价格为 739500.00 万元;4% 的中联环境股权由粤民投盈联受让,价格为 58000.00 万元;21.5517% 的中联环境股权由弘创投资受让,价格为 312500.00 万元;3.4483% 的中联环境股权由绿联君和受让,价格为 50000.00 万元。中联环境本次股权转让的定价由中联重科与盈峰控股、弘创投资、粤民投盈联和绿联君和根据环境业务板块的过往盈利情况及行业前景等因素协商确定。本次中联重科出售中联环境 80% 的股权,交易对价为 116 亿元,对应中联环境整体估值水平为 145 亿元,较中联环境截至 2016 年 12 月 31 日经审计的模拟净资产30.9亿元增值幅度为369.26%，对应中联环境2016年模拟净利润的19.2倍。

5) 中联环境的第二次股权转让（2017年12月）。2017年9月26日，中联环境召开股东会并做出决议，同意弘创投资将持有中联环境2.0497%的股权以30095.49万元的价格转让给宁波盈太，同意将其所持中联环境2.0110%的股权以29527.27万元的价格转让给宁波中峰，同意将其所持中联环境1.9393%的股权以28474.50万元的价格转让给宁波联太，交易对价由双方协商确定。

（3）公司业务与技术。

1) 主营业务及产品概况。中联环境是一家集环卫装备研发、生产与销售，以及提供环卫运营服务的环卫一体化服务提供商，是国内专业化环卫装备的龙头企业和环卫运营服务的主要供应商之一。中联环境依托较强的科研实力、领先的环境装备生产制造能力和较为完善的全国营销网络，建构了国内较为完善的环卫装备产品线，为客户提供多种环卫清洁装备（清扫车、清洗车、市政车、除雪车等）、垃圾收转运装备（垃圾车、垃圾站等）、新能源及清洁能源环卫装备（纯电动车、天然气车等）等成套设备解决方案。同时，中联环境运用其成熟的环卫装备销售服务网络和优秀的行业经验积淀，积极拓展城乡环卫项目的投资与运营。中联环境为高新技术企业，具有行业领先的研发能力，截至2018年4月30日共取得专利授权609项，并牵头制定了多项国家、行业、地方标准，拥有省级研究中心，曾获得"湖南省十大知识产权领军企业"称号，并荣获中国机械工业科学技术奖、湖南省科学技术进步奖、华夏建设科学技术奖等奖项。

2) 主要产品和服务。中联环境依托其优良的自主研发能力以及成熟的环卫装备生产制造能力，提供"环卫装备+环卫服务"的环卫一体化解决方案。其中，环卫装备包括环卫清洁装备、垃圾收转运装备、新能源及清洁能源环卫装备三大类的多系列成套环卫装备产品；环卫服务则系为客户提供包括设计、投资、建设、运营、维护等在内的全链路服务，服务内容包括但不限于城乡垃圾清运、道路清扫保洁等。此外，中联环境针对部分客户需求，提供少量环境装备等产品。

3) 核心技术情况。中联环境经过多年持续不断的技术创新，在环卫装备领域形成了品类丰富、规格多样的产品矩阵，涵盖清扫设备、垃圾收运设备、清洗设备、市政设备、除雪设备、生活垃圾处理线、餐厨垃圾处理线、污水处理线、建筑垃圾处理线、智能产品等产品线。这些产品涉及的学科跨度范围广、交叉多、综合性强，集聚流体力学、机械工程学、空气动力学、环境工程学、材料科学等领域的专业知识。得益于中联环境在研发方面的持续投入，中联环境已掌握了多项专有技术。

（三）并购事件概况

2018年5月17日，盈峰环境发布公告，拟通过发行股票方式收购中联环境100%股权，该并购项目成为2018年环保企业最大规模收购案例。本次收购前中联环境的第一大股东为宁波盈峰，持有中联环境51%的股份，第二大股东为国营企业中联重科，持有中联环境20%的股份，其余29%的股份分散在弘创投资、粤民投盈联等六家公司手中（见图4）。

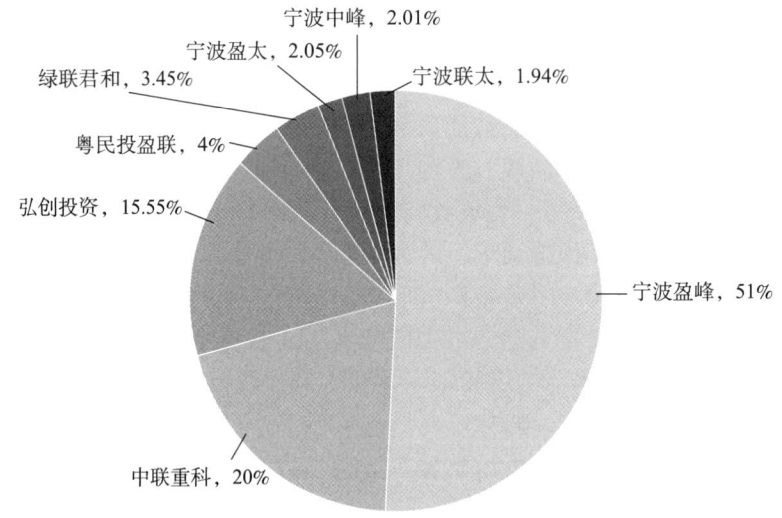

图4　并购前中联环境的股权结构

资料来源：巨潮网公告。

本次发行股份购买资产的发行价格按定价基准日前120个交易日的上市公司股票交易均价作为市场参考价，即8.5778元/股。鉴于盈峰环境于2018年5月15日召开的2017年年度股东大会审议通过每10股派发0.9元的权益分派方案，并于2018年6月29日除权除息，各方同意上述发行价格的市场参考价调整为8.4878元/股。经协商一致，各方同意参考除权除息后的市场参考价的90%即7.6390元/股，确认本次发行价格为7.64元/股，不低于市场参考价的90%。

2018年7月17日，盈峰环境与中联环境所有原股东签署了《发行股份购买资产协议》，约定以2018年4月30日为评估基准日，按收益法确定中联环境价值为152.5亿元，为了完成本次并购，盈峰环境向中联环境的原股东宁波盈峰、中联重科、弘创投资、粤民投盈联、绿联君和、宁波盈太、宁波中峰、宁波联太总共发行了199606.9万股股票，发行价为每股7.64元，即盈峰环境以152.5亿元的对价取得了中联环境100%的股权。本次并购完成后盈峰环境出让自身62.11%的股权，其中中联环境原第一大股东宁波盈峰获得盈峰环境31.18%的股权，原第二大股东中联重科获得盈峰环境12.62%的股权（见表5）。同时签订的《关于发行股份购买资产之盈利补偿协议》进一步明确，本次并购事件中鉴于中联环境在评估基准日后对外转让纳都勒股权，本次交易标的资产不包含纳都勒。

表5 盈峰环境发行股票一览表

股东名称	持有中联环境股份（%）	获得盈峰环境股份数（万股）	获得盈峰环境股权比例（%）	股票价值（亿元）
宁波盈峰	51	101799.7382	31.1839	77.77
中联重科	20	39921.4659	12.6211	30.5
弘创投资	15.55	31042.3813	9.8140	23.72
粤民投盈联	4	7984.2931	2.5242	6.1
绿联君和	3.45	6883.0113	2.1761	5.26
宁波盈太	2.05	4091.3514	1.2935	3.13
宁波中峰	2.01	4014.1033	1.2691	3.07
宁波联太	1.94	3870.9849	1.2238	2.96
合计	100.00	199607.3294	62.11	152.51

资料来源：根据公司财报信息整理。

本次并购盈峰环境出让了60%多的股份，从而获得了中联环境100%的股份。整个交易过程持续了差不多6个月，2018年11月中联环境全部资产完成过户手续。此次并购后盈峰环境新增了宁波盈峰等8位股东（见表6）。

表6 并购前后盈峰环境股权结构变化情况

股东名称	本次交易前持股比例（%）	本次交易后持股比例（%）
盈峰控股	30.8143	11.3687
ZG香港	9.3880	3.4636
太海联	6.1746	2.2781
何剑锋	5.4426	2.0080
宁波盈峰		32.1839

续表

股东名称	本次交易前持股比例（%）	本次交易后持股比例（%）
中联重科		12.6211
弘创投资		9.8140
粤民投盈联		2.5242
绿联君和		2.1761
宁波盈太		1.2935
宁波中峰		1.2691
宁波联太		1.2238
合计	51.8195	82.2242

资料来源：上市公司公告（2018年9月30日盈峰环境股权结构）。

三、产业垂直整合战略与并购动因

（一）产业垂直整合战略

1. 盈峰环境发展概况

盈峰环境是国内领先的高端装备制造+环境综合服务商。盈峰环境重点发展高端风机装备、环境在线监测、烟气治理、水治理、固废处理及生态修复等业务，逐步提升公司产品力、品牌力，致力于成为受人尊敬和信赖的以环境监测为龙头的国内领先的高端装备制造和综合环保服务商。盈峰环境前身是创办于1974年的上虞风机厂，是一家以环境监测为龙头的高端装备制造+环境综合服务商。盈峰环境于2000年3月30日在深交所上市，实际控制人是美的集团创始人何享健之子——何剑峰。

2004年，美的集团入股盈峰环境。盈峰环境股东浙江风机风冷设备有限公司（现更名为浙江上风产业集团有限公司）和原股东绍兴市流体工程研究所分别将其持有的公司17.03%、1.17%法人股转让给美的集团有限公司；公司原股东上虞上峰压力容器厂和上虞风机厂分别将其持有的公司12.91%、2.83%的法人股转让给中山市佳域投资有限公司。2006年，广东盈峰集团分别受让浙江上风产业集团有限公司7%、美的集团有限公司18.2%、中山市佳域投资有限公司15.7%的非流通法人股，持有公司总股本的40.9%，成为公司第一大股东。公司用自有资金收购佛山市威奇电工材料有限公司75%的股权。2006年盈峰环境完成股权分置改革，实现全流通。2015年，盈峰环境进行战略转型升级,通过外部并购等方式高起点、大步伐跨入环保领域。先后以 17 亿元全资收购环境监测企业宇星科技、1 亿元控股垃圾焚烧企业绿色东方。2016 年,盈峰环境又以 5.48 亿元收购污水处理企业亮科环保、大盛环球和明欢有限。旗下现拥有中联环境、盈峰科技、绿色东方、上专实业、威奇等子品牌,围绕"智慧环卫"的发展战略(智能装备、智慧服务、智云平台),公司业务涵盖环卫装备、环卫机器人、环卫一体化服务、固废处理、环境监测、智慧环境管理等领域。2018 年以来,盈峰环境全面进军环卫装备及环卫服务领域,大力发展智能化、无人化环卫业务,用智慧科技缔造人与自然的和谐共处。历经 40 余载,盈峰环境旗下现拥有 12 家全资子公司,4 家控股公司,在全国设有 6 大产业基地、10 个研发平台、64 家分公司、逾 300 个运营中心。

2. 中联环境发展概况

由于战略发展需要,中联重科股份有限公司(以下简称中联重科)于 2012 年 2 月 27 日以现金形式出资 21 亿元设立中联环境,建立时的公司名称为"长沙中联重科环卫机械有限公司",现在实际控制人为何剑锋。中联环境是中联重科集团旗下三大业务板块之一,主要从事城市保洁固废清运、餐厨垃圾资源化处理等技术研发和相关装备制造与营销,拥有"国内最大的环卫装备制造商"之称,是一家集环卫装备研发、生产与销售于一体,以及提供环卫运营服务的环卫一体化服务提供商,是国内专业化环卫装备的龙头企业和环卫运营服务的主要供应商之一,市场份额占 70%以上,排名行业第一。

3. 盈峰环境扩张历程

表 7 显示了 2015 年盈峰环境实施外延式扩张以来的业务范围变化情况。

表 7 盈峰环境环保领域外延并购扩张进程

首次披露日	交易标的	新领域	交易值(亿元)	交易方式
2018/07/18	中联环境 100%股权	环卫行业	152.5	股权
2016/08/17	亮科环保 55%股权;大盛环球 100%股权;明欢有限 100%股权	污水处理	4.5	现金
2015/10/16	绿色东方 60%股权	垃圾焚烧	1.2	现金
2015/03/31	宇星科技 100%股权	环境监测	17.0	现金

收购完成后盈峰环境业务布局见图 5。

从表 7 中可以看出,盈峰环境通过并购最先进入的是环境监测领域。2015 年,盈峰环境增发宇星科技 100%股权,切入环境监测市场。我国环境监

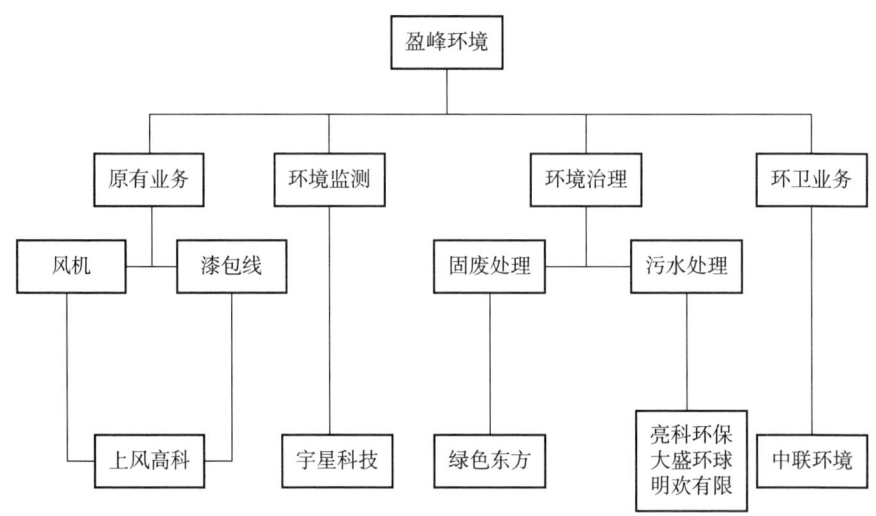

图 5 收购完成后盈峰环境业务布局

测行业壁垒较高,行业竞争格局已基本形成,前几名的企业占据半壁江山。宇星科技作为国内最早进入环保监测领域的企业之一,可为客户提供更加系统、完整、及时、科学的生态环境监测信息。同年,盈峰环境收购并增资控股绿色东方60%股权,进军垃圾焚烧。此次收购进一步增强了盈峰环境在环保领域的综合竞争力,为盈峰环境打造成国内一流综合性环保公司奠定了基础。2016年,盈峰环境收购亮科环保55%股权、大盛环球100%股权、明欢有限100%股权,涉足污水处理业务。这三家公司在污水处理领域具有较强的客户基础、业务渠道、技术研发优势和竞争实力。此次收购完成后,盈峰环境成功布局污水处理业务,带来新的利润增长点。2018年,盈峰环境以非公开发行股份方式购买中联环境100%股权,高起点进军环卫领域。环卫行业具有较高的资质壁垒和技术壁垒,中联环境作为环卫行业的先行者,有利于盈峰环境形成"一家独大"的竞争格局。此次收购的完成也意味着盈峰环境环卫装备、环卫服务一体化、垃圾终端处置完整产业链条的基本形成。

(二)并购动因

并购能够顺利实施是因为并购双方各有所图,并购可以最快而有效地满足并购双方的发展和战略需求,对并购动因的分析也有助于理解并购产生的协同效应。本次并购完成后,盈峰环境和中联环境的主营业务将发挥协同效应,使盈峰环境现有的垃圾处置业务向上游环卫装备领域和环卫一体化服务领域延伸,实现双方在业务布局、项目经验、渠道资源等方面的交互补充。

1. 盈峰环境并购动因

（1）完善战略布局。

盈峰环境传统主营业务为电磁线与风机业务，2015年起通过连续资产并购战略转型环保领域，并以将公司打造成为"受人尊敬和信赖的以环境监测为龙头的国内领先的高端装备制造+环境综合服务商"为战略目标。盈峰环境在环境监测、大气治理、水环境综合治理、固废处理、土壤修复等环保领域拥有完善的产业链条。通过将中联环境纳入合并范围，盈峰环境进一步延伸进入环卫领域，完善了环保业务版图，在环保领域构成了环卫行业、环境监测、环境治理（水治理、VOC废气治理、固废处理）等三大业务板块，成功构建了从环卫装备到环卫服务一体化，再到垃圾终端处置的上下游协同互补产业链，战略定位也从以环境监测为龙头调整为以环卫机器人为龙头。盈峰环境在完成对中联环境的收购后，战略布局规划基本完成，业务类型更加丰富，产业链日趋完善，有助于盈峰环境快速实现公司产业升级及战略转型，实现"环卫装备+环卫服务"的环保大平台战略目标。

（2）进军智能时代

中联环境作为高新技术企业，具有强劲的科研实力，截至2018年4月30日，中联环境共取得专利授权610项，并牵头制定了多项国家、行业、地方标准，是国内领先的"智慧环卫"投资及运营平台。现阶段，中联环境在环卫装备和环卫服务领域所掌握的技术均位于行业前沿，不仅成功掌握了新能源装备开发、环卫智慧作业机器人开发、无人驾驶环卫装备开发等多项行业领先技术，而且已经掌握环卫服务领域智慧环卫云平台的开发及应用等技术。盈峰环境2017年、2018年、2019年研发投入总金额分别为16360万元、25594.98万元和24563.76万元，盈峰环境在完成对中联环境的收购后，研发能力将会有所增强，而随着盈峰环境研发投入的持续加大，公司在环卫装备领域的龙头优势将继续巩固，并将在智能化、物联化等前沿领域引领行业发展。另外，如果能将这些高端智能的环保装备技术应用范围从环卫领域拓展到全产业链，盈峰环境将在"互联网+"时代脱颖而出。

（3）提升市场地位。

中联环境是国内专业化环卫装备的龙头企业和环卫运营服务的主要供应商之一。2017年，中联环境93%的营业收入来自环卫装备（其中，环卫清洁装备占比59%、垃圾收转运装备占比30%、新能源及清洁能源环卫装备占比4%），中联环境在装备领域连续15年市场占有率第一。自2016年起，中联环境积极向环卫服务领域拓展业务,2016年和2017年占营业收入比重分别为0.44%和6.95%,增速明显,环卫服务订单总量位于行业前十。因此,完成对中联环境的收购,不仅代表盈峰环境产业链布局的完成,也会大大增强盈峰环境在环保领域的市场竞争力,降低盈峰环境行业内的竞争成本。截至目前,盈峰环境市值已位于环保行业第五,综合型龙头隐现,而盈峰环境的竞争能力的增强也或将带动行业整体提升。目前我国环卫服务市场化率仅为20%~30%,发达国家市场化率为80%,再加上新的环保政策的推行,我国环卫行业市场存在很大的提升空间。中联环境在装备领域所积累的技术、渠道优势,将会有利于盈峰环境在未来环卫服务领域的竞争中脱颖而出,成为市场的"领头羊"。

(4) 增强盈利能力。

中联环境的技术优势将会转化成盈峰环境的盈利能力优势,给盈峰环境带来高单价和高毛利的新的业务板块。另外,中联环境在管理上的优势也将进一步为盈峰环境降低费用率和提高净利润,盈峰环境盈利能力的增强值得期待。盈峰环境曾在战略发布会上许下"力争2018年净利润超过8亿元,市值突破300亿元"的目标。然而截至2017年12月,盈峰环境净利润仅有3.53亿元,市值也围绕100亿元波动。因此,并购价值152.5亿元、年净利润达7.5亿元的中联环境无疑能使盈峰环境早日完成既定目标。

2. 中联环境并购动因

(1) 促进产业升级。

近年来,随着国家政策支持力度进一步加大,资本、资源和人才向环境产业聚集,环境产业保持较快增长势头。从国际经验来看,实现环境装备制造和环境服务的产业协同是中联环境战略发展的必然趋势。中联环境在环境装备领域占据市场领先地位,主导产品市场占有率长期居首位,竞争优势明显。为进一步取得业务突破,中联环境必须进行产业链延伸,向环境运营等领域拓展。但中联环境在制造领域经验丰富,在运营领域起步相对较晚,仅依靠自身积累,短期内难以为环境运营业务的快速发展提供充足的支持。通过引入运营经验丰富、资金实力雄厚以及项目资源广泛的新股东,可以更加有效地发挥在环境装备制造方面既有的领先优势,产生明显的协同效应,确保中联环境继续保持高速发展,实现在新形势下的第二次腾飞,成为国内领先的环境装备制造商和环境项目的投资和运营商。盈峰环境背靠美的集团,通过利用其资源优势,中联环境能为加速转型升级提供人才、资本的有力支撑,进一步增强科研实力和市场拓展能力,全面提升企业核心竞争力,巩固公司在环卫行业的龙头地位。

（2）避开资源争夺。

自2012年开始，中联重科净利润连年大幅下降，2016年亏损近9.34亿元。在经营不景气、内部资源有限的情况下，中联重科认为其在工程机械和农业机械板块的竞争优势更强，对深耕国际市场的推动力更大。因而在对企业内部技术、市场资源投入的争夺中，中联环境处于劣势地位。本次交易完成后，中联环境整体注入盈峰环境，完成了与资本市场的对接，拓宽了中联环境未来的融资渠道，优化了中联环境管理团队的股权激励模式，为中联环境进一步做强做大提供了发展平台。本次交易也将有利于中联重科聚焦于其他核心业务。从工程机械板块来看，随着我国继续加强对重大项目、农村公共设施建设的投入以及"一带一路"项目启动，加上存量设备进入更新迭代高峰期，工程机械行业将持续回暖。同时，从农业机械板块来看，随着农业供给侧结构性改革的深入推进和农村土地流转的加快，农业全程机械化水平将进一步提高，带动农机行业规模的持续提升。

（3）增强盈利能力。

中联环境是中联重科的子公司，此次并购的完成也是中联重科意愿的体现。受工程机械行业周期影响，目前中联重科整体经营业绩处于近年来的相对低点，市值水平也降至阶段低点。在此背景下，虽然环境板块目前经营状况和增长前景较好，但其应有的估值水平未能充分体现。本次交易完成后，中联重科将不再持有中联环境20%的股权，而是将持有盈峰环境12.62%的股权，中联重科资产流动性增强，资产质量得到提升。本次交易对中联重科目前的现金流情况没有影响。基于中联环境在本次交易中对2018年度、2019年度、2020年度累计净利润不低于37.22亿元的预测，中联重科盈利能力将会得到提升。由于本次交易完成后，中联重科将持有盈峰环境12.62%的股权，将继续受益于中联环境未来的发展及盈峰环境原有业务发展带来的股权增值，同时也大大增加了此部分股份的流动性，有助于实现中联重科股东价值的最大化。

（4）增强发展能力。

本次交易完成后，中联重科将不再持有中联环境20%的股权，中联环境不再纳入公司合并报表范围，剩余股权预计将通过权益法核算。中联环境未来的财务状况、经营成果及现金流量将不再纳入中联重科合并报表范围。从财务指标角度来看，通过本次交易，公司将取得116亿元的现金，公司的资产流动性将大大得到改善。若不考虑期权的公允价值，且不考虑剩余股权公允价值的调整，同时假设营运资本维持在2016年12月31日的水平，经初步估算，本次交易将实现 91.31 亿元税前利润。同时，公司资产负债率将明显下降，财务杠杆率将下降，公司财务稳健性将大大提高，公司持续发展能力更强。本次交易将大大增强公司的资金实力，为公司未来的业务发展提供充足的资金储备。公司将更加聚焦工程机械和农业机械的业务发展，有利于进一步做大做强工程机械和农业机械业务，并逐步实现国际化发展战略。

（三）并购历程分析

1. 第一次收购股权

2017 年 5 月 2 日，盈峰投资控股集团有限公司（以下简称盈峰控股）成立全资子公司宁波盈峰资产管理有限公司（以下简称宁波盈峰），并于当月宣布收购中联环境。2017 年 5 月 21 日，中联重科股份有限公司、长沙中联重科环境产业有限公司与盈峰投资控股集团有限公司、广州粤民投盈联投资合伙企业（以下简称粤民投盈联）、上海绿联君和产业并购股权投资基金合伙企业（以下简称绿联君和）、弘创（深圳）投资中心（以下简称弘创投资）等受让方签订了《股权转让协议》及《股东协议》，以 116 亿元的价格向受让方合计转让中联环境 80% 的股权。其中，盈峰控股获得 51% 的股权，交易价格为 73.95 亿元，溢价 57.14 亿元，取得了控制权（见表 8）。

表 8 中联环境第一次股权出售情况

	受让方	受让比例（%）	交易价格（亿元）
中联环境	盈峰控股	51	73.95
	粤民投盈联	4	5.8
	弘创投资	21.5517	31.25
	绿联君和	3.4483	5
总计		80	116

2017 年 5 月 27 日，盈峰控股向粤民投盈联、弘创投资、绿联君和以及中联重科发出《转让通知》，拟根据《股权转让协议》的约定，将盈峰控股在《股权转让协议》与《股东协议》项下的全部权利及义务转让给盈峰控股的全资子公司宁波盈峰。同年 6 月，盈峰控股将持有的中联环境 51% 的股权全数转给了旗下全资子公司宁波盈峰（见表 9、图 6）。2017 年 6 月 27 日，中联重科召开 2016 年度股东大会并审议通过《公司关于出售长沙中联重科环境产业有限公司控股权暨关联交易的议案》。2017 年 7 月 17 日，盈峰环境发布公告，拟通过发行股份的方式，以 152.5 亿元的价格收购宁波盈峰、中联重科、

弘创投资等8位股东所共同持有的100%股份，同时这8位交易方承诺中联环境2018—2020年累计净利润不低于37.22亿元，否则将对盈峰环境进行利润补偿。2017年9月26日，中联环境召开股东会并做出决议，同意弘创投资将持有中联环境的部分股票转让给宁波盈太投资合伙企业（以下简称宁波盈太）、宁波中峰投资合伙企业（以下简称宁波中锋）和宁波联太投资合伙企业（以下简称宁波联太）三家公司，并签署了《股权转让协议》。

表9 弘创投资出售后中联环境股权情况

	股东	持股比例（%）
中联环境	宁波盈峰	51
	粤民投盈联	4
	弘创投资	15.55
	宁波盈太	2.05
	宁波中锋	2.01
	宁波联太	1.94
	绿联君和	3.4483
	中联重科	20
总计		100

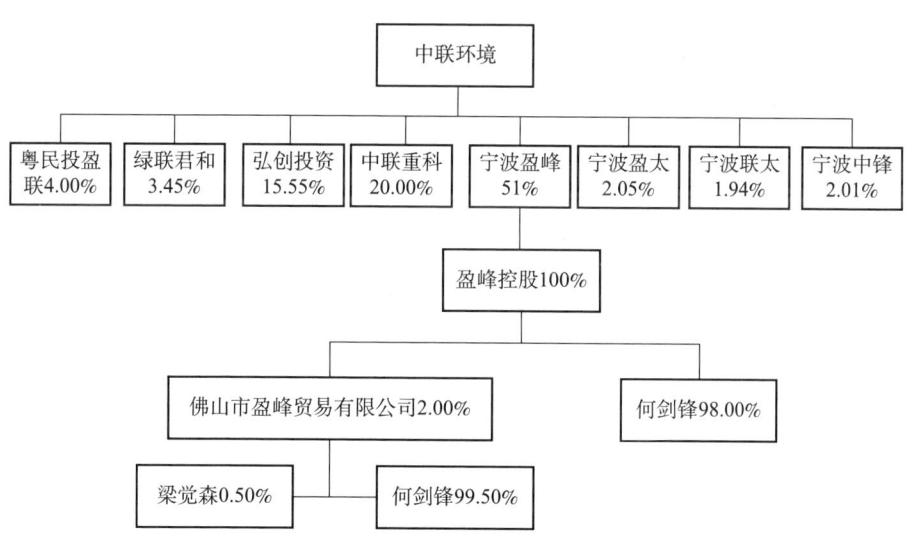

图6 完成收购前中联环境控制权结构

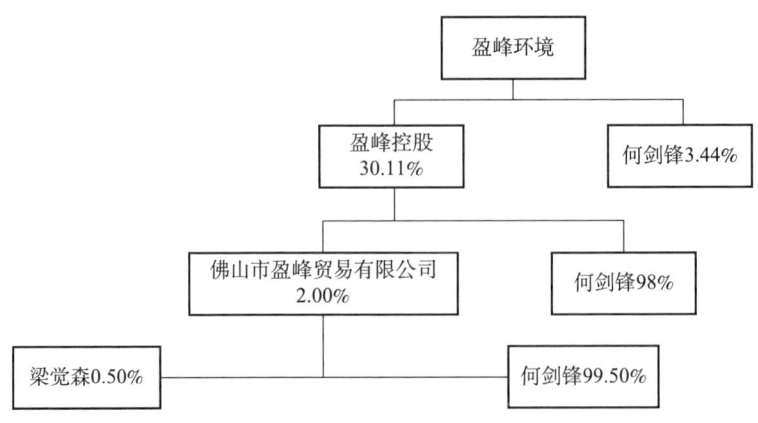

图 7　完成收购前盈峰环境控制权结构

2. 第二次完成收购

2018 年 5 月 17 日,中联重科与盈峰环境签订了《收购意向书》。2018 年 7 月 17 日,中联重科与盈峰环境签订了《发行股份购买资产协议》及《关于发行股份购买资产之盈利补偿协议》,盈峰环境拟发行股份购买中联重科所持中联环境 20% 股权。2018 年 7 月 17 日,盈峰环境与宁波盈峰、中联重科等 8 名股东签署了《发行股份购买资产协议》,收购中联环境 100% 的资产,交易价格确定为 152.50 亿元,以 7.64 元/股的价格发行股票,以股份支付。2018 年 11 月 27 日,盈峰环境与中联环境、宁波盈峰、中联重科、弘创投资、粤民投盈联、绿联君和、宁波盈太、宁波中峰、宁波联太签署了《发行股份购买资产协议》。本次变更完成后,盈峰环境持有中联环境 100% 股权,中联环境成为盈峰环境的全资子公司,此次收购的完成标志着目前国内环保行业最大的一例并购诞生,盈峰环境由此成为国内民营环保集团产值最大的公司。此次并购除了并购双方,还涉及以下六家公司:弘创投资、粤民投盈联、绿联君和、宁波盈太、宁波中峰、宁波联太。图 7 为完成收购前盈峰环境控制权结构。表 10 为交易前后盈峰环境股东持股结构变化。

表 10　交易前后盈峰环境股东持股结构变化

股东名称	交易前		交易后	
	持股数(万股)	持股比例(%)	持股数(万股))	持股比例(%)
盈峰控股	35133.83	30.106	35133.83	11.108
ZG 香港	10955.67	9.388	10955.67	3.4636
太海联	7205.66	6.1746	7205.66	2.2781
何剑锋	6351.47	5.4426	6351.47	2.008

续表

股东名称	交易前		交易后	
	持股数（万股）	持股比例（%）	持股数（万股）	持股比例（%）
宁波盈峰			101799.74	32.184
中联重科			39921.47	12.621
弘创投资			31042.38	9.814
粤民投盈联			7984.29	2.5242
绿联君和			6883.01	2.1761
宁波盈太			4091.35	1.2935
宁波中锋			4014.10	1.2691
宁波联太			3870.98	1.2238
合计	59646.63	51.112	259253.96	81.963

从表 11 中可以看出，盈峰环境并购中联环境的行为属于典型的"蛇吞象"并购。并购前，从资产规模来看，中联环境约是盈峰环境的三倍。从盈利规模来看，中联环境是盈峰环境的三倍以上。此次并购的成功将对其他同类型的并购起到借鉴作用。

表 11 2017 年末中联环境、盈峰环境主要财务数据对比

项目	中联环境（元）	盈峰环境（元）	中联环境/盈峰环境（%）
资产总额	9752009038.81	8146649028.69	187.19
负债总额	6243337990.50	3696443741.66	168.90
资产净额	3508671048.31	4450205287.03	342.68
营业收入	6426740075.83	4898388995.53	131.2
营业利润	906203065.28	403670692.80	224.49
净利润	758953140.55	353046727.69	214.97

四、并购的协同效应分析

并购动因与并购能够产生的协同效应不可分割。目前在国际学术界流行的并购动机理论主要有三种：协同效应、狂妄假说和代理动机。其中，协同效应动机理论认为并购重组是在经济转轨中为社会创造价值的根源。美国战略管理之父 H. Igor Ansoff 在 20 世纪 60 年代首次将协同效应运用到管理学，提出协同是并购与被收购企业间匹配关系的理想状态。美国并购专家 Mark L. Sirower 在专著中将协同效应定义为合并后公司整体效益的增长应超过两家公司独立存在时预期或要求达到的水平。普遍认可的概念是由美国加州大学

教授 J. Fred Weston 提出的,他将协同效应形象地称为"2+2=5",即企业合并后的整体价值大于原分散企业的价值之和。经典的并购动机理论对中国并购现象有一定的解释力。下面从经营协同效应、财务协同效应、管理协同效应三个方面以及发展能力、盈利能力、偿债能力、营运能力四个角度对盈峰环境并购中联环境后产生的协同效应进行分析。

(一) 经营协同效应分析

经营协同效应指的是两个公司合并后经营效率的提高,从而获得比两家公司独立运营更高的收益。有效的并购有助于提升企业整体的学习效果,从而提升生产率,带来发展能力的提高。可以用营业收入增长率、净利润增长率等指标衡量发展能力,并根据经营活动产生的现金流量净额进行质量分析。经营协同效应的另一重要来源是规模经济。规模经济指的是随着规模的扩大,费用降低,收益率提高,所以可以用营业毛利率和营业净利率来衡量成本和收入的相对变化。另外,根据安索夫(1965)的定义,经营协同是在相同投资规模下成本的降低和收入的提高,为了控制投资额这一影响因素,可以选取总资产净利率和净资产收益率来衡量投资额和收入成本的相对变化。

1. 发展能力分析

(1) 营业收入增长率。

营业收入增长率是指营业收入相比上一年增长的比率。盈峰环境完成对中联环境的收购带来的最直接的影响是其"体量"膨胀式增加。盈峰环境从2015年开始战略转型和新的业务布局,从上风高科正式更名为盈峰环境,对2015年以来的情况进行分析发现,收购发生前的2015—2017年,盈峰环境的营业收入在30亿~50亿元,净利润在1亿~4亿元;而2015年以前的营业收入则基本低于30亿元,净利润也没有达到过1亿元,2006年则因为借壳上市,营业收入出现较大变动。收购发生后第一次并表的2018年,盈峰环境的营业收入则高达130.45亿元,同比增长率达到了166.33%;净利润也高达13.58亿元,同比增长率达到了284.70%。这也表明此次并购不仅是盈峰环境实施战略转型以来,也是盈峰环境成立以来,规模最大、影响最大的一次并购活动,这次并购活动除了会给盈峰环境带来空前的机遇与挑战,也必将会对整个环保行业造成巨大的影响。

为了收购完成前后营业收入的可比性,分析时将2017年的营业收入进行了追溯调整。2006—2016年期间,盈峰环境营业收入的复合增长率为17.30%,2017年的营业收入增长率为43.77%,是并购中联环境前的最高值。盈峰环境2017年实现营业收入48.98亿元,2018年并购中联环境之后,盈峰环境经过追溯调整后的营业收入实现大幅增长：2017 年、2018 年、2019 年、2020 年分别实现营业收入 88.86 亿元、130.45 亿元、126.96 亿元、143.32 亿元。受并购效应影响，2018 年的营业收入增长速度超过了历史最高值，同比增长达到 48.60%，说明并购的完成对盈峰环境营业收入的带动作用明显。

与此同时，图 8 也表明 2019 年营业收入增速出现了一定下滑，一方面，因为 2018 年营业收入大幅上涨，占据了大部分市场份额，盈峰环境的营业收入位于行业第一，所以 2019 年增长空间有限。另外，相对于以前小体量的情况，盈峰环境体量迅猛增加，经营、管理难度都有所增大，营业收入增长难度上升，无法一直维持爆发式增长。另一方面，因为盈峰环境完成并购后，为了打造环保行业产业链，对非核心业务选用业务结构优化、资产剥离、分拆上市等方式进行了逐步调整，对营业收入也会造成一定影响。可以看到发展较为稳定之后，盈峰环境 2020 年的营业收入已经有所回升，同比增速达到 12.89%，营业收入规模也已超过并表后的第一年。这表明并购中联环境后的新增业务保持了强势的地位。从表 8 中可以看到，2018 年、2019 年、2020 年，中联环境分别实现了营业收入 80.21 亿元、81.73 亿元、101.36 亿元，对盈峰环境营业收入的贡献率稳定上升，2020 年的贡献率甚至已经超过 70%。具体来看，公司 2019 年环卫装备业务国内行业销售额第一，环卫服务业务新增年化环卫服务合同国内市场第四，根据中国汽车研究中心的数据，环卫装备的销售规模约为行业第二名的近 3 倍，说明新增环卫业务不仅成为了盈峰环境目前营业收入的主要来源，并且还保持了稳定的增长态势。在 2020 年营业收入回升的背后，中联环境的贡献率保持了 10.14% 的稳定增速，主要得益于 2020 年环卫装备实现 83.55 亿元的销售额，同比增长达到了 18.78%。

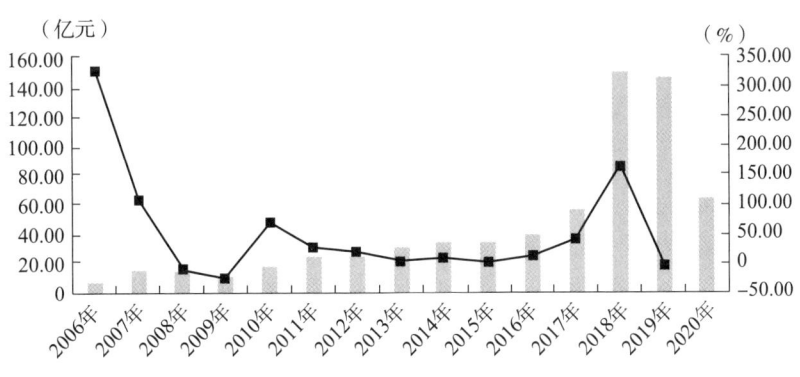

图 8　盈峰环境 2006—2020 年上半年营业收入及增长率

表 12　2017 年—2020 年上半年中联环境对盈峰环境营业收入的贡献

指标	2017 年	2018 年	2019 年	2020 年
中联环境贡献营业收入（亿元）	64.27	80.21	81.73	101.36
含中联环境的盈峰环境营业收入（亿元）	88.86	130.45	126.95	143.32
中联环境营业收入贡献率（%）	72.33	61.49	64.37	70.90

进一步对战略转型以来盈峰环境的季度营业收入分析后发现，2018 年的季度营业收入增长势头迅猛，第一季度、第二季度、第三季度、第四季度分别同比增长 175.99%、197.99%、156%、147.36%，平均增长率超过了 150%。2019 年前两个季度仍旧保持了增长态势，第三季度下滑了 17.33%，这可能与公司处置浙江上风风能和宇星科技有限公司有关，宇星科技 2018 年营业收入占盈峰环境的 11.64%。另外，由于新冠疫情对环卫服务行业的冲击，2020 年第一季度公司仅实现营业收入 21.99 亿元，同比下滑 19.90%；实现归母净利润 1.44 亿元，同比下滑 39.24%。但第二季度的营业收入、归母净利润有所稳定，在行业回暖的助力下，第二季度实现营业收入 34.2 亿元，同比增长 1.50%。第三季度、第四季度的营业收入则明显好转，同比增长达到了 46.88%、22.85%，虽然 2020 年上半年营收状况不是很理想，但是下半年的蓄势待发使公司经营状况得到有效改善。

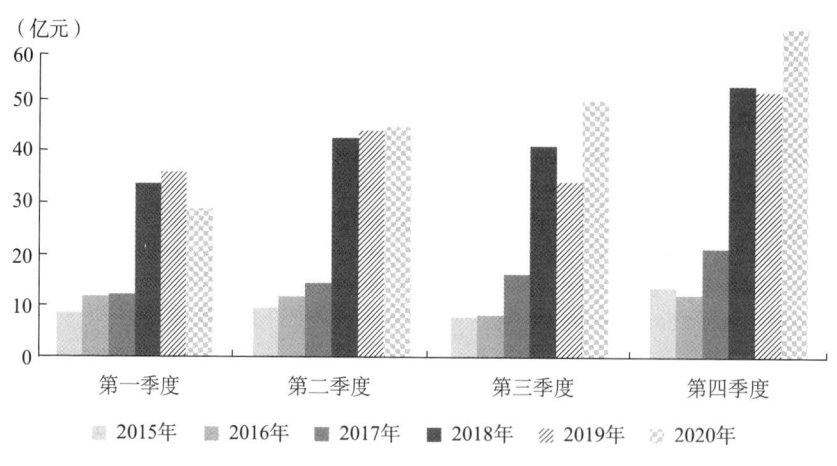

图 9　盈峰环境 2015—2020 年季度营业收入

最后从营业收入结构来看，因 2015 年战略转型的需要，盈峰环境每年都有新产品加入，产品划分口径有所调整，我们主要研究盈峰环境并购中联环境带来的影响，因此根据 2018 年、2019 年的产品划分口径，我们将盈峰环境现有业务分为三大板块进行分析。另外，由于股份转让以后，盈峰环境2020年不再公布环境监测及治理业务，将主要关注环卫装备与环卫服务的发展。

如图10所示，从收入构成来看，收购中联环境后，盈峰环境的营业收入构成发生了较大变化。一方面，盈峰环境新增了环卫装备及环卫服务两项业务。这两项业务不仅使盈峰环境原有业务能够向上游延伸，有助于公司打造一条完整的环卫产业链，而且并购前的发展状况一直较好，处于行业领先地位。环卫业务收入在2018年、2019年分别占到了总营业收入的61.36%、61.29%，成为盈峰环境当之无愧的第一大收入来源。此外，2017年调整后的环卫装备及环卫服务业务营业收入为39.86亿元，受并购效应影响，2018年环卫业务同比增长100.80%。

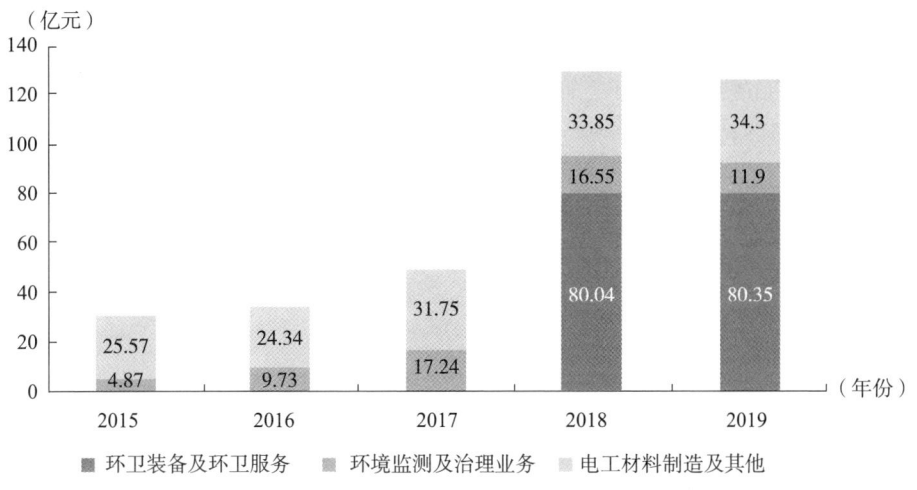

图10 盈峰环境2015—2019年收入结构

这些都表明盈峰环境新增智慧环卫业务维持了稳健发展态势。具体来看：首先，环卫装备业务龙头地位稳固。2018年，盈峰环境实现环卫装备销量约2.27万台，较上年同期增长约20%，高于行业17%的增速。根据中国汽车研究中心的数据，盈峰环境2019年环卫装备销售规模稳居行业第一，销售规模约为行业第二名的3倍，营业收入虽同比下降4.75%至70.34亿元，但高端车型（新能源车等）的销售量占比提升，带动板块毛利率同比增长4.93%至32.18%。其次，环卫服务也维持了高速增长态势。2019年营业收入同比增长61.72%至10.01亿元，2019年新签约项目的年化合同额、新增合同总额均位列全国第四。

另外，2018年、2019年公司非环卫营业收入占比有所下滑。在涉足环卫业务之前，电工器械制造业务一直是营业收入的第一大增长来源，2018年电工器械制造业务实现营业收入28.57亿元，同比增长了4.35%，但占总营业收入比重从55.90%下滑至21.90%。另外，环境监测相关业务营业收入占总营业收入比重也从2017年的35.20%下滑至2018年的12.69%。环境监测及治理业务的业绩下滑与盈峰环境稳步剥离分拆非核心主营业务有关。盈峰环境在并购中联环境涉足环卫装备业务之后，于2019年先后公告转让专风实业45%股权，以及宇星科技100%股权，这些举动都表明公司未来将聚焦于大固废全产业链发展的核心战略。随着2020年环卫装备业务进一步扩大，在稳固传统环卫装备发展的基础上，进一步推动新能源环卫装备走向市场。截至2020年，公司环卫装备销售额已连续20年居于国内行业第一的位置。其中传统环卫装备营收74.52亿元，同比增长21.24%；新能源环卫装备营收9.02亿元，同比增长1.78%，总销售量1367辆，同比增长42.69%。2020年公司中高端及新能源环卫装备产品市场份额排名第一，分别为29.79%、27.85%（见图11）。

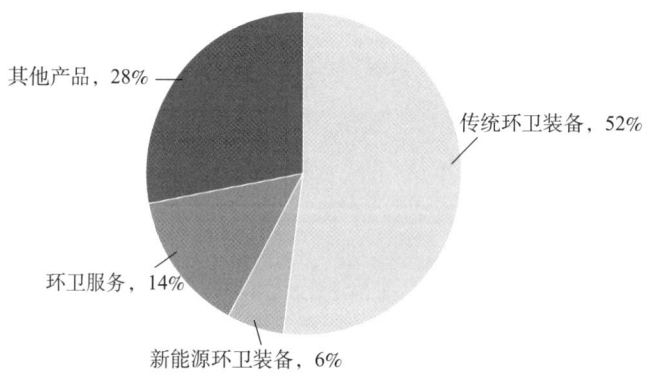

图11 盈峰环境2020年营业收入结构（亿元）

（2）净利润增长率。

净利润增长率是指净利润相比上一年增长的比率。在收入增长的带动下，盈峰环境的净利润也同步大幅增长。2006—2016年，盈峰环境净利润的复合增长率为35.88%，2006年则因为借壳上市，净利润出现较大变动。2017年的净利润增长速度有所放缓，净利润小幅增长了1.09亿元，净利润增长率从128.04%下降到44.67%。盈峰环境经过追溯调整后的净利润实现大幅增长：2017—2020年分别实现净利润7.74亿元、13.58亿元、13.92亿元、14.30亿元，2018年、2019年、2020年分别同比增长了75.45%、2.46%、2.73%。

2018年净利润增速很快,达到284.7%,从3.53亿元大幅增长到13.58亿元。2019年、2020年的净利润增长率则随着销售收入增长的回升而回升。总的来说,2018—2020年这三年顺利完成业绩承诺,累计营业收入达到264.79亿元,累计扣非归母净利润达到37.78亿元(见图12)。

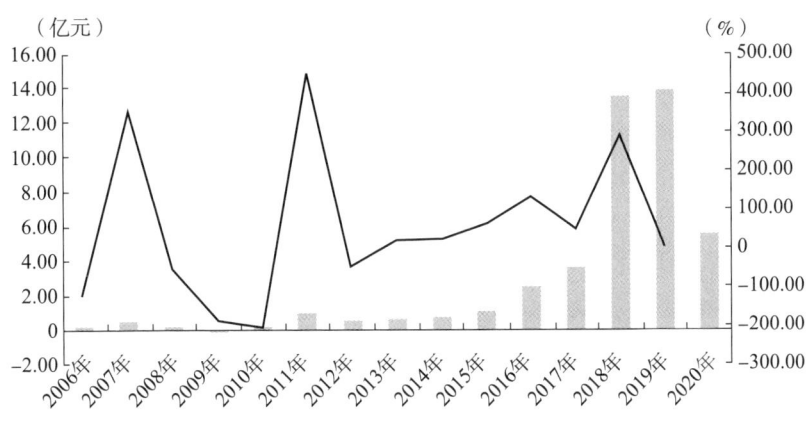

图12 盈峰环境2006—2020年净利润及增长率

需要注意的是,盈峰环境2020年上半年实现净利润5.52亿元,同比下滑了14.02%,主要是因为销售规模受到疫情影响,净利润随着营业收入的下滑而下滑;另外,由于员工薪酬上升及加大应收款项催收力度导致律师服务费增加,2020年上半年的管理费用增长了10%。但2020年前两个季度实现的净利润也远远超过了盈峰环境2017年未经追溯调整的全年净利润(3.53亿元)。

从表13中也可以看出,2018年、2019年、2020年上半年,中联环境分别实现净利润11.73亿元、13.21亿元、14.09亿元,对盈峰环境整体净利润的贡献率高达86.38%、94.90%、98.53%,不仅保持了较稳定的增幅,并且远远高于对盈峰环境营业收入的贡献率,说明新业务的成长能力很强,并且带来了较明显的成本节约优势。虽然2020年上半年因为往年净利润高的环卫装备业务受疫情影响严重,中联环境净利润贡献率同比出现下滑,但是下半年公司抓住机遇,环卫装备与环卫服务业务获得巨额利润,使得环卫业务成为盈峰环境主要盈利点。

表13 2017—2020年上半年中联环境对盈峰环境净利润的贡献

净利润指标	2017年	2018年	2019年	2020年上半年
中联环境贡献净利润（亿元）	7.59	11.73	13.21	14.09
含中联环境盈峰环境净利润（亿元）	7.74	13.58	13.92	14.30
中联环境净利润贡献率（%）	98.06	84.38	94.90	98.53

与营业收入状况一样，净利润在2018年也达到了历史最大值，但不同的是，2019年的净利润仍然保持了正向的增长：一方面，可能是因为盈峰环境2019年处置浙江上风风能有限公司及宇星科技发展（深圳）有限公司，二者合计带来了收益1.15亿元。另一方面，也说明并购后的新增业务盈利能力强，毛利率要高于其他业务，即使非核心业务有所缩减，但对净利润的影响要小于对营业收入的影响。

（3）经营活动产生的现金流量净额。

最后从现金流的角度对盈峰环境的营业收入和净利润质量进行分析。如图13所示，2016—2018年，经营活动产生的现金流量净额都不太乐观，三年共流出19.56亿元。尤其是在2018年，虽然营业收入与净利润大幅提升，但是经营规模的扩大也带来了现金流出规模的扩大。经过追溯调整发现，收购之后新增的存货与应收账款对盈峰环境的现金流也有明显影响：2017年追溯调整前，盈峰环境存货为4.07亿元，应收账款为15.12亿元；但在2018年，盈峰环境存货为13.06亿元，同比增长220.88%，应收账款为56.88亿元，同比增长276.19%，高于并购之后总资产增长率200.26%，这严重影响了盈峰环境现金流的状况。但这种情况在2019年得到了改善，盈峰环境2019年经营活动产生的现金流量净额实现了转负为正，为14.85亿元。这是因为一方面盈峰环境放弃高风险订单，强化合同风险的分类分级和责任机制，另一方面加大货款回笼力度，提升运营周转效率。盈峰环境2019年销售商品、提供劳务收到的现金为128.87亿元，同比增长17.18%，甚至高于2019年的营业收入126.96亿元。同时，2019年的存货下滑了12.36%，应收账款下滑了9.23%，使经营现金流得到了明显改善。2020年也依旧保持了较好的现金流情况，同比增长13.74%至16.89亿元。总的来说，并购后盈峰环境经营性现金流的提升，实现了提质增效，对运营质量提升也会有所帮助，也为公司高质量的可持续发展提供了切实的保障。

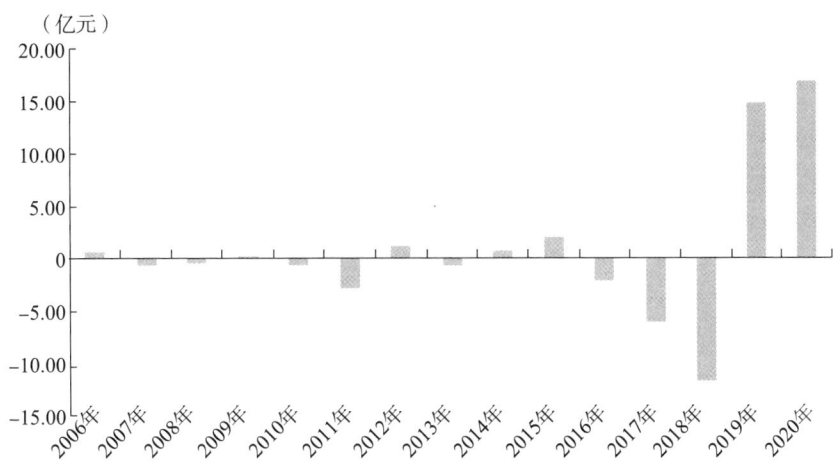

图 13 盈峰环境 2006—2020 年经营活动现金流量净额

2. 盈利能力分析

（1）营业毛利率。

营业毛利率即营业毛利润占营业收入的比例。完成收购后，盈峰环境整体盈利能力呈上升趋势。收购发生前的 2015—2017 年，盈峰环境营业毛利率在 15%~20%。但在进行追溯调整后发现，2017 年的营业毛利率为 23.62%，2018—2020 年分别达到了 25.08%、26.04%、24.88%。但总的来说，盈峰环境的营业毛利率保持了稳定的增长速度，说明并购使得公司的盈利能力有所增强。

毛利受到成本和收入两方面的影响。相对于行业平均营业毛利率逐渐下降的情况来说，盈峰环境的毛利率一直保持稳定上升态势。盈峰环境在并购后 2018 年—2020 年间的销售毛利率是持续走高的。这证明盈峰环境在并购中联环境后，在产品销售方面的利润占收入的比例逐渐上升。那么盈峰环境营业毛利率变化的核心驱动因素是什么呢？收购完成前，按营业收入来看，盈峰环境的主营业务是电工器械制造；按利润来看，主营业务是环境监测及固废处理。收购完成后，无论是从营业收入来看，还是从利润来看，主营业务都是环卫装备与环卫服务业务。因此，我们依然从公司的三大业务板块分析毛利率的变化情况。

如表 14 所示，电工材料制造虽然是原有的主营业务，但毛利率水平一直较低，基本在 12% 左右波动。环境监测及固废处理的毛利率自 2016 年起也处于下降态势，从 2015 年的 35.30% 下跌至 2019 年的 28.22%。但环境监测及固废处理业务 2020 年上半年营业毛利率达到了 42.79%，同比上升 16.07%，主要是因为报告期内公司规模有所下降，公司实施产业聚焦战略，战略剥离环保治理工程业务，2019年上半年"环境监测及固废处理"包含环保治理工程，导致2020年上半年"环境监测及固废处理"营业收入同比大幅度下降64.12%，营业成本大幅下降74.33%。

新增的环卫装备及环卫服务业务则成了毛利率的最大贡献者。2019年，环卫装备的毛利率达到了32.18%，同比增加14.93%。值得注意的是，2020年上半年的营业毛利率为24.80%，同比下降了1.35%。在营业收入和净利润同比下滑的情况下，毛利率也有所下降。受疫情影响，环卫装备业务受到了冲击，其中，传统环卫装备实现毛利率28.85%，同比下降2.78%；新能源环卫装备实现毛利率40.80%，同比下降3.71%。但是盈峰环境也在不断加强互联网运用，开启线上新品发布、宣传推广等"云模式"，以便协助公司走出低迷；另外，环卫服务方面，盈峰环境精准布局智慧环卫，抢占"智能装备、智慧服务、智慧云平台"的智慧环卫新高地，报告期内赢来初步收获期，实现毛利率21.90%，同比增长12.78%。

表14 盈峰环境2015—2020年三大业务板块毛利率（%）

分产品毛利率	2015年	2016年	2017年	2018年	2019年	2020年上半年
环卫装备及环卫服务	—	—	28.95	30.41	31.40	28.74
环境监测及固废处理	35.30	37.52	33.94	28.55	28.22	42.79
电工材料制造及其他	12.01	12.81	11.09	10.39	12.58	12.98

另外，对中联环境并购前的毛利率分业务来看，环卫装备板块的毛利率相对较高，主要是因为中联环境生产的环卫装备具有制造工艺复杂、专用性强、技术性高等特点，附加值较高。其中，环卫清洁装备的毛利率相对稳定，一直维持在30%以上的水平；由于垃圾收转运装备内垃圾车产品原材料成本上升，垃圾收转运装备毛利率略有下降；由于新能源及清洁能源环卫装备内产品销售结构的变化，毛利率略有变动（见图15）。中联环境2016年向环卫服务领域拓展业务，前期投入较大，销售金额较小，导致2016年和2017年毛利率情况不理想，但是2018年以后，取得了稳定的销售收入，毛利率也直线上升。随着后期双方并购整合的深入，盈峰环境各个业务板块的毛利率将会进一步提升。

（2）其他盈利能力指标。

进一步从营业利润率、营业净利率、总资产净利润率和净资产收益率方面对盈峰环境完成并购后的盈利能力进行分析。营业净利率反映的是净利润占销售收入的比例。如图14所示，其中，营业利润率持续攀升，2019年营业利润率已经超过14%；2018年营业净利率首次超过了10%，同比增加44.38%达到10.41%，并购效应明显，说明盈峰环境自并购以来，经营状况不断改善，在经营方面的盈利能力不断增强。从图15中也可以看到，疫情对营业利润率和营业净利率也有一定影响。2020 年的营业利润率和营业净利率分别为 11.76%、9.98%，相对于上一年有所下降，虽然营业收入与净利润都相对上一年有所增长，但是相对来说盈利成本也有所上升，为了促进盈利，销售费用、研发费用都有所上升。

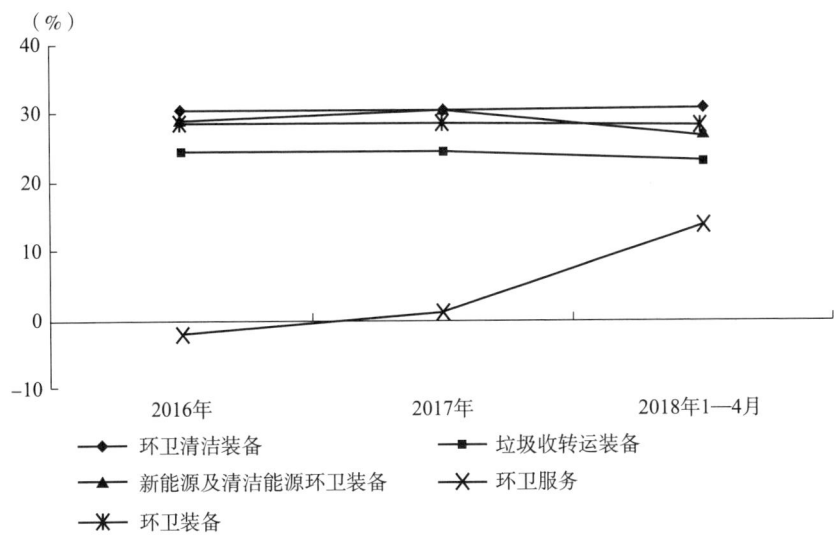

图 14　2016—2018 年 4 月中联环境分业务毛利率

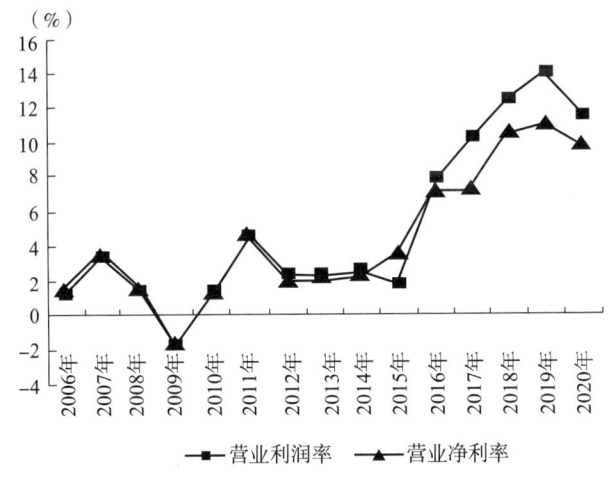

图 15　盈峰环境 2006—2020 年营业利润率和营业净利率

总资产净利润率反映的是净利润占总资产的比例。盈峰环境总资产净利润率也得到较大提升，并购使其原有资产大幅增加，但 2018 年总资产净利润率仍有明显上升，同比增加了 28.18%，说明盈峰环境并购以后，资产利用的整体效果较好，利用资产创造利润的能力不断提升。净资产收益率反映的是净利润占净资产的比例。但净资产收益率的变化有所不同，2015—2017 年净资产收益率稳步上升，2018 年却出现了下滑，主要是因为盈峰环境以发行股份作为并购对价，所有者权益增加后导致净资产收益率下滑。需要注意的是，2019 年净资产收益率又攀升至 9.05%，说明盈峰环境对所有者权益的利用程度加强，迅速提高了净资产的收益能力（见图 16）。

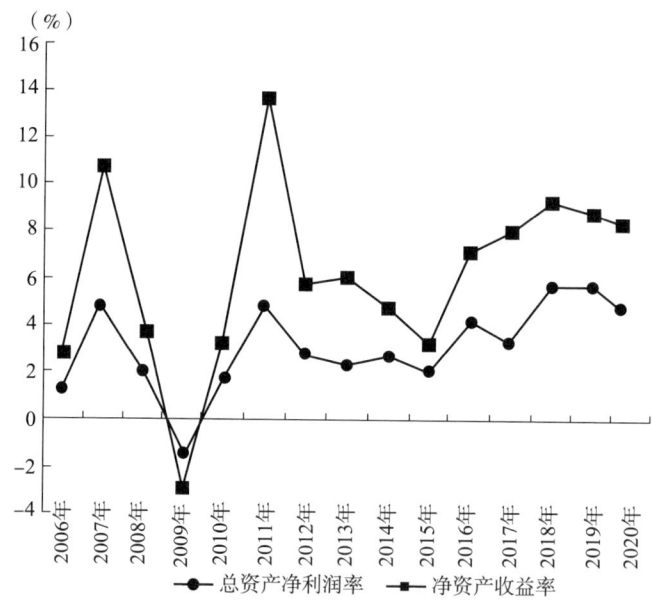

图 16　盈峰环境 2006—2019 年总资产净利润率和净资产收益率

（二）财务协同效应分析

财务协同效应指的是并购后的集团能利用集中的财务平台，以及整合一些双方融资渠道，可以节约冗余的筹资成本，并通过系统性地重组融资方式配置，带来资本结构优化和降低资金成本方面的改善。可以用流动比率、速动比率、资产负债率等指标来衡量资本结构的优化程度。

（1）长期偿债能力。

偿债能力是企业现有资产对短期债务和长期债务的保证程度。长期偿债能力是反映企业财务安全和稳定程度的重要标志，是企业对还款期限在 1 年以上债务的偿还能力和保障能力。如图 17 所示，从长期偿债能力来看，自并购开始，盈峰环境资产负债率逐年降低：2018 年为 40.8%，同比下降 11.44%；2019 年为 36.56%，同比下降 11.50%，达到近五年最低；2020 年为 42.64%，较上年同期有所增长，主要是新发行了可转换公司债券以及公司规模的扩大，导致应付债券（11.99 亿元）、应付账款（9.19 亿元）以及应付职工薪酬（0.97 亿元）等负债有所增加。说明本次并购并未过多使用财务杠杆带来债务风险，并且盈峰环境的长期偿债能力在并购后不断增强。对中联环境 2016—2018 年 4 月的资产负债率进行分析后发现，在并购之前，中联环境的资产负债率较高，基本处在高于 50% 的状态，并且呈逐年上升的趋势，这主要是由于中联环境处于业务快速发展阶段，充分利用商业信用和银行信用以提高资金使用效率，导致应付账款、应付票据等流动负债余额较高。并购之后，由于资金流增加，减少了上述资金的使用，在维持业务快速扩张的同时，盈峰环境资产负债率的降低也表明中联环境的长期偿债能力有所提升（见图 18）。

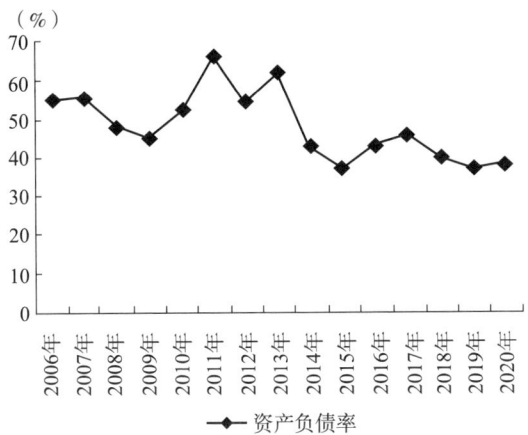

图 17　盈峰环境 2006—2020 年长期偿债能力

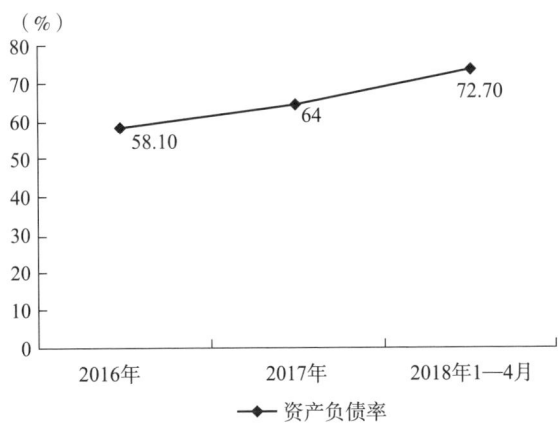

图 18　中联环境 2016—2018 年 4 月长期偿债能力

(2) 短期偿债能力。

短期偿债能力是企业利用流动资产偿还流动负债，应对眼前财务危机的能力。如图19所示，从短期偿债能力来看，流动比率与速动比率变化趋势较一致，2015—2018年下降趋势明显，2018年盈峰环境流动比率、速动比率分别同比下降了12.24%、14.18%，说明短期偿债能力有所下降。虽然并购的发生导致盈峰环境销售能力增强，货币资金、应收账款、其他应收款等流动资产分别增加了12.73亿元、41.77亿元、1.77亿元，但并购也同样使公司规模扩大，应付职工薪酬、应交税费等非流动负债分别增加了1.58亿元、1.57亿元，其中应付款项甚至增加了51.3亿元。但2019年以来，流动比率、速动比率均有明显的回升。一方面是因为进行战略调整，2019年加大了账款回收力度，在存货减少1.61亿元，应收款项减少11.04亿元的情况下，货币资金增加了7.72亿元，产生应收账款融资6.84亿元。另一方面，由于税率调整及中联环境部分业务享受了税收优惠政策，应交税费减少了1.65亿元，预收款项也减少了1.3亿元。流动资产的增加和流动负债的减少，带动了2019年盈峰环境流动比率与速动利率的上升，也说明盈峰环境短期偿债能力有所增强。但由于应收账款占流动资产比重较大，应该关注应收账款的管理。2020年流动比率、速动比率保持了上升趋势，分别为1.51、1.38，同比上升了3.42%、4.55%。一方面盈峰环境本期根据订单备货，增加材料采购则导致应付款项同比增加了18.3亿元，本期预收款项也同比减少了1.71亿元；另一方面盈峰环境加大了现金贮备，增加银行融资、发行债券，货币资金增加了27.43亿元；应收款项也比上一年多出4.27亿元。

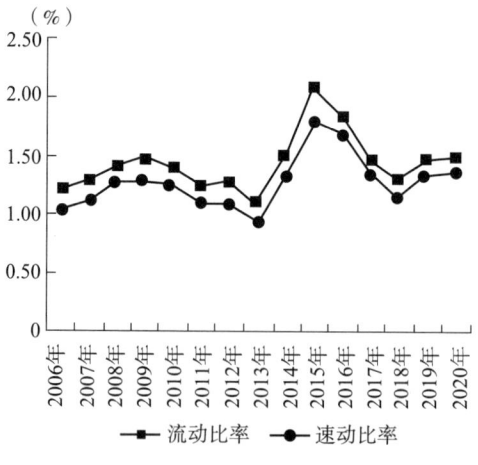

图19 盈峰环境2006—2020年短期偿债能力

对中联环境2016—2018年4月的流动比率和速动比率进行分析后也会发现，中联环境的流动比率分别为1.32、1.24和1.13，速动比率分别为1.07、1.01和0.87，短期偿债能力不是很强，并且有逐年下降的趋势（见图20）。总的来说，面对突发的疫情，盈峰环境保持了较稳定的短期偿债能力。总的来说，并购之后长期负债能力和短期负债能力都有所改善，尤其是短期负债能力，并购之前，盈峰环境与中联环境的流动比率和速动比率皆有所下降，但并购整合后的2019年，流动比率与速动比率出现了小幅回升，说明达到了较好的财务协同效应，在后续资源整合的过程中应该继续保持这一优势。

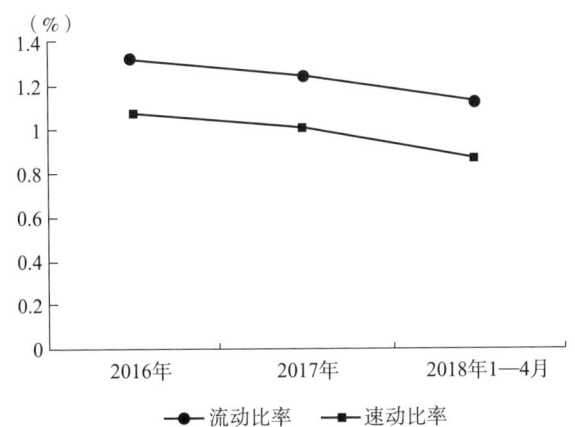

图20 中联环境2016—2018年4月短期偿债能力

（三）管理协同效应分析

管理协同效应指的是通过并购，集成和优化配置双方的管理资源，管理效率高的一方帮助改善效率低的一方的管理，从而使合并后整体管理效率得到提升。管理协同效应具体体现在以下几方面：一是管理资源可以共享，从而节约冗余的费用，每单位收入负担的管理费用降低，可使用管理费用率来衡量。另外，环保企业也会将很大一部分收入用于营销，合并后理想结果是可以共用营销渠道资源，从而降低销售费用，因此可以选用销售费用率作为评价指标。二是根据差别效率理论，并购后管理效率整体会得到提升，因此可以用运营效率衡量管理协同效应，用存货周转率、应收账款周转率、总资产周转率等指标衡量运营效率。

1. 费用节约分析

首先从盈峰环境期间费用率的角度对管理协同效应进行了分析。如图21

所示，总的来看，并购之前，盈峰环境的销售期间费用率较高，并且逐年上升，2016 年达到最大值 14.06%。中联环境 2016 年以来的期间费用率也呈现小幅上升的趋势（见图 22）。并购以后，盈峰环境的销售期间费用率持续下降，基本处于 10% 左右，2018—2020 年上半年销售期间费用率分别为 10.89%、10.74%、11.57%。销售期间费用率下降说明盈峰环境管控能力提高，盈利空间有望继续扩大，能够给公司带来持续投资收益。

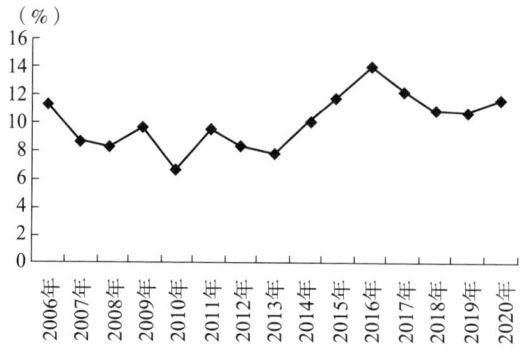

图 21　盈峰环境 2006—2020 年销售期间费用率

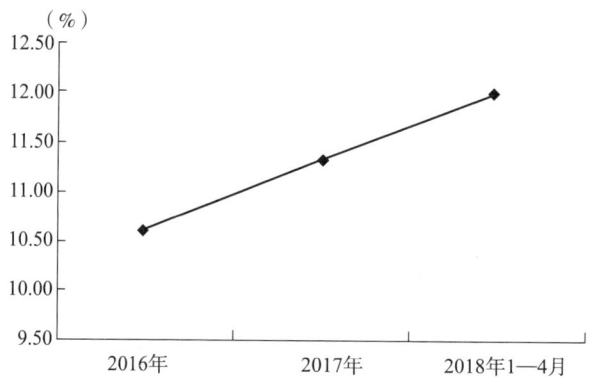

图 22　中联环境 2016—2018 年 4 月销售期间费用率

如图 23 所示，盈峰环境历年的财务费用率都较低，近五年最高时也仅为 2.18%，主要是因为当年为了建设污水收集管网产生了融资费用；2017 年经过追溯调整后的销售费用率为 0.64%，2018 年的财务费用率仅为 0.33%，同比下降了 48.44%，主要是因为并购后为了加速资金回升，产生了较多的现金折扣，约为 2269.6 万元。2019 年、2020 年财务费用率虽小有回升，但仍在 0.5% 以下，依旧维持在一个较低水平，较低的财务费用率也是使销售期间费用率维持在较低位置的主要动因。对中联环境 2016—2018 年 4 月的期间费用进行分析后发现（见图 24），财务费用始终为负且有所降低，主要是因为利息收入增加、实现融资收益增加和手续费用减少，说明中联环境现金状况较好。

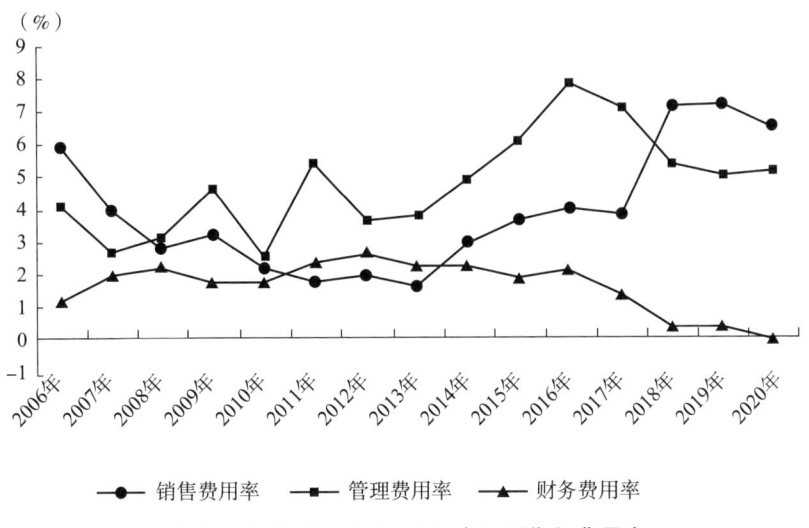

图 23　盈峰环境 2006—2020 年三项期间费用率

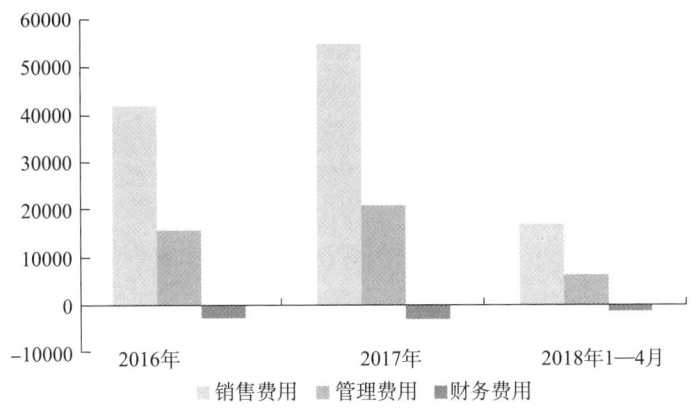

图 24　中联环境 2016—2018 年 4 月三项期间费用

并购完成后，盈峰环境的销售费用率和管理费用率均出现了较大的变化。其中，盈峰环境销售费用率的上升趋势非常明显。2015—2017 年盈峰环境销售费用率维持在 4% 左右，2017 年经过追溯调整后的销售费用率为 6.63%，2018 年则达到了 7.13%。这主要是因为并购之后，新增了代理费、汽车服务费、招投标费用及市场推广费，其中代理费达到了 1.27 亿元，另外，并购导致公司规模扩大，公司销售网络和营销人员扩展，工资、福利及保险增加了 2.14 亿元；又由于新增环卫装备业务的特殊性，运输及装卸费增加了 1.24 亿元。对中联环境 2016—2018 年 4 月的期间费用进行分析后发现，销售费用率随着业务规模的扩大而增长，呈小幅上升趋势（见图 25）。但可以看到，盈峰环境 2019 年上升幅度已经明显减缓，但在 2019 年营业收入下滑的情况下，销售费用率却有上升的趋势，说明盈峰环境对销售费用的管控能力有待进一步加强。2020 年上半年销售费用率为 6.50%，同比增长了 7.62%，销售费用同比减少 1.09%。受疫情影响，销售费用有所减少，营业收入也受到了较大的影响。

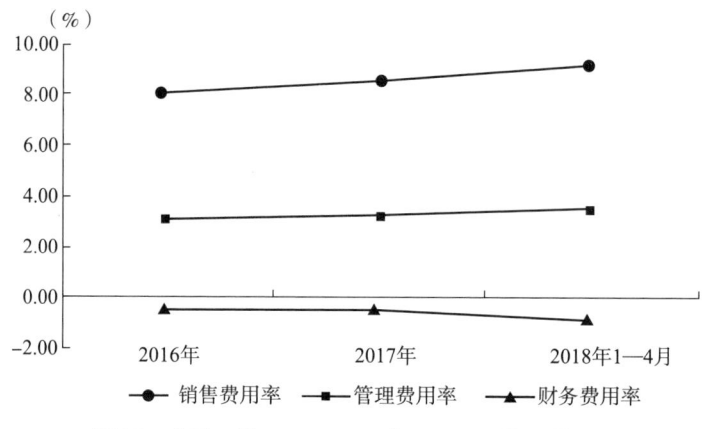

图 25　中联环境 2016—2018 年 4 月三项期间费用率

但盈峰环境管理费用率的变化则完全不同，其下降趋势很明显。在对管理费用率进行分析时，为了保持可比性，2018 年、2019 年、2020 年的管理费用都考虑了研发费用的影响。2016 年管理费用率为近五年最高，达到了 9.88%。经过追溯调整，2017 年的管理费用率为 5.94%，2018 年的管理费用率下降至 5.39%，但在营业收入同比增长了 48.60% 的情况下，管理费用率的下降幅度并不是很明显，这是因为公司并购之后加大了研发投入，整顿了薪资结构，以及新增资产的折旧摊销。但 2019 年在营业收入同比下降的情况下，管理费用率仍保持了下降趋势。2020 年销售费用率已经出现回落，为 5.52%，同比降低 23.55%，销售费用同比减少 12.64%，主要是由于新收入准则的执行，将产品交付所产生的运输费用等作为合同履约成本从销售费用调整至营业成本，不过这也导致了毛利率名义上的降低。总的来说，盈峰环境对管理费用的管控能力在不断加强。2020 年上半年的管理费用率为 5.16%，同比上升 4.45%，管理费用同比增长 10.03%，主要是因为 2020 年上半年员工薪酬上升和律师服务费增加。

对中联环境 2016 年至 2018 年 4 月的期间费用进行分析后发现，中联环境作为技术推动型企业，持续大力投入新产品、新技术研发，技术开发费是管理费用的主要构成，但管理费用占营业收入的比重基本稳定。总的来说，盈峰环境对管理费用的管控能力在不断加强。2020 年上半年的管理费用率为 5.16%，同比上升 4.45%，管理费用同比增长 10.03%，主要因为 2020 年上半年员工薪酬上升和律师服务费增加。对中联环境 2016—2018 年 4 月的期间费用进行分析后发现，中联环境作为技术推动型企业，持续大力投入新产品、新技术研发，技术开发费是管理费用的主要构成，但管理费用占营业收入的比重基本稳定。总的来说，盈峰环境为降低扩张带来的风险，一直在积极推进集团化管控，努力增强业务协同，企业费用支出的控制卓有成效，管理能力也会随着时间推移而增长。

2. 营运能力分析

（1）总资产周转率。

营运能力是指企业利用资产的效率与效益，通常以总资产周转率来衡量。从图 26 中可以看出，总资产周转率变化趋势较稳定，即使并购后盈峰环境的资产总额从 2017 年的 81.47 亿元迅猛扩张到 2018 年的 244.61 亿元，在总资产增长了两倍的情况下，总资产周转率还能维持稳定，主要是因为并购后的营业收入也实现了大幅增长，说明公司营运能力较强，但也需要进一步提升。

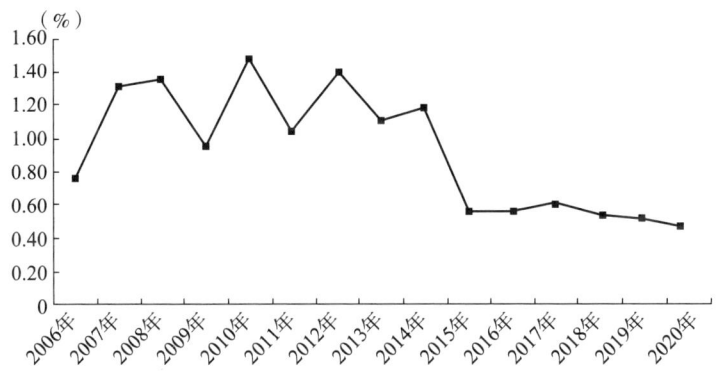

图 26　盈峰环境 2006—2020 年总资产周转率

（2）其他营运能力指标。

盈峰环境并购中联环境前两年，应收账款周转率、存货周转率都较高，主要是因为 2016 年盈峰环境集中处理过宇星科技积累的应收账款和存货，但不难发现，2018 年两项指标出现明显下滑。进一步分析可知，随着盈峰环境外延并购的推进，由于中联环境的并入，公司业务规模及合并报表的范围进一步扩大，公司各项资产的总量规模迅速膨胀，营业收入由 2017 年的 48.98

亿元增长至2018年的130.45亿元，增长了约2.66倍，但与此同时，中联环境的应收账款周转率和存货周转率也较低，存货、应收账款的规模也急速扩大，分别增长了3.21倍、3.76倍，其中2018年应收账款占总资产的23.25%。近年来，存货积压是致使盈峰环境周转速度下降的主要原因。

由图28可知，盈峰环境的应收账款周转率、存货周转率在2019—2020年都有一定回升，说明盈峰环境在完成并购后对存货和应收账款加强了管理，公司营运能力也相应有所提升。2019—2020年盈峰环境对于非核心业务选用业务结构优化、资产剥离、分拆上市等方式进行了逐步调整，盘活了存量资源及低效资产，提高了资产经营能力和运营质量，为公司的高质量可持续发展保驾护航。但是需要注意的是，虽然2019年加大了销售回款力度，但应收账款仍占总资产的20.77%，盈峰环境未来应继续加强应收款项和存货管理，提高应收款项质量。

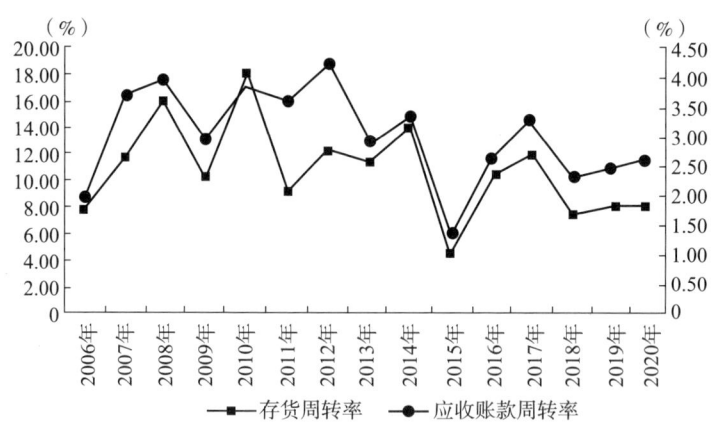

图27　盈峰环境2006—2020年营运能力指标

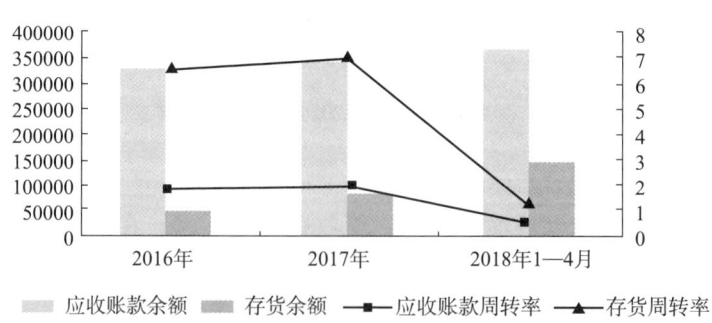

图28　中联环境2016—2018年4月营运能力指标

五、进一步分析：并购的市场反应

在研究并购事件对并购公司股价波动影响时，将主要采用事件研究法。所谓事件研究法，也称累计异常平均收益率分析法，是指运用股票收益率的数据来测定某一特定经济事件对公司价值的影响。该方法作为一个重要的分析工具已被广泛应用于社会科学研究中，是国内外研究并购效应的一种常用方法。这一研究方法基于效率市场理论假设，通过分析并购宣布前后股票价格的变化，来评价并购的绩效。具体来说是通过考察并购交易公告前后这段时期（事件期）内股东的平均异常收益率和累计异常收益率是否显著不等于零来判断。异常收益率是指超过"正常"（预期）收益率的收益率，比如，某日的异常收益率指某日的实际收益率减去投资者在该日要求的正常收益率。其中衡量正常收益率的方法主要有市场调整法、均值调整法等。

（一）并购的短期市场反应

1. 短期事件研究法

（1）事件日的确定。

深交所盈峰环境信息披露显示，其首次公告日为 2018 年 5 月 18 日，但资本市场于 2018 年 5 月 17 日晚间已获悉消息，盈峰环境将以股份支付方式收购中联环境 100% 股份，于 2018 年 5 月 18 日起停牌重组。因此，我们在考虑并购事件所带来的股价波动、股票累计超额收益率时，以 2018 年 5 月 17 日为事件日（且 2018 年 5 月 17 日并无交易量），以事件日前后 60 个交易日为短期考察时期，对并购交易所带来的累计超额收益率进行计算。

（2）短窗口期累计超额收益率指标的选择及定义。

在短期事件研究中，考察了并购公司并购公告日前后 60 个交易日，共 121 个交易日的股价表现。根据选取的并购公告日前后的窗口期间，计算其累计超额收益率。其中累计超额收益率（CAR）的计算方式如下：

1）市场调整法下的累计超额收益率。市场调整法最为简单，它假设市场指标的收益率是股票在事件期内的正常收益率。股票 i 在 t 天的超额日收益率为：

$$AR_{i,t} = R_{i,t} - R_{m,t}$$

股票 i 在 T 天的累计超额收益率为：

$$CAR_{i,T} = \sum AR_{i,t} \quad (t \in [1, T])$$

其中，$R_{i,t}$ 为股票 i 在第 t 天的日个股回报率，$R_{m,t}$ 为第 t 天的日市场回报率。同时，为了更好地观察并购所带来的股价效应，将对盈峰环境同行业同市场同时期的其他企业股价表现进行分析，其计算方法同上，记为：$CAR_{other,t}$。除此之外，还考察了盈峰环境日回报率与同行业同市场同时期其他企业回报率之差，来识别盈峰环境相对于行业而言的累计超额收益率的表现情况，记为：$CAR_{i-other,t}$。

2）均值调整法下的累计超额收益率。均值调整法中，首先需要选择一个"清洁期"（不受事件影响的时期），清洁期可以在事件期之前、之后或者两者都包括，但不能包括事件期，然后估算在此期间的股票日平均收益率，并把它作为正常收益率。其异常回报的计算公式为：

$$AR_{i,t} = R_{i,t} - \left(\sum R_{i,t0} \div t_1\right)$$

股票 i 在 T 天的累计超额收益率为：

$$MCAR_{i,T} = \sum AR_{i,t} \quad (t \in [1, T])$$

其中，$R_{i,t}$ 为股票 i 在第 t 天的日个股回报率；$\left(\sum R_{i,t0} \div t_1\right)$ 则是股票 i 在清洁期 (t_0, t_1) 时期的股票日平均收益率。利用均值调整法计算的股票短窗口期内的累计超额收益率记为 $MCAR_{i,T}$。清洁期选择的是窗口期前 60 日的盈峰日回报率均值。

（3）并购前后盈峰环境股价波动研究的检验结果及分析。

1）交易情况的一般分析。选取 2018 年 5 月 17 日（确认的并购公告日）并购前后 60 个交易日的成交量、成交金额进行分析。图 29、图 30 分别是盈峰环境在并购公告日后 60 个交易日期间的日交易量、日交易金额的散点图、折线图。

由图 29 可知，在并购公告日前后，无论是交易量还是交易金额都有比较大的一个波动。在并购公告日前一个月内（5 月 17 日前），其交易量、交易金额比 2018 年 2 月、3 月、4 月的交易量、交易金额都要大。并购公告日后，出现异常大额的交易量，如散点图中并购公告日后期间位于高点的 A、B 点。并购公告日后交易量、交易金额先上扬后下降，接着上扬后下降，呈现"M"形走势。这表明并购事件对盈峰环境资本市场上的交易量、交易金额有较为明显的影响。但较为明显的上扬阶段是在 2018 年 10 月、11 月，即并购公告日后的 45~60 日。这表明并购事件前期，市场可能存在着打压股票的行为。大额投资者通过前期对股票的打压，以期后期以更低的价格持有盈峰环境的股份。如图 30 所示，并购公告日前后 60 个交易日趋势与散点图大致相同，在并购公告日后的某一日存在着大额异常的交易量、交易金额，随后先降后升。

产业垂直整合战略与并购协同效应

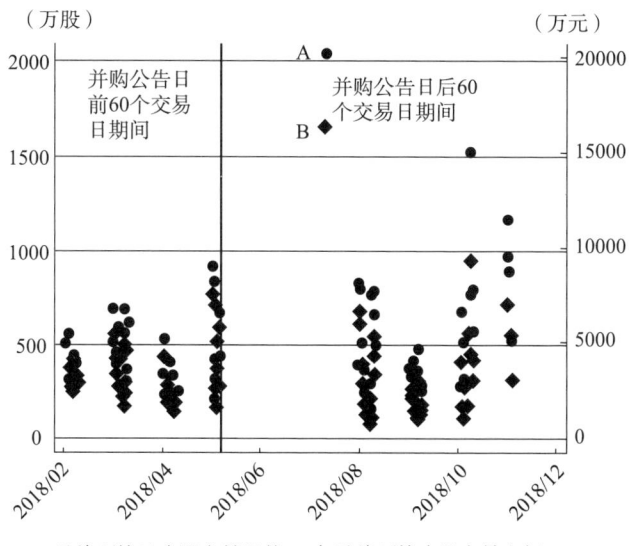

图 29 并购前后 60 个交易日期间交易量、交易金额散点图

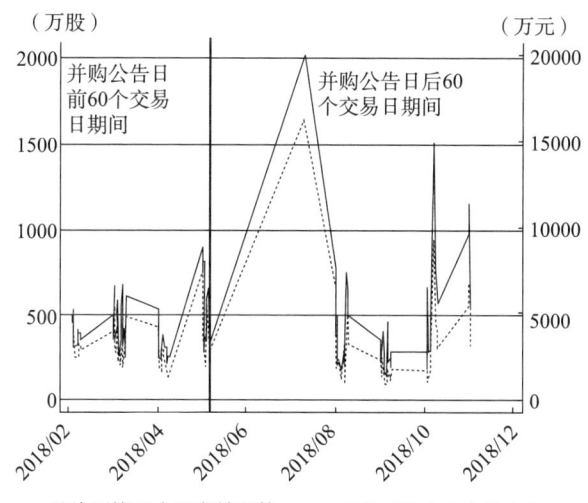

图 30 并购前后 60 个交易日期间交易量、日交易金额

为了更好地了解并购事件对盈峰环境股票波动的影响,绘制了从 2017 年 7 月到 2019 年 7 月共 432 个交易日的深成指数走势图和盈峰环境股票收盘价的价格走势图,具体如图 31 所示。

如图 31 所示,在并购公告日前 60 个交易日区间外,盈峰环境股价趋势与深成指数走势大致相同，有相同的波峰、波谷，并且波峰、波谷长度基本一致。这说明，盈峰环境个股走势受到宏观经济形势波动影响较大，受大盘走势影响也较大。而在并购公告日后 60 个交易日区间外（如图中 X 轴第三条竖线后的趋势图所示），虽大部分期间，盈峰环境个股走势与深成指数走势大致相同，但在 300 个交易日左右和 400 个交易日左右，盈峰环境个股走势与深成指数走势不太一样，盈峰环境出现异于深成指数的波峰、波谷。这表明并购事件对盈峰环境的影响存在着长期效应。

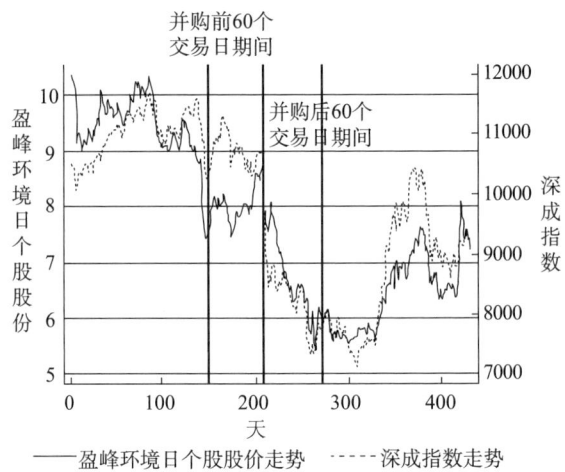

图 31 深成指数走势和盈峰环境股价走势

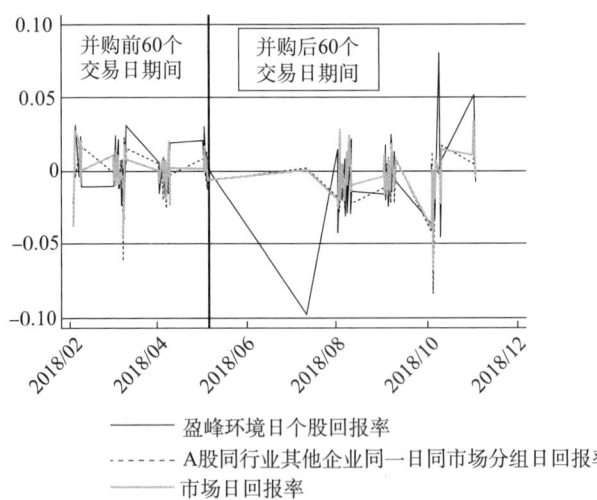

图 32 并购前后 60 个交易日日回报率折线图

在第一区间（盈峰环境并购中联环境事件日前 60 个交易日期间）的后半段，盈峰环境股价走势与深成指数走势出现差异，盈峰环境在该区间后半段经历了先下降后上升的趋势。在并购公告日前 50~前 40 个交易日，其股价走低，形成异于深成指数的一个波谷。并购公告日前 30~前 1 个交易日期间，盈峰环境的价格开始走强，且其增加的幅度比深成指数更大而盈峰环境一直与深成指数走势一致。这说明，并购事件确实能对盈峰环境股价的波动产生影响，盈峰环境形成了自身的特色，产生区别于大盘的走向。在第二区间，即图 32 中并购公告日后 60 个交易日期间的盈峰环境个股走势与深成指数走势可知，在并购公告日后 1~2 个交易日处，盈峰环境个股走势异于深成指数走势，出现短暂的上扬，形成异于深成指数的波峰后下降。在该区间后期，即并购公告日后 45~50 个交易日，盈峰环境区别于深成指数的波谷，形成了波峰。这表明，盈峰环境并购公告后，并购事件对盈峰环境的较大影响并不连续，对个股价格的上升和下降趋势影响力是有限的，经过一段时间的调整后，个股继续跟随大盘的走势运动。

2）日回报率的描述性统计。由表 15 可知，在并购前 60 个交易日期间，盈峰环境个股日回报率均值为 0.003；同行业同市场同时期其他企业个股日回报率均值为 0.002；深圳交易所 A 股市场日回报率均值为 0.001。由此可得，在并购公告日前 60 个交易日，盈峰环境个股日回报率从平均值的角度看，获得高于同行业同市场的其他企业个股日回报率均值，也高于市场的日回报率。从图 32 中不同主体下的日回报率折线图同样可以看到，在并购前 60 个交易日期间盈峰环境的日回报率大部分交易日处于市场日回报率、同行业同市场同时期其他企业日回报率之上，表明盈峰环境在并购公告日前 60 个交易日期间获得了更高的日回报率。同样，在并购公告日后 60 个交易日期间，盈峰环境日回报率均值为 -0.005，同行业同市场同时期其他企业日回报率均值为 -0.005，深圳交易所 A 股市场日回报率均值为 -0.003。这表明，在并购公告日后 60 个交易日内，盈峰环境日回报率均值与同行业同市场同时期其他企业日回报率均值一致，但低于该期间深圳交易所 A 股市场日回报率均值。同样地，可从图 32 中看到，在并购公告日后 60 个交易日内，盈峰环境的日回报率波动幅度较大，在并购公告日后前 20 个交易日内，盈峰环境日回报率有所下降，随后触底反弹。而在并购公告日后 40~60 个交易日期间，有大幅增加的一个峰度。这表明，并购公告日后 60 个交易日盈峰环境的股价表现、个股日回报率受到并购事件的影响，其回报率走势不同于市场回报率走势。

表 15　日回报率的描述性统计

主体	时期	均值	中值	标准差	最小值	最大值	N
盈峰环境	并购前 60 个交易日	0.003	0.000	0.015	-0.032	0.039	60
	并购后 60 个交易日	-0.005	-0.007	0.027	-0.098	0.081	60
	并购前后 120 个交易日	-0.001	-0.002	0.022	-0.098	0.081	120
同行业同市场同时期其他企业	并购前 60 个交易日	0.002	0.004	0.015	-0.062	0.028	60
	并购后 60 个交易日	-0.005	-0.003	0.019	-0.084	0.030	60
	并购前后 120 个交易日	-0.002	0.001	0.017	-0.084	0.030	120
深圳交易所 A 股市场日回报率	并购前 60 个交易日	0.001	0.001	0.013	-0.046	0.028	60
	并购后 60 个交易日	-0.003	-0.002	0.017	-0.068	0.034	60
	并购前后 120 个交易日	-0.001	0.000	0.015	-0.068	0.034	120

资料来源：国泰安数据库。

由表 15 可知，从标准差的角度来看，在并购前 60 个交易日内，盈峰环境的个股日回报率的标准差为 0.015，同行业同市场同时期其他企业个股日回报率的标准差为 0.015，市场日回报率的标准差为 0.013。在并购公告日前，盈峰环境日回报率的波动程度与同行业同市场同时期其他企业一致，但略高于深圳交易所 A 股市场日回报率波动程度，这很可能是行业因素所致。但从并购公告日后 60 个交易日看，盈峰环境日回报率标准差为 0.027，同行业同市场同时期其他企业日回报率标准差为 0.019，市场日回报率标准差为 0.017。也就是说，在并购公告日后 60 个交易日内，盈峰环境比同行业同市场其他企业的日报加报率波动幅度比市场日回报率波动幅度都要大，这表明，并购事件确实影响了盈峰环境的日回报率，使得其日回报率的波动更大，不再仅仅只是跟随着市场、行业的波动而波动。

由表 15 可知，在并购公告日前 60 个交易日内，盈峰环境日回报率的最大值是 0.039，而同行业同市场其他企业日回报率的最大值、深圳交易所 A 股市场日回报率的最大值均为 0.028。在并购公告日后 60 个交易日内，盈峰环境日回报率的最大值为 0.081，同行业同市场其他企业日回报率的最大值为 0.030、市场日回报率的最大值则为 0.034。这说明，并购前后盈峰环境在最大值上均获得了比同行业同市场同时期其他企业和深圳交易所 A 股市场更高的日回报率。从最小值看，盈峰环境在并购公告日前 60 个交易日内的最小值比同行业其他企业的日回报率和市场回报率更高，但同时，从并购公告日后 60 个交易日看，盈峰环境日回报率的最小值比同行业其他企业日回报率和市场日回报率都要低。

3) 累计超额收益率的检验结果。如表16所示。

表16 并购公告日前后累计超额收益率检验结果

Panel A：盈峰环境并购中联环境公告日前后累计超额收益率						
CAR	并购公告日前后短期内不同窗口期的 CAR					
窗口期	(−60, −1)	(−50, −1)	(−40, −1)	(−30, −1)	(−20, −1)	(−10, −1)
$CAR_{i,t}$	0.126	0.108	0.128	0.142	0.079	0.027
$CAR_{other,t}$	0.082	0.074	0.049	−0.002	0.006	0.001
$CAR_{i-other,t}$	0.043	0.034	0.078	0.144	0.073	0.025
$MCAR_{i,T}$	0.461	0.334	0.289	0.304	0.185	0.113
窗口期	(0, 10)	(0, 20)	(0, 30)	(0, 40)	(0, 50)	(0, 60)
$CAR_{i,t}$	−0.055	−0.138	−0.169	−0.186	−0.168	−0.139
$CAR_{other,t}$	−0.017	−0.070	−0.060	−0.045	−0.134	−0.143
$CAR_{i-other,t}$	−0.032	−0.062	−0.103	−0.135	−0.028	0.009
$MCAR_{i,T}$	−0.040	−0.087	−0.131	−0.072	−0.144	−0.020
窗口期	(−1, 1)	(−2, 2)	(−3, 3)	(−4, 4)	(−5, 5)	(−6, 6)
$CAR_{i,t}$	−0.107	−0.042	−0.046	−0.038	−0.004	−0.028
$CAR_{other,t}$	0.008	0.002	−0.019	−0.012	−0.010	−0.010
$CAR_{i-other,t}$	−0.110	−0.039	−0.021	−0.020	0.012	−0.012
$MCAR_{i,T}$	−0.095	−0.032	−0.051	−0.059	−0.032	−0.018
Panel B：盈峰环境并购前后 AR 与同行业同市场同时期其他企业的 AR 的比较分析						
窗口期	(−60, −1)	(−30, −1)	(−10, −1)	(0, 10)	(0, 30)	(0, 60)
均值显著性	−2.11%***	8.25%***	0.71%	−4.49%***	−6.30%***	−7.50%***

注：*** 表示在1%的统计水平上显著。
资料来源：国泰安数据库。

由表16中 $CAR_{i,t}$ 数据分析结果可知，在并购公告日前，盈峰环境的累计超额收益率均为正，与同行业同市场同时期其他企业相比，能取得更高的累计超额收益率，通过检验其累计超额收益率 CAR 显著大于0（如 Panel B 对应窗口期结果所示）；但并购公告日后，其累计超额收益率为负，且相比于同行业同市场同时期的其他企业而言，股票累计超额收益率表现较差（如 Panel A 中 $AR_{i,t}$、$CAR_{other,t}$、$CAR_{other,t}$ 及 Panel B 均值比较所示）。一方面，可能是因为并购消息被外界及时获得,造成并购效应提前发生,盈峰环境在并购公告日前获得更高的累计超额收益率。而并购公告日后,资本市场存在着打压股票的可能性。大额投资者希望通过打压盈峰环境股票价格,以更低的价格购入从而获得后期更高的收益率。所以,预测并购事件能给盈峰环境带来长期的效应。另一方面,可能是并购支付方式造成的影响,有研究表明,不同的支付方式所造成的股价影响不同,以股权支付方式实施并购后其股票收益率会显著为负(Agrawal et al.,2000;Loughran et al.,1997)。公司很有可能利用并购前较高的市场估值,在市场择机选择情况下选择股权支付,随后投资者根据情况调整其估值,导致股价下跌(Shleifer et al.,2003;邵建新等,2014)。由并购前后窗口期(-1,1)(-2,2)(-3,3)(-4,4)(-5,5)(-6,6)所得的检验结果可知,除了窗口期(-5,5)之外,其他窗口期,盈峰环境的累计超额收益率都低于同行业同市场同时期其他企业的日回报率均值的累计超额收益率。

2. 并购完成日前后的短期股价波动情况检验

考虑到并购事件本身是一个风险性事件,历年的并购事件中,最终以失败告终的并购事件比比皆是,如海尔并购美泰公司、美国惠普公司收购普华永道咨询业务等并购失败事件。盈峰环境并购中联环境的公告日为2018年5月18日,盈峰环境拟发行股份收购中联环境100%股权,收购总价约为152.5亿元。截止到2017年12月末,中联环境总资产规模约为97.52亿元,股东权益约为35.09亿元。截止到2018年4月30日,盈峰环境总资产规模约为83.54亿元,股东权益约为44.65亿元。由此可知,其一,盈峰环境并购中联环境并购溢价较大,并购中联环境所导致的高额并购溢价是否值得,存疑;其二,盈峰环境此次发行股份并购中联环境100%的股权,能否得到相关部门的支持,亦存疑。因此,当投资者在得知盈峰环境并购中联环境事件时,很可能会对并购事件的成功与否存疑,使得其在并购成功前持观望态度。

因此,为了更好地反映并购事件对盈峰环境股价的影响,研究将以并购完成日作为事件日,观察并购完成日前后盈峰环境的股价波动情况。盈峰环境并购中联环境完成日为2018年11月29日,并于当日出具相关报告。因此,研究将以2018年11月29日为事件日(将2018年11月29日视为无交易日),以事件日前后60个交易日为短期考察时期,对并购交易所带来的累计超额收益率进行计算。累计超额收益率 $CAR_{i,t}$、CAR_{other}、$CAR_{i-other}$、$MCAR_{i,T}$ 的相关计算同上。

表17　并购完成日前后窗口期累计超额收益率

Panel A：盈峰环境并购中联环境完成日前后累计超额收益率

CAR	并购完成日前后短期内不同窗口期的CAR					
窗口期	(-60, -1)	(-50, -1)	(-40, -1)	(-30, -1)	(-20, -1)	(-10, -1)
$CAR_{i,t}$	-0.112	-0.033	-0.051	-0.044	0.016	-0.035
CAR_{other}	-0.037	0.001	-0.035	-0.016	0.060	0.022
$CAR_{i-other}$	-0.075	-0.035	-0.016	-0.028	-0.045	-0.056
$MCAR_{i,T}$	-0.107	-0.045	-0.037	-0.036	0.098	-0.031
窗口期	(0, 10)	(0, 20)	(0, 30)	(0, 40)	(0, 50)	(0, 60)
$CAR_{i,t}$	-0.016	0.049	0.038	0.020	0.030	-0.015
CAR_{other}	-0.020	-0.010	0.021	-0.043	-0.056	-0.050
$CAR_{i-other}$	0.004	0.060	0.017	0.063	0.085	0.035
$MCAR_{i,T}$	0.029	0.037	0.080	0.094	0.215	0.292
窗口期	(-1, 1)	(-2, 2)	(-3, 3)	(-4, 4)	(-5, 5)	(-6, 6)
$CAR_{i,t}$	-0.011	-0.001	-0.022	-0.026	-0.009	-0.050
CAR_{other}	-0.004	-0.0004	0.010	-0.007	0.005	0.004
$CAR_{i-other}$	-0.008	-0.0006	-0.033	-0.018	-0.014	-0.054
$MCAR_{i,T}$	0.014	0.064	0.047	0.005	0.005	-0.027

Panel B：盈峰环境并购完成日前后AR与同行业同市场同时期其他企业的AR的比较分析

窗口期	(-60, -1)	(-30, -1)	(-10, -1)	(0, 10)	(0, 30)	(0, 60)
均值及显著性	-0.125%	-0.093%	-0.562%	0.044%	0.058%	0.059%

表17是以并购完成日作为事件日进行的短期股东波动率的测算。由表17中Panel A不同窗口期的CAR可知：①并购完成日前60日，相比于同行业同市场同时期其他企业的累计超额收益率，盈峰环境的累计超额收益率更低；同样地，以均值（均值为并购完成窗口期前60日盈峰环境日回报率均值）作为标准计算的CAR，盈峰环境的超额收益率大部分为负。②并购完成日后60日，盈峰环境的累计超额收益率相比于同行业同市场同时期其他企业的CAR更高，且大部分为正。由表17中Panel B可知，

对盈峰环境并购完成日前后的 AR 与同市场同行业同时期其他企业的 AR 进行比较可知，在并购完成日前，盈峰环境的 AR 相较于同市场同行业同时期其他企业 AR 更低；而在并购完成日后 60 日，其 AR 相较于同市场同行业同时期其他企业 AR 更高。综上分析，在并购完成日前，盈峰环境的股价回报率并未受到并购事件较大的积极影响，但在并购完成日后 60 日，盈峰环境的股价回报率相较于并购完成日前 60 日股价回报率有更高的正向影响。这很可能是由于在并购完成前，投资者很可能会对并购事件持观望态度，而使得并购完成日前并购事件对股价回报率的影响并不那么显著。

（二）并购的长期市场反应

并购事件不仅会影响企业短期内的回报率，可能更多地会表现为长期效应。并购事件对企业的长期影响亦是关注的重点，因此，亦需要从长期效应来看并购事件对股价波动率的影响。

1. 股票长期超额收益率指标选择及定义

在长期事件研究法中，长期的股价表现对于计算超额收益率时采用的基准和使用的检测方法非常敏感。Barber 和 Lyon 指出，应采用买入持有收益（BHAR）来计算长期超额收益率。BHAR 衡量了购买公司股票并一直持有直到考察期结束，公司股票收益率超过市场组合或对应组合收益率的大小。BHAR 的计算方式如下：

$$BHAR_{i,t} = \sum_{t=1}^{T}(1+R_{i,t}) - \prod_{t=1}^{T}(1+R_{m,t})$$

其中，T 为 1~23 个月，之所以取值为 23 个月，是因为盈峰环境并购中联环境后，到目前为止，市场披露的只有 23 个月的股票回报率（2018 年 5 月—2020 年 4 月），其中盈峰环境因并购事件 2018 年 6 月暂无交易数据。$R_{i,t}$ 表示盈峰环境个股月收益率，$R_{m,t}$ 表示市场月回报率。同样地，为了更好地识别并购给盈峰环境带来的股价效应，对同行业同市场同时期其他企业的 BHAR 进行计算、检验，其计算方法同上，记为：$BHAR_{other,t}$。

2. 长期股权回报率的结果

并购公告日后长期超额收益率（BHAR）的检验结果见表 18。

表 18 并购公告日后长期超额收益率（$BHAR$）的检验结果

并购公告日后长期超额收益率			
t	$BHAR_{i,t}$	$BHAR_{other,t}$	cha_BHAR ($BHAR_{i,t}$-$BHAR_{other,t}$)
1	0.0823	0.1040	0.1040
2	-0.0390	-0.0070	-0.0070
3	-0.1143	-0.0484	-0.0484
4	-0.1770	-0.0593	-0.0593
5	-0.2269	-0.0902	-0.0902
6	-0.2039	-0.1078	-0.1078
7	-0.1657	-0.0732	-0.0732
8	-0.2002	-0.0478	-0.0478
9	-0.2096	-0.0762	-0.0762
10	-0.2314	-0.1390	-0.1390
11	-0.1992	-0.0428	-0.0428
12	-0.2193	-0.0421	-0.0421
13	-0.1417	-0.0006	-0.0006
14	-0.2137	-0.0318	-0.0318
15	-0.2026	-0.0123	-0.0123
16	-0.2589	-0.0666	-0.0666
17	-0.2805	-0.0608	-0.0608
18	-0.3157	-0.0743	-0.0743
19	-0.3400	-0.0707	-0.0707
20	-0.3252	-0.0631	-0.0631
21	-0.2469	-0.0004	-0.0004
22	-0.2922	-0.0848	-0.0848
23	-0.2867	-0.0758	-0.0758
24	-0.0374	0.1645	0.1645
25	-0.0989	0.1739	0.1739
26	0.0023	0.3242	0.3242
27	-0.1471	0.1822	0.1822

续表

并购公告日后长期超额收益率			
t	$BHAR_{i,t}$	$BHAR_{other,t}$	$cha\_BHAR\ (BHAR_{i,t}-BHAR_{other,t})$
28	-0.2407	0.1030	0.1030
29	-0.2226	0.1726	0.1726
30	-0.2077	0.2228	0.2228
31	-0.3160	0.2029	0.2029
32	-0.3225	0.2520	0.2520
33	-0.2638	0.2428	0.2428
34	-0.2687	0.1270	0.1270
35	-0.3412	0.1060	0.1060
36	-0.3917	0.1155	0.1155
$BHAR_{i,t}$ 与 $BHAR_{other,t}$ 均值之差的检验			0.0338*

注：t 表示长期超额收益率起始月份（即2018年5月）至当前月份的月份总数，如2018年7月，即是2018年5月—2018年7月之间的月份差，此时 $t=2$；*、**、*** 分别表示在10%、5%和1%的统计水平上显著。

资料来源：国泰安数据库。

由表18可知，从长期来看（36个月窗口期），$BHAR_{i,t}$ 与 $BHAR_{other,t}$ 均值之差为0.0338，且在10%的显著性水平下显著大于0。从 $BHAR_{i,t}$ 盈峰环境个股长期超额收益率来看，大部分 $BHAR_{i,t}$ 为负值，并购后的长期超额收益率并没有获得高于市场长期超额收益率的 $BHAR$。但盈峰环境并购后的长期超额收益率高于同市场同行业同时期其他企业的长期超额收益率，cha_BHAR 大部分为正值。这表明，相对于同行业同市场同时期其他企业而言，盈峰环境并购后获得了更高的长期超额收益率。另外，相比于同市场同行业同时期其他企业，并购事件对盈峰环境个股长期超额回报率有正向影响。

六、研究结论与案例启示

（一）研究结论

盈峰环境收购中联环境的交易为环保行业难得的"蛇吞象"交易。这一大手笔的资本运作背后有坚定的产业逻辑，将对国内环卫行业格局产生深远影响。有"盈峰系"这样资本方面强有力的买家，中联环境日后龙头之路将更为顺畅。我们研究发现，盈峰环境收购中联环境产生了较强的经营协同效应。从营业收入和净利润规模来看，中联环境的并入使盈峰环境的"体量"明显增大，营业收入和净利润也明显增加，营业收入增长率在2019年虽然有所放缓，但是净利润仍保持了一定的增长率。其中，中联环境对盈峰环境营业收入和净利润的贡献率都远远超过了60%，在2020年营业收入的贡献率下降的情况下，中联环境对盈峰环境净利润的贡献率持续上升，达到了98.53%，新增环卫业务成为盈峰环境当之无愧的主营业务。就经营活动产生的现金流量净额来看，盈峰环境2016—2018年的现金流情况不是很理想，进行整合以后，2019—2020年的现金流情况得到明显改善，盈利质量有所提升。总的来说，此次并购使盈峰环境的发展能力有所增强。

从盈利情况来看，盈峰环境的营业毛利率明显提高，由于中联环境高毛利业务板块的加入，在行业平均营业毛利率走低的情况下，盈峰环境营业毛利率仍然保持了较高的增长速度，2019年的营业毛利率达到了29.04%，首次超过了行业平均水平。从营业利润率、营业净利率、总资产利润率和净资产收益率对盈利能力进行分析后也发现，盈峰环境完成并购后的盈利状况确实明显改善，说明此次并购显著增强了盈峰环境的盈利能力。从财务协同效应来看，并购产生的财务协同效应较强。从长期偿债能力来看，并购前盈峰环境和中联环境的资产负债率都呈上升趋势，但并购后盈峰环境的资产负债率有所降低，说明经过业务融合，资金流的情况有所改善，在维持业务快速扩张的同时改善了长期偿债能力。从短期偿债能力来看，并购前盈峰环境和中联环境的流动比率和速动比率都有所下降，但并购后盈峰环境的流动比率和速动比率有小幅上升，短期偿债能力有一定改善，后续应该对短期偿债能力进行进一步协调与整合。

另外，盈峰环境收购中联环境也产生了较明显的管理协同效应。从销售期间费用率来看，并购前盈峰环境和中联环境的销售期间费用率都呈上升趋势，并购的完成使销售期间费用率保持了下降的趋势，说明盈峰环境管控能力增强。具体来看，盈峰环境与中联环境的财务费用率一直处于较低的水平，但销售费用率与管理费用率有较明显的变化。并购后盈峰环境销售费用率的上升趋势非常明显，主要是因为中联环境并入后销售规模扩大，另外，为了改变客户结构，销售费用有所增长。但管理费用率的下降趋势则很明显。并购前，中联环境的管理费用率维持在一个较稳定的水平，并且其中主要是技术开发费用，但并购前盈峰环境的管理费用率持续走高，在完成并购后盈峰环境的管理费用率下降明显，说明盈峰环境对管理费用的管控能力在不断加强。从营运能力来看，在总资产增加了两倍的情况下，并购后盈峰环境的总资产周转率还能维持在较稳定的水平,说明盈峰环境本身具有较强的营运能力。对存货周转率和应收账款周转率进行进一步分析后发现,应收账款周转率、存货周转率波动性较强,改善情况不是很明显,主要是因为盈峰环境与中联环境都具有较大规模的应收账款和存货,这也是后续业务整合中需要特别关注的地方。

最后,盈峰环境收购中联环境产生了很强的市场反应。从并购事件对盈峰环境短期市场效应来看,无论是从 $CAR_{i,t}$ 还是从 $MCAR_{i,T}$ 进行比较,所得的结论一致。盈峰环境并购中联环境,这一环保行业的强强联合事件使得并购方——盈峰环境在并购前能获得更大的股票日回报率。但由于前期可能存在股价高估、投资者提前获得并购消息、股权支付等因素的影响,盈峰环境在并购公告日后并未获得更高的累计超额收益率,但这并不说明并购事件对盈峰环境的股价并无影响。因为并购公告日后,资本市场上可能存在着打压股价的行为,投资者希望通过打压股价实现低买高卖,获得更高的后期收益。这恰恰能够反映市场对并购事件价值的认可。另外,并购事件对盈峰环境长期股价的影响集中体现在并购公告日后。在并购公告日后不同时间区间的长期超额收益率中,盈峰环境与同行业其他企业的平均水平相比,获得了更高的长期超额收益率。因此,并购事件确实对盈峰环境长期超额收益率有影响,使得其相比于同行业其他企业平均水平获得了更高的长期超额收益率。

(二) 案例启示

企业间的并购重组是一把"双刃剑"。一方面,它可以降低企业运营成本,扩大企业运营规模,进而实现规模经济;另一方面,企业的并购重组也会带来各种各样的问题,企业的经营效率反而会下降。而并购本身并不能创造新的价值,并购的真正效益来源于并购后对生产要素的有效整合。并购过程中,无论是主并公司还是目标公司都有一些可以转移或可以共享的生产要素,只有对这些生产要素进行重新定位、完成资源的有效整合、优化资源配置,发挥出各种要素互相融合后的潜能,才能实现经营协同效应、财务协同效应和管理协同效应。对盈峰环境收购中联环境的过程以及带来的效应分析之后,我们可以得出一些启示:虽然通过分析我们发现,盈峰环境收购中联环境后,在财务、经营、管理各方面都产生了一定的协同作用,达到了"1+1>2"的效果,但这种效应是短期的,若想要将这种正效应长期保持下去,仍需加强两家公司各方面资源的整合。因为原本的两家公司,在公司文化、公司战略方向、公司组织结构、资源等方面都存在着极大的差异。若整合成功,将会达到协同效应,相反,若整合失败,则会直接影响企业的长远发展。因此，重组后应尽快调整企业文化，使其能够适应新公司的战略要求，并通过对重组后业务、人员、管理体系等方面进行深度整合，统一调配资源，提高管理能力，形成由并购重组给企业带来的核心竞争力，这才是实现并购带给企业长期的协同效应、竞争优势以及持续发展能力的唯一途径。

参考文献

[1] 陈银娥,赵子坤.我国民营上市公司跨所有制并购绩效研究[J].山东社会科学,2019(11):146-150.

[2] 陈玉罡,李善民.资产专用性影响并购的超边际分析和实证研究[J].中山大学学报,2009(1):204-208.

[3] 范从来,袁静.成长性、成熟性和衰退性产业上市公司并购绩效的实证分析[J].中国工业经济,2002(8):65-72.

[4] 方军雄.政府干预、所有权性质与企业并购[J].管理世界,2008(9):118-123+148.

[5] 冯根福,吴林江.我国上市公司并购绩效的实证研究[J].经济研究,2001(1):54-61+68.

[6] 弗雷德·威斯通,等.兼并、重组与公司控制[M].唐旭,等,译.北京:经济科学出版社,1998.

[7] 高维和,黄沛,王震国.资产专用性、渠道异质性与渠道投机行为:基于中国汽车企业的实证[J].财贸研究,2006(4):102-109.

[8] 葛结根.并购支付方式与并购绩效的实证研究——以沪深上市公司为收购目标的经验证据[J].会计研究,2015(9):74-80+97.

[9] 黄兴孪,沈维涛.掏空或支持——来自我国上市公司关联并购的实证分析[J].经济管理,2006(12):57-64.

[10] 李广子,刘力.上市公司民营化绩效:基于政治观点的检验[J].世界经济,2010(11):139-160.

[11] 李井林,刘淑莲,韩雪.融资约束、支付方式与并购绩效[J].山西财经大学学报,2014(8):114-124.

[12] 李凯,郭晓玲.产业链的垂直整合策略研究综述[J].产经评论,2017(3):81-95.

[13] 李青原,唐建新.企业纵向一体化的决定因素与生产效率——来自我国制造业企业的经验证据[J].南开管理评论,2010(3):60-69.

[14] 李善民,曾昭灶,王彩萍,朱滔,陈玉罡.上市公司并购绩效及其影响因素

研究[J].世界经济,2004(9):60-67.

[15] 李田香.我国企业资产重组的动机分析[J].经济与社会发展,2006(11):71-73.

[16] 李昕欣,李果,陈晨.资产专用性、纵向一体化与企业绩效——基于经验数据分析[J].会计之友,2018(4):131-137.

[17] 李英东,李映红.专用性资产、要挟与纵向一体化——对茂化实华停产风波的经济学分析[J].西南民族大学学报(人文社会科学版),2005(8):134-137.

[18] 李增泉,余谦,王晓坤.掏空、支持与并购重组——来自我国上市公司的经验证据[J].经济研究,2005(1):95-105.

[19] 石水平,石本仁.上市公司控制权争夺的动机及其特征[J].当代经济科学,2007(4):72-82.

[20] 刘兴亚,李湘宁,缪仕国,姜子叶.资产专用性、文化差异与外资进入模式选择[J].金融研究,2009(3):72-84.

[21] 马克·L.赛罗沃.协同效应的陷阱:公司购并中如何避免功亏一篑[M].杨炯,译.上海:上海远东出版社,2001.

[22] 迈克尔·波特.竞争战略[M].陈小悦,等,译.北京:华夏出版社,1997.

[23] 潘红波,余明桂.支持之手、掠夺之手与异地并购[J].经济研究,2011(9):109-121.

[24] 潘红波,夏新平,余明桂.政府干预、政治关联与地方国有企业并购[J].经济研究,2008(4):41-52.

[25] 钱翼晟,许舸,韩萍.垂直整合与内部资本配置效率——基于比亚迪的案例研究[J].会计与经济研究,2014(5):41-54.

[26] 万兴,杨晶.互联网平台选择、纵向一体化与企业绩效[J].中国工业经济,2017(7):156-174.

[27] 王斌,王乐锦.纵向一体化、行业异质性与企业盈利能力——基于中加澳林工上市公司的比较分析[J].会计研究,2016(4):70-76+96.

[28] 邬义钧,马志峰.企业纵向一体化问题研究——以中国上市公司为例[J].中南财经政法大学学报,2004(4):39-45+143.

[29] 吴利华,周勤,杨家兵.钢铁行业上市公司纵向整合与企业绩效关系实证研究——中国钢铁行业集中度下降的一个分析视角[J].中国工业经济,2008(5):57-66.

[30] 夏新平,邹朝辉,潘红波.不同并购动机下的并购绩效的实证研究[J].统计与决策,2007(1):79-80.

[31] 徐虹,林钟高,芮晨.产品市场竞争、资产专用性与上市公司横向并购[J].南开管理评论,2015(3):48-59.

[32] 余鹏翼,王满四.国内上市公司跨国并购绩效影响因素的实证研究[J].会计研究,2014(3):64-70+96.

[33] 赵红岩.产业链整合的阶段差异与外延拓展[J].改革,2008(6):56-60.

[34] 张新.并购重组是否创造价值?——中国证券市场的理论与实证研究[J].经济研究,2003(6):20-29+93.

[35] ACEMOGLU DARON, PHILIPPE AGHION, RACHEL GRIFFITH AND FABRIZIO ZILIBOTTI. Vertical Integration and Technology: Theory and Evidence[J]. Journal of European Economic Association, 2010, 85(5):989-1033.

[36] AGAWAL A C, R KNOEBER. Performance and Meachanism to Control Agency Problems between Mnagers and Shareholders[J]. Journal of Financial and Quantitive Analysis, 1996, 31(2):377-397.

[37] ANSOFF H I. Corporate Strategy: An Analytic Approach to Business Policy for Growth and Expansion[M]. New York: McGraw Hill, 1965:127-132.

[38] BAKER GEORGE P, THOMA N HUBBARD. Contractibility and Asset Ownership: On-Board Computers and Governance in U.S. Trucking[J]. Quarterly Journal of Economics, 2004, 119(4):1443-1479.

[39] CHIPTY T. Vertical Integration, Market Foreclosure, and Consumer Welfare in the Cable Television Industry[J]. The American Economic Review, 2001, 91(3):428-453.

[40] COASE R H. The Nature of the Firm[J]. Economica, 1937, 4(16):386-405.

[41] FAN J, V GOYAL. On the Patterns and Weath Effects of Vertical Mergers[J]. Journal of Business, 2006(79):877-902.

[42] GROSSMAN S J, HART O D. The Costs and Benefits of Ownership: A Theory of Vertical and Lateral Integration[J]. Journal of Political Economy, 1986, 94(4):691-719.

[43] HART, OLIVER, JOHN MOORE. Incomplete Contracts and Owership: Some New Thoughts[J]. American Economic Review, 1990, 97(2):182-185.

[44] JOHN, GEORGE, BARTON A WEITZ. Forward Integration into Distribution: An Empirical Test of Transaction Cost Analysis[J]. Journal of Law, Ecinomics, and Organization, 1988, 4(2):337-356.

[45] KEDIA SIMI, S ABRAHAM RAVID, VICENTE PONS. Vertical Mergers and the Market Valuation of the Benefits of Vertical Integration[R]. Working Paper

Rutgers Business School,2008.

[46] KLEIN B,CRAWFORD R G,ALCHIAN A A. Vertical Integration,Appropriable Rents,and the Competitive Contracting Process[J].Journal of Law & Economics,1978,21(2):297-326.

[47] SEDATOLE KAREN L,DIMITRIS VRETTOS ,SALLY K WIDENER. Beyond Transaxtion[J].International Journal of Industrial Organization,2011,19(8):1281-129.

[48] STIGLER GEORGE. The Division of Labor is Limited by the Extent of the Market[J].Journal of Political Economy,1951,59(1):185-193.

[49] WILLIAMSON,OLIVER E. The Vertical Integration of Production:Market Failure Considerations[J].American Economic Review,1971,61(2):112-123.

环宇新材：逆势生长的企业转型模式研究

文/张 泳

一、引言

在经济增速放缓、经济增长动力和发展方式发生转变的新常态经济背景下，如何顺应潮流、顺利转型，是众多民营企业，尤其是中小型民营企业普遍面临的生死攸关的问题。

转型升级一直是管理领域的热点研究问题，大部分的研究都集中于应用"互联网+"推动制造业向智能化转型或实现制造服务一体化（张伯旭和李辉，2017；石喜爱，2017），或是分析创新对企业转型的影响（沈琼和王少朋，2019；孟凡生和赵刚，2019）。从研究内容上看，缺乏对民营企业转型升级路径提出一个整合性的分析框架，把传统民营企业向新兴产业或高新技术产业发展过程联系起来。从实践上看，缺乏对在经济增长趋缓、行业竞争激烈的极度不利状况下，还能通过转型实现逆势生长的实际案例的研究。

本研究探讨了在面临经济增速放缓和产业生产能力过剩的双重压力下，佛山市环宇新型材料有限公司（以下简称环宇新材）从最初的钢材贸易和胶片生产厂商转型为国内少有的能同时生产高端家电彩板和硅钢板等高科技绿色家电材料企业的案例，探讨传统民营企业如何通过转型升级实现逆势生长，以对现有研究进行补充和完善。

本研究第二部分对企业转型的相关理论与研究进行回顾和梳理；第三部分对案例的研究方法与数据收集方式进行介绍；第四部分对广东民营企业背景与彩涂板行业进行介绍；第五部分对环宇新材逆势生长的转型升级模式展开详细的讨论分析；第六部分对研究进行总结并提出几点转型的启示和建议。

二、文献回顾与理论基础

(一) 企业转型的基本理论

1. 企业转型的定义与动机

企业转型一直是国内外研究的热点。研究者们从竞争战略、组织管理、企业价值链、企业生命周期等视角出发,对企业转型进行了不一样的界定。Ginsberg(1988)认为企业转型的本质是企业文化、管理体系、商业模式等各类要素的重构。众多国内学者在中国快速变化的经济背景下,对有中国特色的企业转型实践展开研究,对企业转型提出新的、更具有实践性的定义。例如,吴家曦和李华燊(2009)提出企业转型升级可分成转型和升级两个层面理解,前者是指企业在不同产业之间的"转行"和不同发展模式之间的"转轨",后者指企业在产业链和价值链上的位置提升。

结合现有研究对企业转型的定义,本研究认为企业转型是一个动态的企业变革过程,包括组织战略、管理结构、商业模式等多层次全方位的转变,目的是向高附加值的生产领域或高获利的经营领域拓展,以获取持续性的竞争优势。

企业转型的动机,既受到政府宏观政策等外部因素的影响,也受到企业资源等内部因素的影响。在外部因素方面,总体而言可概括为以下8个因素:①政府宏观政策的引导;②生产要素成本的提高;③金融危机的爆发;④传统制造业产能过剩、过度竞争;⑤外商投资倒逼转型升级;⑥产业发展与技术进步拓展了企业发展的广度与深度;⑦需求结构升级;⑧全球经济梯度的发展和世界经济结构的转型(刘进等,2020)。

在内部因素方面,企业追求利益最大化的本质要求其不断发展升级。王吉发等(2006)指出企业的冗余资源以及其他行业的吸引力会促进企业转型。毛蕴诗和汪建成(2006)指出企业的研发创新与转型升级存在互动过程。企业为了走出"低端锁定"和"核心技术空洞化"的局面,获取更高的利润和未来长远的发展,则需要进行研发和技术创新,而这也需要企业的组织战略、管理结构等各组织要素同步转型升级。

2. 企业转型的路径

现存文献中,已有大量学者对企业转型的路径进行研究,主要从产业组织视角和资源能力视角两方面展开。

在产业组织视角下，企业转型的主要内容是企业战略和组织运营的重构。其中，波特提出的成本领先战略、差异化战略和集中战略之间的转换是企业转型路径最初的研究方向（波特，1980）。此外，Humphrey 和 Schmitz（2002）还提出要从高能耗高污染的粗放型向低能耗低污染的集约型转变。还有许多学者通过对企业价值链的分析，提出企业在价值链上的转型路径（Lizbeth，2011；赵昌文和许召元，2013）。还有些学者提出企业在产业结构方面的转型升级，即逐渐"服务化"（刘斌等，2016；王满四等，2018）。此外，从本土化向国际化转型也是众多企业的转型方向。

在资源能力视角下，企业转型升级主要是通过组织学习、建立网络、技术创新和培育资源等方式加速企业的转变，增强企业的竞争力。Makadok（2001）指出，资本和人力等重要资源是企业实现转型的基础。杨桂菊（2010）发现，企业转型升级的过程实质上是企业核心能力不断提升的过程，企业通过建立网络、组织学习、技术创新等方式推动企业转型升级。

（二）广东民营企业转型之路

广东民营企业正处于转型升级的关键阶段，然而，长期以来的家族式、依赖式的企业发展模式及民营企业自身的弱势给广东民营企业的转型升级带来了各方面的困难与挑战。一是企业管理结构不完善，经营管理方式落后。二是技术发展低端化，核心技术难以突破。广东的传统民营企业以非核心技术领域的中小型制造业和贸易商为主，结构性供需矛盾突出（陈向阳，2018）。三是国际竞争加剧。国际投资回流对广东民营企业增加产品需求、提升技术能力与核心竞争力形成了巨大的挑战。在面临着重重困难的同时，广东转型相关政策的推行、天然的地理优势、海上丝绸之路和粤港澳大湾区的建设等，也给民营企业的转型带来众多机遇。从企业建设来看，广东省区域创新能力综合排名全国领先，自主创新能力不断增强。此外，广东民营企业对海外市场更为熟悉，拥有良好的市场资源优势和较好的资源整合能力。从政策建设来看，"一带一路"和粤港澳大湾区致力于构建具有国际竞争力的现代产业体系，为广东民营企业提供了更多的路径选择。广东民营企业可以根据自身的资本累积和生产模式，因时制宜、因地制宜地选择转型升级的发展道路（毕满庆，2019）。

面对快速变化的外部环境和未知的转型风险，已有许多学者对广东的民营企业展开研究，探寻其成功转型升级的经验之道。以创新驱动转型，培育核心资源和能力，是众多广东民营企业成功转型升级的重要路径。李燕平（2013）提出企业家精神是企业转型升级的主要动力，关键资源是企业转型升级的基础，自主创新能力是企业转型升级的主要推动力，政府政策是企业转型升级的保障，合作共赢是企业转型升级的有效途径。从低利润的传统制造贸易产业迈入高利润的技术密集型与资本密集型产业，进行多元化发展或跨行业转型也是众多广东传统民营企业所选择的转型路径。杨桂菊（2010）发现，企业可以通过跨领域多元化经营实现转型升级，同时不断积累升级的资金与技术优势，并且企业要重视核心技术的掌握以及构筑自己的产业链纵深。

（三）企业转型逆势增长的影响因素

1. 战略性基本准则

基于远景和独特能力的价值创造准则是企业逆势增长实现转型升级的战略性基本准则。企业转型的最终目的是获得持续不间断的竞争优势。武亚军（2009）通过对华为、联想和海尔实践的理论探索与总结，发现企业在转型的动态过程中，面临着经营领域选择、产权与内部治理优化、复杂的制度环境应对、自主技术发展、组织能力建设等维度及其内在悖论动态平衡的挑战，这就要求企业在转型过程中采用复杂性战略，考虑多方面的因素，随着动态的环境不断调整转型的路径以做出最优的决策。但过度的变化容易使企业陷入茫然，失去目标。因此，企业需要坚持一个长期一致的基于远景和独特能力的价值创造准则（武亚军，2009）。简而言之，企业需要树立长期明确的、独特的使命。

2. 关键要素

（1）战略导向与能力培育。

在企业的发展历程中，通常有两种发展战略选择：机会导向型发展战略和战略导向型发展战略。而采取机会导向型发展战略的企业往往生命周期较短，绝大部分成功企业都是从最开始的适应环境、抓住机遇逐渐转变为改变环境、创造机遇。

钱德勒（1990）在《战略与结构》一书中对企业管理的战略进行了如下定义：确定企业基本的长期目标、选择恰当的行动途径与方法以及为实现这些目标进行资源的合理分配。所谓战略导向，是企业为了获取持续的竞争优势与利益所采取的战略方向上的导向性原则。在实践上，战略导向更多是指企业通过战略管理来引导公司的生产经营活动朝着既定的战略方向发展，它涉及企业环境的动态分析与产品和市场的选择、公司的资源配置、经营方针和组织结构的调整等重要问题。战略导向型发展战略，可以帮助企业更好地适应、回应和重塑环境，通过合理的资源配置与商业模式提高企业的绩效。

不同于机会导向型发展战略注重机会到来时快速整合已有资源，抓住机遇，战略导向型发展战略更注重企业能力的培育，既有对能够适应动态复杂环境，不断调整自身运营方式的动态能力的培育，也包括独特的、难以模仿的、有价值的企业的核心能力的培育。企业的核心能力能给企业带来持续性的竞争优势，这点已经是众多学者经过大量的研究后得出的一致结论。

关于如何培育核心能力，学者们通过对不同对象的研究，提出了众多不同的路径。诸雪峰等（2011）通过对陕鼓的案例研究，提出核心能力的构建以领先技术为基础，并通过整合企业内外部的资源进一步将其强化。叶广宇和王格格（2017）通过对深圳亿和精密工业控股有限公司的发展历程进行研究，提出明确的组织认定有助于企业识别和利用市场机会，并促使企业构建相应的核心能力以实现市场机会。王毅（2018）提出核心技术能力培育需要关注客户价值创造能力、正向研发能力、信息技术整合能力和生态系统主导能力。

（2）核心技术与工艺发展。

企业转型需要创新的驱动，而技术创新更是驱动企业转型的重要因素以及影响企业转型成败的关键要素。企业转型升级需要投入大量的成本以及面对不确定的风险，因此企业在缺乏动力的情况下，较少主动地选择转型升级。而适宜的技术创新可以降低转型升级的风险，促使众多企业选择利用技术创新来驱动企业转型升级。

在发展中国家研究背景以及企业转型升级的研究中，学者们主要从自主创新、模仿创新和二者协同作用的观点展开讨论。持模仿创新促进论的学者中，易先忠等（2007）对1987—2002年中国经验数据的研究表明，当相对技术水平较低时，技术进步以模仿国外为主，自主创新对技术进步的促进效应不强。潘士远（2008）认为自主技术研发的成本要远大于技术模仿的成本，因此通过对发达国家技术的模仿，企业能更快速地获得经济增长。持自主创新促进论的学者中，肖兴志和谢理（2011）提出，只有通过自主创新才能掌握核心技术和关键设备，使得我国战略性新兴产业不再陷入传统制造业"核心技术空洞化"的陷阱。孙早和宋炜（2013）指出，工业化中后期阶段技术位置大幅前移，技术复杂性和学习成本快速上升，相对于模仿创新，自主创新与工业全要素生产率之间的正相关关系更为显著。

也有学者认为技术的模仿创新与自主创新是一个层次递进的过程或是一种协同关系。余泳泽和张先轸（2015）提出适宜性创新模式，认为创新模式选择应与要素禀赋、制度环境和经济发展阶段相匹配。只有当三者都达到一定程度时才适宜采用自主创新，否则采用技术引进式模仿性创新更适宜且有效。欧阳峣和汤凌霄（2017）也认为，技术创新方式应随着要素禀赋和技术能力的提升而转变。当技术能力远落后于发达国家时应选择模仿创新，当技术能力接近发达国家时应加强自主创新。徐欣（2013）对2002—2008年中国制造业上市公司数据开展研究，发现技术引进和自主研发之间存在显著的协同—平衡效应，即在技术引进的基础上进行自主研发会更能提高企业绩效，而若两者投入差异过大会对绩效产生负面影响。

综上可见，虽然先前学者们从不同的视角对模仿创新和自主创新的优缺点与适宜性展开讨论，得出各有侧重的结论，但对以下观点的看法是一致的：当技术发展水平达到一定程度时，企业应该加强自主创新，建设自有技术。

（3）深耕细分市场。

后"现代营销学之父"Philip Kotler 提出 STP 理论，即市场细分（Segmentation）、目标市场选择（Targeting）与市场定位（Positioning）。企业根据自身的产品特质和发展需求，采用地理、人口、心理、行为细分等方式对市场进行细分，然后根据可衡量性、可进入性、可营利性、持久性、差异性等标准来初步评价细分市场是否有效。而后企业通过无差别性市场策略、差别性市场策略、集中性市场策略等选择目标市场并通过各种营销手段确立自己的定位。在经过一段时间的运营后，企业需要审视原有定位的准确性和市场适应性。由于市场竞争加剧、内外部环境变化等，企业可能需要进行重新定位。

常见的细分市场和战略定位分析方法有波士顿矩阵分析法、GE 矩阵分析法和 SPAN 矩阵分析、波特五力分析模型。综合而言，有两个较为重要的评估因素：细分市场的吸引力、企业在细分市场的竞争力。细分市场的吸引力主要从市场规模、市场增长率、利润潜力和细分市场的战略价值四个维度来评价。企业在细分市场上的竞争力主要来自产品差异化能力、成本优势、资本优势等，对于某些行业，可能还存在垄断性权利。

选择目标市场一般运用下列三种策略：无差别性市场策略，即企业把整个市场都作为企业的目标市场，只专注于市场需求的共性，只推出一种产品和一种营销组合进入整个市场。差别性市场策略，即企业把整个市场细分为不同的子市场，针对不同子市场推出不同的产品和营销组合。集中性市场策略，即选择一个或少数几个最合适的细分市场作为目标市场，进行专业化的产品生产和销售，深入发展，精益求精。集中性市场策略是大部分民营企业采取的目标市场选择策略，它能够帮助企业集中优势力量，树立独特的品牌形象和声誉，达到低成本、高收益（王卫红，1998）。

3. 关键基础：信任结构

中国的家族企业在民营企业中的比重已达到 80%。其中，广东、浙江和江苏三省是家族企业最集中的地区，三省的家族企业合计占到总企业数的 53.3%。谈民营企业转型，则避不开家族企业转型存在的问题。对于家族企业发展而言，如何超越关系信任，建立超越家族成员和关系户成员之间的社会分工，打造制度信任，是其转型升级过程中难以回避的关键问题。

储小平和李怀祖（2003）提出了家族企业的成长路径模式，其在成长过程中遇到的实质性瓶颈是信任结构。企业家个人所掌握的能力和人才资源有限，家族企业若想不断成长壮大，必然需要源源不断地从人才市场吸纳管理资源，在这个过程中，伴随着企业主的控权与授权，以及管理资源的整合成本（李新春，2002）。然而，基于"差序格局"等观念，往往只有家族成员之间才容易达成信任，家族化的信任才易达成忠诚；对于外部获取的人才，家族企业主心有疑虑，对授权可能带来的风险有很高敏感度，因此在授权过程中往往只愿授予小部分权力，且经常出现"授权—失控—授权"的循环。

信任对于一个企业的管理运营效率有十分重大的影响，能够在很大程度上节省交易成本和监督成本（徐懿和朱博文，2015）。在"低信任、低授权"的情况下，企业既无法有效利用高薪招聘而来的人才，外聘人员也难以全心全意为企业谋求利益最大化，因此也难以推动企业的有效成长，陷入"家族主义困境"。随着家族企业的发展和"家族主义困境"的积累，家族企业中逐渐发展起了家族信任以外的另一种信任结构——泛家族信任。所谓泛家族信任的建立，即使家族企业的家族成员在生活过程中，逐渐将他们能够产生信任的同乡、同学、同事、朋友等"家人化"，由此拓展信任边界（储小平和李怀祖，2003）。但是，这种信任结构范围有限。

国有企业等非家族企业信任坚定且界限宽大的原因在于，将信任建立在理性的制度之上，即所谓制度信任。吕鸿江等（2016）将信任机制划分为两类，认为家族信任和泛家族信任这类人际信任是低初始信任机制，而制度信任是高初始信任机制。制度往往有更大的普适性和强制性，背叛信任也会获得更高的惩罚。因此，在家族企业中建立完善的制度信任体系，能让家族企业主和管理人才双方更高效地合作，共同推动企业发展转型。

三、研究设计

（一）研究方法

本研究选择使用探索性案例研究法，其合理性在于：首先，案例研究方法最适合研究"怎么样"和"为什么"类型的问题，其研究的对象通常为正在发生的且研究者难以进行干预和控制的现实事件；其次，转型是一个管理实践的过程，案例研究法正是来源于实践，不仅能更全面、细致、真实地反映实践过程,还能透过现象看本质,更清楚地解析实践的起因以及实践结果的成因;最后,关于企业转型的研究,已有文献做出了一定的探索,但研究较多地侧重于转型的影响因素,如技术创新、政策环境、"互联网+"等对企业转型有何积极或消极的影响等,对转型的具体路径与模式关注较少,关于传统制造企业在面对动态的严峻的环境变化时,如何在复杂的战略要素中进行正确的选择,从而成功转型,逆势生长的动态过程,尚缺乏深入的研究。因此,本研究采用探索性的、理论构建式的案例研究方法对该问题进行探讨更为合适。

本研究基于案例典型性、数据可获取性和转型过程可参考性三个因素,最终选择对佛山市环宇新型材料有限公司的转型过程进行研究。

案例典型性。佛山市环宇新型材料有限公司成立于 2010 年 2 月,前身是于 1996 年成立的广州市仁韧信贸易有限公司。该公司主营钢材贸易和聚酯 A-PET 胶片生产,是国内规模最大的书写板板面材料供应商之一。面临劳动力成本大幅度增长、行业产能过剩等严峻的经济形势,环宇新材勇于探索转型发展之路,于 2010 年转型成为贸易与制造一体化的新型材料公司,并于 2016 年入选广东省高新技术企业。经过 20 多年的拼搏发展,佛山市环宇新型材料有限公司已经从最初的钢材贸易和胶片生产厂商转型为国内少有的能同时生产高端家电彩板和硅钢板等高科技绿色家电材料的企业。

数据可获取性。环宇新材与本研究的研究组成员处于同一地理地区,且双方存在一定的合作关系,联系机会较多,有利于研究者进行实地调查与深入访谈,可以收集更深入全面的数据资料来支撑本研究。

转型过程可参考性。改革开放以来,我国中小企业迎来发展的"黄金 40 年",作为改革排头兵的广东,更是受益匪浅。但是中小企业的发展速度和质量也随着改革的逐步深入而出现新的难题。环宇新材是一家典型的中小型制造与贸易企业,其企业规模、企业结构、组织形式等与大部分的中小型民营企业相似,本研究通过对其真实的转型过程的剖析,能为广东地区乃至其他地区中小型制造贸易企业提供转型思路和建议。

(二)数据获取

本研究采取实地调查、半结构化访谈、二手资料等多种方式进行数据收集,以构成研究的"三角验证",确保数据材料的准确性和全面性(罗伯特,2009)。主要的数据收集过程分为三个阶段:

前期准备阶段。在前期准备阶段,研究者主要通过搜集二手资料和开放性访谈的方式获取数据。首先研究者通过在环宇新材官方网站以及其他企业资料咨询平台和资讯搜索平台检索到的企业相关信息,初步了解企业的发展历程和转型过程,从而确定环宇新材作为本研究的样本。经过多次的讨论后,确定研究问题，并据此查找相关的文献资料。通过与环宇新材高层管理人员初步的开放性访谈，研究者进一步细化具体的研究问题，制定清晰的企业访谈提纲并不断地修改完善。

实地调查阶段。研究团队实地参观了环宇新材的标准化生产线和团队办公室，基本掌握了环宇新材的生产基本流程、生产布局和贸易流程等，了解到其在生产制造上的独特技艺以及在贸易过程中的品类发展、市场细分与定位。在实地调查过程中，研究者对环宇新材的高层管理人员展开半结构化的访谈，访谈内容主要包括环宇新材的发展历程、转型发展的原因、转型过程所选择的模式与路径及其原因、转型前后的变化、转型的关键等。在访谈开始前，研究者已向访谈对象说明访谈资料将作为学术研究资料，未经允许绝不外泄。访谈结束后，研究者将访谈录音编码为文字形式进行进一步的整理和确认。此外，研究者也向环宇新材求取了相关的企业内部资料，如企业年报、内部刊物、战略规划、会议纪要等。

补充调查阶段。在正式调研结束后，研究者对所获得的一手和二手资料进行进一步的归纳整理和分析筛选。在分析过程中发现的资料缺失部分和模糊部分，研究者通过邮件等方式请求环宇新材高层管理人员进行确认和补充。本研究案例资料获取方式见表1。

表1 本研究案例资料获取方式

资料类型	所获资料		资料来源	资料获取方式
一手资料	前期准备阶段	1小时录音材料与文字记录	总经理王先生	独立进行开放性访谈，并录音
	实地调查阶段	3小时录音材料与文字记录	公司创始人黄先生	进行了3次独立半结构化访谈，并录音
	补充调查阶段	3份邮件补充材料	高管黄女士	邮件
二手资料	公司宣传资料		公司宣传手册、新闻资讯	
	汇编材料		产品信息汇编、公司制度汇编等	
	会议记录报告		月度会议、年终会议等记录	
	其他公开材料		公司官网信息、企业咨询平台信息、百度搜索信息、中国知网等互联网平台信息	

四、行业背景

（一）彩涂板行业现状

国内从事彩涂板生产的企业主要集中在沿海发达地区，目前已形成长三角、珠三角和环渤海地区三个产业集群地带。受益于国家产业结构升级和战略性新兴产业的建设，国内彩涂板市场需求呈现上升趋势。但随着经济下滑、国内需求增速放缓以及出口贸易受阻等，彩涂板行业出现产能过剩，行业增速波动较大。如今国内彩涂板行业已经历产业培育期和成长期，正迎来结构调整的转型升级期（见图1）。

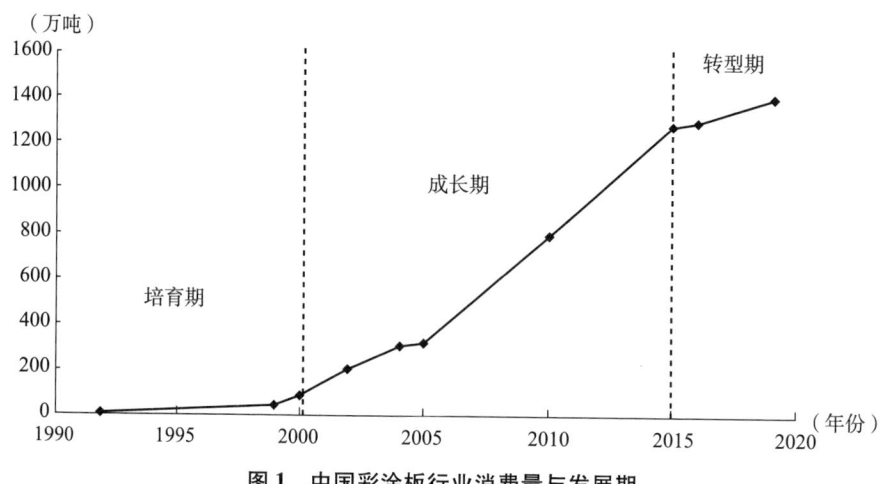

图1　中国彩涂板行业消费量与发展期

2015—2019年中国彩涂板产量与消费量见图2。

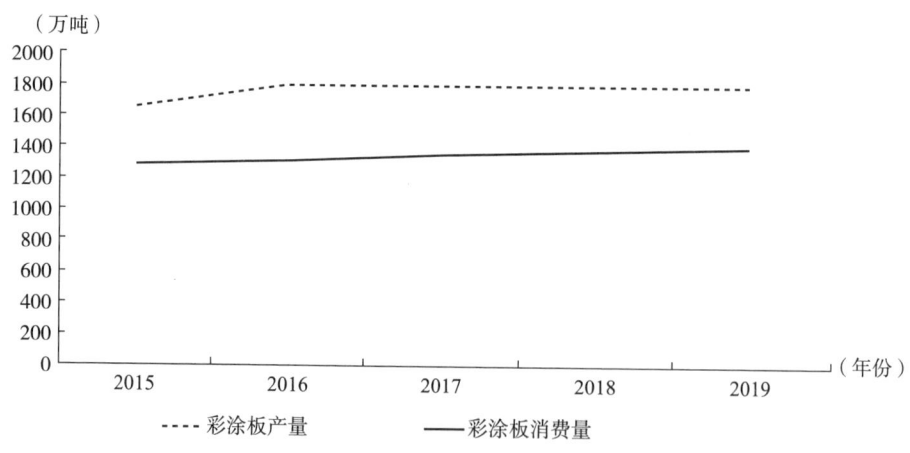

图2　2015—2019年中国彩涂板产量与消费量

资料来源：中商产业研究院、国家统计局《中国钢铁工业年鉴》。

从各地区产量来看，华东地区产量遥遥领先，其次是华北地区，西南和西北地区产量则占比较少（见图3）。

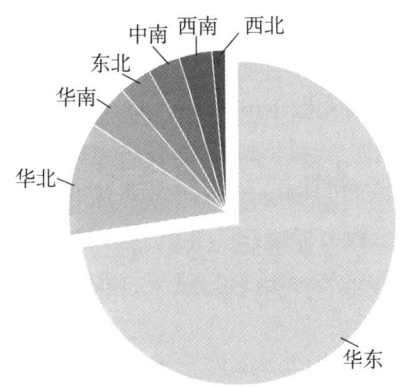

图3 我国彩涂板产能分布情况

资料来源：中商产业研究院。

从需求来看，我国彩涂板的下游需求以建筑行业的需求为主，其占比在85%以上，同时，在家电业、汽车业和其他新兴领域的应用呈逐步上升趋势。随着下游客户对彩涂板各方面性能要求的不断提高，具有节能性、环保性、高耐热性等特殊性能的功能型彩涂板的需求量将会持续攀升。

当国内部分彩涂板需求方对彩涂板的某种或多种品质有特殊要求，国产彩涂板无法达到其所要求的标准时，则需从国外进口。目前，我国彩涂板进口数量较少，主要进口国为日本和韩国。另外，在国家共建"一带一路"等政策的引导下，国内彩涂板生产企业也在积极拓展海外市场，出口量近年来保持持续稳定增长（见图4）。

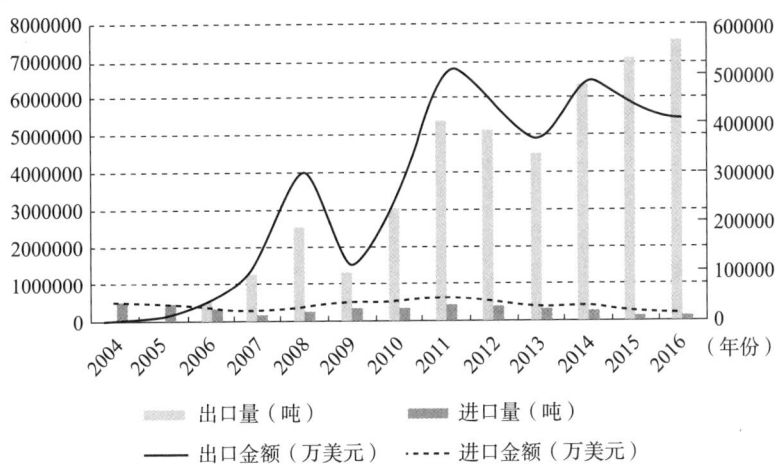

图4 2004—2016年我国彩涂板进出口数量及金额

资料来源：中国报告网。

（二）彩涂板行业发展问题及发展趋势

国内彩涂板行业主要存在以下问题：

第一，国产涂料品种、质量不能完全满足需求。由于受研发技术、工艺水平以及资金实力等因素的限制，国内多数彩涂板生产企业规模较小，产品以满足中低端普通型彩涂板市场需求为主。进口涂料的高价格降低了竞争力，贴膜彩色板所需塑胶膜尚需依赖进口，缺少涂层厚、功能性强、强度高、花色丰富的高档彩涂板。

第二，产品不够规范，造成资源严重浪费，低产能机组过多，在产品质量和环境资源保护方面都存在问题。

第三，全国新建彩涂机组过多，远超过市场需求，致使许多彩涂机组开工率很低，甚至停产，彩涂板行业需要继续规范市场秩序，创造公平竞争的环境，遵循优胜劣汰法则，完善企业退出机制。

未来，彩涂板行业发展也将随着经济形势的变化有所改变，同时技术开发方向也会受下游市场需求结构变化的影响，主要体现在以下方面：

第一，上游原材料因为上游的重复建设项目过多价格难以上涨，有利于降低行业整体成本。

第二，生产工艺不断进步，整体的产品质量不断提升。基板质量不断提升，冷轧钢板、热镀锌钢板、合金化板、电镀锌板和不锈钢板等基材的表面质量、板型及尺寸精度等不断提高和优化，涂覆工艺不断改良，粉末云涂装等新的技术工艺不断出现，提高产品质量、降低产品生产成本基本成为现在彩涂板生产厂家们共同的做法。

第三，注重市场细分，专业化生产。下游行业总体的需求规模增长速度稳定，但空间有限，对产品品质和稳定性的要求不断提高，专业化生产是行业的趋势。下游客户对彩涂板各方面性能要求不断提高，具有节能性、环保性、高洁净性、高耐热性、抗紫外线、抗静电性等特殊性能的功能型彩涂板的需求量将会持续攀升。

第四，注重产品的多样化、功能化、高档化。如深冲型彩涂板、"柚子皮"彩涂板、防静电彩涂板、耐污染彩涂板、高吸热性彩涂板等，不同的彩涂板能发挥出不同的功能。

五、案例分析与发现

中小型民营企业保持对环境的适应性是其能够生存与发展的基础，而中小企业转型的本质就是创新。环宇新材已经从最初的钢材和彩钢板贸易企业转型为一家生产高端家电彩板和硅钢板的高科技企业,这个过程既有外部环境变化的压力,也有企业主动谋求转变的内在动力。伴随经济进一步发展和城镇化的推进,未来中国的彩涂钢板市场仍旧十分广阔,但同时中国彩涂钢板市场将面临国内生产能力迅速扩大和国外产品大量进入的双重压力,其竞争将会更加激烈。

佛山市环宇新型材料有限公司的实践经验和改革成果将进一步指明中国彩涂钢板市场的中小型民营企业的发展方向,即通过市场细分,寻找到与自身契合的目标市场,在特定领域加大产品研发投入力度,引进国际先进生产技术,自主研发知识产权,凸显自身核心竞争优势,满足特定的市场需求,增加附加价值。

(一)环宇新材简介

佛山市环宇新型材料有限公司成立于 2010 年 2 月,前身是 1996 年成立的广州市仁韧信贸易有限公司。该公司是一家贸易与制造一体化的新型材料公司,并于 2016 年入选广东省高新技术企业。在近两年经济形势严峻的背景下,公司逆势成长,取得良好业绩。

该公司主营钢材贸易和聚酯 A-PET 胶片生产,进口具有尖端科技和生产技术含量极高的黑板专用板面材料,并加工生产白、绿、黑、蓝白书写板面板,是国内规模最大的书写板板面材料供应商之一。在经历十几年的钢板和彩钢板贸易过程中,自主研发彩钢板涂料配方和工艺,并识别出彩钢板领域的差异化细分市场——书写板和家电外壳板,于 2010 年转型成为集贸易与制造于一体的高新企业,生产并销售具有高技术含量的彩钢板。转型后的环宇新材产品广泛应用于家用电器外壳、变压器、电机、办公产品、建筑等行业,具体产品包括彩铝、家电用彩涂板、书写板、高端建材板等。

环宇新材坚持"持续为客户创造价值"的经营方针,在技术革新上不断加大投入力度,其中一期总投资超过 1 亿元。一期工程引进处于世界先进水平的台湾三涂三烘彩色涂层生产线,年产能达 12 万吨,产品远销全球;在经济形势严峻、下行压力加大的背景下,公司 2018 年开始进行第二期工程扩建,二期投资超 8000 万元,进一步拓宽公司产品线,引进了国内目前最先进的全氢罩式退火炉,月产能达到 3000~8000 吨。对核心技术的重视和实际投入也带来了现实的回报,2018 年环宇新材的销售额超过 3 亿元,2019 年二期工程已经开始投产,预计在产能充分利用的情况下,销售额将增长 50% 以上。

经过 20 多年的拼搏发展,环宇新材已经从最初的钢材贸易和胶片生产厂商转型为国内少有的能同时生产高端家电彩板和硅钢板等高科技绿色家电材料的企业。秉承"以仁待人,以韧处事,以信立业"的经营理念,努力打造一个在中国家电彩涂(PCM)和高端建筑彩板行业最具影响力的价值型企业。

(二)环宇新材转型逆势生长模型及要素识别

处于经济增速放缓期、彩涂板行业发展瓶颈期和企业成长停滞期的环宇,开启了它的转型之路。在复杂多变的动态环境下,环宇新材的战略转型始终坚持战略原则不动摇——基于远景和独特能力的价值创造规则,即企业一贯坚持的诚信、服务顾客的价值观以及持续创新理念,它们为成功转型指引方向。在这一战略导向准则下,环宇新材牢牢把握经营能力、技术能力建设、市场开发三大转型关键要素,经营领域选择从机会导向、资源整合到战略导向、能力培育;从技术模仿到开发自有知识产权,建设技术能力;从多市场兼顾、线下拓展市场到深耕书写板、家电板细分市场,依托互联网渠道拓展国际市场。同时,转型关键基础——宗族和泛家族信任到制度信任的转变,为其转型搭建了与社会资源连接的桥梁,为环宇新材的逆势生长奠定了坚实的基础。环宇新材逆势生长的转型模式见图5。

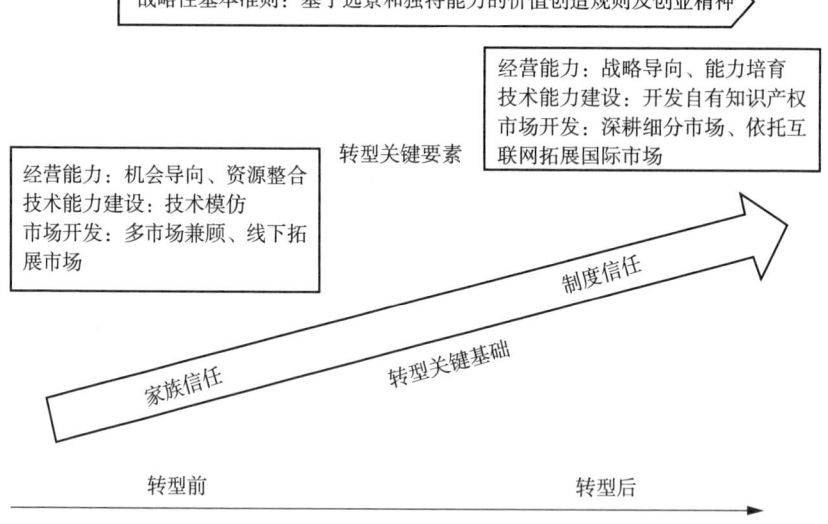

图5 环宇新材逆势生长的转型模式

1. 逆势生长的战略导向准则:基于远景和独特能力的价值创造规则

面临国内外彩涂板等钢板行业的市场波动和复杂的竞争环境,佛山市环宇新型材料有限公司始终树立协调一致、贯穿全局的战略导向准则，指导其在复杂动荡的市场环境中进行战略整合及协调，使环宇新材的发展与成长既能遵循明确的方向和规则，又能适应动态环境的变化。

一方面，环宇新材始终坚持基于远景的价值创造规则，提出长期性的明确使命。环宇新材成立之初，就提出"以仁待人，以韧处事，以信立业"的经营理念，坚持"持续为客户创造价值"的经营方针，为用户提供最优质的产品、最优惠的价格和最完美的服务，打造中国功能性彩涂板第一品牌。在后来的成长和转型过程中，也始终坚守初心。在此远景战略下，无论从产量、销量还是从产品种类上来看，如今环宇新材都已成为国内规模最大的书写板板面材料供应商之一，但环宇新材并未停下前进的脚步，做中国品质最好的书写板板面供应商是它一直追求的目标。

另一方面，环宇新材形成了基于独特能力的价值创造规则。以钢板贸易商起家，积累足够丰富的产品、制造、销售和服务经验，为环宇新材从贸易型企业转型为彩涂生产加工型企业打下了坚实的基础，指导其实现市场竞争下的生产力职能，并实现逆势生长。在十几年的钢板和彩钢板贸易过程中，环宇新材在彩涂钢板领域积累了许多彩涂产品技术经验，形成了独有的彩钢板涂料配方和工艺等优势，也积累了较为充足的上下游资源，了解国内外客户的真正需求，对彩涂板行业有了更深层次的把握。

另外，环宇新材始终秉承创新、开拓和敬业的创业精神，指导其不断实现书写板和家电板领域的市场创新和技术创新。环宇的转型是面临国内外市场变动压力时做出的选择，更是其寻求成长、勇于创新、善于抓住机遇的体现。对于环宇而言，企业层面的转型意味着将创业过程与公司战略相结合，一方面，通过创新行为寻求市场上的创新机会，将寻求创新与寻求优势二者有机结合起来，依据市场环境改变做出风险承担性、主动性、先动性、创新性行为。环宇新材始终专注于彩钢板领域的细分市场——书写板和家电外壳板，开发更好满足客户需求的差异化产品，并深耕客户管理，客户分布于中国、欧美、日本、韩国、东南亚等30多个国家和地区。另一方面，环宇新材不断突破自身的发展困境，通过创新性的行为开发彩涂工艺、技术和新产品，以领先的技术优势实现持续发展。环宇一直潜心钻研独有涂料技术和工艺，运用于彩钢板的加工过程中，提升彩钢板涂敷的质量，帮助其在与竞争对手的竞争中获取优势。最终，环宇新材的销售额超过3亿元，成为国内规模最大的书写板板面材料供应商之一。

从环宇新材的例子可以看出，企业最初确立且贯穿全局的"远景""使命"和"独特能力"战略导向，是指导其选择多个转型要素、培育经营能力、建设技术能力、开发细分市场的基本原则，也是帮助其实现转型和逆势生长的基本导向准则。

2. 经营能力：从机会导向、资源整合到战略导向、能力培育

改革开放黄金 40 年，中国经济的飞速发展为中小民营企业的生存和发展提供了机会。然而，绝大部分企业都是依托中国特定时期经济情境的暂时性与机会性成功，而不是适应复杂多变经济环境的长远性与制度性成功；这些企业的成长往往是凭借企业家个人机会导向的眼光和资源整合的能力，而新的竞争环境要求企业以自身为一体，走战略导向、能力培育之路，只有提升自身经营能力，才能在经济增速放缓之下实现逆势生长。

佛山市环宇新型材料有限公司的前身是广州市仁韧信贸易有限公司，主营钢材贸易。初期经营方式灵活，市场反应较快，面对多种多样的消费需求，小批量、多样化是其经营优势所在。然而，这样的经营方式会使得其在成长机会把握上，面临几大主要问题：一是战略计划性差，看到某个钢板市场赚钱，也跟着转入其中，没有专注的领域，造成销售、生产、采购等活动之间的协调性差，订单履行效率偏低。二是没有建立起良好的市场信息体系。钢板市场信息主要集中在董事长和少数销售人员及业务人员手中，没有形成信息收集、汇总、评估和传达的流程，影响公司战略决策和常规决策的可行性和有效性。三是没有建立起管理体系。管理层将主要精力用于处理眼前的事务性工作，出现生产管理流程不合理、部门协调不顺畅、人员职责不明晰等问题，最终影响环宇新材的生产效益。

简单依托"机会导向，资源整合"，往往只能获得机会性成功和暂时性发展，而不是制度性成功和长期性发展。随着国内钢板产业市场竞争加剧和行业生命周期变化，新的竞争环境要求环宇新材除了以资源和机会为导向外，必须走"战略导向，能力培育"的道路，采取内部资源和能力驱动的业务领域选择和成长机遇管理方法，在成长机会选择和决策模式上增强其经营能力。

一方面，环宇新材对企业内部进行探索，以明确其战略导向和经营领域。环宇新材前期主要经营搪瓷钢板、镀锌、彩涂和不锈钢等，经营领域为钢板贸易领域，生产用于表面包装的聚酯 A-PET 胶片，加工生产书写板面板。在经历十几年的钢板和彩钢板贸易过程中，环宇新材在彩涂钢板领域不仅积累了许多彩涂产品技术经验，形成了独有的彩钢板涂料配方和工艺等优势，也积累了较为充足的上下游资源，了解国内外客户的真正需求，对彩涂板有了更深层次的把握。足够丰富的产品、制造、销售和服务经验的积累，为环宇新材进入彩涂制造领域打下了坚实的基础。于是，环宇新材开始与下游公司

合作，为下游合作企业加工制造彩涂板，真正进入彩涂板制造领域。在外部行业市场信息分析和内部资源识别与选择的基础上，环宇新材最终扎根彩涂板行业，于2010年转型成为集贸易与制造于一体的高新企业，生产并销售具有高技术含量的彩钢板，并专注于价值链核心环节——彩钢板冷轧和涂敷以及营销环节，形成其核心优势。

另一方面，鉴于钢材市场波动的特殊性，环宇新材成立专门的信息搜集小组，培育其外部环境分析能力、竞争分析能力、市场调研能力等，使用合理的分析策略，跟进彩涂板经营领域的市场变化。首先，密切关注对整个钢板市场产生较大影响的国家宏观调控政策、出口商品出口税率调整变化，从总体上把握钢板行业及彩涂板的发展方向；其次，通过上下游企业，比如建筑工程公司、家电企业、文化教育类企业及组织，合作者、中介机构和投资商等老客户等，以及互联网途径密切关注对价格产生直接影响的产量与需求量的变化；再次，由于彩涂板行业及广东地区的外贸业务规模较大，环宇新材同样关注国内外市场价差的变化、影响国内市场供需平衡的出口量的变化，以及对出口产生一定影响的运费、汇率的波动等；最后，根据彩涂板市场波动变化制定调整经营计划。

另外，在从贸易到贸易生产一体化的转型过程中，管理能力提升成为环宇新材迫切需要解决的问题。贸易型企业转为贸易生产一体化企业并不只是简单在政府部门进行变更登记，更多的是企业经营管理上的转变。经营领域的跨越，使得环宇新材转型初期在生产、管理上面临流程不合理、职责不明晰等一系列难题，导致产品品质不稳定，影响客户满意度，例如，初期员工操作不规范，生产过程无标准，品质问题频出，导致返工和客户投诉；采购物料不及时，车间和各部门配合协调能力弱。意识到生产管理流程不合理、职责不明晰等问题后，环宇新材同时进行企业内部和外部培训，派送核心管理人员外出学习，并规范内部管理。然而，管理能力不足和经验缺乏使得政策制度落实不到位，实施过程中仍存在人力资源管理上的各类问题，导致最终改进效果并不理想。为切实提高管理能力，优化生产流程，环宇新材管理层痛下决心，引进广东欧博企业管理公司，先后开展为期6个月和3个月的驻厂管理优化，以提升环宇新材的管理能力。首先，通过问卷调查及与管理层、员工深度访谈，明晰环宇新材各职能模块，划分采购、生产、研发、仓库、销售、办公室等部门的职能职责，并根据各部门职责制定岗位说明书，明晰各岗位职责，专人专岗，避免权责交叉，推诿不清，以提高采购物料及时率，减少停工待料，提升订单准交率及压缩生产周期；其次，理顺部门内部流程，优化部门间协作，以促进ERP有效运作，并强化技术部门管理，为生产服务；最后，制定合理的薪酬管理体系和绩效考核体系，部门绩效与环宇新材生产效益挂钩，员工与部门绩效挂钩，以合理优化的绩效系数提高工作执行力，形成责任文化。通过两期管理能力优化，环宇新材的产品合格率大幅提升，生产效率优化，客户满意度和信任度随之提升。

以贸易为主的广州市仁韧信贸易有限公司转型为集贸易与制造于一体的佛山市环宇新型材料有限公司，经营领域的选择从机会导向、资源整合到战略导向、能力培育，环宇新材战略逻辑呈现出市场吸引力主导—能力主导—独特竞争力主导的螺旋式上升。

3. 技术能力建设：从技术模仿到开发自有知识产权

初期环宇新材通过购买技术许可和专利，进行同行技术分析和模仿，按照客户要求进行代工生产，但由于组建时间较短，生产工人技术不够娴熟，设备运行有问题，基板板形不够好，涂层机组生产工艺不够稳定，其在实际生产过程中依然会面临许多技术难题。技术的不成熟导致的最直接结果就是废品板增加，产品成本较高，因此环宇新材产品市场定价和其他厂家比较没有优势，又没有成熟的市场网络和区位优势，导致企业出现产品滞销，大量库存积压，影响企业流动资金的周转。

工艺优化和开发自有知识产权是环宇新材实现技术追赶的开始。技术是制造企业的核心竞争力，从贸易商到制造商的转变更无法避免这个问题。为解决技术方面的困境，环宇新材不再依靠技术引进和简单模仿，而是投入大量资金和人员进行自主研发，开发拥有自主知识产权的涂料技术和工艺。第一，招募熟练工人、技师、顾问人员，现在环宇新材专业技术人员约占30%，大专以上学历员工超过50%；第二，进口具有先进生产技术的机器和设备，引进处于世界先进水平的台湾三涂三烘彩色涂层生产线；第三，派遣业务人员到同行或技术中心参观、学习、受训，建立自己独有的生产线和实验室，环宇新材彩钢板生产后要经过拉伸试验、折弯检测、保护膜测试、耐温测试、漆面硬度测试、漆面色差测试、漆面光泽度测试、盐雾耐候测试等多项严谨且详细的质量检测；第四，掌握核心制造环节后持续优化工艺，在采购标准钢板后，环宇新材自己开展轧板压延、退火、精整、彩涂、覆盖保护膜，打通上下游的核心制造环节；第五，不断优化轧板和精整环节的生产工艺，通过十八辊轧机和精整，最薄可将钢板轧制成为优质无波浪的0.12mm薄板，比日本、韩国的0.3mm板精度更高，且降低了原材料投入，从而降低成本；第六，在推出新的彩涂板产品前，对其进行系统试验研究，以确定最合理表面彩涂体系。新产品一旦进入市场，不仅给客户提供板材及配套的零配件连接件和密封材料，而且提供完整的设计图集及安装指南使用注意事项，保证质量优良。如今环宇新材已经可以做到线上图片与线下实物色差较小，不同批次色差较小，并且钢板弯曲剥落可以保证再加工的实现。

即使在自主研发上已经获得了成果，环宇新材并未停下自主研发的脚步，仍然在技术革新上不断加大投入力度。其中一期总投资超过1亿元，引进处于世界先进水平的台湾三涂三烘彩色涂层生产线，年设计产能达到12万吨，具备同时生产彩色钢板、无取向硅钢等环保产品的能力，并配有平板分条配送服务，还自主研发出具备抗污性的自洁家电彩色面板，产品远销全球。在经济形势严峻、下行压力加大的背景下，公司于2018年开始进行第二期工程扩建，二期投资超8000万元，投入国内技术领先的十八辊不锈钢轧机，进一步拓宽公司产品线，引进了国内目前最先进的全氢罩式退火炉，月产能达到3000~8000吨。对核心技术的重视和实际投入也带来了现实的回报，2018年环宇新材的销售额超过3亿元，2019年二期工程已经开始投产，预计在产能充分利用的情况下，销售额将增长50%以上。

如今，环宇新材拥有四条生产线，即彩色涂层生产线、高速高精度横剪生产线、高速高精度纵剪生产线、金属磨砂拉丝生产线，其中彩色涂层生产线是核心生产线，技术处于世界领先水平。环宇新材于2016年入选广东省高新技术企业，并申请20多项专利。

最终，环宇新材通过自主研发掌握了彩涂板核心技术和工艺，产品性价比高于日本和韩国彩涂厂商同类产品，成功在中国市场上侵蚀日韩等竞争对手客户，并且技术能力建设使得环宇新材实现了快速响应速度和反应速度，能够及时按照客户需求开展生产，满足其定制化需求，不断提升客户的满意度和忠诚度。

4. 市场开发：从多市场兼顾、线下拓展市场到深耕细分市场、依托互联网拓展国际市场

环宇新材过去十分注重"小而全"的生产方式，认为产品在数量上和范围上占优势就能扩大市场份额，哪里有市场就卖到哪里去，其结果只能是"贪多嚼不烂"，虽然产业结构多样化，然而缺乏主导产业、核心产品，没有形成独有的产品特色和优势。在意识到这个问题之后，环宇新材毫不犹豫地剥离了自己原有的一些生产领域，专心做书写投影彩钢板和家电建筑彩钢板，一步一步地朝着自己专业化的方向发展。

在彩钢板贸易和不断的实践探索中发现书写板商机。国内书写板制作初期是一张张喷涂，未形成批量生产，导致书写板质量不稳定，生产效率低，且成本高；而国外采用的是辊涂技术，生产效率高，表面质量好。环宇新材还是彩钢板贸易商时,很多下游客户购买环宇新材的镀锌板进行喷涂加工。在发现国内书写板供给数量及质量达不到需求标准后,环宇新材开始自己代理韩国、日本的预涂书写板卷料,但韩国、日本的书写板偏厚,客户要求薄板以降低成本,于是其进口薄板,自己研究油漆,再到其他工厂加工。这一做法既符合客户要求,又保持价格优势,环宇新材书写板业务量迅速增长,于是环宇新材决定买地建厂房以满足订单需求。自己加工生产书写板之后,环宇新材遇到了很多生产厂商都会面临的一大技术难题——薄板平整度。客户对书写板的要求都是薄板,而书写板薄板与其他厚板有很大不同,对平整度要求更高,因此经常出现返工退货等质量问题。书写板薄板平整度与原材料和技术都有关,于是环宇新材逐步开始自己生产上游原材料,保持薄板的基板表面平整度稳定。另外,环宇新材也进口具有尖端科技和生产技术含量极高的黑板专用板面材料,自主研发书写板涂料配方和工艺,并加工生产白、绿、黑、蓝白书写板面板,成为国内规模最大的书写板板面材料供应商之一。

在市场分析和调研过程中识别家电彩涂板市场。目前中国彩涂板市场主要集中在建筑、家电、汽车领域。除书写板外,环宇新材还需要识别出占据市场份额的彩涂核心领域。工程建筑类彩涂板虽然占了大部分市场份额,但建筑彩涂板生产厂家数量过多,质量参差不齐,产能严重过剩,常规化、同质化产品发展过快,造成了产能扩大与需求增长之间的不协调。对于转型前的环宇新材而言,继续投身于建筑彩涂板领域,只会成为毫无竞争优势的沙砾。通过信息收集,环宇新材发现在消费领域,虽然我国彩涂板80%以上用于建筑,但目前国外彩涂板用于建筑的比例在50%~60%,用于家电、汽车的比例达到40%,国际市场广阔,因此家电用彩涂板的市场潜力巨大。此外,随着竞争的不断加剧,使用高品质、高性能的彩涂板作为家用电器的外壳、背板和侧板的主要材料有望成为主流趋势。高档家电彩涂板市场广阔,但生产高档家电彩板的厂家不多,产量有限,市场亟待开发。

另外,环宇新材的市场开发除了细分市场领域的抉择,还包括市场份额的拓展。过去环宇材料的主要客户集中在广东本地,近几年,互联网发展迅猛,环宇新材面临的机会不再局限于狭小的本土范围内,广阔的家电国际市场和互联网发展对于深耕家电、书写板的环宇新材的重要意义在于,可以在一个新的市场上寻求本土市场上所不具备的机会性优势,以拓展其国际市场,实现逆势生长。因此,环宇新材一方面整合营销资源,推行新型营销渠道。近几年,环宇新材积极转变从管理层到基层工作人员的营销理念,通过网络数据分析,整合各项营销资源,与营销人员共同构建线上线下结合的营销生态系统。另一方面充分利用网络贸易平台,构建网络营销体系。环宇新材积极经营中国国际电子商务网美商网、阿里巴巴、中出口商网等网站店铺,增加其国际互联网市场曝光率,尤其是在东南亚、中东等市场。同时加快建设物流体系,将仓储运输、装卸搬运、采购、包装、配送等物流活动纳入独立部门,对其进行系统规划和统一运作管理,增强相互协调和配合,提高物流管理运作效率,以支持国际国内市场响应需求。

如今,环宇新材的书写板和家电外壳板产品和技术均已达到了国际领先水平,并借助物联网、大数据、云计算、人工智能等成功实现供需的精准匹配,促进了供应链的快速响应、大规模定制与柔性化生产,产品远销欧美、日本、韩国、中国台湾、东南亚、巴基斯坦、土耳其等30多个国家和地区。

5. 逆势增长的关键基础:从宗族和泛家族信任到制度信任

转型前的环宇新材属于典型家族式企业,采取董事长和总经理同为一人的集权模式和家族股份制。在个人及家族资金筹措后,创始人成为最大投资方及执行董事,家族成员担任企业高管,在员工聘用方面也倾向于同乡。家族式企业特征使得环宇新材在设立和成长初期具备筹措资金难度小、交易和经营成本低、具备家族信赖、信息流动通畅等优势,然而,单一家族管理会限制社会资源的吸纳与利用,无法满足规模经济的需要。

实质上真正制约环宇新材成长的是信任。由于信任不足,内部弥漫着"做贼与防贼"的氛围,感觉下面有人在不断地"埋雷",而董事长要不停地"挖雷",因而环宇新材难以从经理人市场吸纳管理资源。环宇内部的这种低信任状态会使其陷入家族主义的困境,很难在后期有效成长。在意识到虽然家族化信任可以形成最优合作(忠诚),可以比较有效地解决代理成本问题,但却难以有效地激发代理能力后,环宇新材决定转变管理理念,将宗族和泛家族信任转变为制度信任。

亲情信任和制度信任的协调与转变并非易事,需要环宇新材突破家族主义困境,更多地融合社会管理资源。因此,环宇新材通过以下三个方面,突破家族管理资源的封闭性,吸纳外部职业经理人,有效整合人力资源,建立成套体系,实现转型升级和逆势生长:

第一,积极引进专业外部职业经理人,管理环宇新材生产经营活动。首先,建立有效的家族成员的退出机制。改变家族企业用人唯亲的现状,使不称职的家族成员逐渐退出管理层,从经理市场上聘用高级专业人才。其次,培养家族后代。为在一定程度上缓解家族成员退出机制带来的冲突,通过有效培养把家族成员转化为专业管理人才,在其达到了企业的用人要求后,才让其进入企业的管理层。

第二，引入财务职业经理人，建立成套财务体系。一是定期对财务人员进行培训、考核，提高业务水平。二是规范化财会制度，建立合理、透明的工资、福利制度；建立报销制度，明确规定跟企业日常活动发生关系的报销条目及各项审批条例；建立企业成本管理制度，有效控制环宇新材生产经营成本。三是强化内部的控制、监督制度，建立内部人员互相制约的财务制度，对财务工作明确分工，防止财务人员丧失职业道德出现权力寻租。

第三，形成有效的外部经理人激励和约束机制。环宇新材不仅引入外部职业经理人，还给予其充分权限参与到企业生产经营和财务管理中。让家族成员逐渐退出，建立有效的激励和约束机制，引进外部职业经理人才并发挥其真正作用。一方面，给予信任和权限的同时，在实现正常的收入激励基础上实行长期激励，如配车、送房、授予股权等，加强精神激励。另一方面，建立有效的约束机制，严格按照规章制度和业务流程办事；利用外部社会职业经理人才市场对职业经理人进行监督；加强监事会的内部监督作用。

可以看出，建立在宗族和泛家族信任基础上的家族式管理缺乏核心价值理念；而制度信任具备企业发展的核心价值理念和较为正式的沟通渠道，可以搭建与社会资源之间的桥梁。随着经济增速放缓，以家族信任为基石的企业局限性越来越凸显，人才资源和信任资源等的短缺日益制约着企业的持续发展。但是，在新的时代环境和条件下，企业仍旧有很好的机会走向成熟与完善，关键在于能否突破家族信任困境，建立起制度信任基础，为其转型与逆势生长提供社会资源补给。

六、结论与讨论

中国正处于改革深水期、发展攻坚期和转型关键期，中小企业的发展速度和质量也随着改革难度的增加而出现新的难题。在整体经济增速趋缓情况下，行业产能过剩，同质化严重，大量企业缺乏核心竞争力，国际市场上总需求不足，世界经济复苏乏力，导致外向型产品出口受阻。面对更加激烈的市场竞争，依靠低成本优势的发展模式很显然已不适合当下的经济现状。部分企业迎难而上、积极作为，实现逆势生长，其背后是对转型模式及要素的正确认识与选择。因此，企业必须突破瓶颈，主动寻求转型升级的有效路径，才能继续参与新一轮的竞争。本文通过对真实案例的解析，为广东地区的中小型贸易企业提供转型思路和建议。

环宇新材的成功转型为企业把握战略导向准则、掌握关键要素、夯实关键基础、实现逆势生长提供了经验借鉴。与很多其他企业的转型不同，环宇新材不是在迫切的行业、市场压力下的被动转型，而是主动转型，是预见行业发展、未雨绸缪的战略调整。这些创新实践，是对转型升级理论的有益补充，也将为很多转型企业提供宝贵的参考借鉴。

第一，树立协调一致、贯穿全局的战略导向准则，实现逆势生长。在复杂动态的环境下生存、发展和转型，中小民营企业需要确立或者逐步形成一套经济上合理的价值创造规则或理念，即企业经营理念及配置关键资源的方式，阐述企业为客户提供的价值及企业具备的独特能力，以指导企业实现市场竞争下的生产力职能，完成转型和逆势生长。一方面，中小民营企业从创立开始就应该构建基于远景的价值创造规则，提出长期性的、明确的历史使命，以保证在转型过程中始终围绕主线，不偏离方向；另一方面，企业应该构建基于独特能力的价值创造规则，制定简练战略路线或经营重心法则，比如进军高端市场、加大研发投入、提升顾客服务体验等，以确保企业转型始终围绕其核心竞争优势和独特能力进行，为转型成功提供战略能力保障。另外，企业应当一直保持创新、开拓和敬业的创业精神，比如环宇新材的创业转型，虽是在面临市场压力情况下，却先于行业主动转型，进行战略调整。

第二，掌握经营能力、技术能力、市场开发关键要素，实现逆势生长。首先，从机会导向、资源整合到战略导向、能力培育，发展经营能力。新的竞争环境要求广东中小民营企业除了以资源和机会为导向外，必须走"战略导向，能力培育"的道路，采取内部资源和能力驱动的业务领域选择和成长机遇管理方法，在成长机会选择和决策模式上增强其经营能力。其次，从技术模仿到开发自有知识产权，建设技术能力。广东中小民营企业必须边干边学，不能只是一味购买技术和模仿同行，应该完成从引进、消化到改进、创新，从模仿者到创新者，从掌握成熟技术生产能力，到产品设计能力，最终形成基础研发能力的技术能力建设过程。最后，从多市场兼顾、线下市场拓展到深耕细分市场、依托互联网拓展国际市场，开发细分市场。虽然广东中小民营企业初期拥有灵活的经营机制，具备"船小好掉头"的特色，但专注于"小而专、小而精、小而特、小而新"产品细分市场，发挥"小"的特长，专注于某一两个方面，形成核心竞争力，才能做成"强"的企业。

第三，夯实逆势增长的关键基础，实现从宗族和泛家族信任到制度信任的突破。广东中小民营企业转型成长的核心是如何与各种社会资源融合，实质就是从宗族和泛家族信任到制度信任的转变。注重制度信任建设的家族企业主可以突破家族主义的困境，从而能更多地融合社会资本。家族企业如果不能与各种社会资本实现有效的融合,则其成长会遇到瓶颈。因此,民营企业,尤其是中小民营企业,在新时代发展与竞争背景下,更应该抓住时代变革的机会,充分借助社会资源,助力于自身的转型与成长。

参考文献

[1] 毕满庆.粤港澳大湾区背景下小微企业转型升级的机遇和挑战[J].现代经济信息,2019(13):477.

[2] 储小平,李怀祖.信任与家族企业的成长[J].管理世界,2003(6):98-104.

[3] 广东省政府发展研究中心课题组."广东产业转型升级进展研究"专题(2) "新常态"下广东产业转型升级的创新思路与路径选择[J].广东经济,2016(8):23-27.

[4] 广东省政府发展研究中心课题组."广东产业转型升级进展研究"专题(4) 加快广东产业转型升级的政策措施[J].广东经济,2016(8):33-37.

[5] 李新春.信任、忠诚与家族主义困境[J].管理世界,2002(6):87-93+133-155.

[6] 李燕平.低碳经济背景下广东省民营企业转型升级研究[D].广东商学院,2013.

[7] 刘斌,魏倩,吕越,祝坤福.制造业服务化与价值链升级[J].经济研究,2016,51(3):151-162.

[8] 刘进,符正平,方轮.制造业转型升级研究的知识图谱分析:热点、演化和前沿[J].科技管理研究,2020(5):121-129.

[9] 罗伯特·K.殷.案例研究方法的应用[M].重庆:重庆大学出版社,2009.

[10] 吕鸿江,吴亮,周应堂.家族企业治理模式的分类比较与演进规律[J].中国工业经济,2016(12):123-139.

[11] 毛蕴诗,汪建成.基于产品升级的自主创新路径研究[J].管理世界,2006(5):114-120.

[12] 孟凡生,赵刚.创新柔性对制造企业智能化转型影响机制研究[J].科研管理,2019,40(4):74-82.

[13] 欧阳峣,汤凌霄.大国创新道路的经济学解析[J].经济研究,2017,52(9):11-23.

[14] 潘士远.技术选择、模仿成本与经济收敛[J].浙江社会科学,2008(7):8-17.

[15] 沈琼,王少朋.技术创新、制度创新与中部地区产业转型升级效率分析[J].中国软科学,2019(4):176-183.

[16] 石喜爱,季良玉,程中华."互联网+"对中国制造业转型升级影响的实证研究——中国 2003—2014 年省级面板数据检验[J].科技进步与对策,2017,34(22):64-71.

[17] 孙早,宋炜.中国工业的创新模式与绩效——基于 2003—2011 年间行业面板数据的经验分析[J].中国工业经济,2013(6):44-56.

[18] 贾妮莎,王吉发,冯晋,李汉铃.FS 集团的转型创新[J].企业管理,2006(8):46-47.

[19] 王满四,周翔,张延平.从产品导向到服务导向:传统制造企业的战略更新——基于大疆创新科技有限公司的案例研究[J].中国软科学,2018(11):107-121.

[20] 王卫红.我国企业营销能力现状分析与对策[J].商业研究,1998(2):18-22.

[21] 王毅.中国企业智能制造核心技术能力——未来的持续竞争优势之源[J].清华管理评论,2018(12):92-99.

[22] 韦伯.儒教与道教[M].北京:商务印书馆,1995:289-296.

[23] 吴家曦,李华燊.浙江省中小企业转型升级调查报告[J].管理世界,2009(8):1-5+9.

[24] 武亚军.中国本土新兴企业的战略双重性:基于华为、联想和海尔实践的理论探索[J].管理世界,2009(12):120-136+188.

[25] 肖兴志,谢理.中国战略性新兴产业创新效率的实证分析[J].经济管理,2011,33(11):26-35.

[26] 徐欣.企业自主研发与技术引进的协同—平衡效应——基于中国上市公司的实证分析[J].经济管理,2013,35(7):47-55.

[27] 徐懿,朱博文.论亚当·斯密的信任观[J].学术论坛,2016(1).

[28] 杨桂菊.代工企业转型升级:演进路径的理论模型——基于 3 家本土企业的案例研究[J].管理世界,2010(6):132-142.

[29] 叶广宇,王格格.基于组织认定的企业能力构建与市场机会把握[J].管理学报,2017,14(3):325-334+354.

[30] 易先忠,张亚斌,刘智勇.自主创新、国外模仿与后发国知识产权保护[J].世界经济,2007(3):31-40.

[31] 余泳泽,张先轸.要素禀赋、适宜性创新模式选择与全要素生产率提升[J].管理世界,2015(9):13-31+187.

[32] 袁彬悠,吕红波.波士顿矩阵应用扩展研究[J].经营与管理,2012(6):85-89.

[33] 张伯旭,李辉.推动互联网与制造业深度融合——基于"互联网+"创新的

机制和路径[J].经济与管理研究,2017,38(2):87-96.

[34] 张志元,李兆友. 新常态下我国制造业转型升级的动力机制及战略趋向[J].经济问题探索,2015(6):144-149.

[35] 赵昌文,许召元. 国际金融危机以来中国企业转型升级的调查研究[J].管理世界,2013(4):8-15.

[36] 周长辉. 中国企业战略变革过程研究:五矿经验及一般启示[J].管理世界,2005(12):123-136.

[37] 诸雪峰,贺远琼,田志龙. 制造企业向服务商转型的服务延伸过程与核心能力构建——基于陕鼓的案例研究[J].管理学报,2011,8(3):356-364.

[38] CHANDLER A D. Strategy and structure: Chapters in the history of the industrial enterprise[M].MIT Press,1990.

[39] GEREFFI G. International trade and industrial upgrading in the apparel commodity chain [J].Journal of International Economics,1999,48(1):37-70.

[40] GINSBERG A. Measuring and modeling changes in strategy:Theoretical foundations and empirical direction [J].Strategic Management Journal,1988(9):559-575.

[41] HUMPHREY J,SCHMITZ H. How does insertion in global value chains affect upgrading in industrial clusters? [J].Regional Studies,2002,36(9):1017-1027.

[42] HUMPHREY J, SCHMITZ H. Governance and upgrading: Linking industrial cluster and global value Chain research[R]. IDS Working Paper No. 120, Brighton:Institute of Development Studies,University of Sussex,2000.

[43] LIZBETH N A. The impact of operating in multiple value chains for upgrading: The case of the Brazilian furniture and footwear industries[J].World Development,2011,39(8):1386-1397.

[44] MAKADOK R. Toward a synthesis of the resource-based and dynamic-capabilityviews of rent creation[J]. Strategic Management Journal, 2001, 22(5): 387-401.

[45] POON T S C. Beyond the global production networks:A case of further upgrading of Taiwan's information technology[J]. Industry International Journal of Technology and Globalization,2004(1):130-144.

[46] YIN R K. Case study research:Design and methods [M].Sage Publications,2014.

以党建引领企业高质量发展：
基于中国奥园集团的研究

文/张 瑾 林 莉 冯银平 魏宇繁[①]

近年来，随着中国特色社会主义经济的发展，越来越多的非公有制企业开展党建工作，并在党建工作的推动下实现了高质量发展。然而，既有文献并未全面深入地剖析非公企业党建的内容，对于党建工作在企业发展中发挥作用的机理也还不清楚。在文献回顾的基础上，以非公有制企业党建代表性企业——中国奥园集团为研究对象，基于社会实践理论视角剖析其党建工作的内容，并发掘和提炼党建引领非公有制企业高质量发展的机理。基于调查走访、搜集公开信息和半结构化访谈等过程，研究发现中国奥园集团的党建实践主要包括：①组织架构设置；②"将支部建在工地上、楼宇里、商场中"；③反腐倡廉；④选人用人；⑤精准扶贫；⑥支部共建；⑦文化建设；⑧文化传播。这些党建实践有侧重地聚焦于物质、意义和能力建设三个要素，互动对象既包括内部对象，也包含外部对象。党建实践通过统一价值观念、协调内部工作、整合外部资源和建立品牌认同四条机制的作用，使企业内外部有利于高质量发展的各种资源得到充分、有效的调动，达到一种内外和谐的境界。理论上，打开了党建促发展的"黑箱"，为今后研究奠定了基础；实践上，对于非公有制企业开展与强化党建工作、通过党建促发展具有重要借鉴意义。

一、引言

非公有制经济在我国国民经济体系中发挥着不可替代的作用。基于非公有制经济的重要作用，非公有制企业党的建设也成为我国基层党建的重要组成部分。改革开放以来，我国非公企业党建历经了摸索期（1979—1997年）、

---

① 张瑾，博士暨南大学管理学院。林莉，中国奥园集团党委副书记、纪委书记。冯银平，中国奥园集团党委委员党委办主任。魏宇繁，暨南大学管理学院。

发展期（1997—2002 年）和加强期（2002 年至今）三个时期（邵建光，2008）。党的十八大以来，党中央提出了一系列加强非公有制企业党建工作的观点和举措。根据中共中央组织部发布的《2018 年中国共产党党内统计公报》，截至 2018 年 12 月 31 日，全国有 158.5 万家非公有制企业法人单位建立党组织，占比逐年提升。习近平总书记指出："非公有制企业是发展社会主义市场经济的重要力量。非公有制企业的数量和作用决定了非公有制企业党建工作在整个党建工作中越来越重要，必须以更大的工作力度扎扎实实抓好。"可见非公有制企业党建工作的重要意义。

与国有企业党建相比，非公企业党建呈现出不同的特点和规律（戴焰军，2020）。例如，非公党建往往缺乏一定的权力依托和制度保障，这使得非公企业党建工作具有更高的复杂度（谷宇，2010；高国舫，2006）。非公有制基层党组织往往依靠自身的影响力引导党员和群众（薛小荣，2016）。目前，学界对于非公企业党建的内容、逻辑和规律的探索还处在非常初始的阶段（付佳迪，2017）。学者们普遍认同，有成效地开展非公企业党建工作的关键是，以非公企业自身发展为基础，实现党建工作和生产经营的融合（邵建光，2008；张恒国，2020）。然而，目前的大多数研究仍然停留在非公企业党建现象层面，或者比较宽泛地介绍非公企业党建的意义。鲜有文献从企业实证经营角度出发，通过实证研究的方式探究如何通过党建有效促进企业发展。

为回应当前蓬勃发展的非公企业党建实践，并深化学术上对于党建促发展的理解，本研究旨在将非公企业党建工作"打开看"，梳理、分析和透视非公企业党建工作的具体内容。此外，还希望梳理和提炼非公企业党建促进企业高质量发展的机理，从而揭示党建工作在促进企业高质量发展的过程中扮演的角色、发挥的作用，以解决理论的"黑箱"。

综上所述，本研究希望回答如下问题：

（1）非公有制企业党建工作的内容有哪些？

（2）党建工作对非公有制企业高质量发展的作用机理是什么？

为了实现这一研究目标，我们选取了以党建引领企业高质量发展的典型案例——中国奥园集团为研究对象，展开研究。在中国奥园集团（以下简称奥园集团）实现高质量发展的过程中，其形式多样、内容丰富的党建工作发挥了极其重要的作用。奥园集团始终热心党建工作，早在 2011 年，就成立了广东省番禺区第一家非公企业党委。奥园集团将党建贯彻落实到企业生产经营各个环节，系统打造了集团、社区、商圈"三位一体"的党建系统，创新性地提出"将支部建在工地上、楼宇里、商场中"的理念，以党建工作为抓手推动了企业的高质量发展。因而，以中国奥园为案例符合研究需要，具有代表性。我们分别对奥园集团党委、番禺奥园社区党委（以下简称番奥社区党委）和奥园广场商圈党委（以下简称奥园商圈党委）的相关人员进行开放式或半结构式访谈，阅读相关的内部文献和公开报道，同时到现场参加并听取了该企业的党建工作成果报告，在此基础上进行总结与归纳。

本研究具有重要的理论和实践意义。理论上，本研究有助于加深学术界对非公企业党建内容的认识，揭示党建作用于企业经营发展的机理，将相关研究方法从规范研究拓展至实证研究，为进一步的量化研究提供了思路和方向。实践上，中国已经进入了中国特色社会主义的新时代，新时代要有新的风尚和社会面貌，而党建工作也将在非公有制企业经营和管理中扮演越来越重要的角色，如何做好党建工作、如何让党建引领和助力非公有制企业的高质量发展，成了许多非公有制企业关注的问题。在当下愈来愈多的非公有制企业积极投身于党建工作、党建作用不断强化的背景下，本研究分析其对企业管理的作用，旨在探索出具有一定普适性的经验和可推广的模式，从而为非公有制企业通过党建工作实现高质量发展提供一定的借鉴与参考。

本研究接下来的内容安排如下：第二部分简要介绍中国奥园集团概况和奥园党建的基本情况；第三部分引入社会实践理论，对奥园党建实践进行剖析；第四部分主要分析党建实践作用于企业高质量发展的机制；第五部分总结全文，并提出未来的研究方向。

二、中国奥园集团党建概况

（一）中国奥园集团概况

中国奥园集团于 1996 年在广州成立，2007 年在香港上市。秉承"构筑健康生活"品牌理念，中国奥园集团持续深化"一业为主，纵向发展"战略布局，业已成为涵盖地产、商业、科技、健康、文旅、金融、跨境电商、城市更新、建筑工程等产业板块的千亿级综合性跨国企业集团，连续四年跻身《财富》中国 500 强，2020 年跃居第 204 名。中国奥园集团标志见图 1。

中国奥园集团积极践行"高效、诚信、责任、共赢"企业核心价值观，拥有中国奥园（3883.HK）、奥园健康（3662.HK）和京汉股份（000615.SZ）等上市公司，形成多产业板块协同创新、互相促进的发展格局。截至 2020 年上半年，中国奥园集团匠心筑造 317 个精品项目，覆盖华南、中西部核心区、华东和环渤海区域，中国香港、澳门以及澳大利亚、加拿大等国家和地区。2019 年，中国奥园集团整体销售额突破 1330 亿元。

图 1 中国奥园集团标志

（二）奥园集团党委组织架构与概况

在中国奥园集团不断发展的过程中，党建工作发挥了重要的作用。自成立之初，中国奥园集团就成立了党支部。2011年6月，成立奥园集团党委，这是广州市番禺区第一家非公企业党委。2012年12月，成立奥园集团纪委，这是广州市第一批非公企业纪委之一。2013年7月，成立番禺奥园社区党委，这是广东省第一家非公企业为主体的社区党委。2018年7月，成立奥园广场商圈党委（广州市番禺区第一家商圈联合党委），探索打造"共建、共治、共享"商圈治理新模式。

奥园集团争做非公企业党建排头兵，因其卓有成效的党建工作，被中国共产党中央委员会组织部、中国共产党广东省委员会、中国共产党广州市委员会评为非公企业党建、扶贫工作先进单位。目前，奥园集团党建组织架构主要由三大党委组成，分别为奥园集团党委、番禺奥园社区党委和奥园广场商圈党委（见图2）。

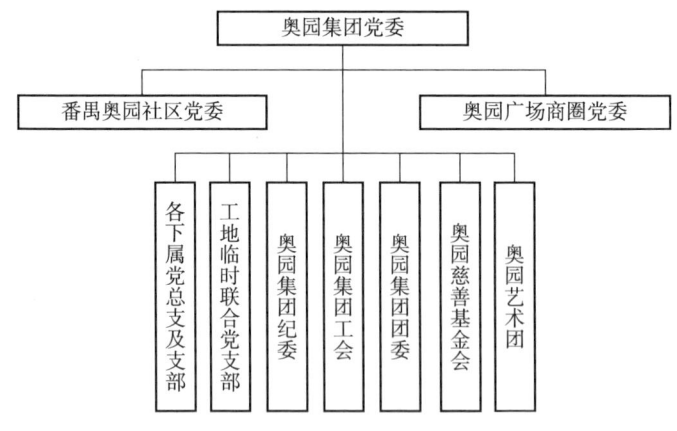

图 2 奥园集团党建组织架构

资料来源：奥园集团官网。

1. 奥园集团党委

奥园集团党支部在 2011 年 6 月 28 日升格为奥园集团党委,成为广州市番禺区第一家非公企业党委。从图 3 中可以看到,目前奥园集团党委下设 3 个党总支(地产集团党总支、商业集团党总支、健康生活集团党总支)、18 个党支部,共有 400 余名党员。可以看出,党组织有极广泛的覆盖面,全面覆盖了集团八大产业、八大二级集团。

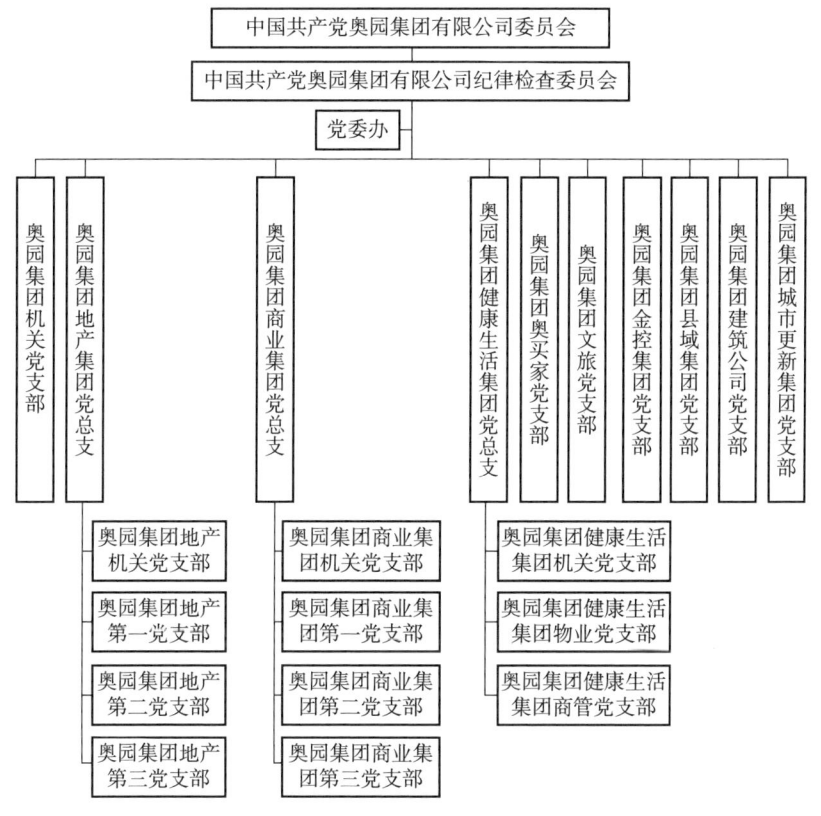

图 3 奥园集团党委组织架构

奥园集团党委切实贯彻执行党章规定的使命,即非公有制经济组织中党的基层组织要"宣传和执行党的路线、方针、政策,领导工会、共青团等群团组织,教育管理党员",由党建带廉建、带工建、带团建。

一是带廉建。中国奥园集团于 2012 年成立奥园集团纪委,探索党员领导干部"八小时以外"活动监督管理的道路。

二是带工建。2011 年 9 月 30 日,奥园集团工会联合会经批准正式成立。奥园集团工会联合会切实当好员工的"知心人",积极开展各项文化活动和员工慰问活动,关心员工的生活和职业发展,以人为本,建设幸福奥园。

三是带团建。为积极响应习近平总书记在中央政治局会议上提出的要发现和培养选拔优秀年轻干部的会议精神,奥园集团团委于2018年7月成立,以党建带团建,围绕自身队伍建设,思想道德建设以及以团建促文化、促经营三个层面开展工作,促进青年员工的成长和发展。除此之外,奥园集团党委还利用党建带动精准扶贫、带动文化建设、进行联合共建。

奥园集团党委自成立以来,积极将党建工作与企业发展紧密结合,不断创新工作方式方法、延伸工作领域、丰富活动载体,通过党建工作引领集团企业文化,在精神文明、生产经营和物业社区建设等方面取得了丰硕的成果。基于扎实、创新的工作,奥园集团党委先后获得了"广州市先进非公企业党组织""广州市非公有制经济组织'双强'共同体示范单位""番禺区先进基层党组织"等荣誉称号。

2. 番奥社区党委

在省委、市委组织部及番禺区委、区委组织部指导下,2013年7月,中国奥园集团在开发的第一个项目——番禺奥园社区创新性地成立了广东省第一家以非公企业为主体的社区党委。番禺奥园社区党委共设有9名委员,由中国奥园集团党委书记、总裁郭梓宁担任社区党委书记,由中国奥园集团党委副书记林莉担任社区党委专职副书记,由中国奥园集团党委委员、联合社区业主在职党员干部担任社区党委委员,包括番禺区时任反贪局局长、学校校长等。

番禺奥园社区党委共有在册党员350名,下设23个党支部,组织架构如图4所示,包括番禺奥园社区中心党支部、奥园物业党支部、外来务工人员党支部及20个楼宇党支部。这20个楼宇型党支部,以解决联系服务社区群众"最后一公里"问题为切入点,积极发挥在职党员的先锋作用和资源优势,积极促进在职党员进社区,为社区群众提供"零距离"暖心服务。

继成立党委后,番禺奥园社区又于2013年9月先后成立了番禺奥园社区纪委、番禺奥园社区团委和番禺奥园社区志愿者协会,形成了"三委一会"齐抓共建的社区管理新模式,使"党员""团员""志愿者"成为社区为民服务的"三支先锋队"。番禺奥园社区志愿者协会下设治安巡逻志愿队、老人关爱志愿队、文艺活动志愿队、文明教育志愿队、微笑服务志愿

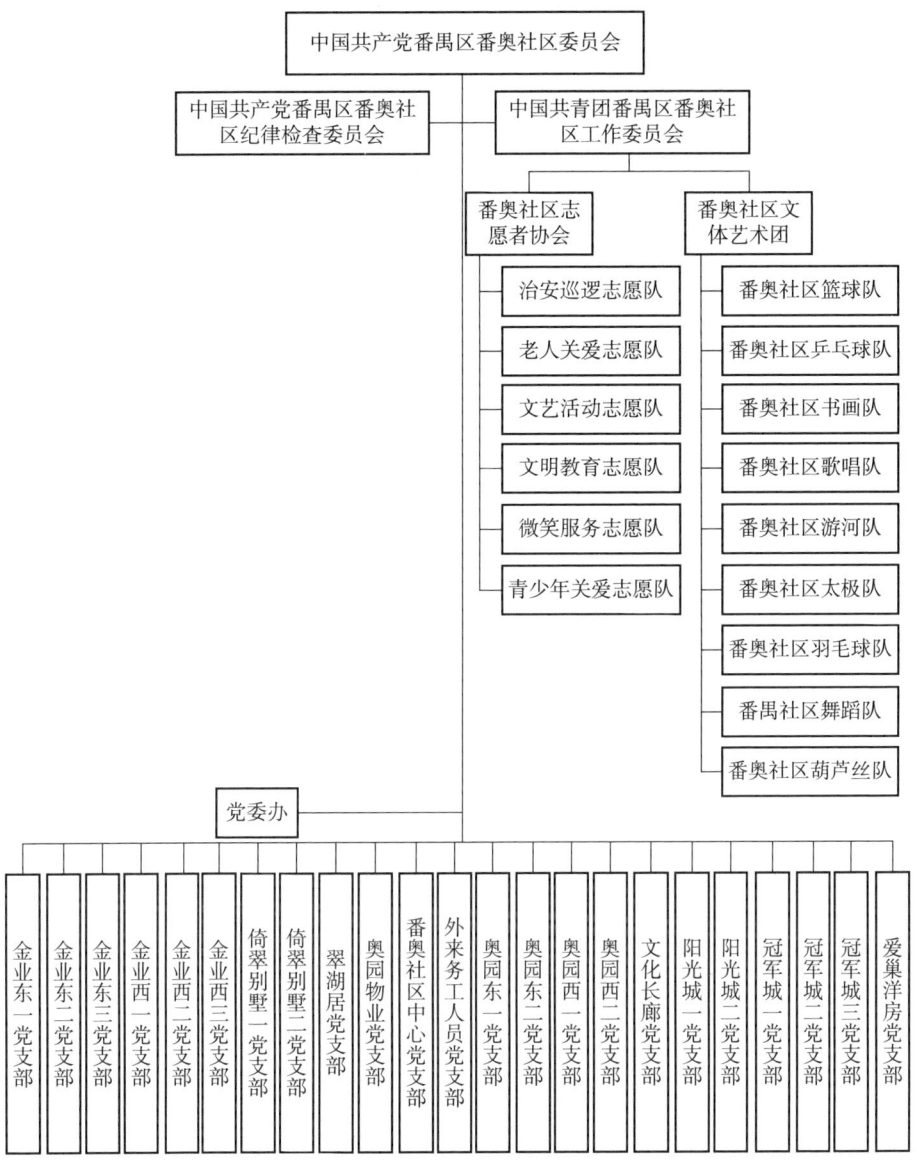

图4 番禺奥园社区党委组织架构

队和青少年关爱志愿队等六支志愿队伍，定期开展丰富多样的志愿服务活动。另外，番禺奥园社区党委还专门组建了番禺奥园社区文体艺术团，以此丰富社区文化。

番奥社区党委力求将群众的诉求在社区处理、困难在社区解决、矛盾在社区化解。在党建引领下，番奥社区建设取得了丰硕成果，成为一个以党建引领社区建设的特色社区。番奥社区被民政部等部门先后授予全国和谐社区建设示范社区、2014年中国智慧社区年度领军社区、广东省"六好"平安和谐社区、广东省宜居社区、广州市先进基层党组织、广州市融合示范社区、广州市幸福社区、广州市十大魅力社区、广州市文明社区、番禺区首批五星级治安防患达标社区和番禺区五星小区等荣誉称号。

3. 奥园广场商圈党委

奥园商业综合体主体面积约25万平方米，包括三栋塔楼以及占地8万平方米的服务中心。为深入贯彻落实党的十九大精神，进一步加强服务型基层党组织，在番禺区委组织部的指导下，奥园集团党委与桥南街党工委开展党建共建，于2018年7月成立番禺区桥南街奥园广场商圈党委（广州市番禺区第一家商圈联合党委），探索打造"共建、共治、共享"商圈治理模式。

奥园广场商圈服务着众多不同的对象，因此奥园广场商圈党委围绕"服务顾客、服务商户、服务业户、服务创客、服务党员"的宗旨搭建组织架构。根据商业综合体内部的人员结构和功能服务，设置了9个党支部（见图5），包括商管党支部、物业党支部、消费者党支部、业主党支部、商户党支部、社会服务党支部、金融服务党支部、创客党支部以及社区教育党支部。这些党支部涵盖了商圈内部的消费者、业主、商户、创业者（一般是非品牌的中小型服务提供者），还有金融机构、卫生服务机构、教育机构等服务载体。另外，奥园广场商圈党委还在商户党支部旗下挖掘了一些典型商家，设置了柏斯琴行党小组、奥买家党小组、悦书店党小组、海底捞党小组、华润万家党小组、江博士党小组、速品党小组以及玩具反斗城党小组共8个党小组。

奥园广场商圈党委发挥纽带作用，将商圈内企业、商家、业主、社会生活服务组织和事业单位的党组织、党员纳入商圈支部中，使不同行业、不同领域的经济体成为党建共同体和利益共同体。成立还不到两年时间，奥园商圈党建工作就获得了"2019年度全国十大楼宇商圈党建品牌"、中共广州市番禺区委颁发的"先进党组织"等荣誉肯定。这是奥园商圈内党员、商户、顾客、业主和创客们所共享的荣誉，他们为之感到自豪。

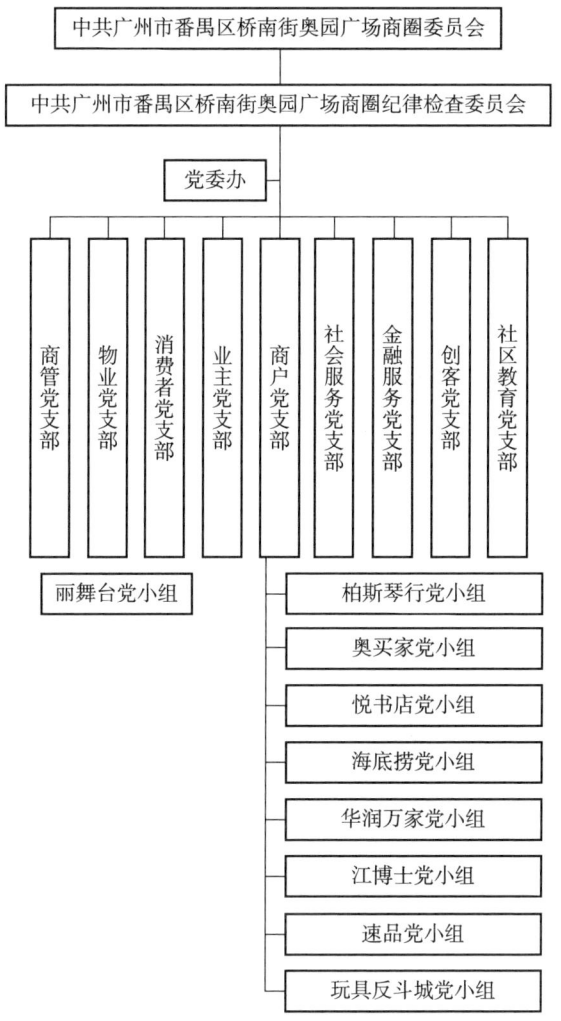

图 5 奥园广场商圈党委组织架构

三、中国奥园集团党建工作实践

在对奥园集团党建组织架构和概况有了基本了解之后，接下来，本部分以社会实践理论为指导，以奥园集团党建实践为分析对象，对奥园集团的党建工作进行分析。

(一)基于社会实践理论对党建工作的分析

不同于以往理论通常以个体为分析主体,社会实践理论倡导以"实践"为研究和分析主体,并强调人的能动性。在我国,党建工作指中国共产党在马克思主义学说的指导下进行的领导国家、社会和提高自身生机与活力的理论和实践活动。并且,马克思主义学说指出,人在进行认识世界和改造世界的实践活动的过程中需要充分发挥主观能动性。综上,社会实践理论与党建有内在一致性,可以作为本次研究的理论基础。本次研究以由Shove、Pantzar和Watson等(2012)提出的社会实践理论模型为基础,从实践内容和互动对象两个维度对中国奥园集团的党建工作实践进行了分类。Shove等提出,实践由物质、能力以及意义三个要素构成,并受这三个要素的影响。其中,物质要素泛指一切实在的客体,包括实体、实物、科技和材料;能力要素指完成目标所需要的技能,包括知识、技能和技术;意义要素指各类实践中抽象的一方面,包括符号意义、观点和愿景(见图6)。

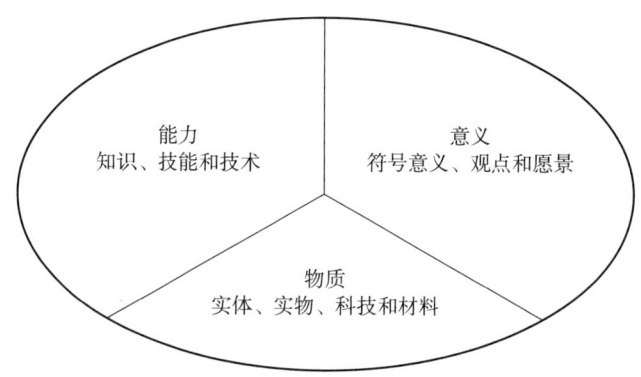

图6 社会实践理论模型

在社会实践理论的指导下,我们可以从物质、能力和意义三方面来理解奥园的党建工作。物质方面指建立客观实在的组织架构、规章制度和进行保障建设;能力方面指旨在提升党员和群众的能力,促进人的发展的一系列实践活动;意义方面则指作用于精神建设、建构意义的实践活动。此外,根据党建工作面向对象的不同,又可以将党建工作的互动对象划分为内部对象与外部对象两类。由此,结合实践要素和互动对象,我们将中国奥园集团党建工作划分为六类:内部×物质、内部×能力、内部×意义、外部×物质、外部×能力、外部×意义,如图7所示。

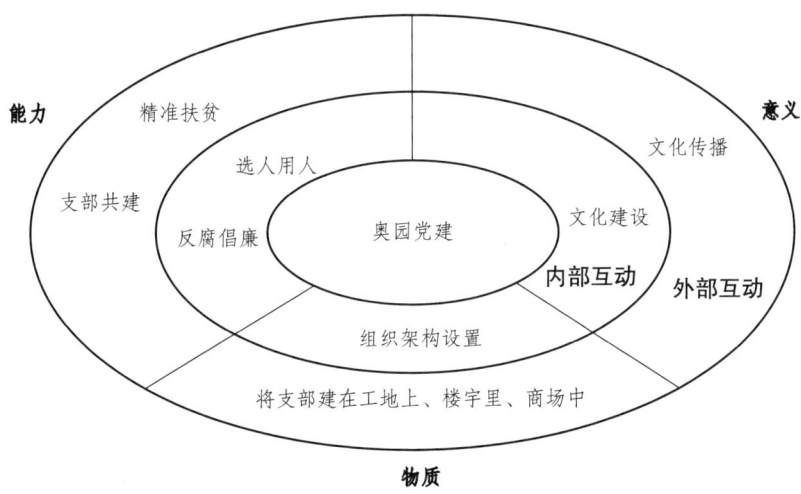

图 7 基于社会实践理论对奥园党建实践内容的分析

（二）奥园党建实践

1. 组织架构设置

如前文奥园党委概况中所述，中国奥园集团坚持产业板块全覆盖的原则，在每一个二级集团、业务板块建设党组织，推动党建工作扎根在企业经营管理之中。当前，中国奥园集团的党委班子成员包括总裁办成员、下属公司第一负责人、总经理负责人等管理人员。比如，郭梓宁同时担任奥园集团总裁、奥园集团党委书记、番奥社区党委书记；林莉同时担任奥园商业集团副总裁、奥园慈善基金会理事长及奥园集团党委副书记、纪委书记；冯银平同时担任奥园文化传媒公司总经理、奥园集团党委办主任、奥园广场商圈党委副书记；奥园健康生活集团总裁苗思华、奥园地产集团总裁马军分别任奥园集团党委纪检委员、生产委员等。这种工作安排实现了党对集团管理层、对集团经营发展的领导，为党建与业务深度融合奠定了基础。

除了集团党委，番奥社区党委和奥园商圈党委在组织架构上也非常合理。例如，番禺奥园社区党委不断完善组织架构，创新工作机制。番禺奥园社区设立了党代表工作室、人大代表联络站及"两代表一委员社区工作站"，使"两代表一委员"能够贴近社区群众，倾听群众意见和建议，不断加强和创新社区管理，全面增强社区服务功能。番禺奥园社区党委落实岗位权责阶梯式管理，实现服务管理网格化，实行"五级联系制"，即党委书记联系党委委员、党委委员联系支部书记、支部书记联系支部委员和党小组长、党小组长联系党员、党员联系家庭。每名党员联系 8~15 户的家庭，都有自己对口的服务对象，每一个家庭的诉求和困难，都知道应该找哪些党员来解决。图 8 为番奥社区人大委员及政协委员联络站。

图 8　番奥社区人大委员及政协委员联络站

2."将支部建在工地上、楼宇里、商场中"

由于缺乏党建经验，非公有制企业在开展党建之初，通常是学习和模仿国有企业党建的模式和经验，呈现出组织间趋同性（付佳迪，2017）。但是，非公有制企业的经营通常以经济效率和效益为原则，致使仅照搬国企党建模式，而未能结合本企业的特点开展相关党建工作的做法往往行不通。例如，邱卫东和胡博成（2018）基于对上海市 50 家规模以上非公企业的调研发现，非公企业党组织往往停留在上级党组织精神的形式的传达和落实工作上，较少主动地结合自身业务特点开展党建工作。也有学者指出，非公企业党建存在"有组织，无活动"的问题（付佳迪，2017）。结合本企业的特点，奥园创新性地提出"将支部建在工地上、楼宇里、商场中"的思路，将党建与企业自身的经营有机结合起来。更为重要的是，奥园集团不停留在"建"支部层面，更是通过设计工作制度、开拓工作方法、创新工作内容，扎扎实实地开展党建活动，突破了非公企业党建的困境，形成了颇具特色的非公企业党建模式。

（1）将支部建在工地上。

中国奥园集团将党支部建在工地上，使党组织覆盖到了从项目开发到交付的全周期流程。在项目处于开发阶段和施工阶段时，由中国奥园集团作为甲方进行组织，邀请总包单位、施工单位以及第三方监理单位的党员加入工地临时党支部进行共同治理。在涉及城市更新、村落旧改等项目时，中国奥园集团会邀请项目所在地村委中的党员加入公司党支部。在建设阶段，通过工地临时党支部的组织来加强和推进工地安全、进度，以及工人管理等工作。

迄今为止，针对重点项目，中国奥园集团都建立了临时党支部。例如，2014年8月、2015年6月、2016年11月、2018年6月和12月先后成立了萝岗奥园广场、珠海奥园广场、广州奥园国际中心、奥园莲峰圣境、威宁奥园广场工地临时党支部，是广东省第一批开发商、施工单位、监理公司、驻地党组织等联合建立的深入工地现场的党组织。

成立在工地上的临时党支部，切实地服务生产一线，为"安全施工、文明施工"起到促进作用。支部建立工人夜校、工人工资监督保障体制和意外保险机制，并且深入项目工地、工人生活区等开展安全生产、保质量、创业绩和关心工人生活等各项活动。在一次项目开发中，党支部了解到，施工工人需要穿过多个马路来往于工地和住所之间，彼时由于交通设施不完善，存在一定的安全隐患。调查走访之后，党支部主动与项目当地政府沟通解决方案。最终，当地政府交通部门在相关路段设置了斑马线，切实地保障了工人的安全，为"零事故"、高效高质的项目开发提供保障。

工地骨干人员可以在夜校接受技能培训，工地临时党支部也为工人安装电视、放书报栏，为工人关注时事、加强学习、提高自身的科学文化和思想道德素质提供了有利条件。除此之外，中国奥园集团还定期开展开放日活动，由公司党支部牵头，对村民、业主进行开放，大家共建安全文明的施工管理。

（2）将支部建在楼宇里。

番禺奥园社区党委是一个六位一体、共治共享的服务型社区党委（见图9）。所谓"六位一体"，指包括整个社区在内的社区管理模式，由党委统领，社区党委、开发商、居委中心党支部、物业党支部、业委会、社区生活服务组织六大主体共建共管。为了协调六大主体工作，番奥社区设置了"联席会议"工作机制。居委、开发商、物业、业委会等社区主体每个季度召开一次联席工作会议。

非公有制企业党建工作面临着党员人员少、分散，组织召集难度大等问题（邱卫东和胡博成，2018），这些问题也是社区党建工作所面临的，甚至可能更为突出。社区内的党员往往既有组织关系又有单位身份，那么，如何有

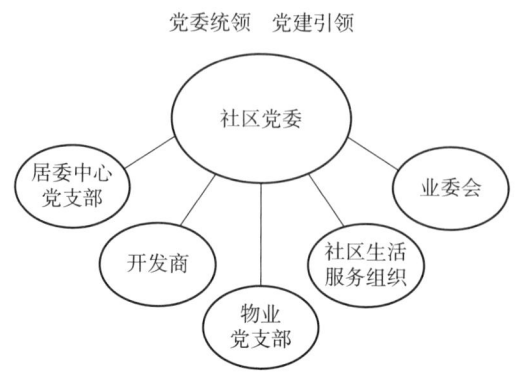

图 9 番奥社区"六位一体"工作模式

成效地激发和组织他们参加社区党建？番奥社区提出"大党委工作模式"，即打破传统的纵向单位党建模式，在不改变现行党员组织关系、单位身份情况下，通过在职党员进社区的方式，让党员们立足社区，贴近群众，积极参与社区管理和服务。同时，番奥社区党委要求每个楼宇党支部把党员回到社区报到开展工作、服务群众的情况，通过党员服务登记册记载下来，在每年年底以书面的形式把党员服务社区居民的情况向党员工作的单位进行反馈，这些措施极大地激发了党员回到社区工作和服务的热情。基于这种模式的创新性，番禺奥园社区党员管理模式又被称为"番奥模式"。

目前，番奥社区共有 20 个楼宇党支部，这些楼宇党支部分布在楼栋里、别墅里、组团里，设置在最接近群众的支部书记家庭，挂牌服务党员群众。在成立楼宇党支部时，给每个支部颁发牌匾以及一个党建箱，标准化地指导楼宇党支部日常工作的开展。番禺奥园社区党委实行《社区党员联系群众、服务群众制度》和《社区在职党员"双向"激励考评制度》，根据社区户数、党员人数，按照网格化管理模式合理确定每个党员所联系的家庭和联系服务群众的范围。党委可以向党员派遣服务，党员也可以根据自身兴趣、特点认领服务。

奥园集团投入场所、人力和经费等资源保障，大力支持番奥社区建设。中国奥园集团提供了近 860 平方米的办公楼建立番禺奥园社区一站式服务中心和社区家庭服务中心，集社区党支部、社区居委会、物业管理和社会管理、家庭服务于一体，开展物业管理服务、劳动就业、社会保险、教育医疗、计划生育、法律援助、人民调解、流动人口管理和服务、社会治安综合治理等公共服务。图 10 为番奥社区提供的图书馆和文艺排练室。此外，番禺奥园社区党委还积极利用数字化手段，不断提高服务水平，为居民提供便捷化的社区服务。如建设了政务网站与基层党建信息化平台相融合的社区网络服务平台，并通过电话、网络论坛、微博、微信、手机短信、社区 QQ 群、支部收集意见等方式，直接听取居民的意见和建议。

图 10　番奥社区提供的图书馆和文艺排练室

（3）将支部建在商场中。

奥园广场商圈党委根据商业综合体内部的人员结构和服务对象，设置了 9 个党支部。这些党支部中有为商业管理部门设置的商管党支部、为物业管理部门设置的物业党支部、为消费者设置的消费者党支部。针对奥园广场购物中心的几百家商户，奥园广场商圈党委在商户党支部旗下挖掘了一些典型商家，使其更好地发挥先锋模范作用和引领示范作用。目前，奥园广场商户党支部设置了柏斯琴行党小组、奥买家党小组、悦书店党小组、海底捞党小组、华润万家党小组、江博士党小组、速品党小组以及玩具反斗城党小组 8 个党小组。在奥园广场商圈中还有卫生机构、较多银行等金融服务机构，还有很多创业者以及教育机构，相应地，奥园广场商圈党委设立了独立的社会服务党支部、金融服务党支部、创客党支部和社区教育党支部。

商圈中的党支部结合各自特长，开展服务项目，并通过"轮值工作制度"，组织丰富多彩的主题党日活动（见表 1）。例如，商管党支部主要开展意见收集、便民客户服务，举办招聘会，同时也根据商户需求，开展销售技巧培训、活动策划咨询等服务。由从事金融行业党员组成的金融服务党支部主要提供金融信息咨询服务、融资服务，进行防金融诈骗宣传教育等。由商圈内从事医疗服务行业党员组成的社会服务党支部主要开展儿童保健、基本医疗、中医康复、健康教育服务。商户党支部则结合自己的业务特点，推出眼睛清洗、党建书籍借阅、视力检测等一系列便民服务。

表1 奥园广场商圈党委丰富的主题党日活动

时间	承办党支部	主题党日活动计划	时间	承办党支部	主题党日活动计划
1月	商管党支部	参观广东美术馆	6月	商管党支部	孝子奉茶
	消费者党支部	赠春联活动	7月	创客党支部	创业座谈会
	商户、创客党支部	慰问桥南困难人士	8月	社会服务党支部	健康知识讲座
	创客党支部	2019年迎春文艺晚会		物业党支部	书法讲座
2月	商管党支部	"过年啦"主题图片展	暑假	商管党支部	爱国主义电影教育活动
3月	商管党支部	春季招聘会	9月	商管党支部	秋季招聘会
	商户党支部	三八红旗手评选活动	10月	社区教育党支部	少儿教育名师讲座
4月	物业党支部	献爱心公益活动		商管党支部	与文广新局机关党委下半年结对共建活动
	消费者党支部	礼仪培训讲座	11月	商户党支部	如何学好英语讲座
5月	物业党支部	五一劳动奖章评选活动		物业党支部	消防安全知识宣传讲座
	商管党支部	与文广新局机关党委上半年结对共建活动	12月	金融服务党支部	金融防诈骗讲座
	奥园集团团委商管党支部	青年学生演讲比赛（五四青年节）		物业党支部	拒绝黄赌毒——远离烟酒专题活动

作为中心和组织者的奥园商圈党委，则主要承担着建制度、搭平台和定标准的任务。首先，制定联席管理制度、轮值工作制度、党员示范岗服务机制、总结表彰机制，为调和关系、处理矛盾提供了高效的工作模式。此外，搭建起服务平台、文化平台、学习平台、线上平台。如在疫情期间，奥园商圈通过服务平台，宣传中国银行推出的利率较低的战"疫"复工贷。其次，建立党建和服务标准，为党员、商户、业户、消费者等群体提供完善的问题反映和争议处理平台。

奥园广场商圈党委通过党委联席工作会议、商家座谈会、业主议事会、创业分享会、消费者答谢会等共治会议，加强商圈党员、商户、业户、创客以及顾客之间的沟通。在这些座谈会上，商圈党委主动收集商圈主体的各类诉求，并积极商讨解决方案，促进商圈经营秩序的稳定。除此之外，商圈党委又与各党支部、党小组、商户之间达成"共治公约"，共同为消费者提供良好的消费环境；对爱国主义商家、金融机构、教育机构等进行整合，形成共治联盟，促进商户和谐发展；由党员带头进行共治巡检，对商圈内存在的问题及时发现、及时整改；另外，商圈党委还围绕商圈治理热点，以共治论坛的方式广泛收集和听取商圈内各个群体的意见和建议，并及时进行讨论和解决，共同促进商圈发展。

3. 反腐倡廉

秉承"高效、诚信、责任"的企业精神，中国奥园集团自2012年起，先后成立奥园集团纪委、番禺奥园社区纪委和奥园广场商圈纪委，探索党员领导干部"八小时以外"活动监督管理的道路。通过促进廉洁文化进企业、进社区、进商场,协同构建奥园特色的廉洁机制,打造和维护风清气正的办公环境。图11为奥园商圈纪委公约。

图11 奥园商圈纪委公约

中国奥园集团重视企业廉洁内控机制建设,出台了《奥园纪委信访举报及纪检监察工作条例》,规范履行各项工作职责。同时,奥园集团对员工严明纪律,包括"严禁违法违规、职务侵占""严禁群体投诉、损坏品牌""严禁经营亏损、不达业绩""严禁渎职失职、重大事故""严禁工作推诿、延误节点""严禁越权审批、公款私用""严禁泄露机密、在外兼职""严禁拉帮结派、任人唯亲"。这些纪律在奥园被称为"奥园八大军规"。如违反"八大军规",中国奥园集团将视情况严肃处理直至降职、解聘或追究法律责任。中国奥园集团实行"廉洁指标"负责人责任制,建立了一整套完善的信息化系统和规范化审批流程,规范了各岗位审批角色和权限,通过集团纪委、监察中心的专门团队和专业管理机制来约束员工,引导员工廉洁从业,在"阳光下"实现个人价值。

中国奥园集团是一个以房地产为主体的、多元化的大型资源整合平台,其各个产业板块中都有大量的供应商。中国奥园集团需要营造一个廉洁的生产经营环境,于是将供应商也纳入廉洁建设的对象当中。中国奥园集团对企业合作方杜绝商业贿赂,对所有供应商提出"不得将工程分包给私人承包商""不得通过任何途径行贿甲方及监理人员""不得因管理不善出现民工闹事、上访等现象"的"三条红线"的廉洁要求,通过合同明确廉洁条款并公布了举报监督电话。

与此同时,中国奥园集团于2018年正式加入了反舞弊联盟,在所有新员工入职之前，中国奥园集团会事先通过反舞弊联盟进行排查：如果在别的企业之前的从业经历中，有过被处分、被查处的负面档案，中国奥园集团将会拒绝其加盟。在中国奥园集团内部，如果出现了舞弊问题被处分，其个人资料也会被放进反舞弊联盟的档案当中，由此提高员工舞弊问题的犯错成本，树立员工敬畏规则、敬畏法规的意识。

此外，中国奥园集团积极与公检法机关建立关于防治非国家公务人员职务犯罪的联动机制。积极通过"文化防腐""内部管控""外部联防"三道防线，与业主、供应商、商业联盟、公检法机关等进行廉洁共建，推进廉洁文化建设。

番禺奥园社区党委和纪委还在省、市、区纪委指导下，积极探索党员领导干部"八小时以外"活动监督管理机制：八小时内在单位、八小时外在社区。通过创新组织设置、健全管理机制、搭建活动平台，为党员领导干部"八小时以外"提供活动阵地，通过召开党规学习专题会、建立社区廉洁文化公园、开展"好家风"幸福廉洁家庭评选、参观廉洁文化基地、开办廉洁书画展、举办廉洁亲子绘画活动等形式，深入学习党章党规和开展廉洁建设，营造廉洁文化氛围，引导在职党员"工作八小时以内履职在岗位，工作八小时以外奉献在社区"，形成党员领导干部在为群众服务中接受监督、在党群互动中树立形象、在群众监督中提升社区管理水平和服务群众的能力的良好氛围。

4. 选人用人

在招聘人才时，奥园集团也格外注重应聘者的思想政治修养。奥园集团始终坚持"党员优先"的原则，注重培养党员员工，"把骨干人员培养成党员，把党员培养成骨干人员"。在人才发现、培养和任用等方面实现与党建工作紧密结合。

5. 精准扶贫

中国奥园集团积极贯彻落实党中央精准扶贫精神，成立了奥园慈善基金会，形成了"奥园精准扶贫模式"，通过建立县域综合体、探索"公司+农户+商场+电商"特色扶贫之路、产城融合等方式，强化扶贫产业支撑，带动贫困区域发展，助力贫困人口脱贫致富，促进贫困地区发展和打赢脱贫攻坚战。中国奥园集团积极支持发展慈善、教育、体育、健康等公益事业和开展赈灾救灾、社区公益、微公益活动等，积极践行非公有制企业社会责任，服务社会、为社会发展做出贡献。

中国奥园集团在人口大县或贫困县打造县域综合体，改善了当地居民的消费环境，增加了当地居民的消费选择，提高了当地居民的生活品质。并且，奥园广场至少可以为当地提供几千个工作岗位，极大程度地改善了当地的就业情况。除此之外，奥园广场的经营还可以增加当地的税收，促进当地经济持续发展。

与此同时,奥园集团还尝试通过"授人以渔"的方式,助力贫困地区脱贫攻坚。中国奥园集团每落脚到一个贫困县,为了实现农民与公司的双赢,在贫困地区建立种植基地,通过"奥买家"跨境电商平台建立"中国馆",让县域农产品走出县域,帮助农民把具有中国特色的农产品推广到世界各地,并且对线下40多座奥园广场实体店的门店进行协调运作,帮助农户进行推广销售,由此探索出了一条"公司+农户+商场+电商"的特色扶贫之路。奥园集团还结合贫困地区的旅游资源,打造文旅特色小镇,给当地发展绿色经济、提升就业水平、改善民生和城市环境做出积极的贡献。奥园的精准扶贫工作,能够根据当地和企业自身的实际情况,为当地经济发展提出新的方向,助力国家脱贫攻坚战和全面建成小康社会的目标。

截至目前,中国奥园集团已向社会提供了超过10亿元的捐助,在开展慈善工作的过程中,也探索出了一条具有奥园特色的扶贫之路。其中最具特色的就是中国奥园集团开展的党建引领下的"双十双百"帮扶工程。所谓"双十双百",是指每年对口帮扶社会上的十所贫困学校和十个贫困村,一百户困难家庭和一百名困难学生,并发动党员员工"一对一"认领贫困学生、家庭,精准帮助有困难的人。自帮扶工程开展以来,中国奥园集团已经积累了大量的帮扶对象,已经对口帮扶广东雷州、廉江、化州、英德、五华、蕉岭,江西宁都,广西浦北,贵州遵义、威宁,云南剑川等多个贫困村和学校,为打好脱贫攻坚战奠定了坚实的基础。

自2017年2月开始,中国奥园集团每年会挑选超过100名德才兼备的党员和骨干员工,派驻到"双十双百"精准对接的村办小学里面开展爱心支教工作。在选派支教老师之前,中国奥园集团利用自己创办了近20年的京师奥园学校,包括小学、幼儿园,还有初中三个建制的学校资源,培育爱心支教的老师,让其经过培训再去上岗,使支教老师带着任务、带着目标去完成自身的工作,带着待遇去完成为期一个月的爱心支教任务。与此同时,这种活动也受到了员工、党员的欢迎,每位被选派的支教老师都十分珍惜爱心支教的体验经历。经过三年多的摸索,中国奥园集团已经极大地提升了对口帮扶的村办小学的教学质量,推动了其校园文化的建设。

举例来说,中国奥园集团的第一批支教老师,赴湛江雷州市的一所小学进行支教。支教教师克服当地艰苦的支教环境,除了完善学校的课程体系,还策划了包括朗诵比赛、运动会等在内的一系列文体活动,也教会了当地教师、学生使用电脑、说普通话等。他们还教给学生《习近平主席寄语》手语歌,培养学生对党的拥护以及对国家的热爱。支教活动显著提高了这所小学的学习成绩，从全镇六七名提高至第一名；丰富了学生的生活，提高了当地学校与时俱进的能力。

另外，在中国共产党广州市委员会的带领下，中国奥园集团作为广州市规划公益促进会的发起单位，对全国多所红军小学进行精准帮扶，利用京师奥园学校的资源，把这些红军小学的校长、老师以及学生带到广州进行教研交流、学习交流，让他们到沿海城市体验大城市的工作和学习环境，让他们树立远大的理想，回到学校里更好地工作与学习。

最后，在新型冠状病毒肺炎疫情影响全球的当下，中国奥园集团除了在党和国家的领导下做好复工复产项目工程管理，还积极履行非公有制企业的社会责任：在党支部书记郭梓宁的领导下，奥园集团党委、奥园慈善基金会发起"抗疫暖春行动"，向武汉武昌医院捐赠医用呼吸机，同时积极走访慰问村居、社区、工地等抗疫复工一线，向桥南街、钟村街、南村镇、番奥社区、项目工地捐赠了大批抗疫生活物资；并且，中国奥园集团还参与了"万企暖医——我们一起行动"公益活动，以多种方式传播尊医爱医正能量。截至目前，中国奥园集团已通过各种渠道采购逾110万只口罩，相当数量的医用防护服、医用手套、额温枪等医疗物资，运抵并捐赠给抗疫医疗前线。

6. 支部共建

奥园集团党委自成立以来，积极探索与其他单位的共建工作。如与北京大学经济学院、暨南大学、广东省人民检察院、广州税局、中国银行等单位党建结对共建，搭建党建对外交流和合作共赢平台。与其他社会组织进行党建共建，有利于中国奥园集团的经营发展。比如，奥园集团与地方税务局进行党建共建活动，可以更加全面深入地了解最新的财政政策；与银行进行党建共建，企业可以获得有利于自身经营和开发的金融政策，银行也可以得到更多的金融业务，是一种共赢的方式；与高校进行党建共建，则有利于吸引优秀学生前往奥园就业，为企业发展奠定了人才基础。

7. 文化建设

奥园集团党委围绕坚定理想信念，助推高质量发展，深入开展不忘初心、牢记使命主题教育，通过形式多样、内容丰富的活动，使主题教育融入党员的日常工作和生活。

一年一度党员大会作为奥园党的文化建设的标志性、总结性活动，给奥园集团的普通员工、番奥社区的志愿者留下了深刻印象。参与访谈的集团员工回忆道，自己有幸在入职培训时就赶上了集团的党员大会，该次党员大会在一个大型宴会厅举行，容纳了几百名党员干部，她从未想过一个非公有制企业会这么重视党建工作。番禺奥园社区艺术团团长也谈到，每一年都有优秀的社区党务工作者和志愿者参加奥园集团党委的表彰会，党组织在会上为优秀党员志愿者颁发荣誉证书以及奖金，令参与者感到自己的工作受到了认可和肯定。

8. 文化传播

2011年8月，奥园艺术团正式组建，自组建以来，积极开展慰问关怀演出，并创作了《奥园潮》《奥园之歌》《牵挂》等企业歌曲，其中《牵挂》获评2018年度广州十大慈善歌曲。奥园艺术团为广大企业党员和员工提供了施展才华的舞台，为开展党员思想教育、传播正能量、促进企业文化建设发挥了积极作用。在疫情期间，中国奥园集团还与多个歌手、乐队合作，创唱抗疫歌曲《加油》、录制激励视频，为社会各界加油鼓劲。奥园艺术团为集团内部的员工以及党员提供了发挥才华的机会，并在党员思想教育、传播企业文化等方面起到了积极的促进作用。

番禺奥园社区党委充分利用番禺奥园社区运动城的羽毛球馆、乒乓球馆、游泳馆、健身馆、群众文化室、社区书画苑等场室开展各类文体活动，建立了社区廉洁文化公园，积极推进传统美德和廉洁文化进社区活动的常态化举办和管理。番禺奥园社区艺术团则将社区内的中老年人集合起来，根据中老年人的兴趣分成不同的队伍进行排练，不仅丰富了社区中老年人的业余生活，也帮助他们建立了良好的伙伴关系，为老人们带来了儿女无法给予的欢乐。社区艺术团也会记录各个成员的生日，组织生日会，在团员家中遭遇疾病等困难时进行慰问。慈善慰问活动使居民体会到居住在番禺奥园社区的温暖，鼓舞了他们与病魔抗争的勇气。

番禺奥园社区党委常态化地举办长者节、邻里节、义工节、儿童节等节日，组织广场舞表演、社区篮球赛、"三爱"教育活动等，号召党员以及其他社区群众通过轮班值守的方法，参与垃圾分类、植被绿化、疫情防控等社区志愿活动。比如，每年3月为番奥社区的学生活动月，社区党委会牵头进行组织，提供铲子、树苗、花苗等，并召集社区的党员带头，种花种草美化家园，在为党员提供服务群众的机会的同时，也吸引了其他群众共同参与社区管理。通过这些文化活动，在社区内部营造了邻里之间互助互动、互相帮助的和谐氛围，美化了社区居住环境，解决了居民生活中遇到的问题，并且为党员服务群众提供了平台。

党的十九大后，在街道的统领下，番禺奥园社区建立了党建项目库，每月进行党建活动。近期，社区党委组织了"党支部书记讲党课""听老党员讲故事"的活动。这些活动以社区身边事为案例，宣传党的思想，吸引了志愿者和学生前来参加。番禺奥园社区反复开展党建活动，在社区内营造了浓厚的红色文化氛围，获得了社区群众以及更为广泛的社会群众的认可；用本小区发生的事例作为党课案例，不仅能够回应居民普遍关心的生活问题，也能够增强党课的吸引力与感染力，触动社区居民。

党的十九大后，奥园集团党委投入100万元，街道政府投入50万元，将奥园运动城整改翻新改造成为红色宣传基地，在幸福大道设置学习之路与光辉历程两个主题展览，分别宣传介绍习总书记的名言与党的十九大召开的时间、形式、主要内容等。建设红色宣传基地、占领党的宣传阵地，有利于对党建工作进行宣传，并推动社会大众加深对党的认识和理解。相比于传统的商业广告，红色宣传具有更加广泛和深刻的政治和社会意义。

（三）小结

根据上述内容，本研究对中国奥园集团的党建工作进行了整理概括，如表2所示。

表2 奥园集团党建活动具体内容

实践要素	互动对象		奥园党建实践
物质	内部	组织架构设置	在每一个产业板块进行党组织建设：坚持产业板块全覆盖，推动党建融入经营
			赋予企业管理层管理与党务的角色：管理层兼任党委成员
			建设贴近群众的工作机构：设立了党代表工作室、人大代表联络站及"两代表一委员社区工作站"等部门，全面增强社区服务功能
			建设群众意见反映结构：实行五级联系制，实现服务管理网格化
	外部	"将支部建在工地上、楼宇里、商场中"	邀请多方对工地进行共同治理：将工地施工阶段的安全、进度，以及工人管理等工作，通过工地临时党支部的组织来加强、来推进
			关心工人生活、提高工人素质：建立工人工资监督保障体制和意外保险机制，开展安全生产、关心工人生活等各项活动
			在社区中设定党员服务群众机制和部门，发挥党员作用：形成"三委一会"社区管理新模式，探索"八小时以外"活动监督管理机制
			设置社区党员的考评与激励制度，鼓励和监督社区党员服务群众：实行《社区党员联系群众、服务群众制度》和《社区在职党员"双向"激励考评制度》
			与商圈其他经营体进行合作与协调，提高商圈治理和服务水平：推动商圈范围内"共建共治共享"的社会治理新格局形成

续表

实践要素	互动对象		奥园党建实践
能力	内部	反腐倡廉	在企业内部形成廉洁氛围：推动企业、社区、商场协同构建特色廉洁机制
			制定廉洁制度，与合作方共守廉洁底线：对企业合作方杜绝商业贿赂，提出"三条红线"的廉洁要求
		选人用人	坚持党员优先、用党建进行人才培养：把党员培养成骨干、把骨干培养成党员，以党建带团建，坚持用党建培育好的人才
			关心员工生活，给予员工工作帮助与生活关怀：积极开展文化活动和员工慰问
	外部	精准扶贫	通过多种方式开展扶贫工作：落实"双十双百"、县域综合体等项目
			在疫情防控期间积极承担社会责任，稳定经营形势：积极参与疫情防控相关公益活动，积极开展社区、商圈防疫及复工工作
			开展爱心支教活动，进行文化脱贫：中国奥园集团积极开展爱心支教工作，向贫困地区的学校输送支教老师，帮助学生提高文化素质
		支部共建	与其他党支部进行共赢合作：与学校、社区以及其他党组织进行结对共建，实现双赢、多赢局面
意义	内部	文化建设	在企业内部举办学习党章党规、了解党的思想的教育活动：响应党的号召，深入开展"不忘初心、牢记使命"第二批主题教育
			举办党员大会，对企业的党建工作进行总结表彰：为企业、社区及商圈内的优秀党员志愿者颁发证书及奖金，鼓励他们投身于志愿活动
	外部	文化传播	利用企业员工特长，开展一系列文体活动：组建奥园艺术团，为开展党员思想教育、传播正能量、促进企业文化建设发挥积极作用
			在社区举办各类活动，丰富居民生活：常态化地开展社区文化活动；组建番禺奥园社区党委文体艺术团，以此形成和谐氛围
			在社会上对党的精神以及思想进行宣传：将奥园运动城整改翻新为红色宣传基地，占领党的宣传阵地

资料来源：根据报告会及访谈整理。

四、党建促进高质量发展的机制

通过实地调研、访谈和文献阅读,总结出党建活动引领奥园集团高质量发展的四条具体机制:统一价值观念、协调内部工作、整合外部资源、建立品牌认同。本部分将着重从这四方面论述党建活动如何在奥园集团高质量发展过程中发挥作用。

(一)统一价值观念

企业文化指企业在实践中创建和发展的共同的价值观、与价值观相一致的行为方式以及由这些行为所产生的结果与形式。其中,价值观是企业文化的核心内容,对促进企业持续高质量发展具有重要意义。奥园集团在其官网上对企业文化和价值观进行了清晰的表述:奥园集团的价值观为"高效、诚信、责任、共赢",其中"高效"指倡导提速增效,效率高、效果好、效益优;"诚信"指倡导诚实守信,讲信誉、重诚信、守承诺;"责任"指倡导责任文化,对客户负责、对股东负责、对投资者负责、对员工负责、对社会负责;"共赢"指倡导融合共赢,开放合作、资源整合、互惠互利。

企业价值观的形成不但来自决策层对企业文化整体的把握设计,更有赖于企业中的个人和组织理解、接受和发扬。企业价值观只有植根于企业基层,作用于企业的作风、制度,才能转化为最终生产力,促进企业发展。文化价值观的塑造通常依赖于特定的文化环境以及各种形式的文化活动。相应地,党建活动正是通过构建文化环境和组织文化活动,在价值观的塑造和传播过程中发挥着重要作用。

首先,党建通过营造文化环境,起到统一价值观念的作用。这点突出体现在奥园集团的反腐倡廉实践。奥园集团出台了《奥园纪委信访举报及纪检监察工作条例》,并在纪委领导下举办了一系列促进廉洁文化进企业活动,积极推动廉洁文化进企业、进社区、进商场。奥园集团不仅在企业内部推行廉洁文化价值观,还将廉洁文化价值观传递给合作方,探索廉洁文化协同共建机制。如奥园集团对合作方提出"三条红线"的廉洁要求,杜绝商业贿赂,通过合同明确公布廉洁条款和举报监督电话,并且与公检法等国家机关建立关于防治非国家公务人员职务犯罪的联动机制。除此之外,奥园集团通过召开党规学习专题会、建立社区廉洁文化公园等形式,将其内部员工及所辖范围内的党员同志集合起来,深入学习党章党规和开展廉洁建设。通过反腐倡廉党建工作,奥园集团全面营造了廉洁奉公、风清气正的文化环境氛围,有利于企业统一价值取向的形成。

其次,党建工作能够促进企业员工形成正确的价值观和人生观,提高员工的信念感和归属感,传递正能量。员工是组成企业的细胞,员工的价值观和人生观是企业价值观的微观组成部分。按照党章要求,奥园集团各级党组织定期开展支部活动,如"三会一课"等,在党建活动中,党员员工不仅要学习党中央最新决策精神,并结合企业实际发展发表意见和建议,还要对自身思想状况进行汇报。通过这一渠道,企业可以充分了解组织成员对企业价值观的领会层次和认可度,进而有针对性地传达、强调企业价值观的核心重点内容,最终通过党员同志的先锋带头作用向整个企业扩散,顺利使企业价值观到达基层。

在理论学习之外,奥园的党建工作还包括丰富多样的文化活动,包括演讲比赛、征文比赛、党员大会、支教公益等党建活动。奥园党委通过丰富的党建活动对员工进行鲜活生动的教育,启发员工形成积极的价值观和人生观。奥园集团的员工普遍表示,奥园集团是一个可以让"自己得到教育和升华"的地方。例如,参与爱心支教活动的员工表示,通过服务他人、自我奉献、履行社会责任、实现个人价值,在这个过程中获得成就感与满足感。参加党员大会的党员志愿者都表示十分激动与自豪,各种党建活动极大地激励了他们继续投身于其中、服务群众的热情和信念。

最后,党建通过员工关怀和与企业价值观相一致、具有高度使命感的行为,潜移默化地营造文化价值观。党对员工的关怀体现在生活和工作中的各个细节,并将其制度化。比如切实当好员工的"知心人",积极开展各项文化活动和员工慰问活动,关心员工的生活和职业发展,并且以党建带团建,关心青年员工的成长和发展。这种关怀反过来会增强员工对集团文化和党建工作的认可,提高员工对于企业组织的信任感,有助于形成统一的组织文化和价值观。

奥园集团在党建过程中,积极履行社会责任,起到了言传身教的作用。如番禺奥园广场的商圈党委定期组织义务献血活动和文明交通行动,以实际行动实践"共建、共治、共享"的理念。除此之外,在各级党组织带领下,奥园集团推行了一系列保障员工生活及利益的措施。中国奥园集团建立工人夜校、建立工人工资监督保障体制和意外保险机制,深入项目工地、工人生活区等开展安全生产、保质量、创业绩和关心工人生活等各项活动,从根本上保障了内部员工和工人的合法权利,让企业与内部员工和工人建立起了信任关系,从而在其内部形成了统一的价值共识,保证了企业生产经营的有序进行。

综上所述,党建活动在促进企业形成统一的企业文化和价值观念层面具有重要作用。在企业面临转型和高度竞争环境的时期,由于企业目标愿景和业务模式的转变,势必将面临价值观冲突的情况。形成正向、统一的文化价值观是让每一个党员工作富有成效的前提条件,是企业持续稳定经营的必要基础。反之,如果一个企业内部的价值观不统一,甚至形成文化冲突,将给企业带来诸多不良后果,不利于企业高质量发展。正如奥园集团党委副书记林莉所说的:"员工有归属感,企业才可以吸引人才。吸引的人才认同我们了,我们的路才可以走得更远,我们的竞争力才能更强,这是党建促进企业高质量发展的根本。"

(二)协调内部工作,提高工作效果

在日益激烈的竞争环境中,企业必须通过科学合理的管理手段提高工作效果和效益,增强企业的核心竞争力。党建工作从把握战略发展方向,创新工作协调机制和凝聚人心,降低资源内部消耗三个方面,提高了工作效果,服务于企业高质量发展。

1. 把握战略发展方向

奥园集团下设地产集团、商业地产集团、国际投资集团、健康生活集团、科技集团、文旅集团、金控集团以及奥买家集团共八个二级集团,涉及地产、健康、科技、文旅、金融、电子商务等不同的产业领域。这种多产业经营模式对奥园集团的组织及人力资源提出了较高要求。从宏观层面来说,"大海航行靠舵手",党建工作能够帮助企业把握正确的政策方向,明确经营目标,做出正确决策。党建工作要求各级党组织定期学习和领会党中央工作精神,对于奥园集团党委来说,党中央对于经济和行业政策的定调是重要学习内容。尤其是奥园集团所处的房地产行业,在党中央屡次强调"房住不炒"的政策基调和宏观调控背景下,奥园集团在重大决策和发展方向上,要坚决与党中央、国家和地区发展方向保持一致,遵守政府的产业政策,避免盲目加杠杆和"拿地王"等风险操作。

奥园集团通过各级党组织的架构设置,在企业原有组织架构基础上,形成了一条与之平行的新体系。党委工作序列将集团总部和不同二级集团进行的经营活动集合起来,通过打造集团智慧党建系统,打通集团党委、社区党委和商圈党委,并连接了奥园集团纪委以及慈善基金会等几个主体。在新的行政管理体系中对内部的高级管理人员进行新的安排和调配,高层管理人员接受了新的任务、被赋予了新的职责,并且需要积极合作。党建工作提出的使命，形成了统一的工作要求和工作目标，使分散的产业板块有了共同的品牌信念和目标。在党建引领下，各二级集团有了共同的价值追求，不同业务部门的生产经营活动皆需要与党和国家发展保持一致，能反映企业战略和使命，从而促进各个部门之间的协调合作，以共同的名义致力于服务群众、维护群众，将资源应用于战略发展的重要领域，进而推动企业发展。

2. 创新工作协调机制

非公企业党建创新工作协调机制的作用不仅体现在帮助企业把握战略方向的层面，更体现在推动企业改进工作方式、提高企业解决具体问题效率等微观层面。这一点在奥园集团党支部建设思路"将支部建在工地上、楼宇中、商场里"中表现得尤为明显。奥园集团将党建活动渗透到了集团工作的每一个环节，大大推动了这些终端工作绩效的提升。

（1）将支部建到工地上。

在工地上，党支部的工作主要包括两方面内容：首先，成立工人夜校，建立完善的培训机制，对工人进行技能培训，提升工人的工作技能。工作技能的提升不但有利于高质量地完成奥园集团的工程建设任务，保证良好的产品品质，更有利于工人的成长，是奥园集团承担社会责任的具体表现。其次，与工人进行交流，了解工人的诉求，对工人进行必要的人文关怀。建筑工作条件相对艰苦、单调乏味，对工人的人文关怀尤为必要。奥园集团工地党支部要负责和工人谈心、开座谈会，了解工人的诉求。在过往工作中，工地临时党支部通过设置电视、书报栏，引导工人关心时事、加强学习，从各个方面丰富工人的生活。必要的人文关怀有助于工人的身心健康，为奥园集团在工人中积累了良好的口碑，从而在具体工作安排中，工人更愿意配合企业的行动。

（2）将支部建到楼宇中。

番禺奥园社区党委集合居委会、党群综合服务中心、物业公司等社区生活实体，共同举办联席会议，将各部门工作进行结合，整合各类社区焦点问题、民生问题，制订方案、进行管控，合理利用资源、高效解决问题，形成了一套良好的解决机制、运行机制。举例来说，在联席工作会上，居委会通报正在推进的工作以及遇到的问题。这时物业就会结合自身情况，提出可以帮助协调哪些资源，这样一来，工作中的问题就不会被"打来打去"，而是得到高效的解决。

在社区党委成立以前，物业很多优化居住环境的举措在推进过程中受到或多或少的抵制，导致工作开展困难。社区党委成立后，社区党委与物业、居委会成立了联席会议，以党委的名义动员社区党员和群众积极参与支持物业工作，改善业主居住环境，各项工作都得以顺利开展，解决了困扰社区多年的垃圾中转站封闭改造、楼宇外墙翻新、智能安防系统改造、车辆道闸系统改造、长者居家服务等社区大事难事。番禺奥园社区物业的负责人说："我们要做红色物业，党委阵地、居委阵地、党群综合服务中心、物业合在一起办公。在整个工作过程中，党建活动的渗透率是比较高的，从而使得整个社区的工作的结合度也非常强。大家协同，把所有的资源及所有的想法、建议积极调动起来，把社区的工作做好、矛盾处理好。"

一般来说，社区工作的推进主要依靠居委会，而在番奥社区、在党委的团结凝聚下，多方力量协作推进，使工作得以顺利开展。番奥社区党总支书记、居委会主任褚宝燕感到"党委成立之后，我们比较容易干成一件事"。社区党委成立以来，共组织在职党员参加社区党建主题实践活动260多次，党员们共收集社区居民对环境卫生、车辆停放、小区养犬、入学等热点问题的意见和建议800多条，为群众解决困难，做好事、办实事，以实际行动构架党群连心桥。

党建协调内部工作、提升工作效果的作用在此次新冠肺炎疫情应对上得到了充分体现。面对疫情，奥园物业紧急部署防疫工作，每日强力监督各奥园社区防疫工作的开展与落实。并且，奥园物业将扶贫扶农工作与社区服务进行对接，出资购买滞销农产品，帮助农户渡过难关，开展"菜你所想，蔬送爱心"专项活动，将新鲜蔬果送至居民手中，让业主在疫情期间能够吃到健康的农产品，建立起农户与社区的"绿色爱心桥梁"，受到了农户和业主的广泛好评。

（3）将支部建到商场里。

作为购物综合体，奥园商圈其实就是一个微型社会。商圈面向商户、消费者、业主、创客等主体，这些主体相对独立，有着不同的利益诉求。在这样的背景下，奥园广场商圈党委发挥了桥梁纽带作用，通过党委联席工作会议、商家座谈会、业主议事会、创业分享会、消费者答谢会等共治会议，主动收集商圈主体的各类诉求，并积极商讨解决方案。座谈会加强了商圈党员、商户、业户、创客以及顾客之间的沟通，促进了商圈经营秩序的稳定。

除此之外，商圈党委又与各党支部、党小组、商户之间达成"共治公约"，共同为消费者提供良好的消费环境；对爱国主义商家、金融机构、教育机构等进行整合，形成共治联盟，促进商户和谐发展；由党员带头进行共治巡检，对商圈内存在的问题及时发现、及时整改；另外，商圈党委还围绕商圈治理热点，以共治论坛的方式广泛收集和听取商圈内各个群体的意见和建议，并及时进行讨论和解决，共同促进商圈发展。例如，在疫情期间，商圈党委组织了"线上云招聘",一方面提供了大量的就业岗位,帮助商圈解决就业难的问题,另一方面也为商圈的经营提供了充足的劳动力,助力商圈繁荣发展。

党委还扮演了相关各方之间的"协调者"角色。由于商圈中其他主体都是利益相关方,在出现矛盾时很难形成妥善的、令双方都满意的解决方案,商圈党委是一个相对而言没有利益牵涉的角色,充当了商圈各方之间的"协调者",能够公平公正地调和关系、处理矛盾。这些党建工作的开展有助于在商圈内部协调解决矛盾,起到了以党建促进经营稳定与和谐的作用。

总之,奥园广场商圈党委的存在,让员工以及商家在完成既定的经营考核目标之外,能够通过共建、共治、共享的方式,形成和谐向上、稳定发展的氛围。番禺奥园广场负责党委工作的同志说:"我们对接很多政府部门、很多其他商圈的利益相关方。商业党委就是一个锚,有锚放下来船才能稳。对经营者来说有稳定的环境,商家才能安居乐业,才能够去开展正常的经营活动。因此需要没有利益牵扯的党委扮演这个角色来协调各方关系,这艘船才能够正常航行。"疫情过后,全国很多地区的商场商家变动巨大,面临着客流量大幅下降、现金流断裂、商场正常经营难以维系的问题。而奥园广场商圈的开户率却一直维持在90%以上,销售人员数量相比上年同期有所上升,客流量恢复至疫情前80%的水平,这得益于党建工作。

3. 凝聚人心,降低资源内部消耗

党建工作是非公有制企业经营发展的一面"旗帜",奥园集团通过坚定落实党建工作使企业内部的凝聚力得到了较大程度的提升,杜绝了党建工作的"形式化":"我们就是个平台的角色,党建是一个旗帜。一个平台的发展是需要一面旗帜的,这个非常重要。如果说没有这个旗帜那么平台就会物质化,就会走到一个比较极端的方面。有党建这样一个凝聚力,大家都是向这个方面去的,企业的人心就比较齐。"

职场上的办公室政治让原本简单的上下级关系、同级关系变得复杂起来,增加了组织的"内耗"。然而,"党建让大家明确公司的导向是什么、需要什么,而不用去猜测领导的喜好。党建让大家在同一个频道上去沟通交流工作"。这表明,党建工作使成员对于企业组织制度建设抱有更高的信任性和依赖性,为企业提供了具有可行性的、公开透明的、被成员认同和支持的稳定的正式化制度,降低了不必要的组织内耗,企业高质量的发展奠定了稳定的组织基础。

(三) 嵌入外部网络，整合外部资源

在完成党建工作的目标和任务的过程中，仅仅依靠企业内部的力量是不够的，需要集合外部各方力量，来达到预期目的。企业外部网络是指存在于组织外部，通常短期内不能为企业所控制、改变的各方面主体和要素。奥园集团广泛的产业布局和业务范围，使其在生产经营过程中涉及多个外部主体。例如，奥园地产集团、奥园商业地产集团、奥园国际投资集团涉及投资商、承包商等生产合作方，以及享受服务的消费者等；奥园健康生活集团、文旅集团、奥买家集团涉及其容纳的商家和服务的对象等；奥园科技集团、奥园金控集团涉及投资商、研究所等经营合作方，以及其面向的客户群体。

企业面临的外部环境是不断发展变化的，主要表现为行业发展加速、要素流动加快和市场竞争加剧。企业若想在快速变化的外部环境中保持高质量发展，必须将企业与外部环境的需求进行对接，有效整合利用外部资源。党建工作为非公有制企业创造了将各方集合在一起、"集中力量办大事"的条件，提供了需要协同合作、共同完成的工作任务，促进形成互帮互助、集中力量、团队协作的良好氛围。接下来，我们从合作方、服务对象（主要考虑社区居民）和其他支部等方面，对党建在其中发挥作用并促进企业整合外部资源的机制进行阐述。

1. 整合合作方资源

在企业经营的过程中，合作方包括投资商、承包商、商家以及其他所有参与到生产过程当中的市场主体，会产生对产品的制作和应用、对问题点的准确反馈、提供产品要求、进行合作、共同进步的需求。例如，在地产开发设计城中村改造等业务时，奥园集团积极与包括村委会在内的多个党组织进行结对共建，以更好地了解居民需求，降低地产开发过程中的阻力，保障建设工程的顺利进行。奥园集团与其他基层党组织进行结对共建、成立工地临时党支部，邀请多方进行共同治理，并由党支部牵头对村民、业主进行工地开放。

在商圈治理方面，奥园集团则通过组建党建共同体和利益共同体，推动党建引领下的商圈范围内"共建、共治、共享"的社会治理新格局形成。党建工作促进了奥园广场商圈的资源、信息、平台、服务以及价值共享。例如，党建工作整合了商圈范围内的政务、金融、教育以及卫生等资源，把客服中心和党群服务中心进行整合，与街道办、工商局合作，为群众进行登记备案；邀请中国银行进行线上直播培训，提高消费者防诈骗的能力；与商圈教育机

构进行合作，培训商圈员工的专业知识与技巧；邀请社区医院进行卫生服务培训，在顾客受伤时及时给予帮助。

奥园广场商圈党委还利用丽舞台、公众号等商圈现有资源举办了包括销售技巧培训、孝子奉茶、商圈党委展等在内的主题党日活动，提高了员工的专业素养、弘扬了中华民族的传统美德，也让党建工作产生了更大的影响力。在孝子奉茶的活动当中，奥园广场商圈党委为茶道培训机构提供了丽舞台的场地以及公众号和网页上的宣传，邀请社会群众免费参加。这种方式一方面符合商圈商家的利益，另一方面吸引了消费者前来参与活动和消费，同时也控制了活动成本，扩大了奥园广场的知名度，带动了商圈经济的发展。

再比如，在2019年暑假，作为庆祝中华人民共和国成立70周年主题活动的一部分，奥园广场放映《小兵张嘎》等爱国主义教育电影，也是利用了商圈内商户的现有资源。具体地，商圈党委与商圈内的"极米"品牌合作，借用其投影器材，以奥园广场5楼天台花园作为活动场地。该活动深受顾客尤其是儿童的喜爱。

通过上述分析可知，在党建引领下，中国奥园集团与包括村民组织、商圈内商家等在内的各合作方展开了新的协作，有利于企业与合作方需求进行对接，构建新型合作关系。同时，与合作方紧密联系情况下，党建工作的进行从生产经营的各个方面对企业提出了新的要求，并且在工作落实的过程中能够自觉主动地对企业进行监督，发现企业在生产经营中的不足之处并提出改进建议，督促企业改正原有生产经营中的不合规之处，从而推动非公有制企业的发展。

2. 整合服务对象资源

党的十八届三中全会提出了创新社会治理体制和改进社会治理方式的发展要求。党建工作的进行有利于包括党员在内的社区成员发挥作用。番奥社区通过党建活动，充分调动社区业主的积极性，促进参与主体多元化。番禺奥园社区采用"大党委工作模式"，理念是形成"六位一体、共治共享"的服务型社区，有党员、团员、志愿者"三支先锋队"。

社区党委带头，选择具有号召力的党员成员组织活动，积极响应党中央的号召，并且对优秀个人进行奖励，激励了党员对党组织的热爱和拥护。社区党委邀请老党员讲故事、以贴近居民的事例进行党课活动，组建党员群、由社区居民进行政策宣传，在社区范围内营造热爱党、拥护党的文化氛围。番奥社区的党员活动还吸引了其他社区成员参加。

番奥社区还发动群众的力量，积极组织群众参与完善社区治理。党建工作能够集合社区力量，解决社区问题。番禺奥园社区党委设置了楼栋长，在业委会选举、垃圾分类、防疫抗疫等方面发挥了重要作用。"我们这里每栋楼都有一个管家，业主有什么困难可以找他们。他们会及时地派电工、水工到业主家里去帮忙解决问题。我们社区的保安有时候还骑着车子，晚上半夜去各个楼巡逻。要把社区搞得安全、干净，党组织对这些工作很重视，做得很好。"同时，社区党委在国家政策方针落实方面积极听取居民意见，并设置人大代表联络站，协调居民的意见和需求。人大代表每个月要在联络站接访，收集居民意见，社区党委会提前贴通知告诉居民人大代表收取意见的时间。如果居民有迫切的需求，都可以由人大代表去帮忙协调处理。

番禺奥园社区党委以文体艺术团的方式整合社区群众，通过组织各种活动、参与各类慈善活动提炼社区凝聚力，激励社区居民积极做出贡献。番禺奥园社区文体艺术团还会根据组织成员的兴趣爱好对其进行划分和排练，并且记下成员的生日，组织生日会，使成员获得归属感。在社区成员遭遇困难或重大疾病时，社区党委会组织慰问，让居民感到温暖、受到鼓舞。

3. **整合外部支部资源**

与外部支部共建、交流和分享各自实际党建工作的重点和难点，互通有无，互相学习。例如，与高校共建可以为奥园集团输送优秀人才，为其高质量发展提供充足的人才资源。通过在产学研等方面深化合作，实现共同成长。

综上，党建工作可以帮助非公有制企业嵌入到外部网络之中，在非公企业发展过程中可以起到整合企业外部资源的作用，使非公有制企业的各类资源能够落到实处、得其所用，减少了对接过程当中的资源浪费，实现真正意义上的"共建、共治、共享"。通过党建整合的外部资源为企业发展提供了必要的支持，为非公有制企业的高质量发展提供了良好的文化氛围和不竭的动力。

（四）建立品牌认同

在党建工作的引领下，奥园集团积极履行社会责任，为社区解困、为商家排难、为国家治理分忧，赢得了良好的社会声誉，对其品牌认同感的形成起到了积极作用。因此本研究认为，党建工作能够使企业与社会之间实现人性化沟通，并彰显非公有制企业的社会责任与社会担当，从而使消费者以及社会其他成员和组织对企业品牌产生认同感。

1. **形成正确的品牌主张和内涵**

党建工作的进行，有利于非公有制企业形成正确的品牌主张，向消费者传达出正向的价值和内涵。从奥园集团的标志看,其右上方的倾斜角寓意着奥园致力于成就地产的百年老店;绿色强调了奥园"以人为本、和谐发展"的管理理念;标志中的两条弧线,一条代表"奥园为您提供养生、舒适的生活方式";另一条代表"奥园以追求人的身心健康为最高原则",与此同时,这两条弧线也是跑道,寓意奥园将不断开拓进取、一路向前。

党建有助于非公有制企业的品牌形成价值观正确,又符合最广大人民群众实现美好生活的诉求、适应人民群众日益增长的美好生活需要的品牌主张和内涵。在最新举办的"中国房地产品牌价值研究成果发布会"上,中国奥园集团获得"中国房地产公司品牌价值TOP20"榜单第17名,其品牌价值跃升至72.65亿元,成为房地产品牌价值增长最迅速的知名企业之一。

2. 提高服务对象满意度

党建工作要求企业深入群众、深入基层、深入实际,能够直接反映合作方、消费者、企业所辖社区以及国家和社会治理的需求。党建工作要求企业密切联系群众,促进企业与社会大众之间实现有效的良性互动。通过党建工作,可以推动非公有制企业产品、服务和措施的落实,能够拉近企业与消费者之间的距离,从而更加精准地对接和满足消费者需求,给消费者正向反馈。例如,奥园集团下属的物业板块创新工作方式,通过党建工作设置了多种制度与社区业主群众进行联系,多方面收集社区业主的意见和建议,及时并精准地把握业主需求,解决居民在生活中遇到的实际问题。

举例来说,番禺奥园社区党委的"五级联系制"、党代表工作室、人大代表联络站、番禺奥园社区团工委和番禺奥园社区志愿者协会等制度和组织,以及社区党建主题实践活动,使得消费者需求得以最大化满足。在访谈过程中,番禺奥园社区的工作人员提到,高质量的物业和居住服务是商业住宅客户复购的重要促成因素,这一点在地产界龙头万科地产发展过程中至关重要。番奥社区的高质量党政联系服务提高了消费者对于奥园商业住宅产品的认可度,对提高奥园商业地产的品牌认可发挥了重要作用。

3. 贡献社会效益

与此同时,奥园集团还积极承担包括精准扶贫在内的各项社会责任,关注包括文化教育在内的各类慈善事业。奥园集团积极响应党中央精准扶贫的战略部署,成立奥园慈善基金会,以"爱心你我、传递温暖"为宗旨,通过实施"双十双百"精准扶贫工程、爱心支教、参与山海对话、赈灾济困、微公益,实施县域综合体战略,支持发展慈善、教育、体育、健康等公益事业。

在进行项目开发时,集团每一个下属公司都会积极与项目所在地的学校、村镇以及政府进行党建共建，了解当地有哪些贫困生、贫困户，围绕项目进行帮扶，使贫困群众的生活水平有了本质上的提升。与此同时，中国奥园集团帮助项目所在地建设垃圾中转站、篮球场等设施，举办运动赛、联谊会等活动，提高当地居民的生活水平、丰富当地居民的日常活动，建设了和谐的外联关系。这使得中国奥园集团在项目所在地树立了有责任、有活力的形象，获得了广泛的支持与帮助。中国奥园集团通过积极履行企业社会责任，为人民群众提供了良好的生活环境和便利的生活方式，践行了"构筑健康生活"的品牌理念。

近十几年来，中国奥园集团先后向四川省汶川县地震灾区、钟村小学、番禺慈善会、韶关市曲江区樟市镇芦溪瑶族村、珠海市强台风"天鸽"灾区等地区捐款，分别用于抗震救灾、教育事业、扶贫济困、卫生事业、灾后重建等工作，为其自身树立了良好的品牌形象。也因为在公益慈善事业领域的突出贡献，中国奥园集团入选"2017—2018 中国房地产年度扶贫标杆企业"前十名企业。迄今为止，奥园集团已向社会提供了超过 10 亿元的捐助。在疫情期间，奥园积极开展社区、商圈防疫及复工工作，积极参与疫情防控相关公益活动。

研究表明，企业积极地践行社会责任，促发品牌的社会效益，对消费者的个人品牌认同和社会品牌认同存在显著的正向影响（Stokburger-Sauer, Ratneshwar and Sen，2012）。广泛的品牌认同有助于企业凝聚目标消费群，与消费者之间建立信任、深层次关系，有效提高企业价值，从而增强企业竞争力、促进企业发展。

奥园党建工作能够高效地解决企业、社区以及商圈经营运作中遇到的问题，起到了维护社会稳定和促进经济发展的作用，与政府的工作目标具有高度一致性，加之奥园集团在消费者群体和社会范围内积累的良好口碑，使得奥园集团获得了政府部门的高度认可，赢得了更广泛的支持，使非公有制企业的高质量发展得以高效落实。例如，广东省信访厅的领导在听取番奥社区工作汇报时，就非常感叹："作为一个民营企业、非公企业，可以把社区治理得这么好，街道居委的担子就轻松了不少，政府跟这样的企业合作也会更加放心。"时任广西玉林市委书记王凯来奥园集团调研时，也认为奥园是一家有社会责任感和使命感的企业。王凯书记认为招商引资就应该找这样的一家企业，非常支持和鼓励奥园前往玉林市从事房地产开发。

五、结论与讨论

非公有制企业党建是当前我国基层党建的重要组成部分。加强非公有制企业党的建设工作，是巩固扩大党执政的群众基础和社会基础的现实需要，是体现中国特色社会主义本质特征的重要环节，也是推进非公有制经济健康发展的内源动力。有鉴于非公有制企业党建的重要意义，本研究以走在我国非公有制企业党建前列的中国奥园集团为研究对象，探究非公有制企业党建促进企业高质量发展的机制。

本研究从社会实践理论的视角，以实践本身为分析对象，梳理和归纳奥园集团的党建模式。研究发现，奥园集团在内部和外部，以物质建设、能力建设和意义建设三方面为着力点，开展党建工作。在物质建设方面，奥园集团设立了全覆盖的党建组织架构，"将支部建在工地上、楼宇里、商场中"，创新非公有制企业党组织的组织形式。此外，奥园集团还切实投入工作场所、经费，为党建活动提供了坚实的保障。在能力建设方面，奥园集团对内严把选人用人关，开展廉政建设，培养风清气正、富有使命感的人才队伍；对外通过支部共建、精准扶贫等实践，实现"共建、共治、共享"。在意义建设方面，奥园集团通过丰富的文化活动建构意义，成为传播正能量的平台。总结而言，在各级党委的领导和组织部门的指导下，奥园的党建工作不仅实现了党的组织覆盖，而且实现了党的工作覆盖。奥园集团的党建工作与生产经营有着密切的结合点，不仅有想象力，更富有执行力，既扎实又创新，凝结了管理智慧。

本研究还探索了党建促进企业高质量发展发挥作用的路径。研究发现：对党建工作的合理规划和推进，极大程度上统一了员工的价值观念；协调内部工作，提高工作效果；党建工作还使企业更紧密地嵌入外部网络中，有效地调动和整合外部资源；此外，党建工作有助于企业建立包括消费者、合作方、社会和政府等主体在内的广泛的社会认同，最终推动企业高质量发展。

本研究在以下三方面对以往理论有所推进：首先，非公有制企业与国有企业党建工作的性质和特点决定了，非公企业党建必须走出适合自己的道路。尽管学者们意识到非公企业党建需要与生产经营的特点和需要相结合（邵建光，2008；张恒国，2020），但二者结合的要点和机制都还不明确。本研究明确了非公有制企业党建对企业发展的重要性，并揭示了党建实践及其促进企业发展的作用机制，从而为之前研究提供了进一步支持和证据，并且发掘了企业生产经营结合的具体路径。其次，以往研究指出党建可以在企业文化价值观建设层面，起到"引领"作用（戴焰军，2018；张恒国，2020）。本研究发现，除了起到高屋建瓴的"引领"作用，党建在非公企业中也起到"协调"和"调动"的作用，其作用更为"务实"和具体。例如，基于奥园广场商圈党委的调查研究发现，商圈党委协调着商圈当中合作与利益关系，调动各方的动机、资源和能力。最后，本研究发现，非公企业党建提高消费者满意度、提升社会效益等，有助于培育消费者和社会对于品牌的认同，这一发现拓展了品牌研究的思路。

本研究对实践的启示是，非公有制企业离不开党建的支持，党建也离不开非公有制企业的推动。非公有制企业应当树立坚定的信念，发挥企业的自主性和能动性，突破非公有制企业党建的约束，克服不利因素，从内与外，物质、能力和意义三方面，推进非公企业党的建设。此外，企业可以以四条机制为抓手，使党建为企业高质量发展助力。

本研究也存在一定局限：首先，本次研究仅以中国奥园集团为研究对象进行研究，未来研究应该以更多行业和企业为样本，检验和拓展研究发现。其次，就党建实践对高质量发展的影响而言一个尚未得到回答的问题是：为何以中国奥园集团为代表的一些非公有制企业积极投身于党建，将党建工作做得有声有色，而另一些非公有制企业的党建工作却难以取得突破？我们认为，企业家在非公企业党建工作的推动中起到关键作用。以奥园集团为例，郭梓宁总裁本身就是一名老党员，有国企党委办主任任职经历，对党建工作怀有热情和初心。个人经历与坚定的政治信念，让他非常支持在公司内部贯彻党建文化。再次，本研究识别出四条党建作用于高质量发展的机制，但不同党建实践可能通过不同机制起作用。未来研究可以根据互动对象和实践要素两个维度，将党建实践进一步细分，检验具体的机制作用，并考虑企业所处环境等权变因素的影响。最后，我国传统文化倡导"和而不同"，也即，社会互动的各方虽然可能持有不同诉求与意见，但仍可以保持一种和谐友善的关系。奥园集团也多次提到，通过党建促进"内外和谐"。因此，未来的研究可以尝试从我国传统文化智慧的角度，分析党建的作用和意义。

参考文献

[1] 邵建光. 改革开放以来非公企业党建的发展历程和创新实践[J]. 探索，2008(6):36-40.

[2] 张恒国. 在价值发展的本质需求中探索民企党建创新之路——深圳前海全民通控股集团的党建创新实践[N]. 学习时报，2020-01-22.

[3] 邱卫东,胡博成.嵌入与整合:非公企业党建面临的困境及其对策研究[J].社会主义研究,2018(1):113-120.

[4] 戴焰军.把握非公企业党建的普遍性与特殊性[EB/OL].人民网,2018-09-07,http://dangjian.gmw.cn/2018-09/07/content_31033040.htm.

[5] 谷宇.当前我国无行政权力依托型基层党组织功能实现的难题与对策[J].上海党史与党建,2010(4):28-30.

[6] 高国舫.新经济社会组织党建研究[M].北京:中共中央党校出版社,2006.

[7] 付佳迪.非公有制企业党的建设运行机制研究[D].武汉理工大学,2017.

[8] 薛小荣.技术、资本与政治逻辑张力下的互联网企业党建[J].湖湘论坛,2016(6):47-55.

[9] 党建引领企业高质量发展 千亿奥园不断丰富业务内涵——专访中国奥园集团党委书记、总裁郭梓宁[N].中国房地产报,2019-12-27.

[10] SHOVE E, PANTZAR M, Waston M. The Dynamics of Social Practice: Everyday Life and How it Changes[M].London:Sage,2012:13-20.

[11] STOKBURGER-SAUER N, RATNESHWAR S, SEN S. Drivers of Consumer-brand Identification[J].International Journal of Research in Marketing,2012,29(4):406-418.

圣地"产业生态圈"的探索之路

文/李晶晶

一、案例研究背景

(一)行业背景

1. 行业概况

2019年,房地产行业调控延续"房子是用来住的、不是用来炒的"主基调,各地围绕稳地价、稳房价、稳预期的调控目标,因城施策,促进市场平稳发展。

修桥铺路、筑巢引凤的发展思路令中国的房地产业及经济规模达到史无前例的高度,但其高度增长的可持续性正面临经济结构性转型、城市化进程深化、人口结构变迁等中长期趋势的考验。城镇化过程逐渐进入第二阶段,城市发展逐渐趋于成熟。无论从客户需求端,还是土地供应端来看,增量都在趋于收敛,对存量价值的挖掘变得日益重要。同时,在城市化第二阶段,将从所有城市全面发展过渡到城市圈集约发展,城市能级的差距逐渐扩大,极化取代平衡成为未来主要趋势。从消费者结构和员工结构来看,新一代年轻人正在成为主流,他们的价值观和偏好更加多元化,企业无论产品服务方案,还是组织管理方法,都必须经历一个从简单到复杂的过程。而企业竞争也出现了升维的趋势,单一产品策划的时代已经结束,综合实力比拼的全面竞争时代已经来临。

2. 产业地产概况

产业地产是以调整产业结构、发展创新经济和战略性新兴产业为目标,以政策为基础,以金融为依托,以地产为载体,以办公楼、配套住宅、研发及生产用房、商业及休闲配套、景区等为主要开发对象,同步形成投资、开发、技术教育、产业孵化、产业聚集、持续经营、配套住宅、商业服务等功能，具备城市综合体和产业综合体两大特征的城市经济发展模式。产业地产是工业地产的升级，其定义相对而言更加全面，形式有园区、开发区等。

2019年2月，国家发展和改革委员会发布《关于培育发展现代化都市圈的指导意见》，标志着我国正式开启都市圈建设时代，提出以核心城市带动周边城市（镇）协同发展。2019年12月16日，习近平总书记在《求是》杂志上发表重要文章《推动形成优势互补高质量发展的区域经济布局》，指出中心城市和城市群在未来几年内将成为承载发展要素的主要空间形式。随着产业、资金等发展要素的流动突破行政边界，"中心城市—都市圈—城市群"多层次的城镇空间结构体系将逐步确立，从而推动城市群高质量协同发展。

产业地产商营业收入主要包括房地产开发与园区租赁、管理等收入，其中，地产开发仍占据主力地位。政府主导的园区企业，主要基于区域经济建设、社会发展等因素，以地产为载体、以产业项目为依托，进行城市功能建设，然后通过相关产业支持政策、税收优惠等条件营造园区的独特优势，通过招商引资、土地出让等方式引进符合相关条件的产业发展项目获取盈利。此类企业在该盈利模式下，业务收入构成除园区开发运营业务外，还包含具备园区特色的基础设施的开发建设以及其他产业特色业务。

中国产业地产经历了粗放经营、逐步规范、集约化使用三个阶段。产业地产的运营范畴不再局限于单一的住宅开发或者商业地产开发，而是充分结合土地资源、项目所在地政策与产业经济发展规划，经过科学分析判断而进行的综合性土地项目开发。地产商作为土地资源的运营者，处于整个产业价值链的组合与配置环节，实施相关的专业开发与配套服务设计、建设、运营，在规划的战略期内，实现多赢、共同促进的局面，赢取长期、持续的高附加值收益。

3. 大湾区房地产企业

身处改革开放前沿的广东，政府关于企业转型升级的政策文件早在2008年就已出台，这一指导文件比全国性的转型升级政策文件早3年，使得本地的企业有更多的制度优势。

2019年2月18日，国务院正式印发《粤港澳大湾区发展规划纲要》（以下简称《纲要》）。《纲要》具有里程碑式的意义，是今后指导粤港澳大湾区区域合作发展、经济加速升级的纲领性文件。产业地产的开发建设、系统且大规模的产业集聚需要充裕的土地储备、扶持政策和地理区位优势。发展湾区经济已是世界经济强国的"标配"，粤港澳大湾区承载着中国塑造区域发展新格局的重要使命。这给大湾区内的各类地产企业带来了发展的挑战与机遇。

然而当前外部环境呈现出高度的复杂和不确定性。人口结构、外部环境在发生重大变化，各行各业均在寻求转型调整，房地产由粗放增长向精细运营的升级已成必然。企业转型升级提供了解决以上现实困境的思路，企业进行升级会提高企业竞争能力、提升企业产品和流程的附加值以及企业在全球价值链中的地位。

（二）公司概况

1. 企业简介

圣地集团成立于1994年，是一家以多元化房地产开发为中心的集团公司，历经20余年的创新发展，至今已拥有20多家子公司，总资产超过300亿元，商家租户超过1万户，员工超过1000人。经营业务涵盖房地产开发经营、金融业务、物业管理、项目投资、酒店、银行、水厂、娱乐等，已形成以产业、商业、互联网+、住宅为核心的多元化产业生态圈。圣地集团由传统的房地产开发做起，开发和经营了大批时尚商业中心和高端住宅。

圣地集团的核心业务围绕产业地产、跨境电商以及传统商业地产展开。随着经济发展和业务拓展，圣地集团由传统房地产开发向商业房地产及专业市场转型。作为中国产业生态圈探路者，圣地集团秉持"立德、刻苦、坚韧、创新"的企业精神，承接多个首批试点项目，成功打造了多个行业经典案例及圣地品牌。近年来，随着国家"一带一路"倡议的提出，圣地集团率先由产业地产向国际贸易方向转型，打造了国家级市场采购贸易试点——圣地环球商品贸易港，依托"互联网+"打造"大物流、大金融、大数据"产业流通链平台——"圣贸通"，深入践行"引进来，走出去"的发展战略，发展跨境电商，搭建外贸综合服务平台，实现海外"最后一公里"服务，帮助中国品牌走出国门，在中国与海外市场之间建立绿色通道。

2. "产业生态圈"的路径探索

自1994年成立以来，圣地集团历经了两次重要变革转型。圣地牢牢抓住时代赋予的机会，自2009年起由以商业地产和住宅地产为主的房地产公司入局产业地产，随后在2014年"互联网+"的背景下，推进产业地产与互联网相融合，目前又在国家"一带一路"倡议下着重发展贸易港以及跨境电商。

（1）以商业地产和住宅地产为主的发展初期（1994—2008年）。

圣地房地产开发有限公司于1994年成立，1997年推出商业项目"圣地购物广场"和商住项目"圣地商住楼";1998 年推出南湖别墅区、金湖大厦、达成阁、京溪商住小区等住宅项目;2004 年推出三大商业项目,即天洲装饰材料城、嘉德汽车市场以及广州汽车市场;2006 年打造广州大学城"广州大学商务中心"和概念超前的"金湖服装量贩城";2007 年以商业租赁和酒店经营为主的"圣地广场"全面营业;2008 年相继推出重量级商业项目潮圣地商业街、圣地银座以及麦地西步行街。

(2) 产业地产转型期(2009—2013 年)。

圣地集团于 2009 年成功收购狮岭(国际)皮革皮具城,正式入局产业地产。目前狮岭(国际)皮革皮具城占全国箱包市场 55%以上,全国每两个箱包,就有一个出自花都狮岭;年交易量占全国市场的四成,皮革交易量居全国第一;占欧美大众流行箱包市场 70%以上,产品销往中国各地及全球 136 个国家和地区。日均交易额超过 3000 万元,年交易额超过 200 亿元。

(3) 互联网+产业地产发展期(2014 年至今)。

随着互联网特别是移动互联网的发展,全球经济和商业形态发生了巨大的变化,传统商业模式逐渐失去市场竞争力。面对逐渐年轻化的主流消费群体,以及全新的消费行为模式,圣地集团率先布局互联网+,实现商业模式的升级。

2014 年圣地集团依托"互联网+"打造"大物流、大金融、大数据"的产业流通链平台——圣地·圣贸通,搭建一站式市场采购贸易综合服务平台。2014 年 8 月,圣地集团子公司广州林贰林电子商务有限公司相应注册成立。

2017 年 3 月 6 日,广州国家级市场采购贸易方式试点在位于圣地环球商品贸易港一楼的花都区国际贸易综合服务中心启动。圣贸通抓准机遇,搭建了具备代理出口、报关报检、物流服务、外汇结算、贸易融资、理货仓储、信保服务等功能的综合平台。2017 年圣地·环球商品贸易港启动试业,这使圣地成为当年华南唯一采用国家级市场采购贸易方式的企业;自 2017 年 4 月至 2018 年,市场采购贸易方式出口贸易额超过 200 亿美元,跃居全国第二。圣贸通平台交易累计海关确认数达 35 亿美元,占据花都区市场采购贸易份额的 15%。

2018 年至今,圣地集团持续践行"一带一路"倡议,通过与中国以及全球的电商巨头阿里、亚马逊、京东展开多层次战略合作,发挥后发优势,借鉴优秀经验,依托强大的网络电商平台大力发展跨境电商业务。圣地皮具品牌展贸中心(圣地直播基地)是由圣地集团投资并打造的电商直播服务平台,主要从事多元化的电商直播服务,服务于皮具箱包、美妆、服饰、珠宝等多个产业带的电商直播。2019 年，圣地直播基地凭借人货场超级供应链的优势，成功创办并举办四届淘宝官方直播箱包节，单场销售额破千万元，电商+专业市场生态链的优势日益显现。

二、案例研究的初衷和依据

（一）研究意义

1. 案例开发的理论意义

关于企业升级的研究大多以工业企业为例，较少涉及服务业。然而随着经济的发展，服务业在国民经济中所占的比重逐渐上升并成为支柱，以非工业企业为例研究企业转型升级有利于丰富企业转型升级的相关理论。自 1994 年成立以来，圣地集团历经了两次重要变革转型。圣地于 2009 年起由以商业地产和住宅地产为主的房地产公司入局产业地产，随后在 2014 年"互联网+"的背景下，推进产业地产与互联网相融合，目前又在国家"一带一路"倡议下着重发展贸易港以及跨境电商。作为中国产业地产先行者，圣地集团的每一次转型顺应时代需求、配合政策要求。研究开发圣地集团转型升级案例可以为企业组织如何应对外界政治经济环境的机遇与挑战提供宝贵的经验，为检验及完善企业发展理论提供实践经验。

2. 案例开发的现实意义

近年来，在国内经济"新常态"形势下，产业地产作为承载与促进产业发展的一种空间形态，在提升土地产业价值和城市产业能力、聚集人口与资本等方面具有重要作用。在当下供给侧结构性改革的大背景下，政府鼓励向制造业、战略性新兴产业等实体经济发展，房地产市场调控政策持续紧张，融资成本的提高也让商业地产在风口浪尖徘徊。在此情况下，传统房企纷纷开始寻求转型，而遵守国家调控政策，又为经济转型、产业结构调整提供载体的产业地产成为热门首选。产业地产被赋予全新的历史使命，迎来了大量的传统房地产玩家。产业地产开发商需依托自身长期的项目投资、建设、招商及运营经验，以产兴城、以城促产、产城融合、城乡一体，因地制宜地建设城市基础设施及公共服务体系，打造产业集群，推动地区经济发展，为区域创造价值，同时实现自身的快速发展。研究开发圣地集团产业地产转型以及互联网+产业地产转型可以为同行企业提供宝贵的实践经验。

(二) 理论和文献基础

1. 研究现状

企业转型升级是新兴经济体企业的重大实践，也是中国管理研究的前沿领域之一。毛蕴诗等（2015）以国内外对企业转型和企业升级的研究文献为对象，从研究文献的类型与研究问题两个维度，对 SSCI 和 CSSCI 近 12 年（2002—2013 年）来发表的此类研究文献进行梳理、分析研究。就近 12 年来国内外的企业转型升级的研究特点进行归纳总结，发现：①国内外对于企业转型升级的研究论文数量明显偏少，特别是国外研究论文数量明显少于国内研究。②国外论文发表的英文刊物级别低，仅有 3 篇学术论文刊登在国际 A 类期刊上。③就研究论文的类型分布来看，国内外的研究倾向和数量也存在较大差异。从研究内容看，国内学者对企业转型升级方式研究最多。而在有关转型升级的动因方面，国内研究也略多于国外。在转型升级概念方面，国内外学者的研究普遍较少。

根据相关理论研究的梳理可知，国内学者对企业转型升级的相关研究还处于初级阶段，主要是对国外理论的学习和应用，尚未形成系统的理论框架；对企业转型升级的认识还停留在比较基础的层面，一般都是强调企业转型升级的必要性，并在一定范围内归纳总结出升级的方向和一些企业的转型升级路径，很少有对企业转型升级的衡量以及路径选择的全面、系统的分析。从国外研究状况来看，全球价值链理论、竞争能力理论以及动态能力理论为研究企业的转型升级提供了很好的理论基础，具有十分重要的借鉴意义。

2. 理论基础

全球价值链理论根源于 20 世纪 80 年代企业理论中的价值链理论，价值链的概念最早由迈克尔·波特于 1985 年在《竞争优势》一书中提出。波特认为，每一个企业都是在设计、生产、销售、发送和辅助其产品的过程中进行各种活动的集合体，所有这些活动可以用一个价值链来表明。企业的任务是创造价值，公司的价值创造主要包括基本活动和辅助活动两部分，这些互不相同但又相互关联的生产经营活动，构成了一个创造价值的动态过程，即价值链。

全球价值链是指在全球范围内为实现产品或服务的价值而连接生产、销售、回收处理等过程的全球性跨国企业网络组织，涉及从采购和运输原材料到生产和销售半成品和成品直至最终在市场上消费和回收处理的整个过程。它包括了所有参与者以及生产、销售等活动的组织及其价值和利润分配机制，并且通过自动化的商业流程,以及供应商、竞争对手、合作伙伴及客户的互动来支持企业的能力和效率。全球价值链的提出提供了一种基于网络的、用于分析国际性生产的地理和组织特征的分析方法,揭示了全球产业的动态性特征,考察价值在哪里,是由谁创造和分配的(汪斌、侯茂章,2007)。

在国家产业分工体系中,发达国家主要处于价值链的上下游,掌握着高附加值的研发和营销环节。而大部分发展中国家则利用廉价的劳动力和低成本制造的能力,通过参与低端产品的制造参与全球价值链。全球价值链环节的分布见图1。

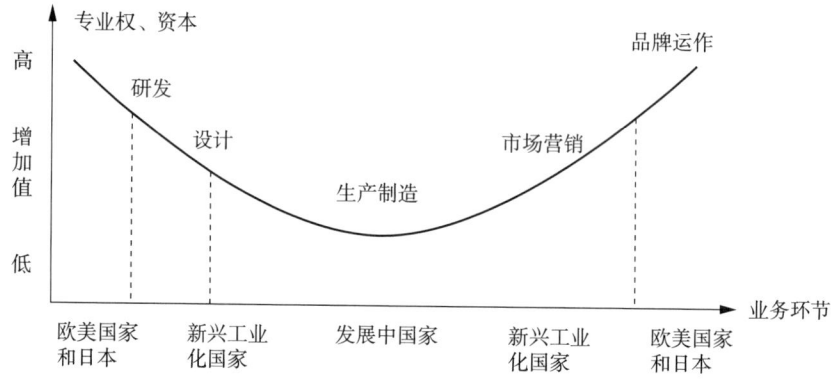

图1　全球价值链环节的分布

资料来源:张娟.中国企业对外直接投资的区位选择研究[D].复旦大学,2007.

(三)案例研究步骤

采用文献研究法、实地考察法、访谈法以及经验总结法进行研究。按照"案例背景""案例分析"以及"案例讨论"的逻辑展开,在案例背景部分,首先简要阐述房地产行业概况、圣地集团"产业生态圈"的探索历程以及相关理论与文献基础;通过梳理企业转型升级的动因和路径,简要概述相关理论,如全球价值链理论和微笑曲线理论。在案例分析部分,结合上述理论分析圣地集团两次转型的动因和选择转型升级的路径,研究圣地模式的形成。在案例讨论部分,我们将总结圣地集团转型升级过程中的启示,最后提出新常态下大湾区房地产企业未来发展规划的方向。

研究结合以上方法开展研究,首先阅读企业转型升级相关文献资料,了解房地产行业相关发展现状。通过对圣地集团旗下产业地产项目圣地狮岭(国际)皮革皮具城、圣地环球商品贸易港以及圣地国际汽车产业贸易港等代表性项目进行实地考察,与现场商户进行随机半结构化访谈,观察圣地集团项目落地及发展现状。就圣地转型相关问题和企业未来发展战略与集团高管进行线上线下访谈，探讨圣地转型的动机和具体转型升级的经验。具体研究框架设计如图 2 所示。

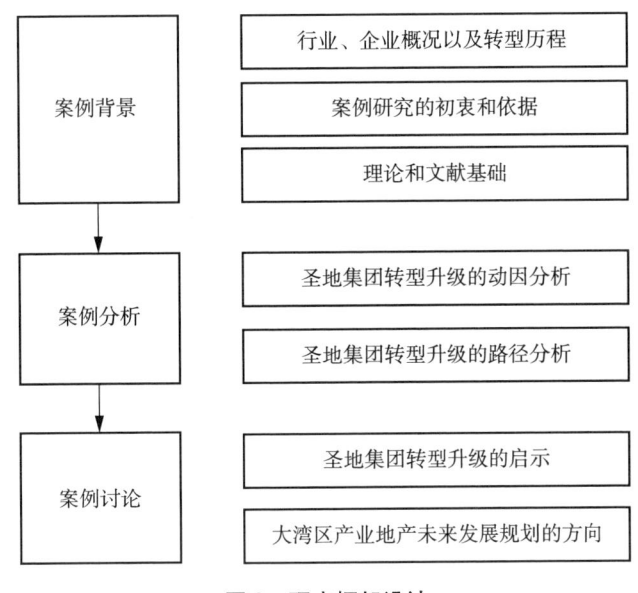

图 2 研究框架设计

三、案例分析

（一）圣地集团转型升级的动因分析

1. 企业家精神与品牌意识是企业转型升级的主要动力

为准确判断我国企业转型升级的整体状况，武汉大学联合清华大学、香港科技大学和中国社会科学院在广东进行了企业—员工匹配调查（CEES）。CEES 于 2015 年实施，调查者成功进入 570 家企业进行调查，获得 570 份有效的企业问卷，4794 份有效的员工问卷。调查数据从各个方面表明，我国的企业家群体整体上陷入了创新能力的低谷，其根本原因是对于"制度型企业家"精神的路径依赖。因而，形成新常态下的企业家精神是企业转型升级的首要任务，即要实现从"制度型企业家"向"创新型企业家"的根本转变。基于数据的分析，可以发现企业家精神是企业业绩增速下滑的重要原因。

该研究的回归结果表明，企业家精神的不足对于当前企业经营绩效下降产生了显著影响。在控制了企业家的人力资本以及企业的特征变量以后，企业家工作年限的效应是显著为负的，企业家的经验不仅没有促进企业发展，反而成为企业进一步发展的阻碍因素。这表明，企业家对于原有企业家精神的路径依赖，不利于企业的创新，并对企业经营绩效产生了负效应。长期以来，我国企业的主要发展方式为规模速度型发展，这种通过利用政策以及政治关系的发展方式，为企业创造了较多的投资与盈利机会。但随着我国市场环境的变化，政策空间日趋缩小，大规模的市场空白需求也不复存在，"制度型企业家"难以适应新常态下企业转型升级的要求。

企业家的创新精神是企业转型升级的重要前提，尤其是企业家要摆脱制度企业家的路径依赖，从作为政府代理人的套利型企业家转变为面向市场的创新型企业家（张维迎，2015）。2015年中国企业家调查课题组发布的专题调研报告指出，企业家的能力是影响企业转型升级的重要因素。作为全国最大皮革皮具交易市场和原辅料集散地的领军人，圣地集团董事长兼总裁林俊是皮革皮具行业创新发展的领路人。林俊致力于为皮革皮具业寻找新的支撑点，致力于打造中国皮具行业生态圈，打造"大物流、大金融、大数据"产业流通链平台，深入践行"引进来，走出去"的发展战略，并成功走出国门，为中国与海外市场之间建立绿色通道。自2009年正式入主并掌舵圣地·狮岭（国际）皮革皮具城以来，林俊就一直为处于转型升级关口、于国内国际市场寻求新出路的中国皮革业贡献自己的力量。他致力于打造皮具"卫星城"，让世界优秀的品牌、产品、设计、理念与中国广阔的市场需求进行"无缝对接"，也让中国皮具业攀登上"微笑曲线"的价值高端；他发起的中国皮具时尚盛典，被誉为皮革业的"奥斯卡"盛典，成为发扬光大自主品牌的摇篮。

2008年，时任圣地建设集团有限公司总裁兼花都区域董事长的林俊，把目光聚焦到了狮岭（国际）皮革皮具城上。既有海外留学背景和国际视野，又有专业市场以及商业街升级改造经验的他，从危机中发现机遇，于2009年主导圣地收购狮岭（国际）皮革皮具城，从此，他把所有精力投入其中，并伺机寻找中国皮革皮具行业的破局之路。

在中国的皮革皮具产业链中，中小皮革皮具企业占据多数，且都遵循着传统链式分工，皮料生产商、加工商、成品生产商和品牌商等环节各自为政，分散经营，往往导致利润被过分压缩，企业难以长久持续。而大多数专业市场都是离链经营，只扮演着"房东"的角色，传统产业地产运营商仅限于收取管理费，并没有把自身和商户作为一个整体进行捆绑经营，也不能提供满足商家需要的服务。要谋发展，就必须对症下药，而林俊开出的"一剂良药"就是成就一个全价值链的整合者，构建皮革皮具产业生态圈。

在林俊看来，皮革皮具的产业链与生物学中的食物链有异曲同工之妙。林俊率领圣地整合产业链的各个环节，力图打造一个更加高效的流通链平台。这个平台将汇集物流、商流、资金流和信息流，从而形成集"大物流+大金融+大数据"于一体的电商化产业生态圈，协助所有商户提高运作效率与竞争力。林俊要打造的流通链并不等同于产业链，它不仅规避了产业链各个环节各行其是、缺乏协同运作所带来的风险，而且通过打通上下游的渠道，让供需双方更清晰地了解市场需求。同时，通过为链条中的各环节提供设计研发、金融、物流等配套服务，降低商家的运营成本，真正做到在链经营，与商家共同成长。

为了配合流通链中各实体的业务需求，使操作流程和信息系统紧密配合，做到各环节无缝链接，林俊打造了先进的信息资讯平台，为商家提供全面的行业、市场信息；他改变之前多家物流公司并存，价格与服务参差不齐的情况，整合物流公司，订立准入标准。同时，还与银行合作，改变代收货款的方式，分离货流与资金流，在保障商家资金安全的同时，加快资金流转速度。他促成国叶圣地公司、中国出口信用保险公司、中国工商银行等金融机构合作，共同打造金融平台，推动"出口保融捷"业务。为顺应新时期电商发展趋势，林俊通过与中国皮革网合作，联通国内34个皮革皮具产业基地，打造I+N模式的电商平台，让商家从线下走到线上，货通全国及全球。

而在与广东省授权的跨境电商平台——林贰林电子商务有限公司战略合作后，圣地未来还将对接海关、商检，实现货物流通过程可视化。通过与海外网代联盟合作，建立海外仓库，实现海外订货、海外发货的跨境电商经营，帮助中国皮具走向世界。圣地是一个整合者，"通过整合资源、打通渠道，打造流通链物流平台，以信息平台为载体，帮助商户洞悉需求，改善产销，提高效益，达到共赢"。而对于商户来说，圣地亦颠覆了传统意义上的"房东"概念，将服务贯穿从设计、采购、加工到终端销售的全过程，为皮革产业链上的核心企业以及其他中小企业提供一站式服务，为其营造更便利、更高效的经营环境。

正是林俊这种勇于创新、积极进取、富于激情、坚持不懈的企业家精神与对民族和员工强烈的责任感加速了企业建立自主品牌的进程，推动乃至主导了企业的转型升级。

2. 关键资源的拥有和关键能力的获取为企业转型升级奠定基础

（1）资本积累。

无论企业制定怎样的转型升级战略，希望选择怎样的转型升级路径，都必须具备相应的经济实力作为基础。圣地集团在转型升级进入产业地产前，曾以住宅地产和商业地产为主，具有较充裕的资金。成立于1994年的圣地房地产开发有限公司，于1997年推出商业项目圣地购物广场和商住项目圣地商住楼；1998年推出南湖别墅区、金湖大厦、达成阁、京溪商住小区等住宅项目；2004年推出三大商业项目，即天洲装饰材料城、嘉德汽车市场、广州汽车市场；2006年打造广州大学城"广州大学商务中心"和概念超前的"金湖服装量贩城"；2007年推出以商业租赁和酒店经营为主的"圣地广场"；2008年相继推出重量级商业项目潮圣地商业街、圣地银座、麦地西步行街。

较有特色的商业地产包括圣地商圈、圣地·新天地广场、圣地·世纪大型城市综合体以及圣地·新世纪酒店；住宅地产包括圣地·白云畔山花园、圣地·擎山、圣地·天河星荟、圣地·摩坊公馆等。圣地集团在住宅地产和商业地产领域的多年深耕为企业转型升级进入产业地产领域提供了较好的资本保障。之后，圣地集团转型升级布局跨境电商，与中国及全球的电商巨头展开合作。

（2）人力资源。

人力资源也是企业转型升级的关键因素。成功升级的企业采取成立企业内部培训中心，与外部高校、培训机构进行合作等方法，创建了人才输送渠道，为企业培养高层次的技术人才和管理人才，同时注重外部人才特别是管理和技术人才的引进，优化企业人力资源质量。圣地人才理念是尊才、信德、乐善、发展。圣地将人才视作企业的血液，重视人才。坚持德才兼备用人准则、坚持公平与良性竞争的原则，期望每位加入的员工都带着善助他人的精神。

董事长林俊毕业于澳大利亚麦考瑞大学，具有海外留学背景和国际视野，又有专业市场以及商业街升级改造经验。他以锐意进取的改革精神和把控全局的格局观，推动中国皮革皮具行业的大升级，成为行业风云人物，并作为皮具皮革业的标杆性代表，入选"100位在世界舞台光耀中华形象的华商代表"。董事局新锐代表副董事长林浩，推动圣地响应"一带一路"倡议，积极寻找可能合作的重经营、轻资产的战略发展机遇，为集团储备战略级项目，引领圣地在互联网+领域快速进军。圣地集团还拥有一支具备丰富运营管理经验的精英人才团队。核心管理层的价值观与圣地企业文化高度一致，并凭借丰富的经历和超强的专业能力，以领导力提升企业竞争力，在不断地运营管理中铸造出强大的高素质队伍，驱动集团稳健而快速地发展。

与此同时，圣地在员工管理方面努力营造家文化，积极开展员工健身运动会、季度员工生日会以及多种技能提升培训。圣地奉行终身学习的理念，重视人才培养，通过专业化培训，让每一位员工获得全方位的素质及技能提升，获得持续成长。圣地集团横跨产业地产、商业地产、互联网+以及住宅地产等领域，需要洞察行业内外最新趋势，全面发挥集团品牌优势，打造极富经济和社会效益的产业集群，这一切都离不开圣地团队的专业运营。

面对充满不确定性的未来和经济发展新常态，圣地集团组建了圣地战略研发中心，通过多种形式的战略合作，追踪全球经济变迁趋势，预判产业前沿发展方向，帮助圣地做出正确的战略决策。战略中心开展了全球经济贸易政策研究、"一带一路"商贸合作研究、中国宏观经济研究、商业地产与区域发展研究以及电子商务及"互联网+"研究等一系列研究课题。

(3) 营销服务能力。

营销服务能力体现在销售、服务网络建设、销售队伍规模、宣传推广活动等方面。营销服务能力是影响企业升级的重要因素。圣地围绕以创新产业链建设运营为核心，以金控平台、智慧赋能、运营服务为支撑的"三位一体"运营战略，提升管理水平，打造产业品牌，助力构建产业生态。圣地以信息化平台为依托，完善园区公共服务体系为实体，产业集群为面，带动园内各企业及组织共同参与，共享资源，建立了一站式服务的综合性公共服务体系。

圣地集团善于运用时下热点，积极开展宣传推广活动。2012年10月，圣地集团在主导了第12届"中国（狮岭）皮革皮具节"之后，首次尝试将产业盛会升级为具有跨界、多元要素的时尚盛典——"中国皮具时尚盛典"。2015年1月，圣地集团主办"第一届圣地汽博会汽摩文化节"，旨在通过汽车娱乐、汽车展示、玩家交流等形式，打造中国汽车文化活动的品牌，弘扬汽车文化。2017年10月，圣地皮具品牌展贸中心携手全球四大选美盛事之一"亚洲小姐竞选"打造时尚嘉年华活动，推动传统皮具产业跨界发展"美丽经济"。同年12月，广州（花都）皮具箱包采购节在圣地环球商品贸易港盛大开启，与亚马逊、万达城、花都区旅游协会达成全面合作。

2019年，圣地直播基地凭借人货场超级供应链的优势，成功创办并举办四届淘宝官方直播箱包节，单场销售额破千万元，电商+专业市场生态链的优势日益显现。为积极响应广州专业市场直播欢卖活动的号召，助力商户复工复产复信心，圣地直播基地积极发挥周边皮具箱包的产业优势，进一步整合其他品类供应链资源，涵盖美妆、服饰、日化、母婴等，联合场内外多家MCN机构共同参与本次直播节，通过塑造"人、货、场"的特色电商直播氛围，充分展现出专业市场供应链优势，打造一场多产业、多渠道、多场次的全域全平台直播带货盛宴，呈现"全品类齐播、一切皆可播"的新消费场景。为缓解疫情对外贸企业的影响，在直播节期间，圣地直播基地还发动了多家外贸企业和跨境电商企业参与直播带货，为优质品牌特色产品直播代言，将出口产品转向国内销售。

3. 日益激烈的市场竞争压力推动企业转型升级

房地产行业日益激烈的竞争压力推动着圣地不断突破原有商业模式，实施转型升级。我国经济已进入新常态，在新常态下面临着三大转变：经济增长从高速转为中高速，经济结构不断优化升级，经济增长的动力从要素驱动、投资驱动转向创新驱动。深化改革成为推动我国经济平稳发展、引领中国经济新常态的重要抓手。区域方面，推动都市圈发展上升为国家战略。消费方面，加速培育以新经济为代表的消费市场，释放需求，实现供需两端的良性循环和动态互补。产业层面，加快科技创新，有效优化产业结构、促进产业升级，形成经济发展的新动能。

房地产行业受到土地贮备及宏观调控的影响，正面临着激烈的市场竞争，需要寻求新的可持续发展机会。产业地产将资源进行全面整合，使房地产开发和城市及其产业融为一体，为我国房地产提供了广阔的发展空间，成为众多房地产企业谋求转型的一个重要战略方向。2009 年，圣地在第一次转型升级时期抓住机会从商业及住宅地产入局产业地产，成功打造了圣地狮岭（国际）皮革皮具城、圣地环球商品贸易港以及圣地国际汽车产业贸易港等多个行业标杆项目。2014 年，随着移动互联网的发展，圣地开始布局产业地产+互联网，实现第二次商业模式的升级。依托"互联网+"打造"大物流、大金融、大数据"的产业流通链平台——圣贸通识一站式市场采购贸易综合服务平台。历经 20 余年的创新发展，圣地已形成以产业、商业、互联网+、住宅为核心的多元化产业生态圈。

4. 支持性的政府政策鼓励企业转型升级

政府可以在创新体系、政府政策支持与鼓励、融资环境建设、人才培养机制建设、配套体系建设等方面为企业创建良好条件，促使企业实现升级。

广东身处改革开放前沿，政府关于企业转型升级的政策文件早在 2008 年就已出台，这一指导文件比全国性的转型升级政策文件早 3 年，使得本地的企业有更多的制度优势。2011 年 1 月，广东省政府召开全省外贸工作会议，要求加快外经贸转型升级，不断创造省内外经贸发展新优势。以政策引导和创新扶持为保障，推动企业加快"走出去"。鼓励企业开展对外投资合作，推进境外资源开发利用，完善"走出去"政策促进体系。同年 5 月，广东省政府发布《关于加强和改进政府服务促进企业转型升级的若干意见》（以下简称《意见》）。《意见》指出，要切实简政减负，为企业转型升级营造良好环境。

加大政策支持力度，助力企业加快转型升级。实施包括落实支持企业自主创新税费减免政策、加大对企业转型升级的财政支持、加大对企业聚集发展的政策支持、加大对企业转型升级的融资支持等九项政策支持。

与此同时，各级领导的支持与鼓励进一步增强了圣地转型升级的决心。圣地集团董事长多次随国家领导人出国访问，中央部委也多次到集团进行现场考察。2017年3月，"市场采购"监管方式在广州花都正式实施。"市场采购贸易方式"是继自贸区政策后，国家推出的又一重大改革措施，圣地环贸港成为华南地区唯一市场采购贸易试点的先行示范区。2018年6月，由中国商务部组织的"一带一路"沿线23个国家的政商代表团赴花都考察访问。其间，圣地集团举行了皮具箱包采购对接暨中国皮具之都品牌国际推介会。作为中国产业地产先行者，圣地集团积极践行国家政策，牢牢把握时代机遇，深耕产业地产，大力发展跨境电商，在企业转型升级的道路上不断探索。

5. 与合作企业的良好互动为企业提供技术、管理等方面的经验

企业可通过与众多知名品牌企业建立相对稳定的长期合作关系，学习先进企业的管理经验。在合作过程中，长期合作企业会派出人员常驻企业进行技术指导和质量监控。在与许多专业企业的合作过程中，企业可以积累丰富的经验，在干中学和在学中用，吸收专业企业在技术以及管理方面的先进经验。此外，企业还能与合作企业进行较为密切的技术与人才交流。与合作企业建立良好的合作关系为企业创造了一个接触、了解和学习合作企业先进技术和管理经验的优秀平台，有利于企业实现转型升级。同时，与金融机构建立良好的合作关系有利于为企业提供有力的资金保障，确保企业转型升级过程中的资金投入。

2011年8月，圣地与工商银行就狮岭（国际）皮革皮具城国际商业结算达成合作，"狮岭皮贸通"融资产品是中国工商银行为扶持专业批发市场中小企业所提供的创新性融资产品，并于2016年获工商银行10亿元授信，为集团在跨境电商、市场采购等领域发展业务提供有力的金融服务支持。2015年11月，富力地产集团与圣地集团就狮岭项目达成合作，双方携手促进狮岭（国际）皮革皮具城的建设发展，打造华南区域唯一的国家级内外贸结合商品市场。圣地集团在布局互联+的同时，通过与国内外电商巨头合作，发挥后发优势，借鉴优秀经验。2017年6月30日，阿里巴巴本地化服务中心入驻圣地环贸港，并与圣地集团旗下市场采购外贸综合服务平台——圣贸通一同为中国皮具厂商及外贸企业提供一系列外贸整体解决方案。2017年11月，广州首家"京东之家"入驻圣地新天地广场,双方在大数据、无界零售、多业务生态开展全面深入合作,共同探索新零售消费升级。2018年7月,圣地皮具品牌展贸中心与欧洲商会会长联盟正式签署战略合作协议,双方将整合资源、优势互补,携手促进中国皮具箱包等企业和产品"走出去",与中东欧新兴市场进行产业往来与经贸对接,实现共赢互利发展。

可见,圣地与众多合作企业建立了良好的合作关系,并借此在各个领域学习专业企业的经验,与金融机构的良好合作关系也为圣地提供了较有力的资金保障。这些关系的建立,为圣地转型升级提供了有力的支持与保障。

(二) 圣地集团转型升级的路径分析

企业升级是一个企业或经济体迈向更具获利能力的资本和技术密集型经济领域的过程。从企业层面看,升级是企业通过获得技术能力和市场能力,提升其竞争能力以及从事高附加值的活动。围绕企业升级路径,现有研究主要从两个视角来讨论:一是企业—产业视角,即企业升级过程呈现为过程升级、产品升级、功能升级和跨产业升级四种类型;二是企业—区域视角,企业升级过程主要沿着企业内部、企业间、本土或国家内部、国际性区域四个层面的路径实现。

现有学者很少对企业升级路径进行明确定义,也并未就企业升级路径包含的维度达成共识,缺乏成熟的企业升级路径测量工具,难以揭示企业升级的微观机理。本研究认同毛蕴诗、刘富先、李田等对企业升级路径的定义,即企业升级路径是企业(家)根据自身资源、能力和环境变化的判断,而进行的提高所在价值链地位的一组可能的经验(组合)或相关联系方法。

在目前发达国家主导和支配的全球价值链治理框架下,全球价值链的掌控者将会在技术、品牌等环节上对中国企业的升级行为设置障碍,国外品牌厂商会采取各种措施防止核心技术知识转移。进行升级的企业需要通过自身能力积累,不断提高制造能力、研发能力和运营能力,企业管理者可结合自身资源和能力的情况,系统评估不同企业升级路径对升级绩效的影响,树立升级路径可以互补的思维,进行合理选择,推动企业不断向价值链中高附加值环节攀升。

1. 认识传统产业的新特点、新需求,重新定位市场,实现整体转型升级

随着外部环境的变化与发展,传统行业出现饱和的同时也出现新特点、新需求。企业可跨越多个行业领域,进入其他现有行业和开拓新市场、新行业。当市场对单一产品的需求达到饱和时，企业就要扩大市场边界以获取新的市场需求，尤其是将其他行业的新产品特性整合到自身产品中。在开拓新市场方面，不仅可以在原有产品中添加互补功能，还可以融合其他产业的特性，加入跨产业功能（毛蕴诗、温思雅，2012）。进入新行业导致企业不再依靠单一价值链获取利润，而是通过多条价值链的叠加甚至价值网来赢取更高的附加值。这进一步给企业带来了四大经济效率：规模经济性、范围经济性、速度经济性和网络经济性。因此，跨越多个行业领域的应用是企业在产业融合背景下扩展市场边界，从而降低对现有产品及市场依赖的主要方法，由此可以获得四大经济效率，为企业的跨产业升级奠定了基础。

在企业首次进入新市场时，通过并购快速获取市场份额是一种有效的方式。基于外生扩展的资源获取，并购可以快速获取关键技术和能力。在目前市场中产品生命周期快速缩短、全球竞争加剧以及其他环境因素急剧变化的情况下，企业不可能独自完成其所需的一切创新。因此，企业追踪、发现、评估、获取和利用外部知识和技术的能力也是推动其发展的重要因素（Cohen and Levinthal，1990）。尤其是当公司拟进入新的产品或市场领域时，就更需要外部不同的资源和技术能力来补充和提高其进入新领域的能力。

圣地集团在面临金融危机之际，深刻感受到了商业地产与住宅地产市场带来的高度不确定性。随着一轮轮宏观调控政策的热浪袭来，传统房地产市场的开发在风口浪尖上徘徊，产业地产领域也发生着深刻变革，在调控中仍保持着强劲的发展势头，迅速蹿升为房地产企业谋求转型发展的重要方向，备受关注。产业地产将资源环境约束下产城融合协调发展放在首位。在工业化和城镇化良性互动的理念下，重视构建现代产业体系；在信息化与工业化深入融合的要求下，积极发挥信息化对推动产业转型升级的作用，助力实体经济健康发展。城镇化是中国经济未来几十年最大的发展趋势，产业地产符合新型城镇化的发展趋势。

凭借着多年深耕传统地产项目带来的资本积累和街道改造升级经验，圣地于2009年收购狮岭（国际）皮革皮具城，正式入局产业地产，同年还收购了花都数码港项目，并于2011年创立狮岭（国际）皮具交易中心以及国叶圣地结算中心。之后圣地主动承接多个首批试点项目，成功打造了圣地狮岭（国际）皮革皮具城、圣地环球商品贸易港以及圣地国际汽车产业贸易港等多个产业地产经典项目。针对这一路径，微笑曲线的变化体现为：通过重新定位市场，提升品牌价值与附加值，微笑曲线整体上移（见图3）。

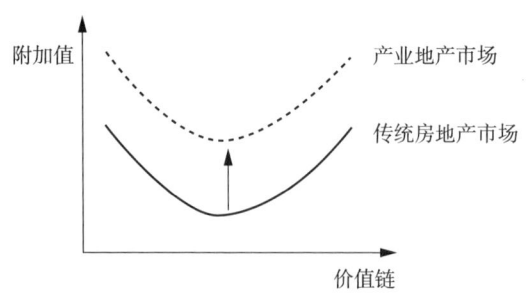

图 3　微笑曲线的变化 1

2. 基于行业边界模糊与产业融合，创造新产品、新需求，实现跨产业转型升级

全球生产网络是指为生产和提供最终产品与服务而形成的一系列企业关系，这种关系将分布于世界各地的价值链环节连接起来，从而构成了全球价值链或全球商品链。可以把参与全球生产网络的企业主体分为领导厂商和当地供应商两类。领导厂商处于网络的核心位置，主要从事全球价值链中的高附加值环节，其竞争优势主要来源于对关键资源的控制、创新能力以及协调不同节点之间交易和知识交流的能力；当地供应商可进一步分为高层级供应商与低层级供应商两类，前者直接与领导厂商进行交易，一般拥有自主性技术，同时建立了自己的小型全球生产网络，除了核心和战略性营销活动被领导厂商控制外，一般能够承担所有的价值链环节，后者直接与前者进行交易，其一般很少与领导厂商打交道，竞争优势主要来自低成本以及交货的灵活性和速度，主要从事全球价值链中的一些低附加值部分。随着全球生产网络的形成与发展，价值链环节在全球范围内实现了分解与重新配置，网络内的分工（产业或产品内不同价值链环节的分工）逐渐代替产业间分工成为国际分工的主导。

在中国的皮革皮具产业链中，中小皮革皮具企业占据多数，且都遵循着传统链式分工，皮料生产商、加工商、成品生产商和品牌商等各自为政，分散经营，往往导致利润被过分压缩，企业难以长久持续。而大多数专业市场都是离链经营，只扮演着"房东"的角色。传统产业地产运营商仅限于收取管理费，并没有把自身和商户作为一个整体进行捆绑经营，也不能提供满足商家需要的服务。在转型升级之前，花都狮岭（国际）皮革皮具城的大多数中小企业都处在全球产业链的制造环节，以传统的加工贸易方式生存。2008年9月全面爆发的国际金融危机对中国加工贸易的转型升级提出了新的挑战。

要实现产业转型升级，发展现代产业体系，就要在新的更先进的技术基础上全面提升产业的自主发展能力和国际竞争力。在经济全球化竞争格局下，国际竞争力是最具有决定性的因素。通过不断增强竞争力而进入全球分工体系中具有更高附加值的产业分工环节，是转型升级的可行路径之一。Pietrobelli 对价值链中的企业升级进行了描述，企业在全球价值链中的地位提升，具体表现为价值链环节的攀升，实现由低附加值向高附加值乃至战略性环节的升级。

对此，圣地为中国皮革皮具产业的转型升级带来了突破，即成为全价值链的整合者，构建皮革皮具产业生态圈。通过整合产业链的各个环节，力图打造一个更加高效的流通链平台。这个平台将汇集物流、商流、资金流和信息流，从而形成集"大物流+大金融+大数据"于一体的电商化产业生态圈，协助所有商户提高运作效率与竞争力。圣地通过打通上下游渠道，让供需双方更清晰地了解市场需求。同时，通过为链条中的各环节提供设计研发、金融、物流等配套服务，降低商家的运营成本，真正做到在链经营，与商家共同成长（见图4）。

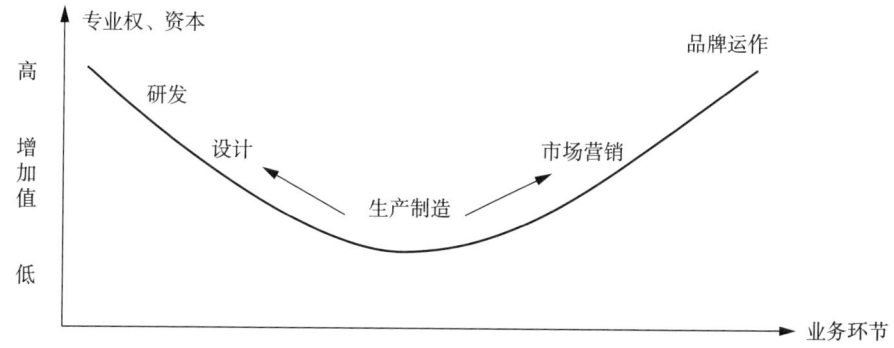

图4 圣地狮岭（国际）皮革皮具城全球价值链环节升级

为了配合流通链中各实体的业务需求，使操作流程和信息系统紧密配合，做到各环节无缝链接，圣地提供了先进的信息资讯平台，为商家提供全面的行业、市场信息；改变之前多家物流公司并存、价格与服务参差不齐的情况，整合物流公司，订立准入标准。同时，还通过与银行合作，改变代收货款的方式，分离货流与资金流，在保障商家资金安全的同时，加快资金流转速度；圣地与国叶圣地公司、中国出口信用保险公司以及中国工商银行等金融机构合作，共同打造金融平台，推动"出口保融捷"业务；为顺应新时期电商发展趋势，圣地通过与中国皮革网合作，联通国内34个皮革皮具产业基地，打造 I+N 模式的电商平台，让商家从线下走到线上，货通全国及全球。对于商户而言，圣地颠覆了传统意义上的"房东"概念，将服务贯穿从设计、采购、加工到终端销售的全过程，为皮革产业链上的核心企业以及其他中小企业提供一站式服务，为它们营造更便利、更高效的经营环境。

通信技术与互联网的迅速发展，使行业边界趋向模糊，产业之间，有形产品之间、无形产品之间以及有形产品与无形产品之间开始交叉融合。信息技术促进产业融合和行业边界模糊，为企业的拓展和创新提供了契机。顺应互联网大数据运营时代，圣地深入贯彻"引进来，走出去"的发展战略，向互联网+产业地产的方向进军，通过圣贸通、林贰林等项目，突破传统商业格局，形成线上线下结合的O2O模式。针对这一路径，微笑曲线的变化体现为：企业原具有较低附加值，处于较低的微笑曲线，因行业边界模糊与产业融合，行业1与行业2的微笑曲线叠加后上移（见图5）。

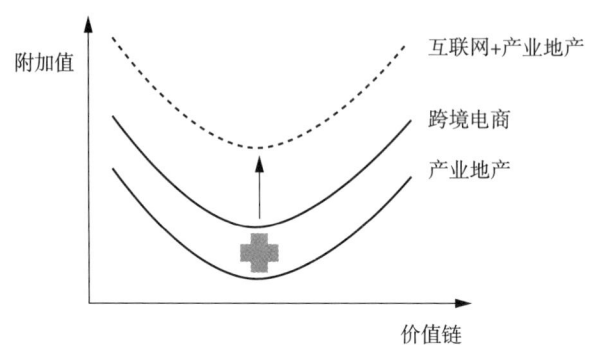

图 5　微笑曲线的变化 2

3. 通过战略联盟，带动产业集群整体转型升级

产业集群为自主创新、完善产业链条提供了较好的平台，推动企业、产业技术创新、自主创新。单个企业往往势单力薄，难以具备实现技术跨越的资金和研发实力以及实现规模经济，因此通过战略联盟可以带动整个产业集群实现转型升级。

在全球经济进入后危机时期，世界各国都在进行经济转型与产业结构调整的大背景下，国内外市场竞争日趋激烈，对能源、资源和生态环境的约束趋于强化，使中小企业产业结构的矛盾和问题更加突出。一方面，劳动密集型、加工贸易型和处于初创期的中小企业特别是小微型企业生产经营难度加大，市场前景堪忧。另一方面，传统的粗放型增长方式在原材料、用工、能源等成本持续上升、资金短缺的局面下难以为继。为适应环境变化和新发展阶段的要求，中小企业在生存与发展的压力下，或主动或被动地加快了转型和升级的步伐。在中国的皮革皮具产业链中，中小皮革皮具企业占主导地位，且都遵循着传统链式分工，皮料生产商、加工商、成品生产商和品牌商等各自为政，分散经营，往往导致利润被过分压缩，企业难以长久持续。

产业是经济增长的动力之源，更是产业地产的立根之本。圣地通过龙头引领产业集聚、创新与资本双轮驱动的创新产业发展方式，凭借公司专业化的产业发展团队，从产业研究规划、产业落地谋划、全球资源匹配、承载平台建设到全程服务运营，为所在区域提供产业升级的全流程综合解决方案，打造健康高质量的产业集群。圣地秉承"引进来，走出去"的战略，定期举办国内外箱包专场供销会、采购对接会，组织皮具生产商全球参展、商务考察，对接国内外采购商。在圣地狮岭（国际）皮革皮具城开展前店后厂、直批中心的集群式展贸，让狮岭成为全球最大的皮具原产地企业集群，出口全球 136 个国家和地区。同时采取线上线下的跨境直采，引入阿里巴巴新外贸本地化服务中心、1688 国际站等多平台跨境联动专业采购商直采原产地优质货源。在出口端，圣地为皮革皮具产业集群提供了圣贸通，这是华南地区唯一采用国家级市场采购贸易方式的试点项目，同时圣地提供的国际贸易综合服务中心为各类小商品出口提供一站式服务。圣贸通已将市场采购贸易方式推广至广州、佛山、河源、清远、湛江等地，帮助皮革皮具产业链中的小微企业加快通关速度，拓展出口国家和地区范围。在品牌运作方面，圣地打造时尚发布中心，为各大品牌新品发布、品牌展示、订货会提供专业发布和展示舞台。同时配套时尚摄影基地，打造了华南地区至大电商摄影、时尚街拍基地。

通过与发达国家相关行业的企业合作沟通，提高自身技术水平，打开海外市场，缩小与知名品牌的差距，是圣地在升级过程中的重要战略手段。2013 年 10 月，以"搭建国际桥梁，开拓世界合作"为主题的波兰 PTAK 专业市场——狮岭皮具产业对接交流会隆重举行，中、波双方政府和企业代表以及近百家中国皮具企业负责人和多家媒体代表近 200 余人共襄盛举。交流会上，圣地集团成功搭建了与波兰 PTAK 专业市场的沟通贸易平台，为狮岭皮革皮具产业的发展建桥铺路，走向国际市场。2014 年 1 月，圣地与波兰 PTAK S. A. 举行隆重签约仪式，圣地集团宣布于 2014 年 11 月正式进驻欧洲，在波兰建立"中国·圣地狮岭（国际）皮革皮具城"。同时，圣地集团也将圣地·狮岭（国际）皮革皮具城（六期）规划定位为"圣地环球商品贸易港"，作为与国际皮具企业的互通窗口。

产业集群的成本是集群内各个企业成本的相切最低点，因此产业集群的微笑曲线是集群内各个企业微笑曲线的包络曲线。而产业集群的附加值是集群内各个企业附加值相切最高点，因此产业集群的微笑曲线是集群内各个企业微笑曲线的内切线。针对这一路径，微笑曲线的变化体现为、凭借产业集群平台，集群内企业的附加值为最高水平，集群内企业的成本为最低水平，实现了集群产业的整体升级（见图6）。

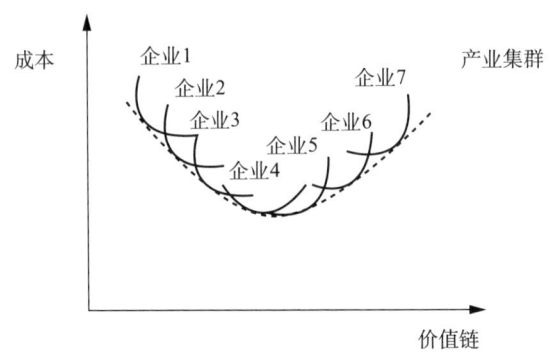

图 6　微笑曲线的变化 3

四、案例讨论

（一）圣地集团转型升级的启示

1. 企业根据市场环境变化确定转型升级的方向

作为市场中实施转型升级的主体，企业在将经营重点逐步向附加值更高的战略性环节转移时，应积极对环境的变迁做出前瞻性判断。环境快速变迁是当今社会与经济的重要特点，主要的环境变迁包括行业边界模糊、市场经营环境变化和关联行业变迁等。具有深刻环境洞察力以及对自身能力资源有充分理解和定位的企业，往往能够利用行业边界模糊以及关联行业的变迁寻找企业升级机会，创造新产品、新需求甚至新产业。圣地通过跨行业投资实现企业主营业务的全面转型。圣地在商业与住宅地产市场发展到一定程度之后，积累了较多的资金、技术、人才和较强的管理能力，在金融危机的警醒和对行业的洞察判断下，圣地发现了更为有利的发展机会，通过向产业地产投资而实现主营业务的战略转型，借此进入技术和资本密集度更高的行业。随着互联网特别是移动互联网的发展，全球经济和商业形态发生了巨大的变化，传统商业模式逐渐失去市场竞争力。面对全新的消费行为模式，圣地集团布局"互联网+"，实现商业模式的升级。

2. 积极的企业家精神是企业转型升级成功的保障

受宏观经济大环境等不可抗力因素影响或受限于自身资源，企业在转型升级中会遇到无数的困难与阻碍，因此企业的转型升级是一个长期且艰难的动态过程。企业家精神决定了企业转型升级的方向以及速度，对企业升级的顺利完成起着重要作用。企业家对环境和行业敏锐的判断力在一定程度上影响企业转型升级的方向；企业家执着和坚持不懈的精神影响了企业的创新意识。随着我国市场环境的变化，政策突破空间已经日趋狭小，大规模市场空白需求也不复存在，"制度型企业家"难以适应新常态下企业转型升级的要求。企业转型升级首要的路径，就是企业家本身的转型，从"制度型企业家"转型为具有内生能力的"创新型企业家"，减少对于政府宏观政策的依赖，加快形成真正面向市场需求进行产品创新的能力。

企业创新活力的释放依赖于企业家精神的形成。勇于创新、积极进取、富于激情、坚持不懈的企业家精神与对民族和员工强烈的责任感可以加速企业建立自主品牌的进程，推动乃至主导企业的转型升级。圣地董事长林俊和副董事长林浩都出生于20世纪80年代，成长于改革开放的春风里，在人格特质上都极富进取精神。高中毕业后林俊远赴澳大利亚麦考瑞大学留学，回国后正式进入圣地集团，从助理做起，先后参与了住宅、酒店、商业中心、专业市场以及商业街区等项目的开发和改造。林俊于2009年主导圣地并购狮岭（国际）皮革皮具城，力求皮革皮具产业的转型升级。他致力于打造皮具"卫星城"，实施"引进来、走出去"的战略，让世界优秀的品牌、产品、设计、理念与中国广阔的市场需求进行"无缝对接"，也让中国皮具业攀登上"微笑曲线"的价值高端；他发起的中国皮具时尚盛典成为发扬光大自主品牌的摇篮。林浩作为董事局新锐代表副董事长，积极推动圣地响应"一带一路"倡议，寻找可能合作的重经营、轻资产的战略发展机遇，为集团储备战略级项目，引领圣地快速进军"互联网+"领域。

3. 企业关键资源积累对企业转型升级起到重要的推动作用

企业关键资源如资本积累、人力资源、自主创新能力以及营销服务能力的获取，可加强转型升级的保障。企业的机会识别能力以及资源整合能力等，为企业在关键时候做出重大策略，高度统筹内外部资源，以达到企业高效低成本地促进技术发展以及市场发展的目的。

（1）创新能力在企业转型升级中起着最为关键的作用。

企业的转型升级是一个深刻的系统性变革过程，涉及技术、体制、利益、观念等方面。而其中最关键的因素是要形成自主创新，特别是建立有利于实现核心技术创新的体制机制。从一定意义上，可以说企业转型升级的实质就是要从资源驱动、资本驱动的增长方式，转变为创新驱动的增长方式。创新能力是企业升级的直接内生因素。企业升级与企业的创新能力密切相关，企业要成功转型升级，需不断提高学习能力和自主创新能力。同时，面对当今快速变化的市场环境，企业还可以利用外部的知识资源提升技术和能力。事实上，无论哪一种类型、哪一种渠道的技术创新，对于企业积累资源、提升能力并实现持续发展都具有深远影响。持续的技术投入和组织学习是企业自主创新能力不断增强的基础。通过后天学习积累而创造出的基于知识的资产被称作创造性资产，我们也可称之为战略资产。因此，跨越多重技术领域的研发可以看作在产业融合趋势下企业技术创新的进一步深化，有利于企业学习和应用多学科的交叉知识并形成创造性资产，为企业跨产业升级提供必要条件。

作为中国产业生态圈探路者，圣地一直在行业的最前沿，积极探索，大胆实践。面对充满不确定性的未来和经济发展新常态，圣地集团组建了圣地战略研发中心，通过多种形式的战略合作，追踪全球经济变迁趋势，预判产业前沿发展方向，帮助圣地做出正确的战略决策。战略中心开展了全球经济贸易政策研究、"一带一路"商贸合作研究、中国宏观经济研究、商业地产与区域发展研究以及电子商务及互联网+研究等一系列研究课题。

（2）营销能力和资本能力对企业转型升级起到重要的推动作用。

企业要实现升级，还需要注重营销能力的培育，提升产品的附加值，以高端的品牌形象向国内外市场消费者提供服务。企业的升级需要面对全新的市场竞争环境，也要求企业对运营体系进行变革，运营能力的高低决定了企业升级的效率和效果。因此，运营能力越强，企业向消费者提供的服务越完善、速度越快，就越能攀升至价值链的高附加值环节。圣地围绕以创新产业链建设运营为核心，以金控平台、智慧赋能、运营服务为支撑的"三位一体"运营战略，提升管理水平，打造产业品牌，助力构建产业生态。圣地以信息化平台为依托，完善园区公共服务体系为实体，产业集群为面，带动园内各企业及组织共同参与，共享资源，建立了一站式服务的综合性公共服务体系。同时，圣地还善于运用时下热点，积极开展宣传推广活动，如举办"中国皮具时尚盛典""亚洲小姐竞选"以及淘宝官方直播箱包节等活动。

自我资本积累能力反映出企业经营过程中获利能力、偿债能力、流动性等财务性能力水平，外部融资能力则会为企业赢得更多资金支持，为企业转型升级提供有力的保障。对于产业地产商而言，重资产的配置让稳健的资本投入越来越重要，后期的项目内也需要一定的资金投入才能提供更优质的运营服务。圣地有不俗的外部融资能力和良好的资本积累，它在转型升级进入产业地产前，以住宅地产和商业地产为主，具有不错的经典住宅地产和商业项目。圣地在外部融资能力方面以债权融资为主，获工商银行10亿元授信，为集团在跨境电商、市场采购等领域业务发展提供有力的金融服务支持。

4. 产业集群环境的改善与企业转型升级相互促进

产业集群的特征，如拥有区位优势、资源共享等，对于企业乃至集群升级都是极为重要的。案例企业圣地位于广州花都区皮革皮具产业集群内，该集群中的企业、政府及相关机构都致力于打造一个积极的创新网络，这为身处其中的企业提供了较好的创新平台，以此激发出整个集群的创新动力。在这些企业之间积极的创新互动和政策指导下，随着集群创新能力的提高，集群内各个企业转型升级得到了明显的促进。这又反过来推动集群内创新资源的共享与创新平台的完善，以及更多创新政策的推出，形成良性互动。集群内企业联盟的形成也十分重要，良好的企业间互动比"单打独斗"更有效果，战略联盟可以发挥各企业的比较优势，并且能够带动整个产业集群的绩效提升，增强整体实力，形成区域品牌影响力。

（二）大湾区产业地产未来发展规划的方向

当前，受宏观环境的调控影响，虽然产业地产准入门槛提高，开发专业性更强，但不可否认的事实是，经过新一轮的洗牌，产业地产已经步入良性发展轨道。从长远角度看，产业地产的兴起是城市土地集约利用的需求，是产业价值链不断分解、产业集聚导致空间利用不断专业化以及政府、开发方规划引导的产物。产业地产的"产业+地产"的运作模式，决定了它的专业程度和开发特性，产业先行，如何顺应产业地产的本质切入产业地产领域，成为产业地产向前发展的关键问题。

产业地产的运营范畴不应再局限于单一的住宅开发或者商业地产开发，而应充分结合土地资源、项目所在地政策与产业经济发展规划，经过科学分析判断进行综合性土地项目开发。地产商作为土地资源的运营者，处于整个产业价值链组合与配置环节，实施相关的专业开发与配套服务设计、建设、运营，在规划的战略期内，实现多赢、共同促进的局面，形成长期、持续、高附加收益的项目运营模式。

党的十九届四中全会提出，建立以企业为主体、市场为导向、产学研深度融合的技术创新体系，支持大中小企业和各类主体融通创新，创新促进科技成果转化机制，积极发展新动能，强化标准引领，提升产业基础能力和产业链现代化水平。产业地产是区域经济发展、产业调整升级的重要空间聚集形式，通过聚集创新资源、培育新兴产业、推动城市化建设，有效地创造聚集力，带动关联产业发展。自改革开放的国家战略落实后，国内流进了大量的全球资本，成为我国工业化、城市化的推动力。产业地产的运营发展需要注重产业孵化、园区运营管理、产业投资、制度创新等综合能力,构建科学高效的平台来整合资源。

当前经济环境下,产业地产应抓住机遇,勇于创新,实现产业地产稳健可持续发展。随着科技产业革命的深化以及国家战略政策的调整,我国产业地产的发展已经进入到4.0的产业生态型园区发展阶段,产业地产运营除具有明确的产业定位外,更注重产业生态和跨界要素的链接,园区内聚集企业发展需要的资本、政府、科研机构等各类生态要素,形成一个各主体深度链接、相生互动的平台生态网络。产业地产逐步向产业(集群)地产综合体升级过渡,产业地产开发将进入"产城融合开发时代"。新经济形势下,全球产业的重组与调整,全国范围内的产业升级改造,对以产业为依托的产业地产来说,是一个历史挑战,更是一个历史机遇。

参考文献

[1]国家统计局. 2019年国民经济和社会发展统计公报[Z].2019.

[2]华夏幸福. 华夏幸福基业股份有限公司2019年年度报告[R].2020.

[3]张江高科. 上海张江高科技园区开发股份有限公司2019年年度报告[R].2020.

[4]招商蛇口. 招商局蛇口工业区控股股份有限公司2019年年度报告[R].2020.

[5]国家发展和改革委员会. 关于培育发展现代化都市圈的指导意见[Z].2019.

[6]习近平. 推动形成优势互补高质量发展的区域经济布局[J].求是,2019(24):1.

[7]张家春. 产业地产学[M].上海:上海交通大学出版社,2015.

[8]国务院. 粤港澳大湾区发展规划纲要[Z].2019.

[9]第一太平戴维斯. 中国房地产年度展望2020[R].2020.

[10]世邦魏理仕. 房地产市场展望报告2020(中国内地市场)[R].2020.

[11]毛蕴诗,张伟涛,魏姝羽. 企业转型升级:中国管理研究的前沿领域——基于SSCI和CSSCI(2002—2013年)的文献研究[J].学术研究,2015(1):72-82+159-160.

[12]毛蕴诗,吴瑶. 中国企业:转型升级[M].广州:中山大学出版社,2009.

[13]王吉发,冯晋,李汉铃. 企业转型的内涵研究[J].统计与决策,2006(2):153-157.

[14] 毛蕴诗,吴瑶,邹红星. 我国 OEM 企业升级的动态分析框架与实证研究[J]. 学术研究,2010(1):63-69+77+160.

[15] 龚三乐. 全球价值链内企业升级绩效、绩效评价与影响因素分析——以东莞 IT 产业集群为例[J]. 改革与战略,2011,27(7):178-181.

[16] FORBES N,WIELD D. From Followers to Leaders:Managing Technology and Innovation in Newly Industrializing Countries[M]. Psychology Press,2002.

[17] 王一鸣,王君. 关于提高企业自主创新能力的几个问题[J]. 中国软科学,2005(7):10-14+32.

[18] AMSDEN A H. Asias Next Giant-how Korea Competes in the World-economy[J]. Technology Review,1989,92(4):46-53.

[19] 刘志彪. 全球化背景下中国制造业升级的路径与品牌战略[J]. 财经问题研究,2005(5):25-31.

[20] GANS J S,STERN S. The Product Market and the Market for "Ideas":Commercialization Strategies for Technology Entrepreneurs[J]. Research Policy,2003,32(2):333-350.

[21] CYERT R M,MARCH J G. A Behavioral Theory of the Firm[M]. Englewood Cliffs,NJ,1963:2.

[22] WINTER S G. The Satisficing Principle in Capability Learning[J]. Strategic Management Journal,2000,21(10-11):981-996.

[23] LEONARD-BARTON D. Core Capabilities and Core Rigidities:A Paradox in Managing New Product Development[J]. Strategic Management Journal,1992,13(S1):111-125.

[24] 毛蕴诗,汪建成. 基于产品升级的自主创新路径研究[J]. 管理世界,2006(5):114-120.

[25] BELL M,ALBU M. Knowledge Systems and Technological Dynamism in Industrial Clusters in Developing Countries?[J]. World Development,1999,27(9):1715-1734.

[26] HUMPHREY J,SCHMITZ H. How Does Insertion in Global Value Chains Affect Upgrading in Industrial Clusters?[J]. Regional Studies,2002,36(9):1017-1027.

[27] STURGEON T,LESTER R. Upgrading East Asian Industries:New Challenges for Local Suppliers,Cambridge,Mass[M]. Industrial Performance Center,MIT,2002.

[28] 程新章,胡峰. 价值链治理模式与企业升级的路径选择[J]. 商业经济与管理,2005(12):24-29.

[29] 毛蕴诗,姜岳新,莫伟杰.制度环境、企业能力与OEM企业升级战略——东菱凯琴与佳士科技的比较案例研究[J].管理世界,2009(6):135-145+157.

[30] 陈明森,陈爱贞,张文刚.升级预期、决策偏好与产业垂直升级——基于我国制造业上市公司实证分析[J].中国工业经济,2012(2):26-36.

[31] 毛蕴诗,郑奇志.基于微笑曲线的企业升级路径选择模型——理论框架的构建与案例研究[J].中山大学学报(社会科学版),2012,52(3):162-174.

[32] ERNST D. Pathways to Innovation in the Global Network Economy: Asian Upgrading Strategies in the Electronics Industry[Z]. East-West Center, Economics Study Area, 2004.

[33] HUMPHREY J, SCHMITZ H. Governance and Upgrading: Linking Industrial Cluster and Global Value Chain Research[Z]. Brighton: Institute of Development Studies, 2000.

[34] 汪斌,侯茂章.地方产业集群国际化发展与区域创新体系的关联研究——基于生命周期和全球价值链的视角[J].财贸经济,2007(3):11-17+128.

[35] 程虹,刘三江,罗连发.中国企业转型升级的基本状况与路径选择——基于570家企业4794名员工入企调查数据的分析[J].管理世界,2016(2):57-70.

[36] 广东省政府.关于加强和改进政府服务促进企业转型升级的若干意见[Z].2011.

[37] 毛蕴诗,温思雅.基于产品功能拓展的企业升级研究[J].学术研究,2012(5):75-82.

[38] 毛蕴诗,林彤纯,吴东旭.企业关键资源、权变因素与升级路径选择——以广东省宜华木业股份有限公司为例[J].经济管理,2016,38(3):45-56.

[39] 毛蕴诗,刘富先.企业能力、升级路径与升级绩效间关系的实证研究[J].创新与创业管理,2016(2):76-99.

[40] 戴勇.传统制造业转型升级路径、策略及影响因素研究——以制鞋企业为例[J].暨南学报(哲学社会科学版),2013,35(11):57-62.

[41] 刘阳春,王晓晨,毛蕴诗.企业双跨越升级模型及其应用研究——以洲明科技为例[J].学术研究,2019(6):93-100.

[42] 刘方.我国中小企业发展状况与政策研究——新形势下中小企业转型升级问题研究[J].当代经济管理,2014,36(2):9-18.

[43] 金碚.中国工业的转型升级[J].中国工业经济,2011(7):5-14+25.

[44] 许南,李建军.国际金融危机与中国加工贸易转型升级分析——基于全球生产网络视角[J].财贸经济,2010(4):98-106+137.

创新文化价值观驱动下的技术创新与转型升级
——新会中集集装箱有限公司案例研究

文/张梦华

6月的广东，新冠疫情引起的恐慌正在消退，在经历了中美贸易战导致的外部环境巨大不确定性和新冠疫情冲击之后，各行各业正在加紧复工复产。越过西江新会大鳌镇特大桥，一眼望去都是开阔的新会中集集装箱生产基地，不同标准和技术规格的集装箱呈现不同的颜色，整齐地摆放在厂区。沿江的码头上，桥吊正在把集装箱吊装到运输船甲板，准备运往附近的海港，这些集装箱将在海港被吊装上大型运输船，驶向世界各地，一切生机盎然，井然有序。走过25年自主技术创新之路和不断寻求产业转型升级的新会中集，正在从历史厚重的沉淀中积极汲取力量，对未来发起新的冲击和挑战。

一、中集集团与新会中集

（一）中集集团

新会中集是中集集团集装箱板块下属子公司，中集集团全称是中国国际海运集装箱（集团）股份有限公司，创立于1980年1月，总部位于深圳。40年的耕耘不辍，使中集集团成长为世界物流装备和能源装备领袖级生产制造企业。中集集团主要业务领域包括：集装箱，道路运输车辆，能源、化工及液态食品装备，海洋工程装备，重型卡车，空港装备的制造及服务业务，产品和服务涵盖国际标准干货集装箱，冷藏集装箱，地区专用集装箱，罐式集装箱，集装箱木地板，公路罐式运输车，天然气装备和静态储罐，道路运输车辆，重型卡车，自升式钻井平台，半潜式钻井平台，特种船舶和空港装备的设计、制造及服务，钢结构模块化建筑制造，钢结构箱体式数据中心制造，物流服务，产城业务，金融等业务。

中集集团是全球唯一一家能够提供全系列集装箱产品，并拥有完全自主知识产权的供应商,产品和服务遍及北美、欧洲、亚洲等全球主要的物流系统。自 1996 年至今,中集的集装箱产销量一直保持世界领先地位,并且拥有全球范围内 24 个冠军产品。中集集团的标准干货集装箱、冷藏箱和罐式集装箱的产销量保持全球第一;是中国最大的道路运输车辆生产商之一,其半挂车市场占有率全球第一;中集集团登机桥业务综合竞争力居全球领导者地位,为全球三大旅客登机桥制造商之一,中国市场份额连续三年占比 95% 以上;是中国领先的高端海洋工程装备企业之一。截至 2019 年底,集团总资产 1721.07 亿元,拥有员工超过 6.4 万人,实现营业收入 858.15 亿元。

(二)新会中集

新会中集成立于 1992 年,目前拥有员工 2000 余人,总资产超过 2 亿美元,具备年生产销售超过 18 万标准箱、13 万立方米木地板和多系列特种运输装备的能力,2019 年产值超过 20 亿元。连续多年被评为全国外经贸质量效益型先进企业,是江门市第三,新会区第一纳税企业。

自成立以来,新会中集坚持技术创新和转型升级,充分结合中集集团平台的资源和优势,从以标准干货集装箱为主导产品,逐步成长为具有研发、制造、采购及营销等职能的完整的制造型企业,能够制造多品类特种集装箱及其配套产品,主要集装箱产品包括:标准集装箱、折叠式集装箱、北美 53 英尺集装箱、内陆特殊用途专业集装箱等。近年来,新会中集在钢结构模块化建筑和大型尖端钢结构箱体式数据中心等新兴领域持续取得突破,形成了传统业务和新型业务并进的产业格局,并建立起知识产权保护体系,拥有多项国际专利。在 25 年的发展历程中,新会中集创立了多个集团第一和行业第一:

成立了集团内第一家产品研发中心;

制定了第一个新产品开发标准流程并成为集团新产品开发流程的底版;

集团内部第一个制定企业发展战略;

全球首次开发出新型集装箱木地板,改写了集装箱行业木地板标准和产业版图,优化了集团供应链体系;

拥有全球最大的集装箱木地板专业生产线;

拥有中国胶合板行业最高标准的理化试验室;

拥有全球最大的特种集装箱生产基地,并且拥有北美 53 英尺箱和欧洲 45 英尺超宽箱两种全球冠军产品;

集团内部第一家试水钢结构模块化建筑并取得成功,被集团称为旗下最具创新活力的新兴业务;

集团内部第一家成功试水制造钢结构模块化箱体式数据中心,并取得市场优势。

新会中集从一个即将倒闭的小厂起步,在集团的帮助下,坚持中集集团"自强不息、追求卓越"和"开拓创新、持续改善"的核心价值观的指引,25年始终坚持技术创新和转型升级,形成了产业链纵向多元化、横向多元化和跨产业横向多元化创新转型的战略版图。

二、案例选择

依据理论抽样的原则,选新会中集作为案例研究的对象,非常适合本文涉及的主题,具体原因包括以下几个。

(一)案例具有典型性

1. 创新与转型过程的完整性

新会中集的成长过程贯穿了地方小厂从初期举步维艰到通过多次自主技术创新和产业转型不断发展壮大的完整过程。这一过程中,新会中集形成并且始终贯彻了"自强不息、追求卓越"和"开拓创新、持续改善"的组织文化价值观,整个发展历程能够完整清晰地展现案例的主题——组织文化价值观对技术创新和转型升级的影响,作为案例研究对象具有良好的代表性和针对性。

2. 对大湾区制造业具有示范效应

新会中集主营集装箱和配套产品加工制造,是典型的制造类企业,大湾区制造业发达,产业链完整,产业配套体系完善,制造业自主创新和产业升级对大湾区整体的产业升级具有重要的借鉴价值。同时,我国是全球唯一具备完整产业链体系的制造大国,围绕工业化4.0和"中国制造2025"全面推进实施制造强国战略文件行动纲领,制造业通过技术创新推动产业转型升级是今后的重要战略方向,新会中集的成功实践具有良好的示范效应。

3. 企业性质和自身发展阶段具有借鉴意义

中集集团是世界领先的物流装备和能源装备供应商,其主营业务受海外市场影响较大,在复杂多变的全球政治经济环境下,现有国际体系和全球秩序可能出现深刻转型和重塑,新会中集作为中集集团集装箱板块下的重要企业,面临类似的市场环境,其创新模式和成功经验对同类企业具有良好的示范效应和推广价值。

(二) 案例调研便利性和研究可行性

新会中集和项目研究组成员在同一个地区，双方有多年的产学研合作经历，使研究组得以在很长时间内方便进入新会中集进行深入实地调研和深度访谈。

新会中集高管团队成员与研究组熟识多年，在很多正式场合和非正式场合可以进行多渠道交流，以获得更多深入的数据资料。

新会中集所属中集集团是行业领袖级企业，公开的媒体报道和网络资料非常丰富，有助于研究组获得多样化数据进行相互印证。

(三) 案例资料收集过程

项目启动之前，新会中集和项目组所在学校已经在多个领域建立了长期的产学研合作关系，对新会中集自主技术创新和产业转型升级的历史比较熟悉，新会中集各层级管理者也怀着浓厚的兴趣关注项目组对于新会中集实施自主技术创新和产业转型升级的看法和建议。项目组成员多次进入公司参观访谈，和各方人士进行广泛深入的交流，整个调研过程分为四个阶段。

1. 企业文档资料查询

项目组成员对新会中集和中集集团进行了深入细致的资料收集和整理，包括行业相关资料、上市公司历年年报、企业发展历史、企业内部文档和宣传资料、网站公开资料、公开出版的相关著作和其他针对新会中集的公开研究资料等。

2. 调研计划和研究框架的确定

启动初期，项目组成员多次与新会中集管理团队成员进行非正式接触，双方就项目的研究主题、研究方法、访谈对象人员安排、访谈时间协商等多项工作达成共识。

3. 实地调研访谈

项目组到新会中集现场对重要部门管理人员和核心员工进行深度调研和实地访谈，并收集大量内部资料。

4. 案例写作与修订

对案例材料进行归纳整理并写作，对一些细节问题和关键岗位人员进行复谈和交流，并和新会中集高管对案例文本进行磋商和修改。

三、新会中集技术创新与转型升级之路

新会中集前身是新会大利集装箱厂,由新会大鳌镇于 1992 年投资创办,由于管理不善,缺少订单,濒临倒闭,政府邀请中集实施收购兼并。1995 年在中集的主导下该公司剥离不良资产后正式投产,并逐步走上了正轨。1996 年 1 月加入中集集团,在集团人力资源、运营管理、制造技术的全力支持下,新会中集很快实现了产能、质量、营收和利润的全面改善和突破,企业运营管理体系初步成形,开启了和集团协调一致的快速发展之路。

(一) 集装箱木地板

1. 小岛的困惑

新会中集位于广东省江门市新会区大鳌镇,大鳌镇是由西江下游冲积而成的江心岛,四面环水。多年以来,上岛的交通方式一直都是轮渡,直到 2015 年大鳌特大桥正式通车,才可以通过公路上岛。大鳌镇常住人口只有 3.5 万,主要以农业和特色水产养殖为生,新会中集是岛上唯一的生产制造企业。这样的地理位置给新会中集设置了集装箱生产成本管控的天然天花板。

与竞争对手相比,新会中集出产的集装箱需要先从自己的西江自备码头吊装到小船上,一艘小船一般只能装 100 个左右,驶入海港后再吊装到大船上,这个多出来的运输步骤,导致平均每个集装箱成本要比竞争对手多大约 100 美元。传统的标准集装箱生产技术含量相对较低,更多的是在成熟工艺和生产线管理下依靠产能和品控来构造竞争优势。随着产业日趋成熟和竞争格局日益固定,标准干货箱本身利润水平已经很低,导致新会中集生产标准集装箱没有优势。到 1996 年,中集集团已经成为集装箱制造业世界冠军,如果新会中集抱着"背靠大树好乘凉"的想法,仅仅依赖标准集装箱业务,成本的劣势将最终导致企业重归困境。从中集集团领导踏上大鳌镇这个被西江环绕、四面临水的小岛的那一刻,新会中集宿命般的生存和发展基调就被清晰地定格在技术创新和转型升级上,并且通过一次次成功的战略突围发展壮大,将这一基本理念和精神在每一个员工的内心深处打下了烙印。对于这段历史,很多"老中集"记忆犹新:"从最早集团领导来到这个岛上一看,就说了我们要是只做标准箱就是死路一条,单一产品肯定不行,必须想别的办法。"

2. 集装箱木地板的机遇

集装箱的三大主要原材料是钢材、油漆和木地板，其中木地板成本占到集装箱成本的15%左右。集装箱专用木地板主要用于箱体内承载摆放各类货物，是集装箱内部的主要承重部分。由于远洋运输环境复杂多变，装载货物的种类千差万别，对集装箱木地板品质有很高的要求，木地板必须满足各类极端运输环境下的强度和耐候度要求。另外，由于集装箱装载货物需要小型叉车反复进出箱体进行拆装箱作业，集装箱地板必须具备足够的抗压强度，能够承受叉车自重和货物重量的反复挤压，并且还要有很好的弹性，避免局部压力过大导致大面积的下凹，影响叉车进出作业。因此集装箱木地板板体要坚硬密实、物理性能均衡、强度高，耐摩擦，耐冲击，韧性好，同时还要具有较好的防水和防油污性能。

传统的集装箱木地板使用热带雨林的克隆木，这种木材产自印度尼西亚、马来西亚等东南亚一些国家，木材供应也垄断在东南亚几大供应商手中。中集在1996年已经在产量上成为世界冠军，对木地板的需求量极大，但是长期以来，地板价格波动大，供应不稳定，赶上雨季时可能出现天价，直接影响集团总体利润，成为集装箱主业长远稳定发展的一个隐患。从战略角度来看，木地板已经成为中国现代物流运输的重要战略物资，不能长期受制于人，主动权必须掌握在中集手中。

从1998年开始，中集尝试过成立子公司在东南亚苏里南、柬埔寨等国家取得木业经营的牌照，开展森林开采业务，但都受制于各类国际政治因素，没有取得预期效果。新会中集第一次技术创新和转型升级尝试瞄准了供应链的这个痛点，开启了自主创新和转型升级的征途。

3. 从"铁匠"到"木匠"

1999年，新会中集开始尝试木地板生产，成为国内首家生产集装箱木地板的企业，正式开始集装箱产业链纵向多元化的尝试。新会中集的初衷是由东南亚厂商供应原材料，自己从事地板加工，相当于加入原有的供应商体系，按照原有的产业模式和生产技术提供同样的产品，以此来稳定木地板价格，提高供应链体系的稳定性。原有供应商担心失去市场，不肯提供原材料，并且在各个方面制造阻力。为了能够买到原材料和学习生产技术，领导班子亲自带队前往东南亚各国和供应商斡旋。管理团队冒着印度尼西亚反华事变后的各种风险，在雨林中考察原材料产地，向当地人学习木地板生产工艺。在克服重重困难后，终于带回了技术并购买到原材料。

回国后刚刚量产，2001年"9·11"事件突如其来，国际局势的动荡对国际海运造成冲击，集装箱需求量快速下滑，造成木地板价格暴跌，巨大的亏损导致连成本都难以收回。由于产业的巨大消耗和对克隆木的过度砍伐，克隆木资源日渐匮乏，东南亚国家对木材出口也开始严格管控，整个木地板行业都面临压力。严峻的产业环境使新会中集意识到，走传统供应商路线是行不通的，要想补上供应链这个环节，必须创新技术寻找新的突破，"要活下去"的宿命主题和核心精神成了新会中集的精神图腾，技术创新是唯一的出路。

在集团领导的鼓励下，新会中集开始全力投入到环保型新地板的开发中，既然原有供应商不肯放弃传统木地板的垄断优势，又没有动力开发新型替代产品来改变产业格局，新会中集抓住这一产业契机，从原材料替代、开发新产品、创新制造工艺、提升质量品控等环节入手，集中技术力量攻坚。整个攻坚战持续了18个月，专业技术团队开发出以澳大利亚桉树为主要原材料的新型集装箱木地板，通过了BV、GL、ABS等世界各地的多个船级社质量认证，品质远远超过传统的克隆木地板，很快成为明星产品。到2004年，市场热销导致供不应求，木地板营收达到4亿元，利润6000多万元，还彻底解决了集团木地板供应问题，有效降低了集团集装箱整体的生产制造成本，使集团产业链布局趋于完善。2004年，麦伯良把当年"技术创新金奖"授予了新会团队。

（二）特种集装箱

1. 中集精神

1999年，中集集团已经真正成为集装箱制造行业的领袖，在产量、质量、规格品种、技术等方面都建立了行业内优势，但总裁麦伯良冷静地指出："在欢庆和喜悦的同时，我们反而感到了更大的压力，企业一定要发展，否则就将失去动力和活力。"中集文化价值观强调的"自强不息、追求卓越"和"开拓创新、持续改善"推动着新会中集不断探索。集装箱木地板的成功开发，使整个新会中集体会到技术创新带来的巨大成果，在这一过程中，创新成果对创新价值观的正向反馈强化，使中集集团的价值观在新会中集得到进一步理解和认同，"自强不息、追求卓越"和"开拓创新、持续改善"得以深入人心。标准集装箱制造行业已经日趋饱和，新会中集创新的焦点聚集在折叠式集装箱。

2. 折叠箱的机遇

全世界范围内普遍存在贸易失衡，导致大量的空集装箱在世界各地流转，其中海运集装箱空箱比例大约为20%，陆运集装箱空箱比例达到40%，每年处理空箱调运问题导致巨额费用，高达300亿美元左右。折叠式集装箱成为解决这一问题的重要可行技术路径。

折叠式集装箱能够把侧板、端板、箱顶等主要部件进行折叠或拆解，装载货物时组装起来是完整的箱体，卸货后空仓时可以折叠起来。四个折叠后的集装箱堆叠在一起相当于一个集装箱的体积，回程装载的空箱数量增加三倍，使空箱运输成本降低75%，市场需求和未来发展空间都更具潜力。

折叠式集装箱在实际使用过程中需要快速装卸，必须频繁地折叠和展开，而且要求折叠展开动作灵活、稳定、快捷。集装箱运输要承受严苛的运输环境，对箱体的强度要求很高，货船上会堆至十层高，耐重须达350吨，折叠式集装箱的活动构件很多，侧壁、前后端、箱顶都需要在展开状态下具备与标准集装箱同样的承重能力，要能适用于全球自动化码头的标准作业系统，因此对强度和刚度的要求也很高，这就对折叠式集装箱的箱体方案设计和制造工艺提出了更高的技术要求。由于折叠箱结构复杂，设计和制造难度高，其单价比标准集装箱高很多，因此技术附加值高，利润率比较理想。从20世纪70年代开始，国外集装箱企业就着手研发设计制造折叠箱，先后提出十几种设计方案，但是在工艺设计、生产制造过程管理、产能、品控和成本等方面，普遍存在一些不足，折叠箱的市场潜力未能充分发挥。生产折叠箱显然具备广阔的市场空间，能够丰富产品线，提高整体竞争优势，在利润上涵盖新会中集多出来的运输成本，从战略上来看是良好的选择。

3. 技术攻关

20世纪90年代折叠集装箱主要的专利都在欧洲，中集一次性收购了这些专利，希望快速突破这一领域，但当时折叠箱本身的技术设计和加工工艺都不成熟，产品质量、制造成本、利润水平都不理想。2002年开始，新会中集承接了折叠箱的技术攻关，中集集团给予了极大的支持，将当时的技术专家和相关技术资料都带到新会，手把手现场指导，希望新会中集能够在折叠箱领域快速做出突破。

当时的新会中集技术研发力量不够雄厚，用了几个月时间也做不出理想的产品。"折叠箱比标准箱复杂得多，工艺、原材料、供应商、专利、产业标准，管理幅度和难度大多了，这对我们提出了复杂得多的要求。"对于当时的场景，新会中集的技术人员记忆犹新。

一边是集团在人力和技术上的大力支持，另一边是质量和品控始终达不到预期，样箱通不过验收。各种困难和压力开始堆积，团队的信心开始动摇。

"当时我们做这个就是有困难,做不出来,压力是明摆着的。技术有现成的,人家手把手来教,你还做不出来,脸往哪里搁?实际上最后我们就是拼这一口气,一定要做出来"。"我们主要的技术力量都来自 90 年代从国有体制走出来的这批人,我们都很清楚做不出来是不行的,后边路没法走"。

在"自强不息"的精神力量支撑下,技术攻关团队经过不懈努力,先后在底架制作、联动翻转机件、联挂转锁装置、插桩装置等关键技术上取得进展,在堆码、顶吊、底吊、端壁强度、侧壁强度、顶板强度、地板强度、横向纵向刚性等重要试验指标上逐步达标,使折叠箱的制造技术的成熟度、适用范围、安全性、经济性等达到预期。随着技术的不断突破和运营管理水平的提升,新会中集开始逐渐建立起折叠箱的竞争优势,折叠箱的高附加值既带来了理想的利润回报,也为新会中集提供了更丰富的产品结构和更大的战略回旋余地。

2008 年,美国次贷危机引发了全球经济危机,中集集团的海外业务受损尤为严重,集团集装箱业务 14 个月里几乎没有订单,集装箱员工长期放假,到 2009 年销售额从近 500 亿元下滑到 200 多亿元。但是新会中集的特箱反而供不应求,加班加点生产,甚至从集团借调人力资源支持。新会中集全体上下再次深切体会到了技术创新和转型升级带来的战略优势。折叠箱的专利收购也成为中集历史上最成功的知识产权管理案例。

凭借在折叠箱制造过程中积累的经验和优势,新会中集逐步将业务拓展到各类特种集装箱的生产制造,涵盖了北美 53 英尺箱,欧洲内陆箱,垃圾箱,矿石箱,美军军工用集装箱等十几个规格的特种集装箱产品,产品线日益丰富和完备,从研发、制造到市场营销,从产品种类、大规模产能到成本控制,建立起全价值链的优势。针对同一客户的各种个性化需求,新会中集可以提供一站式的配套产品,方便客户的"打包式"采购需求,有效提升了整体的业务规模,并逐步成长为折叠箱领域的世界冠军,常年维持 70%~80% 的市场份额。2012 年,折叠箱实现 1 亿美元的销售收入,成为新会中集的金字招牌,提升了其核心竞争力。

(三) 钢结构模块化建筑

1. 中集的梦想

集团 CEO 麦伯良多次公开强调中集的价值观,"中集人要有梦想、敢闯敢拼,要有不安分的心,要务实、实干"。对于新会中集来说,两次创新和转型的成功为其积累了管理和技术方面的经验和优势,所处地理位置的成本压力也进一步强化了其对核心价值观的认同,"自强不息、追求卓越"和"开拓创新、持续改善"是新会中集可持续发展的精神核心,也是唯一的战略出路,企业的长期发展必须始终抓住创新和升级来做出战略举措。基于箱体化和模块化的战略视角,充分发挥钢结构制造领域的过程管理优势,寻找新的战略突破点成为近十多年来的战略重点。

2. 模块化思维

2004年,新会中集将创新视角投射到传统建筑行业,开始考虑钢结构制造的模块化思维在传统建筑领域开疆拓土的可能性。一方面,在欧美等发达国家和地区,工人紧缺,人工成本高,整个产业存在革命性创新的产业需求;另一方面,随着科学技术的进步,其他制造行业的技术升级换代可能给建筑行业带来新战略契机,中集拥有钢结构制造能力,有可能抓住这个历史机遇,把生产集装箱的全球领先的制造技术和标准化的理念与能力延伸至建筑领域,使其成为未来引领人类建筑居住模式变化的新战略机遇。

模块化建筑是指钢结构整体式建筑体系,以钢结构为主体,将传统建筑和装修工序90%以上在工厂生产线上制造完成并且实现高度集成,制造成建筑模块单元,模块单元是集水电、消防、隔音、保温和内部精装修于一体的新型建筑体系。在工厂全部制造完成以后,批量运输到现场,快速安装连接构成建筑形态。这种建筑方式建造速度快、周期短、质量标准高、安全稳固、重量轻、隔音效果好、抗震性能优良,可以最大程度保证质量和安全,并且符合绿色环保要求。模块化建筑可以方便地快速安装和拆卸,能够根据客户需求移动,在不同环境下可以多次循环使用,可以适用于临时性建筑,也可以用于永久性或半永久性建筑,如酒店、公寓、学校、医院、景区住宅、施工房、户外营地房、养老房等。

3. 模块化建筑

2004年,新会中集与英国的一家企业合作研究模块化建筑,并且在英国伦敦成功交付模块化酒店建筑,在荷兰阿姆斯特丹建造模块化学生公寓,首次试水成功。此后的市场一直波澜不惊,直到2008年,国际矿业巨头必和必拓在全球范围内招标搭建营地房,新会中集成功中标,获得首批400人营地房的订单。营地房的使用环境比民用房复杂,相关的技术标准也远高于民用房,这次任务的难度、强度和复杂度都提升到一个新的量级,而且交付工期只有3个月。

集装箱行业的行业标准和生产工艺相对稳定。中集具备管理优势,适合大批量连续生产,建立高质量、高产量、低成本的竞争优势。模块化建筑对新会中集的运营管理提出了全新的挑战。从事模块化建筑需要面对传统建筑行业积累下来的知识体系，行业技术规范，施工工艺，以及国外相关法律文本和各类标准，各级人员要逐一摸索、消化和吸收。模块化营地房产品结构复杂，个性化要求多，工艺标准要求高，涉及的建筑装修材料品类繁多，产品标准和特性都需要清晰掌握。传统的集装箱生产需要的原材料品类相对较少，而且大多通过集团平台统购，供应商采购体系比较稳定。模块化建筑涉及上千种材料，数百家供应商，原材料种类的激增，对供应链管理提出了更高的要求。当时绝大多数国内供应商的产品标准和生产资质都达不到国外的要求，整个采购和筛选经销商的过程给新会中集的供应链管理带来了极大的冲击。由于中集不具备建筑业资质，从设计到施工，各类建筑业的相关认证过程也让新会团队备受磨炼。交付运货当天，总经理亲自在码头指挥装运，首批订单也不负众望，获得必和必拓的高度评价，随后又获得必和必拓的1000人双层营地房建筑的订单。

4. 最具创新活力的新业态

2008—2011 年，市场对于钢结构模块化建筑的热度逐步上升，新会中集模块建筑业务收入从 868 万美元上升到 1 亿美元，平均年增长率 288%，利润则从 142 万美元增长到 1000 多万美元。随着对建筑本质理解越来越深入，模块化建筑开始在多个国家和地区打开市场，并受到业界的广泛认可。

（1）创造"雄安速度"。

2017 年 12 月，中集模块化建筑和中建三局签约承建雄安新区市民服务中心企业办公区 6 栋大楼，雄安新区市民服务中心是雄安新区成立后的第一个建筑工程项目，包括 5 栋企业办公楼和 1 栋酒店式公寓模块化集成建筑，共 593 个模块化房屋，总面积 2.75 万平方米，中集模块化建筑在合同规定的 70 天期限里，完成了设计、采购、生产制造、运输、现场搭建和封顶。

70 天的合同期限里，除去其他环节，留给生产制造的时间只有 45 天，按照正常进度，45 天只能做出一个样板模块。在时间进度和项目工程量的双重压力下，加上春节期间人力资源的紧张和春运期间的运输难度，几乎每个环节都创下了"历史之最"，也从最严格的产业标准角度检验了中集模块化制造的全链条管理能力，实现了"雄安速度"，并在 2019 年获得"鲁班奖"。

（2）打开美国建筑市场。

2018 年，中集模块化建筑承接了美国加州大学伯克利分校研究生宿舍的建筑项目，成为中国企业在美国本土成功实施的第一个钢结构模块化项目。该项目为 4 层箱式钢结构模块化建筑，共包含 22 个房间，所有建筑设计和装配标准全部符合加州的建筑标准。加州建筑标准是美国所有建筑标准中最严格的，而且对于绿色环保的要求非常高，由于加州位于美国地震频繁带，公寓的抗震设防烈度达到了 E 级（相当于国内抗震设防烈度 8 级）的水平，整个项目流程从产品设计、原材料筛选到生产制造和现场安装交付都经历了最严格的考验。

（3）进入非洲推进"一带一路"建设。

2018 年，中集模块化建筑积极响应"一带一路"倡议，交付非洲国家吉布提国际自贸区酒店项目，顺利开启非洲市场。吉布提位于非洲东北部亚丁湾西岸，背靠埃塞俄比亚，地理位置优越，是"一带一路"上的重要节点。由于非洲的建筑业水平限制，中集模块化建筑可以实现生产制造、运输、搭建一体化服务，效率可以达到当地建设水平的数倍，在非洲将拥有广阔的市场。

（4）进军北欧市场。

2019 年，冰岛雷克雅未克机场万豪酒店正式落成，标志着中集模块化建筑正式打开北欧市场。整个酒店共计 150 个客房，78 个模块。冰岛紧贴北极圈的极端天气给现场施工和建筑质量安全带来了巨大的挑战，对建材、防火、隔音、采光等材料要求更高，整个酒店项目质量既符合当地标准，也符合万豪酒店的严格质量标准，获得中国驻冰岛大使馆经济商务参赞处的肯定和赞赏。

（5）助力抗疫。

2020 年 2 月，在全国抗击新冠病毒的战役中，中集模块化建筑在短短 24 天内建好深圳市第三人民医院应急院区医护人员公寓房，为深圳市战疫一线的医护人员提供充分休息的场所。该公寓楼共三层，27 个模块，最多可容纳 84 名医护人员。房间内配置卫生间、淋浴间、储藏区、独立阳台等 5 个功能区，每层还配置开放式休闲区、多功能房、开水房、洗衣房等公共服务配套设施。

（6）推进模块化建筑理念。

2014 年，在第七届广东省"省长杯"工业设计大赛上，新会中集设计制造的"环保看台"获概念组二等奖、"设计驱动的产业生态模式——模块化装备对传统场馆的颠覆"获产业组产业设计奖。省长朱小丹现场参观后对新会中集创新研发的理念给予了充分肯定和鼓励。

2017 年，在中国创新设计大会暨中国好设计评选活动中，中集模块化建筑获得银奖。

2019 年，在英国规模最大的建筑行业展会，获得"最佳参展商市场营销奖"。

2019年，中集主编的《箱式钢结构集成模块建筑技术规程》获准发布，填补行业标准空白。

2004年至今，经过17年耕耘，模块化建筑已经成为中集集团旗下最具创新活力的新兴业务，成为中集将30多年全球领先的集装箱制造技术和标准化的理念与能力延伸至其他行业的创新典范，是中集技术创新和转型升级孵化出的具有革命性意义的新型建筑形态。模块化建筑已经在全球多个国家和地区获得好评，并且与世界著名酒店集团希尔顿、万豪、洲际以及世界三大矿业巨头力拓、必和必拓、FMG建立了长期稳定的战略合作关系。随着技术进步和整个运营管理体系的成熟，中集模块化建筑能够为客户提供产品供应、融资租赁以及全产业链工程总承包模式等多种商业合作模式。未来，中集模块化建筑将目标锁定在全球建筑工业化创新发展的战略愿景，将进一步创新出高效、环保、安全的建筑产品。

（四）模块化箱体式数据中心

1.5G时代与数据中心

数字经济产业已经成为我国宏观经济增长中新的核心增长极，AI、5G、云服务、大数据等新一代信息技术和社会化应用的迅猛发展，将进一步重塑和推进数字经济发展新模式。目前我国数字经济增加值规模从2005年的2.6万亿元快速增长到2019年的35.8万亿元，15年共增长12.8倍，年复合增长率为20.6%，而同期我国GDP增长4.3倍，年复合增长率为12.6%，数字经济增加值增速远超GDP增度。2019年我国数字经济总体规模占GDP比重达到36.2%，其中北京、上海数字经济占GDP比重已经超过50%。

数字经济的快速发展需要基础承载网来实现数字应用和网络融合。在高速通信技术支持下的多样化数字化应用对信息安全、管道可视、网络弹性、按需调度调整、毫秒级时延等各种特性都提出了更高级别的要求。数据中心是信息技术和数字经济产业生态的基础底层架构设施，是大型数据类企业为核心客户提供重要区域范围内最佳业务部署解决方案的基础数据设施，可以提供重要国家和地区的信息产业基地、网络服务、通信服务、云服务和IT增值业务等重要信息产业生态链数据服务。大规模数据中心如同数字经济的基础设施单元和数据运算存储底座，为客户、厂商、服务商、运营商等合作伙伴提供长期、稳定的数据计算和存储服务，在大数据服务、人工智能、边缘计算、AIoT、云安全和IT解决方案等方面，提供数据赋能和创新支持。

2. 进入数字产业

随着对模块化精益生产的理解日益加深，2018年，新会中集开始进入数字产业，与华为、秦淮等信息产业头部厂商合作开发模块化可搭建箱体式数据中心，将钢结构制造、模块化建筑、数据设备装备结合在一起，把整个制造层级向数据化、智能化和精密化做了大跨度的延伸与强化。

新会中集的战略思路是以钢结构制造为数据中心结构主体，将拥有超级算力和数据存储能力的计算单元在工厂生产线上完成装配和调试，并且具有温控、隔音、节能、消防、安全等各项功能，在工厂全部制造完成以后，运输到现场快速安装成为建筑形态。与传统的数字中心建筑相比，这种制造方式建造速度快、成本优势大、产品质量高，各项物理指标更优良，而且可以方便地快速安装和拆卸，能够在不同环境下快速搭建和使用，快速建立超大规模数据处理能力和存储能力，满足各类大规模数据计算和数据存储的区域数据处理需求。

数据中心涉及计算系统、数据系统、控制系统、布线系统、安全系统、供配电力系统、空调系统等，所有子系统的复杂度都很高，精密设备多，要把这些系统都合理装配在数据中心的大箱体内，并且完成各个性能指标的调试，所有指标都要达到业界的极高标准。数据中心的非标件很多，要确保所有非标件的生产制造和装配达到标准以后，马上着手将各类非标件尽可能标准化，只有标准化以后，才能体现出大规模制造的成本优势。非标件的达标和进一步标准化又对现场管理和整个运营体系提出新的要求。子系统的复杂程度进一步提升了系统集成难度，各类系统和非标件的集成难度要远高于集装箱房屋。

3. 成为华为一级供应商

以华为为代表的一大批受到国际环境影响的重要企业，开始将供应链向国内转移，全力寻找国内可替代供应商，并且加大对供应商的扶持力度。华为、中兴、秦淮的优势是信息产业的软件设计和硬件制造的知识能力体系，新会中集的优势是前端箱体制造和标准化装配的知识能力，双方优势互补，华为派驻员工到新会中集生产一线，面对面快速互相学习和共同攻坚，快速推进数据中心建设。

华为对供应链体系要求很严格，一级供应商认证机制要求供应商必须达到75分。新会中集20多年积累的技术创新与转型升级的管理知识体系和整个团队的拼搏精神又一次发挥了巨大作用，在2018年通过了华为一级供应商认证，达到华为总包能力要求，与华为签订战略协议，成功进入模块化预制数据中心领域，并顺利完成华为数据中心首次批量订单出货。

新会中集经过战略评估，将自身能力优势定位在数据中心的综合建造能力，即主体的钢结构制造能力加箱体内的系统集成和安装能力，可以覆盖数据中心建设的全业务范围，从制造、装修到现场安装，提供一站式全程服务。截至目前，三年时间里中集已经成为国内规模最大的钢结构模块化数据中心装配制造商。麦伯良在 2020 年新年献词中对这一新型业务给予了充分肯定："5G 时代扑面而来，数据中心箱业务 2019 年实现爆发式增长，全年收入由不足千万突破至 3 亿规模，并通过与模块化建筑公司深度合作，实现了全价值链覆盖。"

4. 新基建

2020 年 3 月，中共中央提出要加快 5G 网络、数据中心等新型基础设施建设进度，"新基建"开始成为全国关注的重点产业导向。2020 年 4 月，国家发改委对新基建进一步做出了界定，主要体现在以下方面：

一是信息基础设施建设，在新一代信息技术基础上演化形成的基础设施，比如以 5G、物联网、工业互联网、卫星互联网为代表的通信网络基础设施，以人工智能、云计算、区块链等为代表的新技术基础设施，以数据中心、智能计算中心为代表的算力基础设施等。

二是融合基础设施，深度应用互联网、大数据、人工智能等技术，支撑传统基础设施转型升级，进而形成的融合基础设施，比如智能交通基础设施、智慧能源基础设施等。

三是创新基础设施，支撑科学研究、技术开发、产品研制的具有公益属性的基础设施，比如重大科技基础设施、科教基础设施、产业技术创新基础设施等。

新基建作为我国未来相当长一段时间的重要战略性产业政策，将长期吸引产业资金持续流入。数据中心作为新基建的基础设施，成为一个连接现在与未来的优质长期赛道，新会中集在自身能力素质禀赋和时代大需求之间做出了平衡兼顾的战略优选。

四、新会中集的文化价值观

新会中集作为中集集团下的一家先天条件不足的企业，在 25 年的时间里，从濒临倒闭到不断创新技术和转型升级，先后在集装箱木地板、特种集装箱、模块化建筑和数据中心领域不断取得突破，在产业链的版图上不断摸索，形成了现有的格局，为中国制造企业提供了一个可供参考和借鉴的自主创新和转型升级的可持续发展路径选择。

技术创新和转型升级是一个长期摸索和积累的过程，是面对巨大不确定性的高风险行为，是一个复杂的系统工程。每一次技术创新和转型升级都不可能通过几次单薄的口号宣传、简单的鼓励引导达到预期效果。25年持续的创新和转型过程，体现了新会中集团队对组织外部环境的深刻理解和对组织内部资源的合理管控，在此基础上形成了对技术创新和转型升级的反复认知和强化，形成了经过反复尝试并获得成功得以不断正向强化的组织价值观。这些围绕着技术创新和转型升级的理解、认知、态度、意图、信仰、规范、主观标准等，实际上属于组织文化的范畴。新会中集的组织文化价值观成为贯穿25年技术创新和转型升级的强大文化力量，是不可动摇的精神图腾。

所有的组织都必须解决两个基本问题：适应外部环境以求得生存和发展、整合内部资源以学习和适应。组织文化是组织在适应外部环境和整合内部的过程中，由团队学习到的在团队成员中广泛共享的关于价值观的一整套模式。组织文化的作用就在于解决组织的这两个基本问题。新会中集始终将技术创新和转型升级作为企业生存和长期可持续发展的基本法则，在自然环境和产业环境的压力下，将技术创新和转型升级作为重要的内部管理要素，形成组织文化的鲜明特征。

（一）组织文化的层级构造

每个组织都拥有复杂的文化现象，甚至组织本身就是一个复杂的文化体。组织文化作为全体成员共享的认知系统，拥有复杂的构造和关联，这一系统常常被划分为三个文化层级。

组织文化的最外层是可见的组织文化表征与行为，是理解组织文化的着眼点，如组织成员的着装、规范仪式、组织故事与传说、成员行话、语言风格、情绪外化、英雄模范、技术和程序等。基本潜在假设位于文化的最深层次，更加稳定、理所当然和不容置疑，基本潜在假设难以观察，接近于组织成员的潜意识，是组织文化最核心的深层构造。

组织成员拥有的价值观是联系文化表征和基本潜在假设的中间层级，是各种文化表征下潜藏的含义模式，往往汇聚了组织的使命、愿景、精神和理念等文辞的表达，可以引领和规范组织行为，使组织成员表现出符合组织期望的行为。文化价值观与文化表征及行为联系紧密。新会中集对技术创新和转型升级的价值观是全体组织成员赋予技术创新和转型升级这种企业行为的价值判断和认知。随着技术创新和转型升级在组织运营中日益重要，组织技术研发行为和运营管理行为本身并非价值中立，而是具有内在象征性并满载着价值观。组织技术创新和转型升级作为重要的技术行为和管理行为，影响力日渐增强，无论是群体还是个体，围绕技术创新和转型升级进行的诠释、解读和意义建构等一系列精神活动和社会活动，构成了新会中集组织内部的重要文化现象。组织文化层级构造见图1。

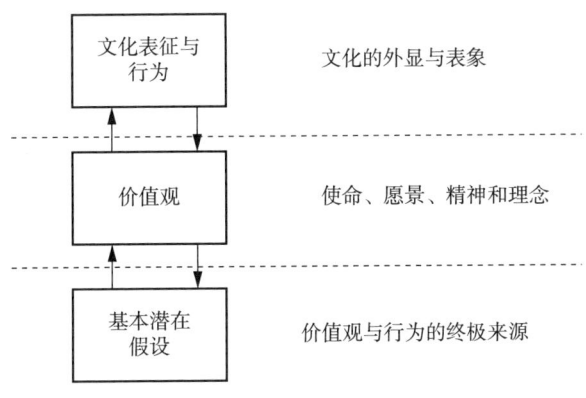

图1　组织文化层级构造

（二）文化的长期影响

文化不是朝夕之间形成的，是在组织从无到有不断壮大的过程中，通过凝聚内部力量在克服外界困难的过程中逐步建立起来的。针对技术创新和转型升级的文化是组织在应对外部情境和整合内部价值观过程中形成的。这一过程中，有些价值观得以树立并不断强化，成为组织成员广为接受的价值观标准和体系，指导组织成员的创新转型实践行为。

新会中集的自主创新和产业转型之路，较好地呈现和诠释了这一动态演化的复杂过程，高管团队坚持自主创新，不断推动产品升级，持续寻找行业新的增长点，并关注其他行业的新趋势和新变化，率领企业快速发展壮大。在坚持创新的发展过程中，企业各层级人员都在高管团队的驱动下，不断调整和更新对于技术创新和转型的认知，并在创新实践中调整管理行为，这一过程始终伴随着管理层级之间的互动、演化和趋同，形成了丰富的创新经验和成果，也构筑了富含中集特色的文化内容。

（三）集团文化的复制

中集集团非常注重集团整体文化的建设。中集集团的规模和体量较大，必须通过强大的组织文化凝聚力,来实现所有业务板块和下属企业都能够在价值观上和集团保持总体的一致性,保持文化的统一和稳定。集团组织文化如同看不见的胶水贯穿整个集团的各个部分,和管理制度一起确保 300 多家企业、十几个业务板块和 6 万多中集员工凝聚成一个有机整体,促进集团对总体经营的掌控和战略目标的实现。中集集团对组织文化有明确的界定和表述,具体内容如下。

1. 使命

为物流和能源行业提供高品质与可信赖的装备和服务,为股东和员工提供良好回报,为社会创造可持续价值。

2. 愿景

成为所进入行业的受人尊重的全球领先企业。

3. 企业精神

自强不息、追求卓越。

4. 核心价值观

诚信正直、成就客户、开拓创新、持续改善、合作共赢、结果导向。

5. 核心人力资源理念

以人为本、共同事业。

6. 经营/管理理念

发展理念:有质量的增长。
管理理念:简明高效。
全球化理念:全球营运、地方智慧。
HSE 理念:安全健康、绿色经营。

新会中集作为集团下属企业,组织文化带有集团文化的烙印,集团文化较好地总结和概括了新会中集的组织文化,其各类文化特质在新会中集的管理运营中都有鲜明体现。1995 年开始,在人力资源、运营管理、制造技术的一系列全力支持下,中集集团新会集装箱厂也顺利引入了中集文化。中集领导第一天来到大鳌镇,就把最核心、最基础的文化价值观带给了新会中集,"自强不息、追求卓越"和"开拓创新、持续改善"逐渐成为新会中集最基本的生存法则,在历次重要的转折关头,激发出新会中集的精神力量,在每次成功中正向强化和固化,渗透在整个创新与转型的历程中。

(四) 创新文化的内部一致性趋同与强化

在集团总体文化价值观的熏陶下,新会中集的组织文化明显呈现出和集团文化相通相融的内容,同时新会中集将价值观核心更集中凝聚在"自强不息、追求卓越"和"开拓创新、持续改善"的企业精神上,这一核心价值观被各个部门各个层级的人员主动提及,并且他们都会主动结合自己的理解对这个核心的企业精神反复谈论自己的感受,因此它在实质上成了被新会中集全体员工普遍接受和深切认同的组织文化核心价值观。

文化是组织综合了自然环境禀赋、政治经济环境、科学技术进步、行业发展规律和组织内管理要素等诸多方面的综合认知体系。新会中集所有的受访者都对新会中集"自强不息、追求卓越"和"开拓创新、持续改善"的文化价值观有着清晰一致的总体认知。由于受访者的职业背景和管理层级等诸多差异,在表述上各有鲜明特色,但是陈述的实质和内涵具有高度的趋同性。这些陈述涉及的文化内容具体包括企业的地理位置和自然条件导致的诸多忧虑和高度的警惕意识、对中集领导层的文化引领核心作用的深切认同、对新会中集的集体归属感和认同感、对新会中集自强不息自主创新强烈的自豪感、对未来发展的信心等,在组织各个层级人员中形成了高度趋同的文化价值观。

1. 自然环境与运输成本

大鳌镇在新会中集人的口头禅中常被戏称为"鸟不拉屎"的地方。如前文所述,这个四面环水的江心岛日复一日地坚持着给每个集装箱增加 100 美元的运输成本。但新会中集用特有的中集精神,对这个"鸟不拉屎"的地方做出了具有鲜明中集特色的文化解读和价值观诠释,并且在组织内部达成了广泛的认同和共识,历久弥新,成为图腾一般的信仰,使得这个组织团体在这样的环境中始终迸发出巨大的创新热情和动力,这一点从新会中集各个部门各个层级的成员的描述中可见端倪。

不搞创新不行啊,我们这里的地理位置,集装箱的运输成本要贵 100 多美元。

我们这里一路走来你能看到,挺偏的,以前还没有桥,很偏僻,其实就是农村乡镇,我们地理位置不具备优势,实际上是处于劣势,这导致我们有危机意识,我们老板的这种企业家精神,这种素质,他很早就说你这个集装箱跟做杯子一样,不赚钱,得做附加值高的。

我们有自强不息的精神,要活下来,还要活得更好一些,有这个精神支撑,所以很多人工作了 20 年。

对我们来说，不是要怎么样的问题，我们是要活下去呀。

我们这里是个岛，原材料、销售都比较麻烦，人才引入和流入难度都要大，活下去的意愿要强得多，不做好活不下去，没这个文化我们早就死掉了。20多年主要都是外地员工，跟本地相当独立，完全是中集文化。

2. 技术变迁和行业发展的敏锐

集装箱产业是典型的制造业，面对的是一个充分国际化的竞争性产业，行业技术相对成熟，注重规模效应。确立行业领袖地位之后，中集开始面临整个行业的规模瓶颈。集装箱作为海运物流的重要载体，总体规模受制于海运物流的规模。目前每年的订单主要来自新增集装箱和折旧换新的集装箱，数量逐渐趋于稳定。产能的减少叠加利润率偏低，进一步推动整个集团在技术创新和转型升级上不断投入。但是在国外竞争对手退出市场以后，近年来国内的竞争对手却积极进入集装箱领域，通过价格战进一步压低了整个行业的利润水平。从中集集团入主新会中集，高层管理者就不断传达对市场和行业的理解和认知，新会的管理团队也时刻注重强调要不断创新应对环境的不确定性。从第一代领导起，就确定下来走技术创新的道路，并且在企业内部达成共识。随后的每一代领导，都会抓住这条主线，并结合具体情境来实施技术创新和转型升级的战略构想，在各级管理人员心目中，技术进步和产业变化趋势是时刻要牢记的基本法则。

永远不能忘记，我们活着就时刻都在竞争中，这才是常态。产品不会沉淀，迭代太快了，天天都要想你到底要在哪个圈子里边玩，怎么玩。

我们原来做特箱、折叠箱、53英尺箱，现在慢慢竞争对手也开始做了，有些专利也开始到期了，我们还会继续想办法。

谁不想简简单单就做个标准箱舒舒服服挣钱呢，技术工艺都是现成的，生产线也简单，我管理起来各方面难度小多了，虽然利润薄一点，但是有量。但是没办法呀，你搞不了，以前还好一些，现在最多集团生产不过来给你匀一点，指望这个活不下去的，必须想别的办法。

3. 提升归属感和认同感

新会中集文化中注重集体归属感的建设，管理者和员工构筑起相互信任的情感基础。基于信任的归属感能够催化出更多的符合集体利益的利他行为，组织成员主观上知觉到自己与他人共属，产生一种认同感，这样的认同会给集体较多资源以及正向的评价。管理者注重在领导方式和行为方式上给予员工情感支持，以此增强员工归属感，激发员工自然做出符合组织利益的利他行为，并孕育出整个组织层面的文化特征。组织成员在访谈中也普遍表现出不同层级之间的理解与认同。

我们先不讲怎么优待人才，大家将心比心呀，我们年轻的时候想要什么，到中年想要什么，老了怎么办，这是很清楚的。我们怎么想，下边人也是怎么想的，你要给他解决呀。

我们的核心班底好多是30多岁从内地国企过来的，很多家里是家庭主妇，很多人很长时间回不了家，我们都要考虑到，要给他解决。

我们现在大部分人都调到新业务那边，这些留下来做原来业务的肯定很累的，尤其是一些老业务要创新，很多资料需要重新过一遍，还有很多专利要去突破，要挖掘创新点，要跟律师沟通，如果涉及侵权还要走法律程序。有时候业务上出问题，领导他也知道，因为你人少了嘛，很熟的业务有时候也出问题。但是领导也有自己的难处，他要平衡整个公司，我们也理解。

我们每年定任务，定指标，领导会说，你们大胆去干，出了什么事算我的，这样我们觉得有底呀！

我们下边人也经常闯祸，买的东西不对，堆在仓库，有时候箱子做得有问题，客户投诉，公司也都没说太多，因为他知道你是在做事情，你不是乱来的，冲到一线肯定要交学费。

领导说你犯的错都是我的错误，你放心去做，那我们可以放心大胆去做，出了事情我们尽量下次不再犯，这么多年一直这样，这几年形式上再强化一些。

我们也不是所谓狼性文化，也没有到那一步，我们还是比较宽容的，制造业，我们主要就是要把事情做好。

我们真是把最好的青春都给了这里，不可能对这里没有感情。

4. 对待创新的开放态度

随着新会中集创新转型的不断深化和持续成功，基于创新转型形成的文化价值观已经逐渐地进入到组织成员意识的深层，一部分已经沉淀为难以观察但是根深蒂固和不容置疑的基本假设。文化一旦形成，就会形成强大的黏性和惯性，文化中的成员会捍卫已经形成的文化价值观，这种捍卫行为在很多情况下是一种无意识的自觉行为。因为这种文化价值观是组织成员在组织内应对环境的基本精神原则和保障。企业创新转型的时间跨度越久，已有的文化越是根深蒂固，难以改变。对新会中集的成员来说，技术创新和转型升级是岛上生活的常态，是正常生活的一部分，他们怀着积极开放的心态看待这种高风险的行为，并且从中获得持续成长和进步的力量。麦伯良多次表示：

"中集人要有梦想、敢闯敢拼,要有不安分的心,要务实、实干。"新会中集人也从自己的角度对创新和进步表达了鲜明的态度。

对新业务带来的工作量增加,我是欢迎的,毕竟在一个企业一个行业的知识面是有限的,通过这个机会学到的知识,是终身受益的。比如华为的这些要求,也有自己的标准和特点,我们也要去学习和拓展、成长,如果老是常规业务,好多年都不变,其实也是很无聊的,很烦的,动力是大于压力的。

在这里学习到了特别多的东西,逼着我们进步,这样的人生很丰富,不是说早早养老。

刚来的时候觉得这里鸟不拉屎,先干着再说,没想到一干就是十几年,把青春最好的时间给了这里。

不成长进步,活着有什么意思呢?我之所以一直留在这里,还是看重这里的成长性。

5. 保持组织文化的长期稳定性

改革开放40多年来,中国企业的内外部环境都产生了翻天覆地的变化,这些变化从各个角度全方位对企业文化原有的内容和结构产生冲击,各种类型的管理理论和管理实践在企业之间交互和匹配,新的产业形态和新明星企业如雨后春笋般崛起,同时伴随着大量曾经创造奇迹的企业退出舞台。但是在新会中集20多年的成长历程中,组织文化体现出了极强的韧性和强度。就会中集始终保持自强不息的精神态势,不断推进技术创新和升级转型,保持着企业发展的旺盛生命力,这很大程度上受益于集团和新会中集管理层非常注重保持核心价值观的韧性和强度。

中集集团领导班子的稳定确保了中集文化核心价值观的稳定,也确保了新会中集所在的宏观组织文化环境的稳定。集团领导班子成员来新会视察,非常注重给全体成员释放出文化价值观的影响力,以及居安思危的竞争压力。新会中集的管理团队也会将这种影响持续放大,让整个团队都浸润在这样的文化氛围里,久而久之,新会中集的各级人员都对类似场景耳熟能详,并且时刻保持着文化的韧性和强度。

集团领导每次来视察,都会提醒说可能哪个箱子以后就不给你们做了,很多员工是把这个话当真的,这根弦老是绷着。

集团里边,有些业务可能一下子就给你拿走了。

领导每次来视察,都会警告要把干货箱掐掉,以后专门做特箱,大家都很紧张,上级专门给这种压力,我们就到处想办法。

领导的折腾和忧患意识一直没有放松过，有时候业务闲一点，就安排很多学习任务，忙不完。

除了时刻保持压力和警惕，管理层在推进创新转型过程中，非常注重文化的稳定、复制和强化。在前述几次重大创新转型的过程中，无论是集装箱木地板、钢结构模块化房屋，还是钢结构箱体式数据中心，在转型起步和技术攻坚阶段，新会中集实际上面临两种策略选择：一是以新会中集原有的人员为班底，通过技术攻坚战掌握跨行业知识，并结合原有的知识体系形成创新突破；二是大量招聘相关行业人才，通过这些行业的人才来结合中集的现有的体系实现创新。第一种策略，风险高、周期较长，人力投入较大，但是可以确保文化的稳定，成功后可以进一步增加文化强度和韧性。在历次创新转型中，新会中集坚持第一种策略，将文化的稳定和强化作为长期战略举措，有效地确保了文化的稳定。

五、创新与转型管理体系

新会中集的技术创新和转型升级呈现出明显的阶段性特征。早期进入集装箱木地板和特种集装箱领域，属于集装箱产业价值链内部的拓展式转型战略。研发制造集装箱木地板，属于产业链纵向多元化转型战略，转型的战略目标是构建和完善集团产业链，强化集团集装箱板块总体竞争优势。研发制造特种集装箱，属于产业链内部的横向多元化转型战略，战略目标锁定在完善集团集装箱板块产品系列，丰富集团集装箱板块的产品线，构建从标准集装箱到特种集装箱的全系列产品线，并且提升了企业利润率和产品附加值，增强企业竞争能力。

进入钢结构模块化建筑和钢结构箱体式数据中心，表明新会中集开始实施产业链外部跨行业横向多元化拓展战略，将钢结构模块化思维拓展到建筑领域和数字产业领域，结合工艺维度的深化，以及钢结构模块化制造和装配的产业优势与能力，在建筑领域和数字产业领域催生出新的产品和业态。进入钢结构模块化建筑，是模块化思维对传统行业的重构和颠覆；进入钢结构模块化箱体式数据中心，进一步将模块化思维和产品重构能力带入新兴产业，为新兴产业提供了一种全新的可供选择的产品设计思路和产业发展路径。新会中集技术创新与转型升级见图2。

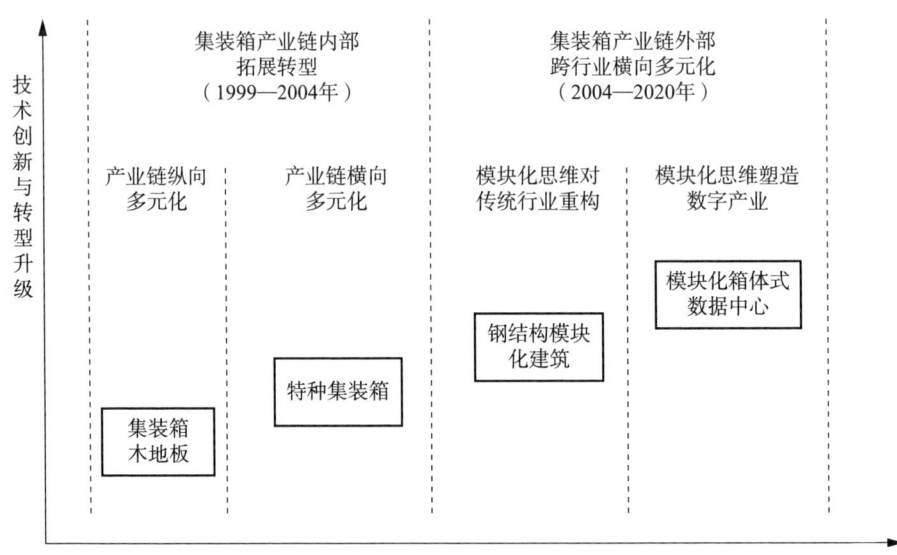

图2 新会中集技术创新与转型升级

（一）有效的市场需求推动

在具体创新方向的选择上，新会中集更倾向于由市场来推动，而不是去推动市场，重点关注来自市场的需求和客户的推动。新会中集依托集团的全球化资源平台，可以快速接触到全球主要客户的新需求和新思路，并结合自己的能力优势和资源禀赋对需求进行取舍。这类市场需求首先经过了客户自身的需求分析过滤，需求的质量比较高，尤其是主要大客户的需求。大客户的市场地位既保证了需求质量，也确保了市场前景，并且能够满足初期产品研发的成本覆盖，使研发投入的风险显著降低。近年来，新会中集时刻在斟酌模块化向传统产业的全面渗透，推动传统养殖业进行模块化箱体化的发展也是重点考虑的方向，但是还处于研讨阶段，高管团队认为：

我们最近也考虑过生态养殖业的箱体化，我们可以从空间利用率、卫生条件、环保、污水处理等方面优化。市场应该也是很大的，但是养殖业的风险太大了，品种太多，各种不可控因素，超出了我们的能力范围，而且市场的需求并不明显，我们也不可能去推，也推不动，我们主要还是让市场来推我们，但是还在观察，看机会。

（二）把握转型进场的时机

新会中集注重新产品新项目的孵化时机，注重关注市场热度较高和前景广阔的市场需求的同时，严格把控转型进场的时机。前期重点关注的是新能源箱体式储能设备和钢结构箱体化数据中心。由于5G通信的快速推进，以华为为代表的国内企业已经提出了非常具体的产业需求，供应链体系已经基本打通，能够提供强大的技术支持，联合新会中集共同攻关，同时保证了较好的初期利润，目前已经取得满意的前期成果。针对新能源箱体式储能设备，新会中集采取了进一步观望的策略。对此，高管团队有自己的观点：

我们的投入必须掌握节拍，投入一点就要见效一点，我们是企业，我不可能一下子投入太多。一次规划，分步实施，让成本、现金流、利润都可控。比如新能源，现在是热点，大家都看好，我们也估算过大概有2000亿元的市场，但是我们现在不能进去。为什么呢？它是政府大力在推，所以回款慢，我们做不了。不是说我们的能力不够，不是的，我的产能够的，即使不够我还可以外包。有的直接明确跟我说，要我给他垫资，3个月或者半年，我们经不起这种风险。

（三）技术创新的流程管控

对新会中集来说，很多时候创意和概念来自客户的需求，很多需求是客户脑中的想法，没有模型和样板作参考。为此新会中集成立了一个样箱班，成员有十多个，每个成员都是设计和生产方面的能手，专门针对客户的创意和概念设计制造成第一个样品。样品如果获得了客户认可，再根据样箱的工艺、原材料和技术特征，评估采购、生产制造等各个流程，给出合理的报价。客户接受报价以后，即开始着手组织第一批产品的生产，将整个产品的生产制造纳入企业生产体系的大流程中。新产品获得市场的认可，订单逐步增加，即进入了批量生产和持续改进环节，不断提升卓越运营的水平，在生产制造、提升产能、品控、采购等环节，提升生产效率，有效降低成本，获得利润。进入到批量生产和持续改进阶段以后，新会中集会集中力量进一步实现非标件的标准化，即使是小批量多品种的产品，也要尽可能进行标准化，只有标准化才能提升运营的效率，降低成本，获得利润，并且将持续改进和卓越运营的优势发挥出来。

(四) 降低创新技术风险

新会中集注重界定自己的能力范围,将钢结构箱体化和总体装配能力作为核心能力,结合自身的能力优势,把控技术创新的范围和边界,将技术研发重点投入到应用集成的创新研发,以产品结构创新为主,注重通过产品技术结构的装配组合来解决功能性需求问题。作为生产制造型企业,研发过程不涉及理论创新,也不涉及原材料创新,可以有效管控研发的技术强度,降低研发风险和研发成本。同时注重缩短研发周期来降低长期投入的风险,尽可能在几个月的时间里产生确定的研发成果,多数研发在两三个月内就可以见到成果,研发周期超过 1 年的很少,2~3 年孵化出一个新项目,尽快把技术优势和市场需求转化为创新产品。

(五) 多视角融合的战略形成机制

1. 外部视角和内部视角的融合

新会中集较早引入了战略思维来指导企业长期发展,第一版战略规划始于 2001 年,当时国内的制造型企业很少涉足战略概念,新会中集成为集团内部第一家制定战略规划的企业。第一版战略主要合作者是国内著名管理咨询公司——华夏基石,并且在 2004 年和华夏基石一起对战略执行进行了复盘。

2011 年,中集集团成立了中集学院,为推动集团长期可持续发展提供管理支持。2019 年新会中集启动新版战略规划的制定工作,由新会中集主导,在集团总体战略的框架下,借助中集学院的管理支持和战略赋能,同时借助高校的学术资源,为下一步的战略发展提供指导性框架。针对近年来全球经济周期性调整和外部环境的不确定性增加,将战略周期缩短为三年,每年滚动调整,每年制定方针和商业计划,并与绩效对接。

2. 跨部门跨层级视角的融合

在战略制定期间,定期开展跨部门跨层级的战略讨论和沟通,为了确保全员参与程度和讨论的质量,采用分组进行的方式开展讨论,在分组编排上采用以下方法:

(1) 将跨部门跨层级成员分为四到五个组,研讨分组确保每个组的成员涵盖企业完整的价值链。

(2) 每个组由一个老总带队,确保组员讨论时的投入程度。

(3) 每组设置一个催化师,把握总体讨论节奏和方向,并保持研讨的氛围和热度。

(4) 发言顺序上，尽量削弱领导的导向作用，规定老总最后才能发言，确保组员都能够踊跃发言，尽可能表达自己的观点，防止领导先发言导致"定调子"，影响头脑风暴开展的效果。

(5) 归纳梳理最后的讨论结果，修订完成汇报给高层，再请外脑把关。

通过这样的流程处理，组织内部各个部门和层级的成员都能够表达对战略的理解，使组织成员对于战略从单纯执行到有亲身参与感，而且容易理解和执行战略。

（六）供应链柔性化

随着横向多元化战略的推进，新会中集的供应商体系进一步扩大，开始着力促进供应链柔性化建设，具体管理手段包括：增加和供应商的沟通，提升供应商对外部环境和未来变动趋势的战略理解和认同，通过合作来增强供应商的制造系统、物流系统、信息系统和供应系统的总体柔性，加强辅导供应链厂商技术进步，帮助供应商改善小批量、多品种产品的研发和生产制造，引入第三方评审机制，强化对供应链厂商的评估，促进整个供应链体系通过技术和管理的进步来降低整体成本，使规模较小的供应商也能够通过小批量、多品种的生产来获得订单和利润，共同促进整个供应链水平的提高。

（七）优势领域的持续改进

1. 生产制造技术持续改进

在创新转型主攻新产品的同时，新会中集多年坚持对存量业务相关产品制造工艺、生产流程和功能改善进行持续的深耕细作，满足不同客户的个性化需求，不断进行精益改进和升级，确保产品在质量和功能上领先竞争对手，同时确保产品的利润率。对于市场成熟的优势产品，根据市场和客户的需求和反馈，每年坚持在各方面工艺和技术上进行改进和创新。以北美53英尺箱为例，每年小的改进和创新可以达到20多项，大的改进设定为版本2.0、版本3.0等，小的改进作为2.1版本、2.2版本。

在生产制造流程的改进方面，注重"一把手工程"和全员参与，从各个角度来思考和优化，从全价值链改善来提高管理效能和利润率，使一些多年运转的流程得到进一步的优化和改善。53英尺箱以前的产能效率是11小时做到185个，每个集装箱生产时间大约3分钟，通过全员参与，改进吊机的路径环节后，每次每个集装箱生产时间可以节约24秒，使产能效率达到9.5小时180台。对于成熟产品，持续改进带来的点滴进步都会反映在利润水平上，提升产品的技术附加值。

2. 提升营销环节的过程管理

集装箱报价主要受制于原材料价格的波动、运输费用的变动和生产效率的变化，针对不同客户的需求，报价也会有所不同。传统的报价体系比较复杂，一方面需要根据每个月的实际情况来调整价格，另一方面每个营销人员的报价模式不统一，各有一套自己的报价方式和报价思维，这些体系虽然都有个人工作经验的汇总，但是总体上都是不完善的，对生产和各个方面会有所疏漏。随着在精益思维指导下持续改进工作的推进，销售部门对原有的经典产品报价流程做了梳理，形成了规范模板和报价指导书，对新兴业务尽快梳理出新的流程并且持续优化改进。整个过程销售部门和财务部门密切配合，共同对报价模板进行改进。目前基本对所有产品线实现了报价指导书全覆盖。营销部门管理人员对提升营销环节管理水平感触颇深：

> 我们以前有个产品，做了1000多个，产值很高，但是利润很低，当初报价就吃亏了。很多地方可以做，销售能够做出好价格，带来的利润更丰厚，有好产品没有卖出好价格，导致价值没有体现。这两年要求非常密集，忙不完。刚开始搞，感觉很复杂，条条框框太多，但是做下去之后，感觉到了它的好处，让我们在处理问题方面有了正确的思路、导向、方法论，甚至在生活上都有帮助。虽然是新手，但是感觉到了好处。

3. 完善知识产权管理体系

产品、专利和行业标准是冠军产品和行业领袖构筑竞争优势的重要砝码。进入新的市场领域，通过技术创新和运营管理逐步成为细分领域冠军的过程中，需要在知识产权管理方面建立优势，以专利为核心，建立知识产权管理体系。

新会中集将知识产权管理体系放在具有复杂竞合关系的多重竞争市场中来全面部署，客户之间存在着竞争关系，有些客户本身就是新会中集的竞争对手，复杂的市场关系对知识产权管理体系提出了很高的要求。一方面，在进入新市场领域时，尽可能吃透原有大量的专利知识体系壁垒，通过专利检索进行地毯式筛查，快速研究和消化，并尽可能规避或者对原有知识产权进行收购。另一方面，深入细致地总结和归纳自身在技术创新过程中形成的创新点，在成为冠军的过程中尽快建立自己的专利体系和知识产权优势，达到阻挡新进入者和规避原有体系的目的。通过对市场热点与趋势、企业战略和行业关键技术等方面的综合理解和把握，形成技术含量过硬的专利体系与集群。根据技术关联对专利进行分布结构和数量的设计，运用专利群可以有效降低对手的规避设计，加大对核心技术的保护力度，构建技术竞争优势。

（八）对当前和今后环境的判断

1. 国际政治经济环境

近年来，全球经济增长出现明显放缓趋势，集运货量增速降至近年来的低点。美国推行的贸易保护措施具有逆全球化倾向，给全球贸易复苏带来更大的不确定性，美国制造的贸易摩擦乃至"中美脱钩"等极端政治环境的变动，导致国际市场动荡将是长期的，同时具备短期的不可预测性，已经威胁到世界局势的稳定和经济复苏。目前整个市场的供需普遍持谨慎保守的态度，新箱采购力度明显减弱。行业市场竞争加剧，新箱价格下降，导致销量及营业收入均明显下滑。

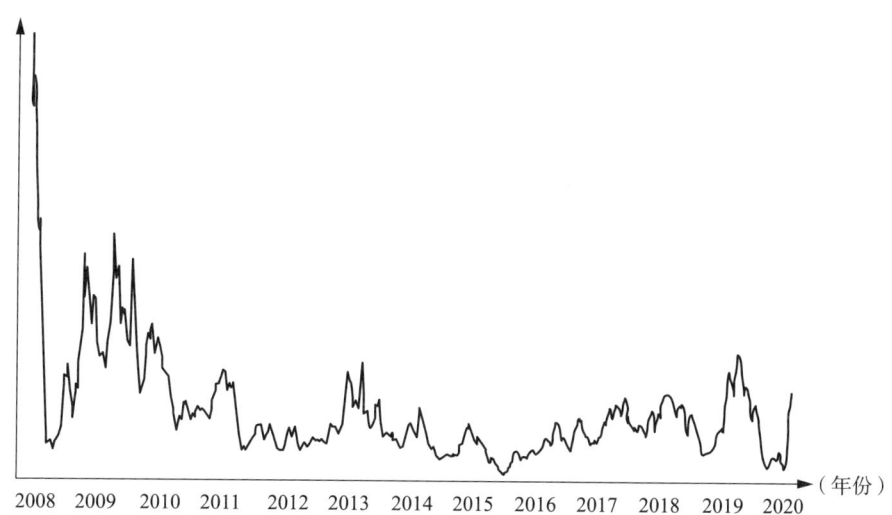

图3 2008—2020年波罗的海综合运费指数变化

根据国际波罗的海综合运费指数（Baltic Dry Index，BDI）[①] 分析，2008年，BDI 指数最高达到 8513，随后一路下滑，2010 年以后，波罗的海综合运费指数长期徘徊在 2000 点以下，甚至在 2016 年创下 290 的历史低位，2020年，受美国贸易政策影响和新冠疫情冲击，分别在 2 月和 5 月创下 411 和 393的历史倒数第二、第三的低位（见图 3）。行业传统惯例认为，航运公司的盈亏线是 BDI 指数 2000 点，低于 2000 点，所有航运公司都会亏损。近十年来的 BDI 指数从一个侧面反映了世界经济和国际海运的发展态势，清晰表明了新会中集在过去十年中的竞争压力。进入 2020 年以来，上半年的海外订单几乎减少了一半，进入 7 月以后，随着国内疫情的稳定和国外需求的反弹，订单量有明显回升，但是不确定性压力将会长期持续。

2. 新冠疫情冲击

2020 年初，百年难遇的新冠疫情的暴发和全球持续大蔓延成为最大的"黑天鹅"，给全球政治经济和社会运转带来的冲击和影响巨大。新冠疫情暴发以来，其对全球贸易造成了沉重打击，后续影响程度要密切关注疫情持续时间，对全球经济的长期影响以及全球上下游产业链的恢复都需要进一步评估。国内疫情已得到较好控制，国际疫情防控走向还难以预测，进一步加大了未来的不确定性。

3. 中国经济新常态与"两个循环"

自 2014 年以后，中国经济进入新常态，在"中国制造 2025"、"十三五"规划、"十四五"规划等一系列政策精神指引下，全面深化供给侧结构性改革，推动产业结构调整和经济转型升级，中国经济结构进入了深层次调整阶段，在产业政策、税收政策、环保政策、知识产权管理政策和土地政策等方面都对行业的未来发展提出了更高的要求。中集作为行业领袖，在遵守国家政策方面必须做出表率，引领全行业可持续发展，运营压力显著增加。2020年 5 月 14 日，中国政治局常委会首次提出了"两个循环"概念，"形成以国内大循环为主体、国内国际双循环相互促进的新发展格局"。对于中集来说，

[①] 国际波罗的海综合运费指数（Baltic Dry Index，BDI）是世界上衡量国际海运情况的综合性权威指数，是判断国际贸易景气荣枯重要的价格指标。BDI 由全球传统的 12 条主要干散货船航线的运价按照各自在航运市场上的重要程度和所占比重，将即期运费加权计算而成，为即期市场运费价格行情的反映。该指数是判断钢材、矿石、煤、化肥、粮食等大宗干散货价格走势的风向标，是代表国际干散货运输市场走势的晴雨表。散装船运以运输基本民生物资和工业用原材料为主，因此散装航运业营运状况与全球经济景气荣枯、原物料行情密切相关，BDI 成为国际贸易和全球经济情况的领先指数。波罗的海国际运期期货交易所是世界第一个也是历史最悠久的航运市场，拥有全球 46 个国家的 656 家公司会员，每天向世界公布 BDI 指数。

双循环并不陌生，并且中集已经提前布局，麦伯良认为：

我们是在前线的企业，我们很清楚全球化格局已经有异常了。去年6月我就提出来要更重视国内市场，所以从去年我们就开始调整，很多主力业务在国内有更多布局。前几年我们海外收入占比接近60%，去年国内外收入几乎是一半一半，今年我估计就是六四了，国内收入会占整个集团的60%。中国已经有了这个体量，所以稳住中国这个基本盘，对一个企业来说很重要。

4. 行业竞争格局

尽管中集集团和新会中集都在相关赛道形成了明显的竞争优势，构筑了较深的护城河，但是各项主营业务都始终面临国内外企业的竞争。行业产能过剩叠加需求不振导致了供求关系失衡，加剧了行业内竞争。相对于中集较大的营收总额，利润率较低，集团必须通过技术创新和转型升级来积极提升利润水平。中集集团上市公司年报数据显示，从2012年到2019年，集团净利润的增幅落后于营业收入的增幅，总体利润率呈下降趋势（见图4）。相关数据表明，2011—2019年集装箱业务的营业收入在250亿元左右徘徊，产业上升空间有限。净利润水平出现明显下滑，在2019年创下新低，利润率水平不理想（见图5）。

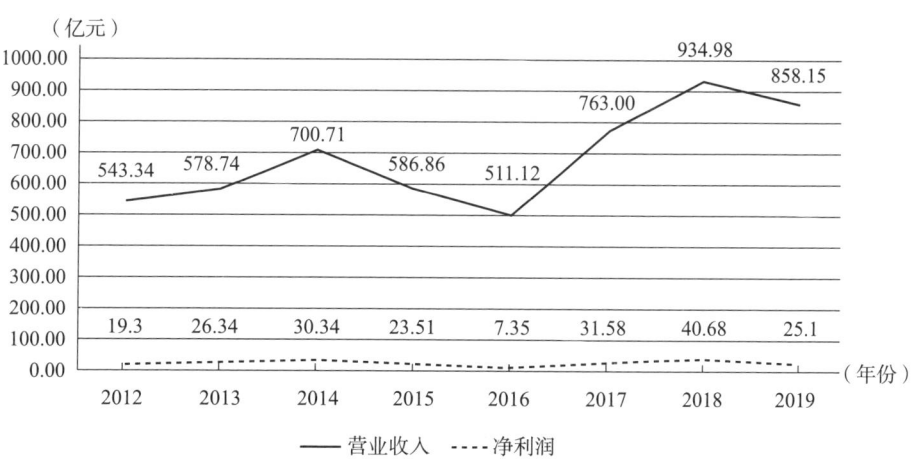

图4　2012—2019年中集集团营业收入和净利润

资料来源：中集集团上市公司年报。

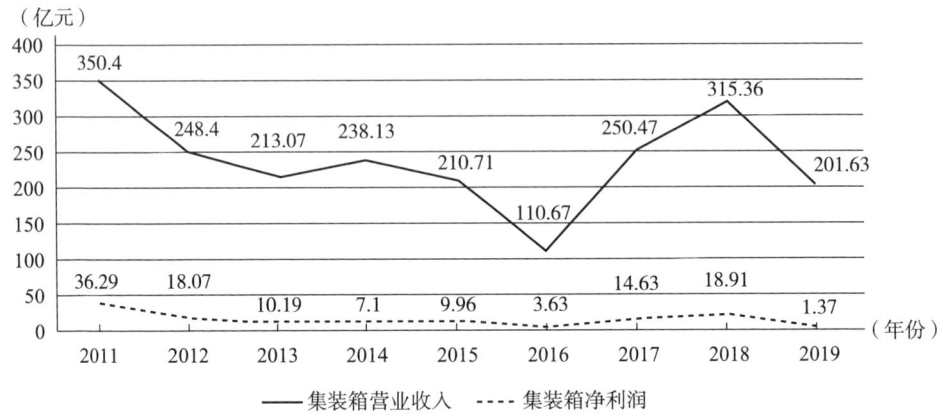

图 5　2011—2019 年中集集团集装箱营业收入和净利润

资料来源：中集集团上市公司年报。

竞争压力也来自现有竞争对手的产能提升和其他行业的新竞争对手进入，行业的竞争格局发生变化。2016 年开始，富华机械集团凭借在商用车（卡车、挂车和工程车）车轴及底盘零部件制造领域积累的竞争优势和利润基础，强势进入集装箱产业，加上在上一轮大宗商品周期价格低位囤积的大量钢材的优势，以价格战为主要竞争手段，削薄了整个产业的利润水平。胜狮、新华仓、富华等国内竞争对手将持续给中集释放竞争压力。目前新会中集的优势特种箱业务，如折叠箱、北美 53 英尺箱，竞争对手也开始逐渐进入市场，竞争的压力将会持续增加。

六、结语

改革开放 40 多年来，中国企业的技术创新和转型升级实际上从未停止，只是在某些阶段和时期会被重点提及。企业创新和转型是高风险的复杂系统行为，方向、路径和节奏的掌控对企业的管理能力提出了很高的要求。中集集团总裁麦伯良指出：

这是一个变幻的、动荡的世界，各种东西都在变，环境条件在变，风风雨雨、大风大浪时时发生，天灾人祸不断，都要面对。作为一家企业、作为一个人，其实一件事情你过不去你就死了，不容易，快了不行，慢了不行，偏了也不行。

这段话是对中集集团过去40年发展历程的回顾，也可以作为新会中集整个创新转型过程的高度概括。

在复杂多变的全球政治经济环境下，现有国际秩序和全球经济体系正面临深刻重塑，中集集团和新会中集各项主营业务都深度依赖于全球经济和中国经济的宏观环境，并会随着经济周期、产业周期等的波动而变化。正如麦伯良近期在公开表述中强调："把中集做成更强、更大、更受人尊重（的企业），这个初心不能改变。中集自强不息的价值观不能改变，真诚做人的准则不能改变。"在不确定性中，牢牢抓住企业自身能力素质的提升，推进技术创新和转型升级，是新会中集将长期坚持的战略方向，"自强不息、追求卓越"和"开拓创新、持续改善"的组织文化，仍旧是新会中集一贯秉承的文化选择。

参考文献

[1] 彼得．德鲁克．管理：任务、责任和实践[M]．北京：华夏出版社，2008．

[2] 彼得．德鲁克．卓有成效的管理者[M]．北京：机械工业出版社，2019．

[3] 彼得．汤姆斯．追求卓越[M]．北京：中信出版社，2012

[4] 霍夫斯泰德著．文化与组织：心理软件的力量[M]．北京：电子工业出版社，2019

[5] 毛基业、李晓燕．理论在案例研究中的作用——中国企业管理案例论坛（2009）综述与范文分析．管理世界，2010(2)：106-113

[6] 沙因．企业文化生存指南[M]．北京：机械工业出版社，2004

[7] 沙因．沙因组织心理学[M]．北京：中国人民大学出版社，2009

[8] 沙因．组织文化与领导力[M]．北京：中国人民大学出版社，2020

[9] 张德．企业文化建设[M]．北京：清华大学出版社，2015．

[10] 陈晓萍，徐淑英，樊景立．组织与管理研究的实证方法[M]．北京：北京大学出版社，2018．

[11] Alavi, M., T. R. Kayworth and D. E. Leidner. An empirical examination of the influence of organizational culture on knowledge management practices[J]. Journal of Management Information Systems, 2006. 22(3): 191-224.

[12] CabreraÁngel, Elizabeth F. Cabrera, Sebastián Barajas. The key role of organizational culture in a multi-system view of technology-driven change[J]. International Journal of Information Management, 2001, 21(3): 245-261

[13] Cameron K. S., R. E. Quinn. Diagnosing and changing organizational culture:

Based on the competing values framework: Jossey-Bass Inc Pub, 2006

[14] Denison, D. R., The Handbook of Organizational Culture and Climate[J]. Administrative Science Quarterly, 2003. 48(1):119-128.

[15] Denison, D. R., What is the difference between organizational culture and organizational climate? A native's point of view on a decade of paradigm wars[J]. Academy of Management Review, 1996. 21(3):619-654.

[16] Gallivan, M. and M. Srite, Information technology and culture: identifying fragmentary and holistic perspectives of culture[J]. Information and Organization, 2005. 15(4):295-338.

[17] Guzman I. R., K. R. Stam, J. M. Stanton. The occupational culture of IS/IT personnel within organizations[J]. ACM SIGMIS Database, 2008, 39(1):33-50

[18] Huisman, J., The Relationship Between Organizational Culture and the Deployment of Systems Development Methodologies[J]. MIS Quarterly, 2007. 31(1).

[19] Kappos, A., Rivard, S., A three-perspective model of culture, information systems, and their development and use[J]. MIS Quarterly, 2008, 32 (3), 601-634.

[20] Karahanna, E., Evaristo, R., Srite, M., Levels of culture and individual behavior: an integrative perspective[J]. Journal of Global Information Management, 2005, 13 (2):1-20.

[21] Ke W., K. K. Wei. Organizational culture and leadership in ERP implementation[J]. Decision Support Systems, 2008, 45(2):208-218

[22] Schein E. H. Organizational Culture and Leadership [M]: Jossey-Bass Inc Pub, 2004

[23] Schein, E. H. The Corporate Culture Survival Guide: Sense and Nonsense about Culture Change[M]: Jossey-Bass Inc., San Francisco, 1999.